1984 年，求教于张志公先生

1987 年，访问日本东京女学馆

1987 年，同人教社中语室同志们合影

1995 年，同制订高中语文教学大纲同志们合影

1995 年，同于漪同志合影

语文教育学术论丛

第一辑

叶圣陶语文教育文集

吕叔湘语文教育论集

张志公语文教育论集

黎锦熙语文教育论集

刘国正语文教育论集

黄光硕语文教育论集

顾黄初语文教育论集

章　熊语文教育论集

庄文中语文教育论集

顾振彪语文教育论集

编　委　会

「语文教育学术论丛」

庄文中语文教育论集

庄文中 著

人民教育出版社
·北京·

图书在版编目（CIP）数据

庄文中语文教育论集/庄文中著. —北京：人民教育出版社，2023.10

（语文教育学术论丛）

ISBN 978-7-107-36679-6

Ⅰ.①庄… Ⅱ.①庄… Ⅲ.①语文课—教学研究—中小学 Ⅳ.①G633.302

中国国家版本馆 CIP 数据核字（2024）第 011438 号

庄文中语文教育论集 ZHUANGWENZHONG YUWEN JIAOYU LUNJI

责任编辑 曹 晛
书籍设计 王 喆

出版发行 人民教育出版社
（北京市海淀区中关村南大街 17 号院 1 号楼 邮编：100081）
网 址 http://www.pep.com.cn
经 销 全国新华书店
印 刷 北京盛通印刷股份有限公司
版 次 2023 年 10 月第 1 版
印 次 2024 年 6 月第 1 次印刷
开 本 787 毫米×1 092 毫米 1/16
印 张 36
字 数 524 千字
定 价 118.00 元

前 言

伴随着改革开放的脚步，教育的春天到来，语文教育的园地中百花渐开，硕果渐成。坚持“三个面向”，解放思想，革除积弊，回应吕叔湘先生“少慢差费”的批评，语文教育在课程建设、教材编写、教学改革、学科研究等方面都迈出了坚实的脚步。

20 世纪 90 年代前后，为撷取语文教育的春光，人民教育出版社中学语文编辑室在繁忙的教材编写工作之余，陆续编辑出版了诸多名家的语文教育论著，如《叶圣陶教育文集》《张志公语文教育论集》《实和活——刘国正语文教育文选》《黎锦熙语文教育论集》《于漪语文教育论集》《构建语文教育的立交桥——庄文中语文教育论集》，以及周有光《中国语文纵横谈》、顾黄初《语文教育论稿》、朱绍禹《中学语文教材概观》等，这些论著广泛触及语文教育的各个方面，奠定了具有本土特色的语文课程、教材、教学理论的基础。此外，还出版了钱梦龙《导读的艺术》、蔡澄清《中学语文点拨教学法》等，主要从课堂教学实践层面探讨语文教学改革及如何提升语文教学效率的问题。出版这些著作，既是为了展示改革开放以来语文教育的最新研究成果，也是为了引导语文教育改革的主流方向，让语文教育能够在守正的基础上追求创新发展。

进入 21 世纪以来，在工具性与人文性统一的课程思想指导下，语文教育开始从知识、能力中心向素养立意转型，语文教育观念也发生了重大转变。例如，四大核心素养的提出，学习任务群的设计，学科教学内容的更新，大单元、大任务、大情境教学方式的推广，整本书阅读的推进，等等。

观念的变革促使人们去研究，去思考，去改变现状，去焕发新的生机。教材设计的创新、教学课堂的转变，就是观念的转变带来的成果。

但是，改革并不总是体现为除旧布新，割断传统，在适当的时候，回眸凝望，方能真正健步前行。静下心来审视当下的种种新观念、新提法，我们会发现，语言、思维、审美、文化，整合、实践、情境、任务，学生主体、教师引导……诸如此类的观念，在老一辈语文教育家那里都有过深入而朴素的思考，在老一代名师那里都进行过切实而有效的教学探索。语文教育的改革不能只是观念的替代、模式的迭代，更不应该动辄从头开始，反复“重启”，而应该尊重规律，守正出新。知“己”才能知彼，知“史”方能行远。认真学习语文教育的历史，领悟大家、名家的语文教育思想，汲取、借鉴前人智慧与经验，从而继承和发扬语文教育的优良传统，只有这样，我们才能踏着前人开辟的道路稳健前行，我们的改革才能具有中国气象、中国特色。

基于以上考虑，我们将过去出版的语文教育论著重新编选，再行组合，并纳入一些新世纪以来在语文界有影响的大家的论著，整合为“语文教育学术论丛”，分辑出版，力图从新时代的视角，展现我国语文教育的现状，呈现历史，盘清“家底”，以期引发进一步的思考与行动。

这是一套开放性的丛书，第一辑包括十位老一辈语文教育家的论著，基本是在已往著作基础上，根据新时代语文教育发展和个人著述的情况，略作增删而成，尤其是增加一些较新发表的文章。将来我们还会陆续推出第二辑、第三辑……，展示更多的语文名家在语文教育研究和实践上的思考和探索。热诚欢迎国内语文同仁参与到这套论丛的编选中来，为丛书的出版贡献智慧！

本套丛书的出版得到了论著作者或其后人的大力支持，业界很多专家学者也给予了热情的帮助，中学语文编辑室的编辑花费大量时间参与编选，承担编辑、审稿工作，设计人员在版式、封面设计上也几易方案，优中选优。在此一并致谢！

“语文教育学术论丛”编委会

2021 年 4 月

目　录

序言

构建语文教育的立交桥

张志公

一

我搞了一辈子的语言研究、语言教学、语文教育，有喜也有忧。我的语法思想发展到发现自己的错误，觉得语法体系和语法教学要动大手术。我的语法思想转变到“非形态的汉语语法”上来了。我以前多次说过《马氏文通》以前我国没有语法学，说错了。我国早就有自己的汉语语法学，不过同西方形态语法的讲法很不相同就是了。我们要继承我国古代的语法学，加以发展，科学化，建设中国的非形态的汉语语法学。我要写一本薄薄的汉语语法书，因为汉语本身就是非形态的，硬性的强制性的“法”就不多。而非强制性的即可选择性的规矩却不少，要写，反而得写成很厚的一大部书。我30年来搞汉语辞章学，就是想在语言学和语文教育之间搭一座立交桥。你是学文学出身的，又钻语言学，钻语文教育，有优势，要搞出自己的特点来。咱们一起来构建语文教育的立交桥吧。①

二

你们提“学习三老”，我觉得提法不合适。叶圣陶叶老，是我父辈。吕叔湘吕老，是我师辈。张某人怎能与之并列，称为“三老”?

我学习叶老、吕老，有继承关系。20 世纪 50 年代我搞语言学，当时需要我搞中学语文教育，我就下了语文教育的“海”，加上机遇，就钻进语文教育，发展到今天提出语文教育要与现代化建设接轨。我应当起承前启后的作用。但是，做得不好。承前不够，不严，不深；启后不够，没有提出成系统的有理论的好操作的一套东西。所以，我送你一本《汉语辞章学论集》，在上面给你提了“我姑妄言之，君姑妄正之”。②

你们是编中学教师语言教学丛书，还是编中学生学习语言丛书？要编学生学习语言丛书，总得有点儿特色，真正有点儿新意。贵在学生学习，容易学，喜欢学，学了有用。

今天，现代社会是信息社会。国际竞争、经济竞争、军事竞争，都是信息竞争。信息载体主要是语言，作为信息载体的语言空前重要。因此，要认真搞好语言教学，让中小学生认识到语言的重要性，学好语言，提高文化素质。③

三

“中学生语言能力培养系统”，我非常拥护这个科研课题。北京市的老师们来研究这个课题，是很有眼力的。不过，我们别指望定于一。课题成果成为值得讨论的方案，有点儿道理，就相当可观。我们的汉语是伟大的语言，因为它身上负载着伟大的灿烂的文化。我们要抓住现在搞语言的大好机遇，弘前树后，弘扬祖国伟大文化，把前辈创造的灿烂文化弘扬出去，树立新的伟大文化，为世界服务，为世界的团结、稳定、繁荣服务。大家研究“中学生语言能力培养系统”，是有重大意义的，意义深远得很。我祝诸位成功!④

附记：

编完这个集子，朋友说请人写个序言。我说：当然请张先生写。然而，张志公先生离开我们已经两年又七个月了。

在编这个集子时，眼前时时隐现张先生，他的学术思想，他的风生谈笑，他的喜怒哀乐，他的生动醉态……然而，他不可能给我写序言了。

翻阅笔记本，我记了不少与张先生的谈话。读着读着，有了决断：摘录他的几段话，作为序言。

于是我摘录上面四段话，起个题目，作为序言。我无法请示张先生，不过他是同意的——他生前同意过为我写序言。

逐段说明几句：

①1995年10月，我为张先生编《张志公汉语语法教学论著选》，有60万字。在编选过程中，张先生叙述他的学术思想的发展和今后的打算时，说了这段话。这段话的意思也写进论著选集的前序和后记。关于编“薄薄的汉语语法书”一事，议论过两三次，我建议称作《张氏简明语法》；等编完、出版论著选集后再动手。可惜，张先生“时不我待”了。谈话间，我曾说：“要构建中学语文教学体系，不要走独木桥，而要构建中学语文教学的现代化的立交桥。”张先生就说了“咱们一起来构建语文教育的立交桥吧”这一句。

②③1996年8月27日下午，我去北京中医医院看望住院治病的张先生。他送我一本刚出版的《汉语辞章学论集》，并题词，很兴奋，谈了不少，说了这两段话。

④1997年2月1日，北京市教育科学研究院召开“中学生语言能力培养系统”讨论会，为便于张先生赴会，我在人民教育出版社安排了会场。张先生对百余名教师、教研员作了两小时的报告，报告最后，张先生很动情，说了“弘前树后”的这一段话。在我的记忆中，这是张先生生前最后一次的集会报告。

这一年的2月27日，张先生参加完全国政协八届五次全体会议开幕式后因病住进了北京医院；5月22日下午2时22分，静静地永远闭上了眼睛。

集张先生最后三年中的四段话作为序言，谨表怀念之情。

庄文中

2000年1月1日上午11时

性质论　目的论

论“三老”语文工具观是一个整体*

叶圣陶先生、吕叔湘先生、张志公先生，全国中小学语文教育界同人尊他们为“三老”。“三老”的语文教育思想是20世纪下半叶（1949—1998年）语文教育界的主流思想，指导了全国中小学语文教育的实践和理论。

“三老”语文教育思想中最重要的是语文工具观，这是在中小学语文教育实践中经历三次融合，逐步发展而形成的。

一、新中国成立初期，叶圣陶确立语文工具观

1980年，吕叔湘在《叶圣陶语文教育论集》序文中说：“通观圣陶先生的语文教育思想，最重要的有两点。其一是关于语文学科的性质：语文是工具，是人生日用不可缺少的工具。其二是关于语文教学的任务：教语文是帮助学生养成使用语文的良好习惯。”语文学科性质任务观，也是语文学科价值观，是“三老”中小学语文教育的核心理论。

叶圣陶先生是一贯的语文学科工具论者。1942年1月，他说：“学习国文就是学习本国的语言文字。”“要从国文科得到阅读和写作的知识，养成阅读和写作的习惯。”（《略谈学习国文》）8月，他进一步说：“国文，在学校里是基本科目中的一项，在生活上是必要工具中的一种。”他批评旧式教育“不能养成善于运用国文这一种工具来应付生活的普通公民”。（《认识国文教学》）叶圣陶先生从社会培养“普通公民”和学生生活需要两个教育学派定位维度，来确立另一个维度即学科的性质任务，确立语文学科的工具性质。

---

* 原载《课程·教材·教法》2010年第11期。题目有改动。

他还同时阐述国文的“了解固有文化”的任务：历史、地理等学科也有，国文学科尽其“专责”就要提出学习“文学名著”，这“就表示‘文学名著’是固有文化的一部分，为要‘了解固有文化’，所以要使学生读解它，欣赏它”。（《论中学国文课程的改订》）叶圣陶赋予自己的语文工具观以文化内涵。因此，他提出了语文教学的立场：“站定语文和文学的立场，这是对于国文教学的正确认识。从这种认识出发，国文教学就得完全改观。”（《认识国文教学》）

然而，在同一时期，他提出，在初中阶段，虽然也读文学，“但是阅读与写作的训练应该偏重在基本方面，以普通文为对象”（普通文，叶圣陶先生指应用文、记叙文、论说文）。在高中阶段，又规定“应侧重纯文艺作品”，“好像是专向文学了，但是基本训练仍旧不可忽略”。（《国文教学的两个基本观念》）1934 年，叶圣陶和夏丏尊合编初中语文课本《国文百八课》，这套课本编辑旨趣之一是“想给予国文科以科学性，一扫从来玄妙笼统的观念”。为此，“我们预定的文话项目有一百零八个，就代表着文章知识的一百零八个方面”，据此把 216 篇课文“编排成一个系统”，组织“论述、叙述、说明、议论四种体裁”文章的读写教学。“本书是彻头彻尾采取‘文章学’的系统的。”（《关于〈国文百八课〉》）叶老，似乎又站在语文学和文章学的立场上了。

1949 年，新中国成立初期，叶圣陶先生的语文工具观有发展，也受到冲击。

1949 年，叶圣陶先生在华北人民政府教育部教科书编审委员会主任岗位上，草拟《中学语文科课程标准》。这份课程标准在现代中学语文教育史上开创了一个新时代：中学的国文学科改为语文学科，以学习现代口语、白话为主，培养学生的听、说、读、写的现代语文能力。

1950 年，在叶圣陶先生主持下，出版总署编审局先后编辑、出版《初级中学语文课本》和《高级中学语文课本》，供全国中学通用。1952 年，在叶圣陶主持下，人民教育出版社改编上述课本，成为人教版第一套供全国中学通用的初中、高中语文课本。

出版总署编审局出版的《初级中学语文课本》的《编辑大意》开头说：

“说出来是语言，写出来是文章，文章依据语言，‘语’和‘文’是分不开的。语文教学应该包括听话、说话、阅读、写作四项。因此，这套课本不再用‘国文’或‘国语’的旧名称，改称‘语文课本’。”“无论哪一门功课，都有完成思想政治教育的任务。这个任务，在语文科更显得重要。……”

上述两个单位编辑、出版的初中、高中语文课本都重视文章读写教学、文学教学、简单的语言教学，都没有听说教学。初中也都没有文言文教学内容。高中课本出版总署版文言诗文占全套课本课文的约四分之一，人教版约三分之一。

两套语文课本都显示出思想政治教育的强烈色彩。人教版初中语文课本六册116篇课文，其中表现热爱祖国、热爱人民、热爱共产党的主旋律课文有44篇，反映苏联和苏联作家的作品38篇；六册课本选用《人民日报》《文艺报》的时文41篇。课后的“思考·讨论·练习”中，思想政治教育的习题多，语文知识练习的习题少。在阶级斗争激烈的时局下，中学的语文课上成政治课，这套课本是原因之一。

2006年，因读到叶圣陶先生的部分日记，才发现上述情况令他不满。在1951年11月19日，1952年4月24日的日记中，叶圣陶先生分别记道：“余于选文，不满意处甚多。径直言之，今日之语文本为报章杂志文字之选辑，与时事杂志无异。同社诸君乐趋此道，教师复唯此是尚，余亦不复置辩，然余固知语文本非此类也。”①“上午（蒋）仲仁来谈，隐示余与语文组少数同人相互不了解，彼辈以余为抱着纯技业观点，余以彼辈为徒知强调思想政治，而不悟内容与形式之必趋于一致。”②

叶圣陶先生“自知无术充分表达”，所以“急于吐露”，更是“不善组织与领导”，又“身体不佳”，以致1952年3月23日前致书胡乔木，1954年1月26日致书胡绳、胡乔木，请求解除人民教育出版社社长和总编辑之职。③

在新中国成立初期，叶圣陶主持编辑、出版第一套全国中学通用的语文课本，确立以听、说、读、写现代语文为主的语文工具观，并设立“语文学科”而开创中学学习现代语文的新局面，适应了时局对语文教学的需要。然

---

①②③《叶圣陶年谱长编》，人民教育出版社2005年版，第210、219、394页。

而就教材而言，并没有完全实践叶圣陶语文工具观的理论。教材因片面加强思想政治教育而削弱了语文能力训练。

二、“三老”语文工具观的第一次融合

1954年2月1日，在毛泽东主席的主持下，中共中央政治局扩大会议批准了中央语文教学问题委员会的《关于改进中小学语文教学的报告》，决定全国中学实行文学、汉语分科教学。

语文学科分为文学、汉语两种，叶圣陶先生是赞同的，并且全力实践之。早在1952年，叶圣陶商调吕叔湘先生到人教社工作，8月29日与吕叔湘“共谈目前语文发展情况，彼此所思颇相近”。吕叔湘先生则请在开明书店编《语文学习》的张志公协助。11月5日，叶圣陶请语言研究所同志和人教社副社长张萃中、辛安亭座谈中学语法教学问题。“讨论提纲由叔湘草拟，并经叔湘当面陈述，大家发言均切实。”① 1954年通过教育部调吴伯箫（时任东北师院副院长）主管文学教材，并任命他为副社长、副总编辑；吕叔湘被任命为副总编辑，张志公被任命为汉语编辑室主任。借助文学、汉语分科教学平台，“三老”语文工具观得到发展机遇。

1954年10月30日，叶圣陶先生被任命为教育部副部长，兼任人民教育出版社社长、总编辑，专职领导中小学各科教材编辑、出版。从1953年到1958年初，叶圣陶领导、审定文学、汉语的教学大纲和教材。

1956年7月1日教育部召开全国语文教学工作会议，叶圣陶以教育部副部长的身份作了《改进语文教学，提高语文教学的质量》的工作报告。这份报告，叶圣陶同中语室同人讨论，列提纲，分段起草，再由叶圣陶串起来改写全文，然后再讨论、修改几回而定稿。会后，他又将报告稿分送胡乔木和教育部党组审阅，再根据返回意见修改定稿，最后公开发表。这份报告，反映了叶圣陶先生当时主要的语文教育思想。

第一，确认语言是必需的工具：“语言是进行思维和表达思想的工具。”“语言是学习一切学科必需的工具。”

---

① 《叶圣陶年谱长编》，人民教育出版社2005年版，第249页。

第二，确认“语文科”的教学任务和内容：“指导学生阅读有典范性的文章——特别是文学作品……文学作品以形象的力量，以它所反映的真实，培养学生的世界观，培养学生的生活能力，陶冶学生忠于祖国和人民的情感。文学作品又可以使学生领会什么是美：花木山川的美，城市乡镇的美，道德品质的美，广大群众为伟大目标而斗争的美，都可以从文学作品中得到深切的领会。这就把美育跟德育紧密地结合起来。”

“指导学生学习语言。”“语言教学担负着发展学生的语言的任务，也就是担负着发展学生的思维能力的任务。”

“培养学生运用语言——包括口头语言和书面语言——表达思想的能力，也就是培养学生作文的能力。”

第三，中学“语文科”实行文学、汉语分科教学。

初中文学课本“应该以我国现代文学作品为主，教材里还应该编入文学理论知识和文学史知识的课文。高中的教材应该依据文学史的系统编选从古到今的中国文学作品——包括少数民族的作品，还要编选外国的——特别是苏联的文学作品。此外还应该编入中国文学史各阶段的概述和一些文学论文……”“中学里讲授的文学作品……都必须具有典范性；中学里讲授的文学理论知识和文学史知识，必须自成系统。”

“汉语教学必须是有系统的。”“汉语教学的学科内容应该按照语言科学的系统——语音、词汇、语法、修辞——安排。”“汉语教学要能指导语言实践，要有实用意义……”“中学里进行系统的汉语教学是个创举。”

引人注意的是，这份报告没有提语文科的思想政治教育任务，而是强调：“学习祖国的文学和语言，可以逐步认识祖国文学和语言的丰富优美，从而热爱祖国文化，热爱祖国人民。”

叶圣陶先生的这份报告，是根据“祖国的社会主义建设和社会主义改造”的社会要求提出的，是在“最近一年间，小学的语文课本，中学的文学课本和汉语课本又进行了试教工作”以后提出的，是又总结了语文教育的历史经验教训提出的，有深厚的实践基础和理论基础。

吕叔湘、张志公应叶圣陶力请，于 1952 年 11 月参加中学汉语教材的编写工作。此前，吕叔湘先生、张志公先生已经是著名的语言学家，此后才投身中小学语文教育界。1952 年 11 月，吕叔湘、张志公拟订中学语法教学提纲；1953 年 10 月根据胡乔木指示，拟订《汉语课本》编辑计划，叶圣陶还"即邀（辛）安亭、（朱）文叔及中学语文室四位同人为会"，"讨论历三小时，大家无甚修正意见，均谓计划极佳"（1953 年 10 月 13 日日记）。可见吕叔湘、张志公的汉语教学思想得到叶圣陶和同人的认同。当时，吕叔湘、张志公接受了叶圣陶语文工具观，并开始在语言教学方面发展叶圣陶先生的语文观。

吕叔湘、张志公二位先生的语言教学思想反映在他们主持制订的 1956 年《初级中学汉语教学大纲（草案）》和教材说明中。教学大纲开头说："汉语是对青年一代进行社会主义教育的一种重要、有力的工具。列宁教导我们说：'语言是人类交际极重要的工具。'"初中汉语教学任务是："教给学生有关汉语的基本的科学知识，提高学生理解汉语和运用汉语的能力"，"使学生认识祖国语言的丰富优美和雄伟有力，从而使学生热爱自己的语言和创造它的伟大的汉族人民"，"培养学生的民族自豪感和爱国主义热情"。然而，由于片面强调教学内容的系统性，致使汉语教材知识太多，教材所体现的教法也不当，达不到预想的教学效果。

在 1953 年到 1958 年文学、汉语分科教学实验中，"三老"的语文工具观得到了第一次融合，叶圣陶的语文教育观得到了发展，吕叔湘、张志公的语言教学思想充实了叶圣陶的语文教育观。表现在以下方面。

第一，"三老"的语文工具观落实到文学、汉语分科的学科价值中：培养学生阅读文学作品的能力，培养学生"正确的审美观点"，"培养学生的生活能力"；培养学生"理解汉语和运用汉语的能力"，"使学生知道语言是交际的工具"；"学习祖国的文字和语言，可以逐步认识祖国文学和语言的丰富优美，从而热爱祖国文化，热爱祖国人民"。

第二，语文学科各部分教学内容既独立又统一。文学教学、汉语教学、作文教学自成系统，又相互为用："文学教学和汉语教学就为作文教学打好了基础"，"联系着文学和汉语的教学进行系统的作文教学"。

第三，构建以培养优良道德品质和正确审美观点，热爱汉语、热爱祖国、热爱祖国文化为内涵的语文工具观，避免了片面加强思想政治教育的冲击。因受当时政治形势和学科实践的局限，叶圣陶在职务报告中也提出了过高的语文学科思想教育任务，片面强调学科内容系统，这也是可以理解的。

三、“三老”语文工具观的第二次融合

由于1957年“反右”斗争的政治形势和文学、汉语分科教材的自身不足，1958年3月，文学、汉语分科教学中止（高中文学课本只编辑、使用了两年四册），并合文学、汉语为语文一科。1958年秋季，人民教育出版社应急编出1958年“大跃进”版中学语文课本。这套课本加强思想政治教育，减少教学内容。初中、高中共有选文（课文）146篇，大量用国家领导人的文章和《人民日报》社论，初中课本中写作知识单薄，高中写作教学的要求、练习也缺少。这套课本与文学、汉语分科课本形成巨大反差，遭到普遍批评，以致教育部党组于1959年8月向中央递交《关于提高中小学语文教育质量的请示报告》。报告指出中学生语文水平低下，提出改进语文教学的意见，如明确中小学语文教学的目的和要求，提高教材质量，等等。（叶圣陶先生修改了这份请示报告。）

叶圣陶经历了1957年“反右”斗争的风浪，承受了1958年3月文学、汉语分科中止的压力。1958年10月6日至9日，又到教育部参加谈心会，听取教育部和人教社同人的批评。叶圣陶先生反思自己的工作和思想，一边继续忙于教材工作，一边参与教育部的任内工作。1960年6月26日至7月12日，教育部召开全国十年制学校新教材研究会，会上形成《语文、历史、地理、常识四科教材研究会纪要》，叶圣陶先生做了统稿工作。纪要的“语文教材”部分有下列内容。

• 语言文字又是学习和工作中不可缺少的工具。

• 语文课应该培养学生的马克思列宁主义的文风和正确运用语言文字的能力。

• 思想政治教育和语文教育是不可分割的统一体。①

---

① 《叶圣陶年谱长编》，人民教育出版社2005年版，第642页。

在纪要强调思想政治教育的背景下，叶圣陶先生坚持他的语文工具观，并于1961年主持编写人教版十年制中学语文课本。

“编辑这套课本的意图在使学生懂得一些语文的基本规律，以便理解和运用祖国的语言文字，逐步提高现代汉语的阅读能力和写作能力；逐步培养学生的道德品质，革命精神；扩大学生的眼界，丰富学生的文化知识。”虽然这套课本仍然在加强思想政治教育的指导下编写，但还是突出语言运用训练和文章读写训练，成为在“文化大革命”前17年中，人教社中学语文室编写的唯一一套比较完整的自编教材。

1961年前后，经过语文教学实验和语文理论研究，从中央教育领导同志到地方中小学教师逐步统一了教育思想。1959年、1960年，教育部部长杨秀峰，中宣部部长陆定一，先后在工作报告中指出：语文“是学生所必须掌握的最基本工具”。经过三年“文”和“道”的讨论，《文汇报》1961年12月3日发表社论《试论语文教学的目的任务》，既说语文是“交流思想感情的工具”，又说语文是“阶级斗争的工具”，并且比较正确定位了语文学科的目的任务。1963年2月，普通中小学教材编审领导小组改由中宣部副部长张磐石任组长。这一月，张磐石主持修改《全日制中学语文教学大纲（草案）》，并且同人教社中语室编辑一起修改了初中语文第一册试教本。1963年5月，教育部公布《全日制中学语文教学大纲（草案）》，教学大纲开宗明义：“语文是学好各门知识和从事各种工作的基本工具。”

1963年前后，经历十年语文教育实践，“三老”语文工具观得到了第二次融合。

1962年10月，在北京中华函授学校《语文学习讲座》第1辑上发表的《认真学习语文》（后经修改，又发表于1963年10月5日《文汇报》）一文中，叶圣陶先生第一次公开解释“语文”学科。“什么叫语文？平常说的话叫口头语言，写到纸面上叫书面语言。语就是口头语言，文就是书面语言。把口头语言和书面语言连在一起说，就叫语文。”文章指出，从1949年下半年开始用“语文”学科名称，并且进一步阐述语文（学科）的工具性质：“语言是一种工具。……”“就个人说，是想心思的工具，是表达思想的工具；就人与人之间说，是交际和交流思想的工具。”（《认真学习语文》）值得注意的是，这里说“语言是一种工具”，不是说“语文是工具”（1978 年，叶圣陶说“语文是工具”）。叶圣陶还论述了“道”和“文”是不可分割的，否认了“以道为主”“以文为主”和“道与文并重”的说法，进一步提出学语文就是学做人的观点。

同年，吕叔湘、张志公撰文阐述叶圣陶语文工具观。吕叔湘先生说：“语文教学应该语言和文字并举，以语言为门径，以文字为重，达到语言和文字都提高的目的。”（这里的“文字”指“书面语言”）并且认为必须认清人们学会一种语文的过程：“语文的使用是一种技能，一种习惯，只有通过正确的模仿和反复的实践才能养成。”（《关于语文教学的两点基本认识》）张志公先生在 1963 年 10 月 10 日《光明日报》上发表《说工具》，提出：“语文是个工具，进行思维和交流思想的工具，因而是学习文化知识和科学技术的工具，是进行各项工作的工具。”指出语文这个工具同其他工具（如锄头、刨子）不同的地方是“语文和思想老是长在一起，分不开”。并且指出：“教学生掌握语文工具，也就是掌握足够的字和词，掌握句子的构造和用法，掌握谋篇布局的道理和技能，这是语文教学的目的。”因此，语文的工具性和教学目的，“决定了语文教学必须把训练学生运用字、词、句、篇章的能力和训练学生理解语言所表达的思想的能力结合起来”，做到训练语文能力和思想教育结合起来。“一句话：文道统一！”

1963 年，“三老”发展语文工具观，阐述了语文学科的性质、任务和“文”“道”统一的教学思想，指导了当时教材编写和教学实践。叶圣陶先生不仅参与了语文教材的设计、审定，还到学校指导试教。然而，“文化大革命”爆发，“三老”的语文工具观又停止了发展的步伐。

四、“三老”语文工具观的第三次融合

“文化大革命”之后，从 1978 年至 1998 年，中学语文教育“拨乱反正”进入健康发展。语文性质观从“基础工具”发展到“交际工具”，从“政治思想性”发展到“文化性”再到“人文性”，进而归结为“工具性和人文性相结合”。这期间，“三老”的语文工具观经受了实践的检验而进一步发展。

1978 年 3 月 16 日，吕叔湘先生在《人民日报》上发表《当前语文教学

中两个迫切问题》，说：“10 年的时间，2700 多课时，用来学本国文，却是大多数不过关，岂非咄咄怪事!”吕叔湘先生登高一呼：“进行语文教学改革，提高语文教学效率!”春雷乍响，震动了中小学语文教育界。

1978 年 3 月 21 日，叶圣陶先生立刻响应，在北京地区语言学科规划座谈会上发表讲话，提出“做到尽快地改进语文教学”。叶圣陶在回顾语文教学老传统的基础上，以新的高度重申语文工具观。他说：“语文是工具……学习、表达和交流都要使用这个工具。要做到个个学生善于使用这个工具（说多数学生善于使用这个工具还不够），语文教学才算对极大地提高整个中华民族的科学文化水平尽了分内的责任，才算对实现四个现代化尽了分内的责任。”（《大力研究语文教学　尽快改进语文教学》）这里，叶圣陶先生第一次从“提高整个中华民族的科学文化水平”和“实现四个现代化”的国情高度来审视语文学科的价值。在这个高度上，不仅学生“善于”使用语文这个工具，而且“人人”善于使用语文这个工具。叶圣陶先生把语文工具观提到了民族和国家的高度。令人瞩目的是，叶圣陶再次准确地提出了他的教育哲学的纲领：“‘教’都是为了达到用不着‘教’。”用它来统帅整体语文教学。从 1978 年到 1988 年十年间，叶圣陶从提高中华民族素质和国家现代化高度审视语文工具观，阐述听、说、读、写并重的教学观；提倡调查和实践，来构建语文教学的科学体系。

从 1979 年至 1998 年二十年间，吕叔湘、张志公继承并发展了叶圣陶的语文工具观。吕叔湘先生阐述，语文学科培养的是学习、提高运用口头语言和书面语言的能力，而学习书面语言是主要的。语文课的主要任务“是教会学生使用现代语文，主要是读和写现代文。文学和语言比较，语言是主要的，文学是次要的。读文艺作品，首先是把它作为范文来学习”。（《我赞成语文教学要轻装前进》）在语言教学方面（如语法教学、语感教学）发展了叶圣陶的语文工具观。

张志公先生于 1958 年、1977 年两次研究我国传统语文教育，总结成败得失，并且在这个基础上，研究语文学科的现代化问题。他积 30 年功力构建“汉语辞章学”，把语言学、文章学和语文教学沟通起来，建设“一条龙”的中小学语文教学体系。1994 年，在《语文教学要同现代化建设接轨》一文中，提出语文教学要跟现代化市场经济需要接轨，要跟信息社会、信息交际接轨，提出“文道统一”都要现代化。1996 年初说：“加强语文教学中的人文因素，我不反对，但把它与科学性对立起来，就走向了极端。……科学性和人文性都得加强！”（《提倡两个“全面发展”——答〈语文学习〉记者问》）“现代化更要求全面的文化素质。我主张‘两个发展’，一个是德、智、体全面发展，一个是自然科学、社会科学、人文学全面发展。”（《工具·实用·现代化》）可以说，张志公先生把叶圣陶的语文工具观推向了民族化和现代化相结合的发展道路。

五、“三老”语文工具观是一个整体

从语文教育的实践和理论看，叶圣陶、吕叔湘、张志公三位先生的思想是一个整体，他们的语文工具观也是一个整体。从个人来看，叶圣陶、吕叔湘、张志公都有自成系统的语文教育思想，都有创造性的理论贡献，然而也都有一定的局限。这种个人局限有的是理论体系方面的，有的是一时一地某个方面的。

阐述语文学科的“语文”概念，叶圣陶先生有前后不一致的解释。1960 年 1 月 21 日《答孙文才》信中说：“‘语文’一名，始用于 1949 年之中小学语文课本。当时想法，口头为语，笔下为文，合成一词，就称‘语文’。自此推想，似以语言文章为较切。”把“语文”理解为语言、文章，这个说法符合当时“同人”的想法。1950 年“同人”编辑的第一套全国通用的初中语文课本《编辑大意》说：“说出来是语言，写出来是文章，文章依据语言，‘语’和‘文’是分不开的。”1963 年后，叶圣陶先生又说：“语是口头语言，文是书面语言，把口头语言和书面语言连在一起说，就叫语文，这个名称是 1949 年下半年用起来的。”否认了“语言”“文学”，也不提“语言”“文章”，又说这是“彼时同人之意”（1964 年 2 月 1 日《答滕万林》）。而语言学界把语言解释成：“语言包括口头语言和书面语言。”这样，语文学科的“语文”内容和语言学的“语言”内容等同，语言、语文都成了人们的交际工具。因此，叶圣陶先生在谈学习语文时，把“语言是工具”直接看作“语文是工具”，不区分语言和语文。对“语文”概念解释不同，直接影响了对语文学科内容的界定。1978 年以后，叶圣陶先生避开论述语文学科中的文学教育，似乎一是因为文学、汉语分科教学的后遗症，一是因为把语文直接看作口头语言和书面语言了。

吕叔湘先生继承叶圣陶先生的学说，也认为语文是口头语言和书面语言，并且发展为：语文教学以学习口语为门径，以学习书面语为重点，“行有余力，则以学文”——“这个‘文’应该包括两个‘文’，一个‘文学’，一个‘文言文’”。在吕叔湘语文教育思想里没有文学教育的独立教学要求和内容，不能不说是个缺憾。

张志公先生自己说：“我学习叶老、吕老，有继承关系。”张志公先生在语言教学、文学教学等方面都发展了叶圣陶的语文教学思想。在语文工具观上，他融进了民族化和现代化相结合的创意。然而，他想用“汉语辞章学”来改造初中、高中教学内容和教材没有实现——也没有条件实现。他花了极大精力，先后主持制订“暂拟体系”和“系统提要”两大中学教学语法系统，先后参与了部分中学语法教材编著，可是没有编订出适合中学生的语法教学内容、教学系列、教学方法，对此叶圣陶先生自己亦叹为憾事。

客观来看，上面所说的个人局限或缺憾，也是在所难免的。

简要地说，“三老”语文工具观有下列主要内容。

第一，语文是现代口头语言和书面语言，是人们的交际工具；语文工具既具有人们互相交际的语言能力，又具有人们互相感染的思想情感，“语文和思想老是长在一起，分不开”。“三老”语文工具观开创了中学语文学科学习现代语文的新局面。

第二，语文学科价值是：培养运用语言的能力，以适应现代社会生活，培养良好的思想情感，以成为合格公民。语文学科的“文”与“道”是不可分割的。“道”，主要指培养热爱祖国语言、文学的感情，培养热爱社会主义祖国的感情，培养良好的审美情趣，培养优良的品质和民族精神。“三老”认为，语言—语文属于人文学科，有人文性是不言而喻的，问题是“语文的人文性”的内涵是什么。吕叔湘先生曾说：不能扩大语文的文化内容，否则就花精力学习传统文化知识了，语文的工具性又不灵了。“三老”三次融合语文工具性，都起到了在特殊历史时期弱化或否定语文政治化的作用。

第三，语文学科，从内容上说，主要是学习和使用语言和言语作品，包括语言知识、能力，文章读写知识、能力，文学鉴赏知识、能力。在某个历史时期，某种情况下，“三老”中有人偏重其中一项或两项。从总体上说，在强调语言训练的情况下，在不同学段侧重不同内容——或语言，或语言文章，或语言文学。

第四，“三老”一贯从社会需要和学生需要来论述语文教育的要求和内容，不同时期提出了与时俱进的要求和内容，这是因为“三老”都是在实际语文教育工作中研究语文实践的问题而又指导实践，其学说具有实践意义和理论意义。

第五，“三老”从提高中华民族素质和适应国家现代化建设的国情高度，审视中华民族的母语教育——语文教育继承我国传统语文教育的精华，又吸取现代中外母语教育的优良成果，因此，“三老”语文工具观按民族化和现代化相结合的方向发展，显示出持续发展的开放态势。

总之，“三老”的语文工具观，开辟了中学语文学科学习现代语文的新局面，避免文言化；确立了以学习、使用语言和言语作品为主的学科价值，防止语文学科政治化；构建中小学语文教学“一条龙”的教学体系框架，引导语文教学科学化；用自己的语文实践、语文理论展示了语文教育的民族化和现代化相结合的发展方向，坚持语文教育的中国特色。

试论中学语文学科的性质和目的*

——学习叶圣陶语文教育思想的体会

40年的历史告诉我们什么？

新中国成立以来的40年，关于中学语文学科的性质和目的的研究、实践可以分为五个阶段。

第一阶段，1948年至1952年，起步阶段，教学实践促使人们探求语文学科的性质和目的。

1948年8月，当时华北人民政府教育教科书编审委员会着手编辑新的语文课本，作为编审委员会主任的叶圣陶先生起草了《中学语文科课程标准》的草稿。草稿“根据本科的性质和范围”，规定两项目标：

一、通过语言文字的学习，从感性的认识出发，在学生的情操和意志方面，培养他们：

1. 对劳动跟劳动人民的热爱；
2. 对祖国的无限忠诚；
3. 随时准备去克服困难战胜敌人的决心和勇气；
4. 服从公共纪律爱护公共财物的集体主义精神。

二、顺应学生身心的发育和生活经验的扩展，逐步地培养他们凭我

---

* 原载《课程·教材·教法》1990年第6期，略有修改。

国语言文字吸收经验表达情意的知能。①

草稿从听话、说话、阅读、写作方面规定了初、高中的教学要求，初中还要求学生"能够就语汇、语法、修辞格三方面区别方言和普通话，能够彼此转译"；高中还培养"通解普通文言"和"文艺欣赏"能力。这份草稿虽然没有成为正式文件，但是对当时的语文教育起一定的指导作用。

1950年秋季起，中央人民政府出版总署编审局编辑的《初级中学语文课本》(宋云彬等编）和《高级中学语文课本》(周祖谟等编）陆续出版使用。初中课本的《编辑大意》指出："说出来是语言，写出来是文章，文章依据语言，'语'和'文'是分不开的。语文教学应该包括听话、说话、阅读、写作四项。因此，这套课本不再用'国文'或'国语'的旧名称，改称'语文课本'。"还指出："要通过语文科来完成思想政治教育的任务"；"语文课本的作用，在使学生阅读各种文章的范例，并且就从阅读中同时养成听、说、写的能力"；语法、作法等分散编在《思考·讨论·练习》里，"就实际的听、说、读、写当中提出材料，相机进行"教学。

1952年秋季起，人民教育出版社对上述初、高中语文课本作了改编，并在《本社新编课本简述》中说："但因中学语文教学的基本要求没有确定，有关的重要问题，如语法和文学的分合、对政治性和艺术性的看法、高中文言教学的目标等都没有解决，以致两书虽已定稿发排，至今还有较大的不同意见。"

《中学语文科课程标准》草稿规定的两项目标，体现了叶老对语文的性质和目的的认识。36年的小学、中学、大学教学实践，使叶老认识到：语文"在生活上是必要工具中的一种"(1942年)②，"国文教学自有它独当其任的任，那就是阅读与写作的训练"。(1944年)③ "训练思想，就学校课程方面说，是各科共同的任务；可是把思想语言文字三项一贯训练，却是国文专责。"(1945年)④

①②③④ 《叶圣陶语文教育论集》，教育科学出版社1980年版，第199、86、57、77页。

当时，由于片面理解语文学科的思想政治教育，把语文课上成政治课，削弱了语文训练，加上教师队伍素质差，教学方法不当，致使中学语文教学质量差，引起了社会广泛的重视，人们开始从语文学科的性质和目的方面探求原因。

第二阶段，1953 年至 1959 年，语文教育史上的一次近期摇摆。

1952 年开始研究中学语文教学质量差的原因。当时一种意见认为，主要原因是对语文学科的教育目的认识不清，具体表现是语言教学和文学教学混合，导致两败俱伤，影响教学质量。于是提出了汉语、文学分科教学的主张，并提出了两科各自的教学目的任务和内容。

1954 年 2 月，中共中央政治局扩大会议批准了中央语文教学问题委员会的《关于改进中小学语文教学的请示报告》。这则请示报告提出把中小学语文一门课程分为语言和文学两种独立的学科，并且阐明了语言课和文学课的目的任务、教学内容、编排体系等问题。1956 年教育部公布了《初级中学文学教学大纲（草案）》《高级中学文学教学大纲（草案）》《初级中学汉语教学大纲（草案）》。9 月，全国中学正式使用人民教育出版社编辑、出版的初中文学第一、三册和高中文学第一册。全国中学开始汉语、文学分科教学。

汉语、文学的教学大纲规定了教养任务和教育任务。

《初级中学文学教学大纲（草案）》规定：

> 初级中学文学的教养任务，是在小学语文教学的基础上，（一）指导学生学习更多的文学作品，领会这些作品的思想内容和艺术形式；（二）结合文学作品的教学，讲授某些必要的文学理论常识和文学史常识，帮助学生更好地领会文学作品；（三）指导学生在学习文学作品的过程里，丰富语言知识，并学习用口头语言和书面语言明确地表达思想感情。
>
> …………
>
> 初级中学文学的教育任务也就在完成上述的教养任务的过程中完成。

> 初级中学文学的教育任务，就是帮助学生树立社会主义政治方向；培养辩证唯物主义世界观；培养共产主义道德，特别是爱国主义精神，共产主义劳动态度，集体主义精神，自觉地遵守纪律的精神，爱护公共财物和坚韧、勇敢、谦逊、诚实、俭朴等品德，热爱祖国语言和文学的感情，提高认识能力，发展想象能力；培养正确的审美观点，特别是对社会生活的明确的是非、善恶观念和热烈的爱憎感情。

《高级中学文学教学大纲（草案）》规定的文学教养任务更重，如“依据文学史的系统学习中国文学史上的重要作品”，“讲授系统的中国文学史基本知识”。高中文学教育任务与初中的相同，只是在初中的基础上“继续”进行。

1956年底，汉语、文学分科教学不到四个月，不少教师反映：大纲要求太高，教材分量太重，教学进度太紧，学生负担太重。当时，有人分析说：“其中一个根本的原因，就是在当前我国中学语文教学的目的任务上还存在着不少问题。”又有人分析说：“其中一个原因就是受了教条主义的影响，硬搬不少长课文，硬要在文学课本中讲很多专题；另一个主要原因是不问学生能否接受，教师是否教得了，只凭自己的主观愿望向学生灌输所谓将来享用不尽的知识……”①

于是，1958年初国务院领导教育工作的部门决定：文学、汉语合并为语文。语文教学的目的是：（一）使学生学会正确地理解和熟练地运用祖国的现代语文，提高阅读能力和写作能力；（二）讲授富有教育意义的作品，向学生进行思想政治教育，从而提高学生的社会主义觉悟和道德修养。至此，汉语、文学分科教学半途而废（只进行了两年）。这一年秋季，人民教育出版社供应全国中学使用初、高中语文课本。课本选入较多的反映工农业生产发展的文章，增大了政论文的比重，按思想内容编排单元，在有关单元后边编入语法、修辞、写作方面的知识短文。初中六册共79篇课文，高中六册共77篇课文。1958年的初、高中语文课本又偏于一端。

---

① 见1956年12月《人民教育》的《开展讨论以来》和1957年5月3日《教师报》的《克服教条主义，提高教育质量》。

1956年—1959年，语文教育历史上出现一次近期摇摆。1956年汉语、文学分科教学，强调汉语、文学的知识教学，却忽视了思想政治教育和语文能力训练。1958年新编的（1959年小修，1960年大修）初、高中语文课本及相应的教学，又把语文课看成了政治课，削弱了语文知识教学和语文能力训练。这种近期摇摆现象，反映了对语文学科的性质和目的认识不清，这是历史的经验教训。

叶老在汉语、文学分科教学期间，以教育部副部长的身份，作了《关于语言文学分科的问题》（1955年8月）和《改进语文教学，提高语文教学的质量》（1956年6月）的报告。叶老对汉语、文学分科教学是有自己看法的。所以在1980年选编《叶圣陶语文教育论集》时没有编入上述报告。

第三阶段，1960年至1966年，以1963年中学语文教学大纲为标志。

1960年4月，根据中宣部的指示，成立了全日制十二年制中学教科书编审领导小组。1961年10月，教育部着手制订语文等学科的教学大纲。实践呼唤理论。语文教育界上上下下展开了语文学科的性质和目的的讨论。1961年12月《文汇报》发表了社论《试论语文教学的目的任务》。社论明确指出："语文，归根结底是一种工具"；语文教学的目的任务应当是："使学生正确熟练地掌握与运用祖国的语言文字，培养与提高学生的阅读和表达能力，并通过教学内容的教育和感染，培养学生具有正确的观点，健康的思想感情和高尚的品德。"与此同时，人民教育出版社1961年和1962年分别向全国供应十年制和十二年制的初、高中语文课本（十二年制的是试教本）。

1963年5月，教育部制订《全日制中学语文教学大纲（草案）》，大纲明确指出"语文是学生学习各门学科必须首先掌握的最基本的工具"。大纲没有提政治教育的具体内容，只是论述了"文"与"道"的关系，要求正确处理思想政治教育和语文教学的关系。大纲规定：

> 中学语文教学的目的，是教学生能够正确地理解和运用祖国的语言文字，使他们具有现代语文的阅读能力和写作能力，具有初步阅读文言文的能力。

人民教育出版社同教学大纲颁行配合，出版了新编十二年制初、高中语文课本（1965 年作了中改）。

叶老在这几年对语文学科的性质和目的作了进一步的阐述。他指出："什么叫语文？平常说的话叫口头语言，写到纸面上叫书面语言。语就是口头语言，文就是书面语言。把口头语言和书面语言连在一起说，就叫语文。""语言是一种工具"。"就个人说，是想心思的工具，是表达思想的工具；就人与人之间说，是交际和交流的思想工具。"（1963 年）提出"循文求义"，在语言教学中进行思想教育的主张①，阐述"'道'与'文'是不可分割的"的道理，多次论述"凡为教，目的在达到不需要教"。(1962 年)② 叶老还多次论述语文的目的任务，在于培养学生使用语文的能力和习惯——主要是读书的能力和习惯。1961 年，叶老说："学生须能读书，须能作文，故特设语文课以训练之。最终目的为：自能读书，不待老师讲；自能作文，不待老师改。老师之训练必作到此两点，乃为教学之成功。"③ 叶老参与了大纲的制订工作，指导了教材的编写工作，作出了具体的贡献。

第四阶段，1966 年—1976 年，在"文化大革命"中，语文课或者成为政治课的附庸，或者成为大杂烩，给人们留下了历史性的教训。

第五阶段，1977 年—1990 年，语文教育工作拨乱反正，迅速发展。

1978 年 3 月，教育部制订了全日制十年制学校《中学语文教学大纲（试行草案）》(1980 年作了小修订，印行第 2 版)。这次大纲恢复了 1963 年大纲的语文学科性质和目的的提法，是一个拨乱反正的大纲，指导并促进了当时的语文教育工作。大纲指出"语文是从事学习和工作的基础工具"。规定了教学目的：

> 中学语文教学必须用马克思主义的观点指导学生学习课文和必要的语文知识，进行严格的读写训练，使学生能够正确地理解和运用祖国的语言文字，具有现代语文的阅读能力和写作能力，具有阅读浅易文言文的能力；在读写训练的过程中，要注意提高学生的社会主义觉悟，培养

---

①②③ 《叶圣陶语文教育论集》，教育科学出版社 1980 年版。

> 无产阶级的情操和共产主义的道德品质。

大纲明确地提出思想政治教育的目的。人民教育出版社按照大纲编写的课本同1963年的课本模式基本相同。大纲和教材推动了语文教学改革。

1980年以后，人们开始学习国外的现代教育思想；总结中学语文教育的经验教训；开始出现教材改革的势头，编辑初中语文教材；改革教学方法。教育观念也随之转变，由教学知识进而培养能力，再进而发展智力；由教师讲解为主发展到学生自学为主，培养学生的自学能力；由教学发展到教育，重视非智力因素（如动机、兴趣、情感、意志等），强调情感熏陶。与此同时，由于高考冲击了教学等原因，学业难度增加，学生负担加重，教学质量受到影响。

1986年国家教委根据中央关于教育体制改革的决定和义务教育法的精神，根据降低难度、减轻负担、明确要求的原则，对1980年大纲作了修改。大纲指出："语文是从事学习和工作的基础工具。"大纲充实了目的，增加了培养听说能力，"开拓学生的视野，发展学生的智力"，培养"健康高尚的审美观"的要求（教学要求中，高中部分增加了使学生"初步具有鉴赏文学作品的能力"的要求）。大纲还强调了语文学科对思想教育的重要意义；只提"思想教育"，不提"思想政治教育"。大纲分阅读能力、写作能力、听说能力、基础知识等四项，列出了初、高中的分年级要求。人民教育出版社及时修订了初、高中语文课本，着力建立语文教材的体系。

1990年，国家教委根据加强思想政治教育和降低难度、减轻负担的原则又修改了《中学语文教学大纲》。

12年的语文教育稳步发展，取得了很大成绩，然而也存在严重的问题。

40年的中学语文教育历史告诉了我们什么呢？

一、对语文学科性质和目的的认识，决定于语文教育的实验和理论的水平。

二、40年历史的基本结论是："语文是人们从事学习和工作的基础工具。"语文的工具性决定语文学科的特殊的目的。语文学科兼有语文教学和思想道德教育的目的，在语文教学过程中进行思想道德教育。语文教学的基本内容是听、说、读、写的语文知识和语文能力。

三、语文教育目的不能定得过高，脱离国情；不能定得过偏——不能过偏于思想教育，不能脱离语文学科的特点。

四、1956 年—1959 年的近期摇摆，1966 年—1976 年的盲目破坏，这是语文教育的历史教训，必须总结，引以为鉴。

90 年代的现实要求我们什么？

从语文教育视角看，可以考察下列四个方面。

一、社会现实

1. 社会要求对青少年加强思想道德教育。柳斌同志认为德育“最基本的应当包括政治教育、思想教育、品德教育、行为规范这几个方面”。又说：“政治教育里面最根本的，一是加强党的教育，一是坚持社会主义制度。”“思想教育方面，当前要比较集中地加强一下人生观和世界观的教育，特别是人生价值观念的教育。”（《加强中师思想政治教育，全面提高教育教学质量》）国家教委也发出了《关于在中小学语文、历史、地理等学科教学中加强思想政治教育和国情教育的意见》。

2. 国家要求教育面向现代化，面向世界，面向未来，为培养德、智、体全面发展的有社会主义觉悟的现代化建设人才打好基础。我国各地经济文化发展不平衡。现实要求教育面对经济发达、中等发达、经济落后等三类地区，提出不同层次的要求，讲究适应性和实效性。

3. 国家搞改革开放，国际交流，文化互相影响。美国、日本等国重视培养国际型和创造型的人才。面对国际社会，要求青少年具有鲜明的民族文化素质和民族精神，以便“洋为中用”“古为今用”，建设社会主义、共产主义精神文明。

4. 社会主义现代化建设和现代信息技术的发展，要求人们具有适应生活的听、说、读、写能力，敏捷地用语文进行交际的能力。对于中学生来说，社会要求他们具有听、说、读、写的基本的语文知识和语文能力，其中快速阅读、吸收信息的能力和写作实用文章的能力尤为重要，而且还要求他们具有一定的民族文化素质，以适应现代开放的社会生活。

5. 现代语言学的发展，特别是应用语言学、社会语言学、心理语言学的发展，要求突破字、词、句和以读写文章为中心的语文教学模式，要求语文教育采取开放型，从语文知识开放到语文能力和智力，从语文能力开放到审美能力，从语、句开放到语言环境、语言效果，从文字学、词汇学、语法学开放到修辞学、社会语言学、文体学、文艺学，从民族语言开放到民族文化；开放并不是混合，而是互相渗透，取得综合效应。

二、学生现实

从思想政治方面看，今天的中学生比 10 年前的中学生大有进步，他们有关心国家政治生活的较强的意识，有振兴中华的愿望，积极探求人生价值，有民族的初始的优良品质。他们也有令人担忧的问题，例如，不了解国情，在新思潮面前缺乏判断力，在商品经济冲击下产生新的读书无用论，缺乏艰苦奋斗精神和奉献精神。

语文知识和语文能力方面，我们可以看一份经专家群体认可的权威性的调查报告。国家教委委托华东师范大学组织进行 1987 年全国初中三年级语文教学现状的抽样调查，历时两年，从 15 个省、直辖市、自治区抽取 5 万名初三学生（占全国初三学生总数的千分之四）进行调查。调查结果：初三学生的阅读和写作的总体成绩均未达到及格线，两项成绩的不及格率在 45%左右。报告指出，初三学生在语文学习上存在以下问题：

1. 对字的书写、应用能力大大低于识别能力；

2. 对知识的记忆性或认知性掌握强于理解基础上的灵活迁移和综合运用；

3. 写作成绩不理想，最突出的问题是审题能力不强和内容不充实；

4. 学生的语文实际应用能力亟待提高。

简言之，用现行大纲和教材要求，5 万名初三学生有一半不及格。近年内，国家教委调查了 25 个省，绝大多数学生负担过重，不适应当前的教学。

这就是国家教委一而再、再而三地降低大纲要求，降低教材难度，减轻学生负担的原因之一。

三、教师现实

目前，我国教师队伍中的大多数人，正处在年富力强阶段，思想和科学文化素质都有了提高，也取得了一定的教学成绩。但是，由于种种原因，教师队伍不稳定，一半左右的教师学历不能达标（有大专以上学历的初中教师只占总人数的40%左右）。现在，高中教师达不到要求的占30%左右，初中占60%左右。大多数教师没有进修条件。农村中学教师专业水平还要差一些。大多数教师承受中考或高考的压力，不敢进行教学改革，有被迫走入考试升学教学体制的趋向。我们的教育科学有很大的发展，但是还有严重的不足，例如对教育对象认知、心理规律的研究，对中学教育内容的定量定质的分析，许多重大问题还停留在感性认识阶段。

四、教学设备

据上述调查报告反映，就全国而言，有20.5%初级中学连一本普通字典、词典也没有，26.7%的学校没有报纸，15.9%的学校没有任何期刊。有阅读室、图书室的学校，书刊也不能满足学生的需要。大多数的中学更谈不上现代化的教学设备（如电视机、录像机等）。中学文科的教学设备历来不如理科，近年来的差距又在拉大。从语文教育看，许多语文教师只能在教科书、教学参考书、考试指导书的小圈子里打转转。当然，重点中学或条件较好的学校也有，但只占少数。1990年以后，学校设备会得到逐步改善，但步子不会很大。

上述20世纪90年代初期的现实，要求在制定中学语文教育目的时做到：

1. 既要面向现代化、面向世界、面向未来，又要不脱离我国经济、科学、文化和教育的现状。

2. 既要使语文教育目的具有现代性、先进性，又要具有科学性、适用性，使师生能够达到目标。

3. 既要体现语文的基础工具性，又要体现语文的思想教育性。

面对21世纪初期的思考

1986年，国家制订了《中华人民共和国义务教育法》。国家计划20世纪末全国基本普及义务教育。国家教委计划从1993年起正式实施九年制义务教育教学计划，使用各科教学大纲和教材。20世纪90年代的教育要培养

21 世纪初期的社会主义现代化建设人才。对于教育的思考，要立足于 20 世纪 90 年代初期的现实，面向 21 世纪初期的将来，要“面向现代化，面向世界，面向未来”。

一、基础教育的三个阶段（学段）

《义务教育法》指出“义务教育可以分为初等教育和初级中等教育两个阶段”。加上高级中等教育，小学、初中、高中是基础教育的三个阶段（或称学段）。小学教育是基础教育的基础。那么，怎样理解初中和高中的基础性质呢？

实施义务教育以后，中学生先后有两次分流。初中毕业生一部分升入普通高中，一部分接受高中阶段的职业技术教育，一部分直接或经短期培训后就业。高中毕业生也走这三条路：升入普通大学，接受高等职业技术教育，就业。这种社会现实，要求初、高中毕业生不仅具有升学的能力和素质，而且还要具有适应社会生活的能力和素质。

初中毕业生是 15 岁左右的少年，身心开始发展；听、说、读、写的知识和能力都应该“基本过关”。高中毕业生是 18 岁左右的青年，身心发展到成熟时期，人生观和世界观基本形成，已经开始当公民了；听、说、读、写的知识和能力应该在初中阶段的基础上提高一步，并且还应该具有一定民族文化素质。因此，在基础教育中，初中还是普及阶段，高中则应该是提高阶段。

二、语文的工具性和思想性

40 年的中学语文教育历史使人们得出一个正确的结论：语文是学习和工作的基础工具。当然，对于这个结论还要进一步认识和阐述。

叶老的观点是正确的。他指出了语文的工具性，并且进一步指出了这个工具的个人功能——“是想心思的工具，是表达思想的工具”，社会功能——“就人与人之间说，是交际和交流思想的工具”。这一点启示我们：制定语文教育目的任务时，要考虑学生对工具的自身需要和可能，要考虑工具的社会交际需要和可能。

叶老一贯重视语文的思想性。1919 年他说：“小学教育的价值，就在于打定小学生一辈子有真实明确的人生观的根基。”（《今日中国的小学教育》）

1961年他说："果能引导学生细读本文，获得透彻之理解，则学生非徒理解而已，其思想感情必受深切之影响。语文教学之思想政治教育之效果，宜于此求之。"（《语文教育书简》）1980年他说："易言之，教习某科为教学工作，熏陶善诱为教育工作，凡为教师，固宜教学与教育兼任之。"（《致杨苍舒》）70年间，叶老一贯主张在语文教学中进行思想教育，两者是统一的。

对于语文的工具性、语文学科的语文教学和思想教育，我们可以从三方面来认识：

1. 语文不是一般的社会工具，而是人们的交际工具，本身负载思想感情，"文"本载"道"，"道"必依"文"。

2. 学"文"悟"道"，悟"道"用"文"，"文""道"统一。语文这个负载思想感情的工具，具有交际功能，学生在交际中得到陶冶和教育，所以又具有思想教育功能。交际工具性和思想教育性的一致，是语文学科的特点。在语文教学过程中进行思想教育，是两者结合的途径。语文学科进行思想教育的特点是渗透熏陶，潜移默化，激发情感。

3. 语文教学和思想教育是统一的，不可偏废。如果两者之一偏废，语文教育就会走上歧途。如果两者有机结合，语文教育就会得到健康发展，就会有效地为社会主义现代化建设服务。

三、三个学段的起点和目的任务

看一看经过国家教委初审制定的《九年制义务教育全日制小学语文教学大纲（初审稿）》和《九年制义务教育全日制初级中学语文教学大纲（初审稿）》。大纲分别规定：

> 小学语文教学的目的，是指导学生正确地理解和运用祖国的语言文字，使学生具有初步的听、说、读、写能力；在听、说、读、写训练的过程中，进行思想品德教育，发展学生的智力，培养良好的学习习惯。
>
> 初中语文教学，要指导学生正确理解和运用祖国的语言文字，进一步提高阅读、写作、听话、说话的基本能力，养成学习语文的良好习惯。在教学过程中，要开拓学生的视野，发展学生的智力，激发学生热爱祖国语文的感情，培养健康高尚的审美情趣，培养社会主义思想品质

和爱国主义精神。

从语文教学角度看，我们认为：

小学的起点是：具有适应生存的听说能力，没有读写能力，从学拼音、识文字起步。要达到的目的是：培养听、说、读、写的初步的知识和能力，初步养成学习和运用语文的良好习惯。

初中的起点是小学的目的。要达到的目的是：培养听、说、读、写的基本的知识和能力，基本养成学习和运用语文的良好习惯。就读写方面说，能够读一般的现代实用文，能够朗读和背诵文言文的精彩段、篇；能够写简单的记叙文、说明文、议论文和一般常用的应用文。简言之，听、说、读、写能力“基本过关”。

高中的起点是学生的听、说、读、写能力“基本过关”。要达到的目的是：在初中基础上进一步培养理解和运用语言文字的能力，培养比较熟练的听、说、读、写能力，养成学习和运用语言的良好习惯，热爱祖国的语言文字；培养比较熟练地阅读一般现代实用文的能力，具有鉴赏文学作品的初步能力和借助工具书阅读浅易文言文的能力，掌握写作一般现代实用文的规律，具有比较熟练地表达自己的思想感情的能力，具有适应一般交际的听、说、读、写能力；具有一定的民族审美能力和民族文化素质；在教学过程中开拓学生的视野，发展学生的智力，培养学生的自学能力和参与社会实践的能力，培养学生的爱国主义精神、社会主义道德情操和社会主义政治觉悟。

总结过去40年的经验，立足20世纪90年代初期的现实，面向21世纪初期的未来，上述小学、初中、高中的起点和目的，我们认为是适当的，既有切合实际的先进性，又有体现先进的适用性。

谈谈黎锦熙先生的语文教育思想*

黎锦熙先生（1890—1978）是我国现代史上第一代的语言学家、文字学家、语文教育家，作出了开创性的杰出的贡献。他的语文教育思想具有极大的理论价值，对当前的语文教学改革仍然有指导意义。

一、国家必须推广标准语“国语”，“国语统一”；书面语言和口头语言必须一致，“言文一致”

黎氏1910年（20岁）肄业于湖南优级师范史地部（第二年毕业），即被选任为附属高等小学和附属中学的地理教员；1913年任湖南省立第四师范的历史教员，开始了教育生涯。1914年，与杨怀中、徐特立等创办“宏文图书编译社”，与同人合作编写《初等小学国文读本》《中等学校国文读本》和《初等小学国文教授法》；1915年，赴北京应聘任教育部教科书特约编纂员（后改任编审员），与徐特立、杨怀中等编写《初等小学国文读本》；1916年发起成立“国语研究会”，任委员（蔡元培任会长）；开始了语文教材编审和语文教育研究活动。

在国语运动早期（1916—1924），黎氏是中坚分子。在理论上，他从国家共和、国民发展、儿童需要等方面，阐述“国语统一”的重要性；从汉语发展方面，揭示“国语统一”的必然性；从学术方面，揭示国语的范围和“国语统一”的目的：“国语的范围，是包括‘国音’‘词类’‘语法’三大

* 本文是1995年1月为《黎锦熙语文教育论著选》（人民教育出版社1996年版）写的后记。

部”，“他的目的，就是要整理改良中国特有的语言，使他统一而易于普及。”（《何谓国语教育》，1921 年。）在实践上，他于 1915 年提倡改小学国文科为国语科，提倡白话文。1917 年拟《国语研究调查之进行计划》，建议在全国范围调查语音、词汇、语法，并编写标准音、国语辞典、国语文法，“三项既经编定，即可将小学国文科改为国语科”，并赴湖北、山西等地宣传注音字母。1918 年促成教育部成立国语统一筹备会，任常驻干事。当年任北京市完全科师范学校国语和新文学课的教员，直至 1927 年。1920 年 1 月，教育部训令全国，改小学国文科为国语科，使用白话文。黎氏参与审定中小学语文教材，到天津、保定、武昌、安庆、济南、杭州等地讲学，宣传文字改革，推广国语，研究小学国语教学，又始任北京高师（北京师范大学前身）国文系教授，始创讲授国语文法课。1924 年出版了《新著国语文法》《新著国语教学法》，独树一帜。

《新著国语教学法》是黎氏在 1921 年至 1923 年间“宣传国语”的演讲稿结集，是“我这三年来牺牲驰突的生涯”之记载。这本教科书开宗明义，改国文为国语，推广国语，目的是“要使文字和语言一致”，“要使全国的语言统一”；卒章显志，最后结论是：

> 要真做到言文一致，才能逼迫着国语使不能不统一；要真做到国语统一，才能使言文一致不至于发生危险。言文一致乃是国语统一的驱策者；国语统一便是言文一致的保护人。

黎氏与钱玄同、赵元任等人在“五四”前后的国语运动中作出了贡献，为现代语文教育打下了基础。

二、文字和语言，都是代表事物和思想的符号；国语教育目的有四个

黎氏在 1924 年明确地表述了语言文字的性质：

> 语言的用处：（一）是表情达意；（二）是人类共同生活的唯一媒介

物。他产生在文字之先；文字就是帮助他能“行远”而“持久”的。

所以文字和语言，都是代表事物和思想的符号：文字这种符号，是用手写、用眼看的；语言这种符号，是用口说、用耳听的；不过我们运用的官能有不同罢了。(《新著国语教学法》第一章)

改国文科为国语科，目的是言文一致；所以，国语教学包括书面语言和口头语言的教学。语言文字都是符号，“夫文字，工具也，利器也”(1924 年)，语言文字的工具性质决定了国语教学的目的。黎氏认为国语教学的目的有四个，并且用表分解：

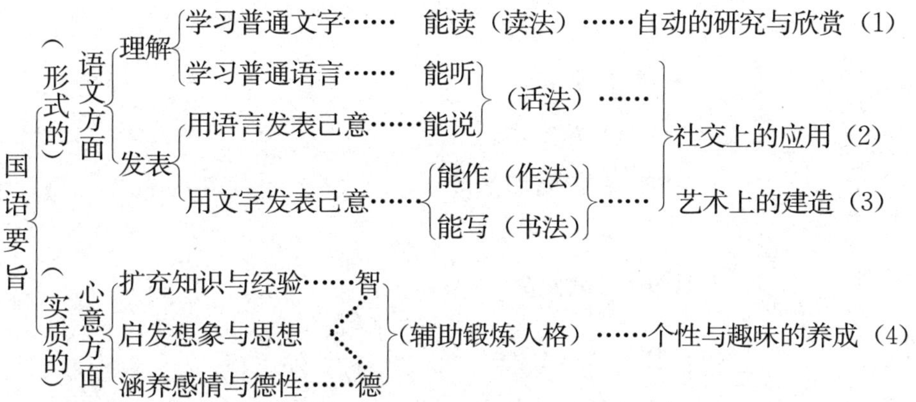

国语教学目的，在语文方面，有三项：(1) 自动的研究和欣赏；(2) 社交上的应用；(3) 艺术上的建造。在心意方面，有一项：(4) 个性与趣味的参照。为了达到语文方面的目的，理解，则要学习普通文字（书面语）、学习普通语言（口头语）；发表，则要用语言发表己意（用口头语）、用文字发表己意（用书面语），以便使学生具有能读、能听、能说、能作、能写（书法）等五项能力。为了使学生具有五项能力，则要用读法、话法、作法、书法等四个方法来训练。为了达到心意方面的目的，则要扩充知识与经验、启发想象与思想、涵养感情与德性，以便在智、德两方面来养成个性和趣味。用现在的术语说，黎氏揭示了语文的语言知识能力教学和思想品质教育之教学目的，提出了能读、能听、能说、能作、能写（书法）等五种能力和读法、话法、作法、书法等四种教学方法，并且把能听能说提到了显著的地位。这是黎氏语文教育思想的一大特色，也是他的一大贡献。

三、设计听、说、读、写、书的语文教学法

黎氏借鉴外国流行的教学法，继承我国传统的教学方法，精心设计了读法、话法（听和说）、作法（缀法）、书法。

（一）读法。取消“指名逐句‘直译讲’的法子”，提出“自动主义的教段”：

- 自动主义的形式教段
  - 理解（第一段）
    - 预习
      - 指示目的，唤起学习的动机
      - 预备的指导
      - 儿童预习（并欣赏）
    - 整理
      - 儿童问疑
      - 教师试问
      - 儿童发表
  - 练习（第二段）
    - 比较（并概括）
    - 应用（表演等）
  - 发展（第三段）
    - 创作
    - 活用

这个理解、练习、发展三教段的教学法，突出“引导”和“使用”，“养成儿童到图书馆自由参考的习惯”，养成“读书能力和研究兴味”。

1950年重订的《新国文教学法》提出国文讲读改革意见，即区别白话文和文言文的教学法，提出讲读教学的“两纲四目”：

纲一　白话文须与语言训练相联系：

目（一）　通过“耳治”（初讲时，学生不可看本文。）

目（二）　注重“朗读”（须用美的说话式，并随时矫正字音、词调和语气。）

纲二　文言文视与外国语文同比例：

目（三）　必须“背诵”（预习时，即可熟读；已读者，分期背默。）

目（四）　彻底“翻译”（逐字按句，译成白话，确
　　　　　依文法，勿稍含糊。）

并且把26年前读法三教段发展为四教段：预习，整理，总结、深究或练习，发展与应用。

预习：1. 准备完整的便利“自学（预习）”的精读教材；2. 报告大意及分段要点；3. 组织学习小组；4. 教师随时指导。

整理：1. 报告预习内容；2. 教员范读；3. 学生齐读；4. 学生个读；5. 学生质疑；6. 教员试问（反问其应疑而不知疑者）。这个教段“教员主导，启发自动”。教员范读和学生“齐读”“个读”之，主要意义是把“语言训练”有效地融合在“诵读”中。此教段“须使对课文词句完全理解”。

总结、深究或练习：1. 概括图解——形式方面：篇章词句之文法总图解；内容方面：全篇主旨及每段大意之标题；2. 批评讨论；3. 比较翻译（文言文篇篇翻译成白话文）；4. 分期温诵（白话文对文朗读，文言文背文诵默），以求复习和检查。

发展与应用：1. 创作，读写结合；2. 活用，活用于一切课外活动，“将精读所得之基本规律结合于略读所收之广博知识，进而据以研讨解决工作中生活上各种实际问题”。

这四教段读法明显地强调诵读，训练语言，即作者所说“‘通过耳治’并训练‘朗读’以结合语言”，把语言训练有效地融合在诵读之中。

（二）话法。黎氏认为，对儿童话法“要用在读法教学之先”。黎氏认为话法教学是基础，“话法教学实在是一切教学入手的基础；而一切教学又处处都有施行话法教学的机会”。他认为，话法教学贯串于国语教学过程，如“水银泻地，无孔不入”。他还极力主张要以国语作为话法教学的标准语，促成言文一致。

黎氏把话法分为“读法‘前’的话法”和“读法‘内’的话法”。

读法“前”的话法：要教牙牙学语的幼儿和幼稚园孩子说标准语。初年级小学生先从话法教学入手（利用实物进行谈话、问答）。

读法“内”的话法：对初级小学的学生，在读法教学（学课本）的同时相机进行话法教学，即在预习、整理、比较、应用等教段中指导小学生的语

言活动。

这样，黎氏把学前和学后的话法教学贯串起来，引导儿童“向标准语的进程练习去”，提高听说能力，并促进读写教学。

（三）作法（缀法）。第一，作文教学要与语法知识教学相结合，即“国语文法”“乃是教师教作文时的指针和尺度”（但是，不必教给小学生）。第二，要以口语为背景，要用统一的标准语，即是“国语统一”和“言文一致”。第三，提出“缀法外的缀法”，即与口语教学（如演讲等）配合，与阅读教学（编剧、演剧等）配合。还提出“缀法与读法的联络教学法”，“出题法”，“批改法”等。第四，提出小学作文的训练序列。一、二年级，以“简单语言的记录发表”为主，组织语句。三、四年级，以“通信、条告，或记录等的设计和实用文或说明文的作法研究、练习”为主。要求做到：“真切”，要“不以词害意”；“迅速”，要“不以文（即字）害词”。五、六年级，以“实用文、记叙文、说明文、议论文的作法研究、练习、设计”为主。实用文，要“化繁为简，黜虚崇实”。记叙文，要“重在客观的描写，以‘真实’为第一义”。说明文，要“重在科学的分析，以‘有条理’为第一义”。议论文，要“重在批评的精神，以‘有见解’为第一义”。

在《新国文教学法》中，黎氏提出教学三原则：1.“写作重于讲读”；2.“改错先于求美”，“改错当先，求美居后”；3.“日札优于作文”，日记札记比课堂作文“益处更多，效用较大”。黎氏认为，实施这三原则，可以改变教学质量不高的局面。

（四）书法。黎氏设计出国音字母的书法体式，国音字母草书教学法，还阐述字体间架和楷书“笔法”的教学，设计出书法新教程和测验的尺度。（一、二、三年级：设计，音字；四年级：行楷，简体；五、六年级：行草，临帖。）

四、建立黎氏汉语语法教学体系

黎氏区别语法的科学体系和语法的学科（教学）体系。他指出两者方向是不同的，但是两者又是互相促进的，“迭相改善”的。他指出中小学的语法教学是“一种规范之学”，对语言“分析因素，建立规则，区别正变”，解决“错不错”“通不通”的问题。因此，不能与语法科学体系“纠扰不清”，以致“目迷五色，反而忽略了达到目标的切实训练”。(《本国文法教学改革案》，1941 年)

黎氏提出，根据中小学语法教学目标和学生语言实际，对语法科学体系进行“加工”，精选出实用的语法内容，并加以科学的组合。所谓“学科(教学)体系，就是要‘少而精’；所谓‘少而精’就是在高度的科学体系中突出实际需要的重点，以简驭繁，简而不漏；由浅入深，浅而不陋”。

黎氏还指出“黎派”语法体系的特点：

> “所谓‘黎派’语法，在‘科学体系’上是没有什么的，是大家都在研究讨论中的，是跟各家‘大同小异’的，这小异只是强调民族化，偏重创造性；这‘学科(教学)体系’上是有所主张又有所反对的，是‘小同大异’的，这大异就是坚持‘从造句讲到用词，以句法控制词类’。”(《所谓“黎派”语法诸书的评介》，1964 年初稿，1972 年重校。)

黎氏语法教学体系的特点是：用句法控制词法，以章法控制句法，而以词法贯串于句法、章法之中。黎氏的语法教学体系，以“句本位”为中心，把章法、句法、词法结合起来，以达到“结合语言实际”，“确有实用价值”的教学效果。黎氏的语法教学体系和教学法，对当前的中学语法教学仍有指导作用。

学习吕叔湘先生的语文教育思想*

吕叔湘先生是当代杰出的语言学家、语文教育家。他的语文教育思想是在他的语文理论和亲自实践的基础上形成的。20 世纪 40 年代以来，特别是在社会主义现代化建设的新的历史时期，吕老从理论和实践上指导了中小学语文教学改革，作出了杰出贡献。

性质："语文是工具"

吕老认为，研究语文教学首先要认清两个根本问题，一是"必须认清语言和文字的性质"，二是"必须认清人们学会一种语文的过程"。①

语文的性质决定语文的教学任务、内容和方法，是个根本性的问题。关于语文的性质，有种种看法。"一元论者"认为是工具性，"二元论者"认为是工具性和思想性，"多元论者"认为是工具性、思想性、文学性、知识性等。吕老是语文的"一元论者"，他认为语文就是语言（口语）和文字（书面语），"语文是工具"（第 337 页），"语言文字本来只是一种工具，日常生活中少不了它，学习以及交流各科知识也少不了它"（第 309 页）。语文（口语和书面语）的社会功能是交流思想感情，可以通过口语（听、说）来交流思想感情，也可以通过书面语（读、写）来交流思想感情，因此我们可以说语文是人们交流思想感情的工具。吕老在评论叶圣陶先生的语文观时说：

---

* 本文是 1994 年参加"吕叔湘先生语文教育思想研讨会"提交的论文。

① 《吕叔湘语文论集》，商务印书馆 1983 年版，第 323 页。以下凡出自该书的引文，本文只注明页数。

“通观圣陶先生的语文教育思想，最重要的有两点。其一是关于语文学科的性质：语文是工具，是人生日用不可缺少的工具。……”（第 309 页）吕老抓住了语文的本质特性，抓住了语文的特殊性。

任务：“主要是读和写现代文”

语文学科是工具学科，那么语文学科的教学任务是什么呢？

1962 年，吕老说：“儿童进学校，主要是把语言书面化：能把口语写成文字，能把文字说成口语。”（第 316 页）1963 年他说：“学校里的语文教学应该以语言为主呢，还是以文字为主？应该语言和文字并举，以语言为门径，以文字为重点，达到语言和文字都提高的目的。”（第 325 页）吕老也多次强调“语文训练包括听、说、读、写四个方面”。① 不过，他还是主张中学语文教学着重抓现代文读写。1986 年，他在《我赞成语文教学要轻装前进》② 一文中说：“现在中学语文教学‘吃力不讨好’的现象相当严重，症结就在于负载量太大，主次不分。语文课的主要任务是什么？是教会学生使用现代语文，主要是读和写现代文。文学和语言比较，语言是主要的，文学是次要的。……现代文和文言文比较，现代文是主要的，文言文是次要的。……语文运用和语文知识比较，语文运用是主要的，语文知识是次要的。”吕老接着告诫说：“总之是要分清主次，不能平均用力，更不能颠倒过来。”

吕老强调语文教学的主要任务，并不是不顾语文的次要任务。关于听说，吕老认为“语文课上可以用一部分时间练习说话”（第 318 页），“听的训练主要是训练学生听长篇说话能抓住要点”。③ 对于文学作品，“首先是把它作为范文来学习”，提高阅读能力，学习“怎样运用语言表达内容”。“这必然引起文学欣赏问题；联系文学作品，又有陶冶性情、进行品德教育的问题”。④ 的确，一味分析时代背景、中心思想、文学手法的程式化教学方法，是达不到语文教学的目的的。关于文言文，吕老同意中学生学点儿文言文。

---

①③④ 《关于中学语文教材的几个问题》（《吕叔湘论语文教育》，河南教育出版社 1995 年版）。

② 《语文学习》1986 年第 7 期。

他说："要是说学点儿文言文，尤其是念点儿古诗可以增进学生学习语文的兴趣，我完全同意。许多教师的实验也证明了这一点。但是也不必太多，有一定数量就够了。"① 总的来说，吕老认为目前文言文教学的情况达不到培养中学生具有阅读浅易文言文的能力；为了让学生欣赏一些古代文学作品，了解一些文学遗产，提高学习语文的兴趣，可以学一点儿文言文特别是古诗，不过初中阶段学不学文言文还值得研究。

吕老区分语文教学的主要任务和次要任务的思想具有很大的现实意义。当前，要把中学语文教学的目的和任务订得恰如其分，突出主要任务，兼顾次要任务，而"不能平均用力，更不能颠倒过来"。

过程：正确模仿—反复实践—养成习惯

吕老认为从事语文教学必须认清的第二个问题是"人们学会一种语文的过程"。

儿童学说话从模仿开始，有时错误，有时正确，反复实践，逐渐学会使用语言。吕老说："学龄前儿童的学习语言是不自觉的。进了学校，学认字，学写字，学新词新语，起头是自觉的，但是最后仍然得由自觉变成不自觉，让这些东西成为自己的语文习惯的一部分，才能有实用价值。"吕老指出要在学习使用语言的动态过程中教学语言，"学习语言的一般过程是模仿—变化—创造"（第 315 页）。要"培养学生各方面的语感"，包括语义感、语音感、语汇感、语法感。例如，教学语法，"最重要的是培养语法感。……就是对一种语法现象是正常还是特殊，几种语法格式之间的相同相异等等的敏感"。② 使学生具有"直觉地感觉"语言正误的能力，"这里所说'直觉地'不是出于什么本能，而是已经养成的语文习惯在那里起作用"（第 332 页）。

明确了语文的性质和学习过程，就能正确处理语文教学的种种矛盾。例如，教和学的矛盾。吕老认为"教师要起主导作用"（第 357 页），教师要讲得不多不少，要讲得切合实际，不能讲得太多，"讲为练服务"（第 333 页）。

---

① 《关于中学语文教材的几个问题》（《吕叔湘论语文教育》，河南教育出版社 1995 年版）。

② 《中学教师的语法修养》（《吕叔湘论语文教育》，河南教育出版社 1995 年版）。

教师不能满堂讲，满堂问，牵着学生走，而要使学生自己练，自己学，要逐渐培养学生主动学习的能力。吕老将这个思想归纳为一句话："教学，教学，就是'教'学生'学'。"（第 312 页）在吕老看来，语文教学过程就是教师教学生学语文、用语文、养成运用语文的良好习惯的过程。

教材："应该有一种合理的序列"

20 世纪 40 年代，吕老同叶圣陶等编写了《开明文言读本》等教材。50 年代吕老曾任人民教育出版社副总编辑，同叶圣陶等一起领导汉语和文学分科教材的编写工作。80 年代担任人民教育出版社的顾问，指导中学语文教材的编写工作。吕老对中学语文教材建设作出了贡献。

吕老把语文教材分为两种：综合型和分科型。综合型教材是把阅读教材、写作教材、语文知识教材等编成一种教材，或者说把语文的各种教学内容综合编排进一本书。分科型教材则把语文的各种教学内容分编成各自独立的几种教材。吕老指出，综合型教材是由编者来配合几种教学内容，分科型教材是由教师来配合几种教学内容，"比较起来，综合性教材难编"，"如何编得丝丝入扣，技术性很强"。"按现在一般教师的水平，似乎综合教材容易掌握，比较容易推广，分科教材要教师自己配合，一般教师会感到困难，不容易做好有机联系"。① 吕老鼓励编各种有特点的教材，说："我主张百花齐放，可能最后留下十家八家，甚至三家五家，就可以向各地学校推荐，让他们使用。"②

关于语文教材体系，吕老认为"总的说来，语文课的教材应该有一种合理的序列，但是很难做到一环套一环，扣得那么紧"。③ 吕老指出，语文教材没有一个体系，没有合理的序列，就会给语文教学带来随意性，但是，体系、序列也不能设计得"像进行自然科学试验那么精确和固定"。吕老认为语文教学有一个特点："往往一个内容不可能一次学好，而是要反复学，循环学，由浅入深，螺旋上升。阅读，写作，语文知识都有这种情况。"吕老主张教材要编得有利于学生学习，便于学生操作。如编初中语法练习本，

---

①②③ 《关于中学语文教材的几个问题》（《吕叔湘论语文教育》，河南教育出版社 1995 年版）。

"把语法中几个重要虚词，固定格式，重要句式变化等，编成练习"。"编练习册不宜用'改错'这种方式，因为学生往往改了这个错而出那个错。练习可用仿写的形式。小孩子学语言本来就是从模仿开始的"。"练习本发给学生的，没有答案，老师的有答案。每张练习纸边打上眼，学生练习了一张，就撕下这张交给老师，老师看后作些讲评"。① 吕老连编教材的技术细节都想到了。

教法：教学法总钥匙的名字叫作"活"

吕老谈教学法，联系语文的性质、教学目的、教学内容、教学对象（不同年龄的学生）和学语文的过程，显示教育思想的严密性、理论性和辩证性。

吕老的教学法思想最重要的一点，是"活"。他说："关键在于一个'活'字。……真正掌握一种教学法的教师，他是会随机应变的，他的教室里是生气勃勃的。……如果说一种教学法是一把钥匙，那么在各种教学法上还有一把总钥匙，它的名字叫作'活'。"②

教法活，要符合语文规律。规律是相对稳定的，但是运用规律是灵活的，学习运用规律更灵活。学会语文的过程是一个正确模仿，反复实践，养成习惯的动态过程。教师、学生和语文三者之间有许多活的因素，因此，必须活教规律，活学规律，否则任何教学法都会变成一堆公式。

教法活，要结合实际，随机应变，学生的知识、能力、心理，班级状况，教师条件，社会实际，都是教学的实际。课堂教学，辅导自学，会出现事前想不到的情况。因此，不能照搬模式，而要联系实际，随机应变，活用教法。

教法活，要讲究实用，吕老一贯强调要教得学生感到有用，并且会用。他说："不要把学生的注意力局限在形式的辨认上，这容易使他感觉枯燥乏

---

① 《吕叔湘先生谈语法训练》（《吕叔湘论语文教育》，河南教育出版社 1995 年版）。

② 《关键在于一个"活"字》（《吕叔湘论语文教育》，河南教育出版社 1995 年版）。

味。要把重点放在用法的探讨上，使他感觉有用，更重要的是通过课堂教学培养学生自己观察和分析语言现象的习惯，这不仅有利于他的语文能力的提高，也有助于他的智力的开发。”（第 180 页）

教法活，要教会学生动脑筋，积极思维。吕老指出，“要逐渐培养学生主动学习的能力”。（第 357 页）不仅要学生有知识，而且要学生“有智慧”，“你有智慧，你就会运用这些知识。……智慧就是能动脑筋”。让学生“个个都能动脑筋，能够自己解决问题”。“这是根本，这是教师给学生的最宝贵的礼物”。（第 358，359 页）

语法：研究怎样教得学生觉得有用

这里，着重谈谈吕老和中学语法教学问题。20 世纪 50 年代，吕老参与和指导了制订中学教学语法《暂拟系统》的工作，编写了《汉语》教材。80 年代，吕老又指导了《中学教学语法系统提要（试用）》的制订工作。1982 年，在张志公先生领导下我参与了制订《中学教学语法系统提要（试用）》的工作。吕老直接指导这项工作，作了许多精辟的切实的指示。

1982 年 3 月 24 日，我们给吕老送去《系统提要》试用方案初稿。4 月 23 日晚，吕老找试用方案起草者到家座谈。吕老说：

> 要多考虑教学的便利，不要叫那些“理论家”们的高论唬住。不要忘了多数教员（“沉默的多数”）的要求……

吕老要求把方案写得简明、协调，“术语这个东西，要损之又损，只留下必不可少的那些个”。对试用方案中的重大理论问题，吕老作了简明的处理：

> 比较起来，暂拟体系以讲句子成分为主，这个方向还是可取的。暂拟系统的大罪名是混淆层次，把句子成分的成分也升为句子成分。只要把这个缺点克服了，别的尽量少改。而克服这个缺点不太难，只要说：“主语和谓语都可以是一个词或一个短语；短语之内还可以包含短语。”

问题就基本解决了。

…………

试行方案的讲法是从词组出发，先说各种词组在一定条件下都可以成为句子，而主谓词组为最多。这个意见是好的。但在具体分析中势必要说："这个句子是一个主谓词组，这个主谓词组有主语、谓语两部分。"似不如直截了当说："这个句子有主语、谓语两部分。"一般教师和学生都会这样想。

吕老把句子成分分析和句子层次分析这样重大的理论问题作了师生易于接受的通俗化处理，心中有师生。

吕老一再强调要从师生出发，便利师生。他设想，"要有三个东西，最好同时搞出来"：

1. 最简单的纲领（初中用）。其中只出现十分必要的术语，即没有它就无从说话的，少解说，适当多举例（初中在这个基础上重点讲句法）。

2. 较详细的纲领（高中总结用）。高中讲语法，从上面"1"出发，每个部分详加讨论，最后总结为"2"。

3. 供教师用的纲要。以"2"为基础，逐节说明何以如此而如彼，并且提出疑难问题及解决办法。这是对教师交底，很重要。

这个意见非常切合教学实际，可惜当年没有同时搞出供初中生、高中生、教师用的三个语法纲要，致使以后初中语文课本中语法内容难、深、重，忽视了区分初中和高中，忽视了实用。11 月 8 日，吕老再找试用方案编写者，谈对第二稿的意见，并谈了方案的具体内容。还说：

叶老（圣陶）说，不用语法术语说清楚语法。我想了一下，很不容易。词，要十个八个术语，句要十个八个术语，恐怕要二十来个术语，不要用八十个。能不能抽几天，先搞一个高中方案。要讲实用的，一个意思三种讲法，有什么不同。例如，“被他拿走了。”“叫他拿走了。”“给他拿走了。”有什么不同呢？

吕老的指导，使《系统提要》试用方案编写工作顺利进行。在张志公先生直接执笔编写下，先后写成第三稿、第四稿，并再请吕老审阅第四稿。

1983年9月8日下午3时，吕老找我到家取第四稿。吕老很高兴，说试用方案基本可用，还必须请专家、教师提意见，并修改修改。还说，一定要搞初中和高中教学方案，要有区别。1984年吕老接连发表三篇文章谈语法教学，并亲自到烟台，在教学语法讲习班上发表题为《中学教师的语法修养》的讲话。对中学生语法教学，提出三点意见：

一，要随时指点，不要局限在课本里指定要讲的章节；二，多说明事实少发挥理论；三，可以联系修辞和逻辑的地方不妨联系。（同⑦，第166页）以后，还指出要“多注意相似句式的分析比较，让学生懂得不同的语言环境应该选用不同的句式，才能恰如其分地表情达意”。

此后几年，吕老一直关心中学语文课本编写工作，关心中学语法教材。1990年12月20日上午，张志公、刘国正、张定远和我拜访吕老。吕老谈了一些学术动态和工作。谈到语法教学时，指出语法教学的研究方向和语法教学内容。他说：

初中语法教学不是淡化问题，而是研究怎样教得学生觉得有用。教学内容不要强求完整，面面俱到。要使学生觉得学的有用。最好是结合作文批改示范。我那本书《中国文法要略》，下册讲“表达论”，讲“范畴”“关系”，从意义到语法形式，表达什么意义用什么句子格式，可以参考，但也只是供教师参考，不要按那里的章节一个不落地讲。

可以教些语法的最基本的内容，学生最容易出问题的地方。要选择重点，选择有用的内容。例如，讲讲“如果”和“即使”怎样用；现在不少人用错。要讲些对学生实用的知识，培养学生观察和分析语言的能力，要让学生好学好用。

事后，我向吕老汇报当前语法教学的情况，其中指出：目前，初中语法教学起步晚于英语语法教学：汉语语法教词、短语，英语语法却已经教句法了，母语语法教学受到干扰。我提出母语语法教学要早于英语语法，让学生在母语语法的基础上来学英语语法。吕老很重视这种情况。在给 1991 年 1 月召开的北京“中学语法教学研讨会”的贺信中，吕老提出初、高中语法教学的意见：

> 初中。不系统地讲语法。尽早选择重要的语法名目作极简单的介绍，以后以结合作文评改为主。作文评改示范最有用。评改问题：错字，词语不搭配，句子不合式，虚词用错，等。（当然还有思路混乱以及空洞无物等等，这种作文不用来作评改示范）课文有些句子构造比较特殊的也可以随宜指点。
>
> 高中。高三上学期设选修课（现代汉语语法），按新体系讲。可与英语比较。一星期两节课，约 32 课时。少死讲，多引发讨论。①

这里，吕老提出高中开语法选修课的设想。

写到这里，不由自主地想起来：吕老是当代语言学大师，学术思想博大精深，饮誉海内外。他孜孜不倦地研究指导中学语文教学，从语文的性质到中学生学语文的目的、内容，从区别初中、高中学段到提出初中、高中的教学重点，从教师到学生，从语文教材到语法练习册，从教学原理到教学方法，一一想到，反复论述。如果我们遵照吕老的从语文理论到编语法练习册的一系列意见来编教材，教语文，那么肯定能够改善当前的语文教学，提高中学语文教学的效率。

---

① 《在“中学语法教学研讨会”上吕叔湘先生书面发言》，载《中学语文教学》1991 年第 4 期。

博采兼中外，精研析古今*

——张志公先生的现代化和民族化相结合的语文教育观

张志公先生是语言学家，也是语文教育家。本文专门探讨他的汉语文教育思想。张志公从事汉语文教育和英语文教育工作已经有 52 年了①，执着献身汉、英语文教学，融会中外，相得益彰；精心研究古、今汉语文教育，贯通古今，成效卓著。

张先生从事并研究汉语文教育，可以分为两个阶段。第一阶段，集中于 1958 年到 1963 年，主题是“究竟怎么样的语文教学适合我国的具体情况?”；第二阶段，集中于 1977 年到 1986 年，主题是“什么是语文学科的现代化?”。张先生汉语文教育的理论和实践，对建设具有中国特色的现代应用语文学作出了重要贡献。

汉语文教育的民族传统

1954 年，张先生参加了全国中学试行汉语、文学分科教材编写和教学研究工作。1956 年秋季在全国中学实行了汉语、文学分科教学。可是，1958 年分科教学实验中断，“恢复了语文课，而这时的语文教材和教学，比分科实验前的更为粗糙，效果也更差”(《我和传统语文教育研究》)。当时语

* 原载《河北师院学报》1992 年第 3 期，同刘国正联名发表。

① 张志公 1940 年开始在中学教英语，1945 年大学毕业后在大学外语系教英语、英国文学和语言学，并研究汉语语法修辞。

文教育实际，促使张先生第一次集中精力研究传统语文教育。

张先生对传统语文教育作了深湛的研究，他指出传统语文教育具有三个阶段四个步骤。第一阶段（第一、二年）是启蒙教育，第一步是集中识字（二千左右)，第二步是进一步识字教育，兼顾初步的知识教育。第二阶段（第三年）即第三步读写的基础训练（读四书，读诗，属对，语言文字的基础知识)；第三阶段即第四步，是进一步的阅读训练和作文训练。在初步研究中，张先生总结出传统语文教育的一些宝贵经验：集中识字，识字和写字分别、分步骤教学；阅读训练原理是“文”“道”不可偏废，方法是“熟读、精思、博览”；作文训练原则是“词”“意”并重，步骤是先放后收（写放胆文)，方法是“多作多改”(自己多改)①。

1977 年前后的拨乱反正的语文教育实际，促使张先生第二次研究传统语文教育，从实质上对传统语文教育进行再认识。这次研究结果可以归纳为三大体系和三大经验，三大问题和四大积弊。

张先生提出传统语文教育的三大体系是：一、建立了成套的、行之有效的汉字教学体系；二、建立了成套的、文章之学的教学体系；三、建立了以大量的读、写实践为主的语文教学法体系。同时，张先生从理论上总结了传统语文教育的三大经验：一、语文教育从汉语文的实际出发，并且充分运用汉语文的特点来提高教学效率。例如，汉语大多数语素是单音节的，词又没有形态变化，因此词语容易组合成一连串的整齐结构（音节相等的语句，如三字句、四字句等)，也容易押韵。古人就运用汉语的特点，编成语句押韵、结构整齐的启蒙教材，如《三字经》《百家姓》《千字文》等，用属对的方法来训练学生辨别音节、词性、结构等语文能力。二、着眼于语文的工具性，采取多读多写、在训练中掌握语文能力的原则和方法。三、重视启发学生独立思考，使他们自己能够不断地增长读书作文的能力。张先生从传统语文教育中提取了精华。

张先生指出传统语文教育的三大问题是：一、传统语文教育的目的是使学生获得参加科举考试的写作能力并应试做官。二、教学内容是“识字＋读

---

① 见《传统语文教育初探》(上海教育出版社 1962 年版)。

古文＋作古文”。三、学习语文的主要手段是记诵模仿。四大积弊是：脱离语言实际，脱离应用实际，忽视文学教育，忽视知识教育。张先生揭示了传统语文教育的局限性，尽力剔除糟粕。

两次研究传统语文教育，提取精华，剔除糟粕，既防止民族虚无主义，又防止复古倾向，张先生使自己的语文教育理论、实践植根于民族的优良文化传统。

语文的工具性决定“文”“道”统一

张先生自己说，他把两次传统语文教育的研究成果用于语文理论的建设，一次是1963年主要用于阐述语文工具属性和“文”“道”统一，一次是1977年后主要用于建设语文教育现代化的理论。

在《漫谈语文教学》（1962年10月）和《说工具》（1963年10月）中，张先生从理论和实践上阐述了语文的性质。他明确指出“语文是个工具，进行思维和交流思想的工具”（《说工具》），语文这个用来思维和交流思想的工具同生产物质资料的生产工具有同有异。“语文这个工具跟其他工具有相同的一面，这就决定了语文教学必须教学生切切实实地在训练中学会操纵和使用语文工具，也就是着眼于掌握字、词、句和篇章的运用能力，不容许离开这种训练去空讲大道理，空讲理论知识；它跟其他工具又有相异的一面，这又决定了语文教学必须把训练学生运用字、词、句、篇章的能力和训练学生理解语言所表达的思想的能力结合起来，不容许把二者割裂开来、对立起来。”这个观点是非常精辟的。语文的工具性质决定语文教育必须加强基本训练，在训练过程中掌握语文这个工具；语文的工具性质也决定语文教育必须在训练过程中理解思想内容并接受思想教育。“一句话：‘文’‘道’统一!”

1962年，当时语文界对语文教育目的认识不一致。有人主张以“道”为主，有人主张以“文”为主，有人主张“道”和“文”并重。这种情况也反映了许多人对语文的性质认识不清。张先生论述了语文的工具性质，就顺理成章地阐明了“文”“道”统一的理论。在实践上，张先生提出了中学语文教学要过“三关”，即要过字关、句关、篇章关，要培养语言文字的理解和运用能力；指导小学“集中识字”的识字教学，指导“放胆文”的写作训练。在理论上，阐明语文的工具性决定语文教育的“文”“道”统一。张先生指出，语文教学的“文”“道”统一表现在教材和教学两方面。就教材说，“语文课本要选‘具有积极的思想内容’的文章，要选‘有助于培养坚强的革命后代’的文章”。就教学说，“必须要求学生把这些文章透彻地读懂，一字一句地、整段整篇地都理解得确切，这样才能在学习语文的知识和技能的同时也领悟进而吸取了文章里那些积极有益的思想”。

到了20世纪80年代，张先生从语文教育现代化的高度进一步阐述语文的工具性质，指出语文的交际范围不仅是个人同个人之间，而且扩大到全国范围以至世界范围，扩大到人和机器之间。在现代社会，语文的交际工具属性更加强，要求更加高，更突出实用，更讲究效率。在此基础上，张先生阐述“文”“道”统一也有现代化问题，指出“文”“道”“统一”各自的现代化的内容：“文”，要求说、读、写讲究高效率；“道”，要增加改革、开放的国情的新内容；“统一”，不是“道＝文”，不是“文＝道”，也不是“文＋道”，而“应当是‘文’中有‘道’，‘道’中有‘文’，相辅相成，互相促进”。张先生实事求是地指出：“我们需要向下一代进行有针对性的、为他们愿意接受、确有实效的思想教育工作，而语文课则应当研究在很好地担起前边说的培养现代化语文能力的过程中应当如何可能分担上述思想教育工作中的哪些部分，达到怎么样的预期目的。”（《“文道统一”也有“现代化”问题》）并且在教学上提出了有名的“带学生从文章里走个来回”的主张：“首先把语言文字弄清楚，从而进入文章的思想内容，再从思想内容走出来，进一步理解语言文字是怎样组织运用的。”

张先生关于语文的工具属性和“文”“道”统一的理论，给现代应用语文学架起了一根坚实的石柱。

汉语文教育的现代化

20世纪60年代初，张先生提出语文教育科学化问题；70年代末，阐述语文教育科学化；80年代初，张先生举起语文教育现代化的大旗，参与并指导语文教育现代化的教学实验和理论建设。

1980年前后，是张先生“拼老命”的工作时期。他风尘仆仆到大江南北、长城内外调查教学现状，从幼儿园、小学到中学、大学，以至职业学校。他潜心第二次研究传统语文教育，吸取外国语言学和教学论的成果。他领导、指导英语、俄语、汉语文的教材编写工作和研究工作，指导小学“注音识字，提前读写”的教学实验，为中央广播电视大学主编《现代汉语》教材并亲自讲课，应邀在北京大学、北京外国语学院教授辞章学。他赴美、日等国和香港地区讲学，考察中小学教育工作和语言学的研究工作。他主持或参与中国修辞学会、北京语言学会、全国外国语教学研究会等学会的工作，从事汉语文教育、英语文教育、语言学的研究工作和组织工作。他还忙于国家政治和社会活动。这种中外古今的研究领域，这种语文教育的全方位调查和实验，这种政治和学术的特殊经历，这种坚实、广博的专业知识，为张先生建设语文教育的现代化和民族化相结合的理论提供了条件。张先生的现代化和民族化相结合的理论主要有如下四个方面。

首先，张先生论述了教育目标现代化，包括德、智、体全面育人的观点，提高全体学生文化素质的观点，全面培养听说读写的语文能力的观点。

其次，张先生从语文教育现代化的高度进一步阐述了语文的工具属性和“文”“道”统一，已见上述。

第三，论述语文学科的要求和内容现代化。张先生一贯主张语文学科的特定任务或基本任务是“培养和提高人们运用语言文字工具的能力”，同时也认为在完成特定任务的过程中还会有多种“连带功效”，如养成文学修养、思维能力等。(《掌握语文教学的客观规律》) 张先生从现代社会实际出发，阐述了现代社会对语文学科提出的“格外突出”的要求和“新”的要求。他后来又提出了六项新的要求。1. 小学利用汉语拼音进行“分进合击”的高效的读写、识字、写字教学，提高教学质量。2. “对智力的要求格外突出了”，“发展智力，培养能力，成为当代教育工作的一项突出任务”。3. “培养学生快速阅读的能力”。4. “充分熟练地掌握普通话”，具有“处理生活和工作中的实际问题的敏捷准确的高效率的口头和书面语言能力”，“能够用最经济的语言传递最大的信息量，取得最大的表达效能”。(《汉语文教学的过去、现在和未来》) 5. 从现代化的要求出发，使学生掌握三百六十行共同需要的、“有助于实际应用的共同的东西”——科学的知识系统，使学生的头脑科学化。6.“向儿童，少年，青年进行文学教育”，使他们具有文学的欣赏和鉴别能力。

第四，论述语文学科的教学法现代化。张先生指出：“归根到底，教学法的中心目标在于最有效地培养学生的能力——包括运用所学知识的能力和自己去学习新知识、新技术的能力。”（《〈语文教学方法论〉序》）“现代化的教学方法要求‘大面积，高速度’。”现代化的教学方法更需要启发式，要“把学生的头脑看成一个能动的、能思考的对象”，“迅速有效地打开学生的脑子，让它动起来”，自觉地思维。张先生对传统语文教学方法“点和涵泳体味”作了新的解释：“点，就是给学生一些启发，不分析那么多。让学生去涵泳体味，就是给学生留下余地，在老师的启发下，自己动脑子去分析问题，解决问题，从而得到更深的印象，获得更大的益处。”（《要重视语文教学法的研究》）要根据语文教育的规律、学生心理发展的规律、语文本身的规律，来“寻求正当的方法，形成若干有用的、有效的模式，进而活用这些方法、活用这些模式”，总之，要形成“科学的、新鲜活泼的教学方法”。

张先生在论述语文教育现代化的基础上，指出当前语文教学改革的方向：现代化和民族化相结合。具体说，第一，科学化，语文教育思想、教学内容和教学方法要科学化；第二，民族化，要发扬传统语文教育的精华，体现汉语文的民族特点；第三，学以致用；第四，高效率。张先生在 1991 年 7 月在全国中学语文教学研究会第五次年会上说：“语文教学需要有突破性的改革”，“要极大地提高效率，这是一。第二，做到学用兼顾。”

“一条龙”的语文整体改革方案

张先生的现代化和民族化相结合的语文教育理论，集中体现在他 1984 年提出的落实“改革之道”的初步设想中。这个设想的基本意图是：适应当前社会和未来的需要，培养学生具有适应现代社会需要的语文知识和能力；既继承传统语文教育的好经验，又革除传统遗留下来的积弊；使语文教育向现代化、民族化、高效率的方向前进一大步，为社会主义现代化建设服务。这个初步设想就是一个幼儿、小学、初中、高中“一条龙”的语文课、语文

教材、语文教学的改革方案。(《关于改革语文课程、语文教材、语文教学的一些初步设想》)

幼儿阶段。以语言训练（口语）为中心环节，兼顾思维训练、知识教育、思想教育，但不进行识字教育。

小学阶段。语文课分三条线先后独立进行。第一条线，利用汉语拼音进行语言训练、阅读训练、写作训练，直到四年级；第二条线，从第二学期开始进行识字教学，按照汉字的识字规律独立进行；第三条线，稍晚于第二条线，进行写字教学，按照写字的规律独立进行。到了四年级，分进的三条线合击，总会师。小学五年，四年基本上完成教学任务，第五年巩固、提高。这就是“分进合击”的小学语文教学实验方案。

初中和高中阶段。把两个学段联系起来，六年或七年，分为四个大段落，每个大段落一年半左右。以系统的理性知识为先导，并以实用的语言知识系统为序，按照知识与实践的合理关系组织全部语文课。第一大段落是讲授篇章知识和篇章实习（包括听、说、读、写）。第二大段落是讲授段的知识和篇章实习。第三大段落是讲授短语、句子的知识和短语、句子的实习（结合篇章、段的教学）。第四大段落是讲授词和语义、语体和风格的知识，并进行实习。到了这一步，听、说、读、写的实际能力已经具备了进入高等教育所应具备的完整基础，同时也具备了关于语言的系统知识。

为实施这个方案，同时改革课程。1. 初中增设文学课，完成文学教学任务，“不要再加给它什么‘培养读写能力’之类的任务”。文学课包含文学性的文言文和中国古典文学。2. 高中开设文言文选修课，让有志于文言文研究的学生选学，进行严格训练，学会用文言写文章。

1990 年，张先生对中学的教学内容稍有调整，分成四个部分或四个步骤：一、段落论，二、篇章论，三、字词论，四、总论（语文能力和语文修养）。先教学段，后教学篇章。高三着重从总体上提高语言能力，提高语言修养。

这个改革方案的个性是很强的，特点是很鲜明的。第一，幼儿、小学、初高中“一条龙教学”，避免了学段之间的脱节或不必要的重复，体现了整体观念和效率观念。第二，充分体现了语文的工具属性，突出了汉语文的民族特点。第三，寓思想教育于知识传授、能力训练过程之中。第四，以科学的实用的语文知识系统为序，按照知识和实践的合理关系来组织教材，突出语言教学。第五，语文知识教学和语文能力训练紧密结合，“以知识为先导、以实践为主体，并以实践能力的养成为依归”。第六、体现“语文就是语言文字”（1990 年）的主张，强化语文学科的现代语文的知识和能力的教学任务，而不担承文学教学任务（另外增设文学课）。这个改革方案体现了先进的语文教育思想，富有实践性和创造性。

科学的研究态度和研究方法

张先生提倡“从实际出发，实事求是，讲求实效”的科学态度，反对从概念出发，不尊重客观规律，搞华而不实的形式主义。（《科学态度和科学研究》）他研究语文教育现代化，认真研究现代社会实际，当前社会对语文教学的要求，师生的实际，语文本身的实际以及语文教育现状，从而从实践中总结、探求理论。他研究传统语文教育实际情况及当时社会实际，从中找出规律性的东西，并且力求消除其糟粕形成的积弊，发扬其精华，指导实践，使传统语文教育的精华成为他的语文教育现代化理论的有机组成部分。本着实事求是的科学态度，张先生还自觉地发展他的理论，修正自己的一些观点。例如，1963 年他提出语文教学过“三关” （字关、句关和篇章关）。1977 年以后，面对现代化社会对语文的新要求，他认识到过“三关”的提法在当时有一定的积极作用，在现今却有很大的局限性，就从更高的角度，提出语文教育的任务和要求。

张先生提倡用历史唯物论来研究语文教育。突出的例子是他研究传统语文教育。他把传统语文教育放在当时历史社会和现代社会来研究。放在当时历史社会，他既概括了传统的经验，又分析了传统的弊端，揭示了传统语文教育的功和过，还从历史的乱麻堆里找出珍宝来。许多人长期以为传统语文教育不进行语文知识教育。经过历史地研究，张先生揭示一点经验：“真正的传统语文教育经验是，在以读写实践为主的前提下，在适当的时机需要教给学生一些必要的知识，教给他们使用基本工具书的方法，使他们把不自觉的学习逐渐转化为自觉的学习，从而提高其学习效率。”（《传统语文教育初探》）在传统语文教育忽视知识教育的总倾向中探求了“一点传统经验”。把传统语文教育放之于现代社会，他揭示传统经验和积弊对今天语文教育的影响，探讨面对现实和未来如何继承和发扬优良传统，古为今用。

张先生提倡用辩证法来研究语文教育，他说：“我们现在要研究语文教学改革，首先要注意研究的方法，即要用唯物辩证法这个放之四海而皆准的真理作为我们的方法论。绝对化、极端化、片面性、非历史主义，都是为我们所不取的。”（《张志公先生谈语文教改》）语文教育中有许多重要的关系，如工具性和思想性，“文”和“道”，现代化和民族化，知识和能力，语言和文学，白话文和文言文，听读和说写，还有教师和学生，教法和学法，课内和课外，等等。张先生力求用两点论、重点论、系统论来研究、实践。例如，他论证语文知识和语文能力的统一，肯定知识的先导作用，又强调以能力为训练目的，用重点论来论证必须“以实践能力的养成为依归”，进一步论断“基础知识教学和基本技能训练，是开发智力的必要基础”。又如，提出把幼儿、小学、初中、高中甚至大学看作一个整体，看作一个系统工程，宏观设计，统筹兼顾；又提出“教学是一个整体”“语文教学体系”“实际应用语言的知识系统”等充满辩证思想的论题和内容。张先生卓越的研究成果，证明了辩证法的胜利。

新面貌，新观念，新内容*

——学习《全日制普通高级中学语文教学大纲（供试验用）》

国家教委颁布了新制订的《全日制普通高级中学语文教学大纲（供试验用）》（以下简称高中新大纲），这个高中新大纲同1992年国家教委颁布的《九年义务教育全日制初级中学语文教学大纲（试用）》相衔接，将于2000年在全国普通高级中学全面实施。

高中新大纲立足现实，面向21世纪，具有新面貌、新观念、新内容的特点。

新　面　貌

制订高中新大纲的指导思想是：面向现代化、面向世界、面向未来，贯彻国家的教育方针；面向全体高中学生，在初中基础上使他们具有适应21世纪社会生活的较高层次的语文基础知识、基本能力和智力，具有较高的语文素质；培养他们的自学能力和创造能力，发展个性和特长；使他们热爱祖国的语言文字，热爱中华民族优秀传统文化，热爱社会主义祖国；提高教学效率，为培养社会主义现代化建设人才服务。

同1990年国家教委颁布的《全日制中学语文教学大纲（修订本）》比较，高中新大纲不仅强化了教学目的、教学内容和要求，而且新增加了教学

---

* 原载《教育研究》1997年第1期。

原则、课程结构和课时、评估和考试、教学设备等，还准备附录推荐选文篇目（供自由选用）和课外阅读书目（这两部分暂缺、待补）。高中新大纲突破了以往大纲只管课内外教学的框架，建立了由课内外教学、课程、教材、考试、评估、教学设备等组成的新框架，兼顾了语文教学内部和外部的主要方面。再加上前言和六个部分中的新观念、新内容，高中新大纲展现新面貌。

新 观 念

高中新大纲立足于中学语文教学实际，继承经过实践检验的正确的理论或方法，本着现实性、前瞻性、科学性的精神，有所发展，有所突破，有所创造，形成了中学语文教学的一系列新观点。下面仅谈五个方面的新观念。

一、性质观

语文学科的性质观，体现中学语文教学的方向，是中学语文教学理论体系的核心。

高中新大纲对语文的性质作了明确的表述：语文是最重要的交际工具，也是最重要的文化载体。

1963年的《全日制中学语文教学大纲（草案）》写道："语文是学好各门知识和从事各种工作的基本工具。"第一次在教学大纲中给语文定性，是"基本工具"，即是说语文是工具，而且在人们学习和工作中所使用的工具之中"基本"的一种。1990年的《全日制中学语文教学大纲（修订本）》写道："语文是学习和工作的基础工具。"从学科地位说，是"基础"学科；"基础工具"，既定性为"工具"，又强调其"基础"地位。"基本工具""基础工具"，都强调语文这个工具的重要地位。然而，数学也可以称为"工具"，也具有"基础学科"的地位。如果说"数学是学习和工作的基础工具"，也不算错。那么，语文这个"工具"的特点是什么呢？

高中新大纲不仅给语文定性为工具，而且突出了语文这个工具的特点：交际工具，负载文化的交际工具。叶圣陶先生在晚年特别重视语文的交际功能，他说"语文是人与人交流和交际的必不可缺的工具"（《叶圣陶集》第17卷，影印手稿，江苏教育出版社1994年版）。语文，是口头语言和书面语言以及用语言形成的文章、文学等样式（言语作品）的总和，是人类用来交流思想感情、传递信息的。语文的“交际工具”性质是语文的本质特点。正因为语文是用来交流思想感情、传递信息的，所以语文负载文化，语文作品具有丰富的思想感情及其他的人文内容。

语文是负载文化的交际工具，这个新性质观给语文学科以坚实的理论基础和正确方向。这个新性质观决定了语文的主要教学目的是培养理解和运用语文的能力；决定了语文教学的主要模式是在交际过程中训练学生的运用语文能力；决定了语文训练和思想道德教育统一，寓思想道德教育于语文训练之中，或者说语文训练和思想道德教育是在一个教学过程中不可分割地完成的。

二、教学目的观

教学目的的制定，受对学科性质认识的制约。高中新大纲对语文性质有新的认识，因而给教学目的带来了新的内容。高中新大纲继承了 1963 年和 1990 年教学大纲重视培养语言能力、培养读写听说能力、语文训练和思想教育统一等内容，同时对语文学科的智育、美育、德育等方面作了比较完善的规定。

1. 智育目的。包括知识教学目的、能力培养目的和智力开发目的。

知识教学目的。“教学目的”部分首先提出知识教学，“指导学生学好必要的语文知识”，然后提出能力、智力的目的。这就肯定知识是形成能力、开发智力的基础。语文是一个以语言为核心的多元体系。语文知识也就是一个以语言为核心的多元知识体系。中学语文的知识体系主要是一个应用知识体系。

能力培养目的。提出了高中生应该具有的六种语文能力：①理解和运用语言的能力；②适应实际需要的现代文阅读能力、写作能力；③听说能力；④初步的文学鉴赏能力；⑤阅读浅易文言文的能力；⑥自学语文的能力。

高中语文能力的核心是“正确理解和运用祖国语言文字的能力”，这是语文教学承担的独特教学目的，是由语文的本质属性——交际工具性——决定的。

教学目的中特意列入“掌握基本的学习方法，养成自学和运用语言的良好习惯，具有分析问题、解决问题的能力”的内容，体现了大纲的重视培养学习者自学语文的能力和习惯、重视学习者学习和发展的新观念。

“教学目的”部分在表述知识、能力目的之前，特意加一句“要对学生进行科学的语文训练”，强调通过语文训练来进行知识能力教学，突出语文训练的地位。

智力开发目的。在“教学目的”部分提出“发展智力”，在“教学原则”部分提出“要重视思维方法的学习、思维品质的培养和思维能力的发展”。观察力、记忆力、思考力、想象力等智力的发展，有助于知识的理解和能力的培养。

智育中，高中新大纲有一个重要新内容，那就是“发展个性和特长”，这是以往大纲都没有的。高中新大纲面向全体高中生，而高中生毕业后将走向不同的学习和工作岗位，必须具有适应社会和自身发展的“个性和特长”。“发展个性和特长”这个新的教学目的，将给中学语文教学带来新的任务和活力。

2. 美育目的。培养“健康高尚的审美情趣和一定的审美能力”。语文课本中古今中外的文章精华、文学名篇，熔自然美、生活美、情感美、艺术美、语言美等于一炉。鲜明、优美的形象熏陶、感染学生，使学生得到愉悦，受到教育。语文教学要使学生具备一定的审美情趣、审美理想，培养一定的审美的感受能力、理解能力、鉴赏能力、创造能力。高中新大纲第一次提出培养“一定的审美能力”，这就要求中学语文教学要把美育落在实处。

3. 德育目的。使学生热爱祖国语言文字，热爱中华民族优秀传统文化，培养社会主义思想道德和爱国主义精神。

高中新大纲提出“热爱中华民族优秀传统文化”的新的教育目的，并且在教学内容中具体落实，这就突出了语文学科独有的民族语言、民族文学等教学内容及其民族文化内容，突出了语文教学的个性。

三、教学原则观

每门学科都具有体现个性的教学原则；教学原则具有普遍性、稳定性、概括性和指导性。

以往教学大纲有“教学中应该注意的几点”或者“教学中应重视的问

题”，其中有的是教学原则，有的是一般性的问题。

高中新大纲第一次列出“教学原则”，有六条：

1. 语文训练和思想道德教育统一；

2. 语言训练和思维训练相辅相成；

3. 语文训练中知识教学和能力训练密切结合；

4. 阅读能力、写作能力和听说能力全面训练；

5. 教师的主导性和学生的主动性相结合；

6. 语文课内教学和课外学习相结合。

在制订高中新大纲的调查、研究中，逐渐总结上述六条教学原则，而且得到几乎所有咨询者、研究者认同。这是高中新大纲的重要突破。这些教学原则，其实在语文教学中已经得到不同程度的重视和贯彻。现在，高中新大纲郑重确定，并且放在大纲中的显著位置（列于教学目的之后），这就要求语文工作者树立语文教学原则观，并且在语文教学中贯彻这些教学原则，发展这些教学原则，有效地指导语文教学。

四、课程教材观

课程是为实现教学目的而选择的教学内容和教学内容各部分的配置。教材是教师和学生据以进行教学活动的体现教学内容的材料。高中新大纲第一次规定了语文学科的课程，并且说明了相应的教材。

高中新大纲规定了语文学科的下列课程结构：

- 语文学科课程
  - 学科类课程
    - 必修课
    - 选修课
      - 限定选修课
      - 任意选修课
  - 活动类课程

1. 学科类课程，主要通过课堂教学使学生获得语文的基础知识和基本能力，发展个性和特长，又分为必修课、限定选修课和任意选修课。

（1）必修课，是各类高中学生共同学习的课程，在高一、高二开设。

（2）限定选修课，是必修课的拓宽、应用，供预备升学或预备就业的学生根据自己的需要和爱好，在教师指导下自主选修。限定选修课在高三开设。

文科学生、理科学生、预备就业学生各选各的限定选修课，学习适应各自需要的教学内容。

（3）任意选修课，是为发展学生兴趣爱好、拓宽知识、培养特长、提高某方面的语文能力而设置的，学生在教师指导下自主选修。

2. 活动类课程，主要使学生获得某项实际经验、提高某种能力，而且以学生实际操练为主。活动类课程由学生自主参与，如阅读活动、演讲活动等。

与课程相适应，教材将分编为必修课教材，限定选修课教材，任意选修课教材，活动课教材，形成语文学科的系列教材。具体地说，高一、高二都用必修课教材；高三时，文科学生选用文科的限定选修课教材，理科学生选用理科的限定选修课教材，预备就业的学生选用预备就业的限定选修课教材。此外，编出若干种任意选修课和活动课教材，供各类学生选用。这就改变了目前“一种课本治天下”的单调局面。

由于实行五日工时制，语文学科课时减少，高中新大纲规定各类学生的语文课时如下：

周课时 年级 / 类别	高一	高二	高三		
			升学预备		就业预备
			文科	理科	
必修课	4	4			
限定选修课			4	2	2
学年授课总时数	140	140	104	52	52

可见，语文工作者要建立语文学科的课程教材观，以便取得整体、综合效果。

五、语文教学观

高中新大纲前言第三段指明语文教学的指导思想：

> 语文教学必须以辩证唯物主义和历史唯物主义为指导，贯彻国家的教育方针，面向现代化、面向世界、面向未来，联系现实生活，加强语文实践，注重培养运用语文的能力，积极进行教学改革，提高教学效

率，为培养社会主义现代化建设人才服务。

高中新大纲继承了以往教学大纲的指导思想，如“贯彻国家教育方针，面向现代化、面向世界、面向未来”，也有所发展。

“必须以辩证唯物主义和历史唯物主义为指导”，强调马克思主义的世界观和方法论，增强指导性和实践性。当前，必须用马克思主义唯物的、历史的、发展的、辩证的观点和方法来建设语文教学理论，进行语文教学实践。

“联系现实生活”，强调生活观点。语文教学要联系学生和社会生活，并且服务于学生和社会生活。

“加强语文实践”，强调实践观点。语文教学要对学生进行能力训练，引导学生积极参加语文实践，在语文交际活动中学习、运用语文。

“注重培养运用语文的能力”，注重培养语文能力的观点。语文的交际工具性质决定语文学科重在培养语文能力。培养语文能力是语文教学的主要目标和内容。

“提高教学效率”，强调效率观点。高中学科较多，语文学科课时比历史上任何时期都少，这就要求语文学科在适当的教学时间内达到高中新大纲规定的质量。从某种意义上说，高效率是高中语文学科的生命。

“为培养社会主义现代化建设人才服务”，强调人才观点。当今世界发达国家都致力于培养国际型、创造型人才。语文学科要建立民族化和现代化相结合的教学体系，为培养21世纪适应国际国力竞争的创造型人才作出贡献。

中学语文教学的指导思想涉及方方面面，而其中的面向现代化观点、唯物辩证观点、生活观点、实践观点、语文能力观点、效率观点、人才观点，无疑是主要的。

新　内　容

新内容主要指高中新大纲构建了新的教学内容体系。

高中新大纲在以往教学大纲教学内容的基础上，建立了以语文能力训练为主的包括语文能力训练、基础知识、课文等三部分组成的语文教学内容体系。

第一，“教学内容和要求”部分规定能力训练18项、基础知识18项和课文，是各类高中学生共同学习的必修课教学内容，确保各类高中学生的基本要求。

第二，在18项能力训练、18项基础知识中，有3项能力训练、3项基础知识可以拓宽、加强应用，作为限定选修课和任意选修课的教学内容。

第三，在确保基本要求的前提下，教学内容具有一定的弹性，给学生发展个性、培养特长提供较多的余地。

第四，课文是教学内容的重要组成部分，包括两类课文，一是选文——名家名篇、优秀时文等，一是基础知识、能力训练的短文。这就拓宽了课文的内涵，为编写各类教材提供了方便。

下面把高中新大纲的能力训练项目同《九年义务教育全日制初级中学语文教学大纲（试用）》的能力训练项目作一比较，既可以看出初、高中的衔接，又可以看出高中“高层次”的新内容（如果同1990年《全日制中学语文教学大纲（修订本）》高中部分能力训练项目比较，更加显出高中新大纲的新内容）。

从对照表看，高中能力训练项目同初中的基本衔接，又提高了某些能力的级别，增加了新的教学内容。例如阅读部分，初中要求“感知”内容，高中要求“把握”内容。初中没有“评价”的能力要求，高中则训练“评价课文内容和写法”。文学教学，初中是“初步欣赏文学作品中的形象和描写”，高中是“初步鉴赏文学作品的语言、形象和技巧”，增加了新内容，提高了能级。高中文言文更是增加了新内容，自成教学系列。高中能力训练更加突出能力养成过程，例如：

阅读训练：读（课文）—把握（内容）—分析（层次）—理清（思路）—理解（中心）—领会（意图）—揣摩（语句含义）—评价（内容和写法）—提取（材料）

写作训练：观察、积累、思考（提取题材）—理清（思路）—确定（中心和写法）—展开（联想和想象）—使用语言（表情达意）—想清楚再写

依据阅读、写作的心理过程和行为来训练能力，使训练在动态中进行，显示了能力的养成过程。显然，高中的能力训练从总体上比初中提高一个层次。

能力项 \ 训练内容 \ 学段	初　　中	高　　中
阅读	1. 用普通话正确、流利、有感情地朗读课文	用普通话流畅地朗读课文
	2. 集中注意力默读课文，不动唇，不指读	默读注重效率
	3. 用一定的速度（每分钟 500 字左右）阅读浅易的文章，把握大意	具有一定阅读速度（一般的现代文阅读每分钟不少于 600 字）
	4. 整体感知课文的大概内容	整体把握课文内容
	5. 看出课文各个部分之间的联系	分析课文段、层次及其关系
	6. 大体了解课文的思路和中心意思	理清作者的思路，理解中心意思
	7. 从课文的内容中体会作者的态度或观点	领会作者写作意图
	8. 根据不同表达方式和体裁的特点阅读课文	
	9. A. 感受课文的语言所表达的思想感情； B. 借助工具书理解词语在上下文中的含义和作用； C. 从课文中找出感受最深的句子或段落； D. 体会课文中一些句子的深层含义； E. 欣赏课文中优美、精辟的语句； F. 抓住一段文字的中心，找出关键性语句	根据语境揣摩语句的含义，体会语言的表达效果，积累一定数量的名言警句
	10. 就课文的内容、语言、写法提出自己的看法和疑问	评价课文内容和写法，提取所需材料
	11. 初步欣赏文学作品中的形象和描写	初步鉴赏文学作品的语言、形象和技巧
	12.（教学要求）读文言文，要了解内容，能顺畅地朗读，背诵一些基本课文	掌握一定数量的文言实词、虚词和常见的文言句式，诵读浅易文言文，理解词句含义，把握思想内容，背诵一定数量的文言文名篇

续表

学段 训练内容 能力项	初　　中	高　　中
阅读	13.（教学要求）养成读书看报的习惯	课外自读文学名著和一般的政治、经济、科普论著，每学年一般不少于50万字
	14.（教学要求）能够熟练使用常用字典、词典； 用圈点、批注的方法精读课文； 用摘录或制作卡片等方法积累阅读的材料； 写读书心得笔记	使用语文工具书和相关的图书资料
写作	1. 观察、分析周围的事物，用自己的话写出观察的结果和感受。随时收集、积累语言材料	观察、积累、思考，养成习惯
	2. 根据写作需要，确定表达的内容和中心； 合理安排内容的先后、详略； 运用联想和想象，丰富表达的内容	理清思路，确定中心和写法；根据需要，展开联想和想象；想清楚再写
	3. 选择恰当的表达方式，比较准确地表达自己的思想； 记事写人，内容具体，有真情实感； 运用恰当的说明方法，有条理地说明事物的特征； 发表自己的看法，有一定的根据，作一些简单的分析	恰当运用各种表达方式写一般实用文（45分钟能写600字左右的文章）
	4. 根据目的、对象、场合选择比较恰当的语句； 5. 学写一般的应用文	用规范、简明、连贯、得体的语言表情达意
	6. 养成修改文章的习惯	
	7. 根据需要，对文字材料作缩写、扩写、改写、续写	
	8. 书写工整、规范，有一定的速度	
	9. 养成卷面整洁、注意行款格式的习惯，正确使用标点符号	
	10. 作文每学期不少于6次，并经常进行片段训练	高中阶段作文一般不少于25次，文字总量一般不少于2万字，其他各类练笔不少于3万字

续表

<table>
<tr><th colspan="2">学段 / 训练内容 / 能力项</th><th>初　　中</th><th>高　　中</th></tr>
<tr><td>初　中</td><td>高　中</td><td rowspan="2">1. 与人交谈，耐心、专注地倾听别人说话，了解对方的意思；
参加讨论，听出不同意见的分歧所在</td><td rowspan="2">听话专注，听清话语内容，领会对方说话意图，分辨观点异同</td></tr>
<tr><td rowspan="6">听、说</td><td rowspan="6">听说</td></tr>
<tr><td>2. A. 听新闻广播和一般性的发言，抓住中心和要点；
B. 听读记叙性的文章，听清楚写的人和事；
C. 听读说明性的文章，抓住被说明事物的特征；
D. 听读议论性的文章，听出作者的观点和理由；
E. 听课、听报告，能作记录，不遗漏主要内容</td><td></td></tr>
<tr><td>3. 说普通话</td><td>说普通话</td></tr>
<tr><td>4. 当众说话，语言清晰，音量适当，态度自然；
说话语句连贯，意思完整、明白</td><td>说话诚恳，口齿清楚，语义明确</td></tr>
<tr><td>5. 说话注意对象和场合，用语文明、得体</td><td>适应不同场合，恰当地交谈、发言，进行辩论</td></tr>
<tr><td>6. A. 课堂答问，参加讨论，积极主动，说话比较简要，有针对性；
B. 讲述见闻，内容具体，有条理，用比较恰当的语调表达感情；
C. 按一定的顺序，用恰当的方法，口头介绍事物，说清楚事物的特征；
D. 扣住话题发表意见，观点清楚，有一定的说服力</td><td>在语言交际活动中，应对机敏</td></tr>
</table>

谈谈《全日制普通高级中学语文教学大纲（供试验用）》的编订*

1990年，国家教委加强中小学课程改革、教材建设的力度，印发了《现行普通高中教学计划的调整意见》，修订了全日制中学的语文、数学、外语、物理、化学、生物、历史、地理八科教学大纲。1992年，经过三年实验，国家教委颁布了九年义务教育全日制中小学的课程计划和各科教学大纲。九年义务教育呈现了新形势，开始转变教育思想，更新教育观念，确立了面向全体学生、全面提高素质的教育指导思想，制订了由学科类课程和活动类课程组成的课程体系，实施了“一纲多本”的教材编写方针（例如，初中语文编辑出版了八套教材）。

九年义务教育中小学课程计划和各科教学大纲的全面实施，呼唤全日制普通高级中学课程计划和教学大纲的诞生。国家教委1993年起着手制订高中课程计划，1994年起着手制订高中各科教学大纲。下面谈谈高中语文教学大纲的编订，涉及语文学科的主要理论问题及不同意见，供大家研究。

一

1994年4月，国家教委基础教育司召开会议，组织高中各学科教学大纲研究小组，进行各学科教学大纲的前期研究工作。基础教育司聘请庄文中（人民教育出版社中语室）、顾德希（北京第四中学）、朱泳燚（江苏省常熟

* 原载《语言文字应用》1996年第1期。

中学）、冯启德（上海教育学院）为研究小组成员。

经过调查研究，大纲研究小组首先对 1990 年《全日制中学语文教学大纲（修订本）》作出评价。1990 年教学大纲的成绩表现在如下方面。

1. “语文是人们从事学习、工作和生活的基本工具。”多年的实践证明这一论断是正确的。语文学科的工具性决定这一学科的性质、目的、任务。正确理解和运用祖国的语言文字，掌握语文工具，使学生具备读、写、听、说的能力，这是语文教学的出发点和归宿。思想教育必须在语文训练的过程中进行，与语文训练相辅相成，相得益彰。对此，《大纲》作了充分和必要的阐述，指导了教学实践。

2. 《大纲》概括了新中国成立以后语文教学的主要经验，诸如“文”“道”统一、相辅相成；严格要求学生，扎扎实实打好语文基础，培养语文能力，发展智力；课堂教学必须与课外活动紧密联系；作文教学的方式要多种多样，要培养学生修改文章的能力；要重视学生口头表达训练等。

3. 《大纲》反映了最近十多年语文教学改革的新成果，例如激发学生学习语文的兴趣，启发和调动学生学习的主动性、积极性；以知识为主的教学发展为以知识为基础的能力教学；对学生的语文知识、能力结构作较为具体的分解；在语文训练的过程中发展学生的智力及弘扬爱国主义精神等。

4. 《大纲》吸取了当代国内外一些先进的、科学的教学思想来推动我国的语文教学，如在教学过程中发展学生的智力，培养情感、意志等非智力因素，培养独立自学能力，重视学生的兴趣爱好和年龄特征等。

1990 年教学大纲也存在有待解决的问题。

1. 《大纲》体现“面向现代化、面向世界、面向未来”的精神不够，表现在：教育目标不能适应现代化社会的需要；教材内容有的已相当陈旧；学科知识、能力体系有待完善；所谓“基本篇目”的界定和确立不够科学。所有这些都难以适应改革、开放的需求，这是造成语文教学质量老是上不去的原因之一。

2. 《大纲》对于语文教学性质、目的、任务的表述尚待斟酌，如“基础工具”的说法就值得商榷。不如分别表述为语文的工具性质和语文学科的基础地位。第一部分最后一段说的是语文训练和思想教育统一的途径和方法，不宜放在“教学目的”中，应予挪动。

3. 高中阶段的语文教学应该更加强调学以致用，提高效率，要把语文知识教好、教活，并力求转化为学生语言应用的能力。《大纲》提出的高中阶段知识、能力的要求欠具体，宜作进一步的分解，并与新颁布的义务教育初中语文教学大纲相衔接，并有所提高和发展，更好地体现高中语文教学的“提高”的特点。

4. 《大纲》吸取传统语文教学精华尚嫌不足，如“熟读精思”“吟诵涵泳”等，应予适当的肯定和强调；又如“多读多写”，在课外活动部分宜作适当的表述。

5. 对“学生在教学过程中的能动性、自主性、创造性”和“教师要引导学生学会自己学”这些较为先进的教学思想，《大纲》应予适当的反映。另外，《大纲》仅提“学生学得了”，而不提“学生学得好”，这也是有欠缺的。

6. 《大纲》体例宜作适当调整，如第三部分“教材内容”，第四部分又是“作文教学”，两者并列，显得很不协调。又如第五部分“教学中应重视的问题”提法不妥，因为这些不是“问题”，而大都是多年来从实践中提炼出来的宝贵经验，是语文教学必须遵循的教学原则，应作必要的改动。

研究小组根据历史和现状，面向 21 世纪初，提出了高中语文教学大纲的《初步设想》。

首先，提出制订大纲指导思想：面向现代化、面向世界、面向未来，贯彻国家教育方针；面向全体高中学生，在初中基础上使他们具有适应 21 世纪社会生活的较高层次的语文基础知识、基本能力和智力，具有较高的语文素质；培养他们的自学能力和创造能力，发展个性和特长；使他们热爱祖国的语言文字，热爱中华民族优秀传统文化，热爱社会主义祖国；提高教学效率，为培养社会主义现代化建设人才服务。还提出了教学内容民族化、现代化，体现“九年义务教育后高层次”基础教育高中阶段的教学要求，优化课程结构，减轻课业负担等要求。

第二，初步表述了语文的性质和语文学科的教学目的。

第三，提出了教学要求和教学内容的分解设想。

第四，提出语文学科课程结构的设想。

在北京市，邀请张锐（北京师范大学）、阎立钦（首都师范大学）、舒鸿锦（景山学校）、张雪梅（西城区教研中心）、吴昌顺（北京市第五中学）、常康（北京市第二中学）、孙荻芬（北京市教育局教研室）、王国源（北京景山学校）等研讨《初步设想》，并且把《初步设想》分寄全国中小学教材审定委员会语文学科的审查委员。审查委员冯钟芸、顾黄初、于漪等都提出了书面意见。

二

1994年12月，国家教委基础教育司组织各学科教学大纲编订小组，制订大纲草案。基础教育司聘请庄文中、顾德希、朱泳燚、冯启德、陈日亮（福州市第一中学）、林泽龙（海南省教科所）、孙荻芬七人为教学大纲编订小组成员。

大纲编订小组进行了认真的调查研究，探讨语文教学的理论和实践。一些专家学者作了指导。张志公说：

> 高中语文教学的任务，要明确提出：语文基本过关，口头语言和书面语言都要过关。以前提初中过关，看来做不到。高中语文过关，意思是今后升入高校或者就业，语文能力不再构成障碍，不因为语文能力不够而工作不圆满。
>
> 要学以致用。今天学习，明天就要用。现在是学以致用的时代。知识有用、管用，就有兴趣。不能不要知识，把知识和能力对立起来是荒唐的。人类是靠不断增长知识而发展起来的。过去，知识难而无用，没有实效。要教必要的知识，力求不难而管用。
>
> 要改造过去的知识体系，改造成为应用系统，而不是纯理论系统。
>
> 语文教学大纲、教材要反映现代化，有现代化的精神和气味。（1994年12月13日）

冯钟芸说：

> 语文学科要培养学生个性，体现“文化载体”。读写在高中是主要内容，要着重培养学生写作能力、自学能力。高一、高二不要分科，要打好基础。

章熊说：

> 语文教学要实用，要进行文化教学，这是导向。九年义务教育初中语文教学大纲有突破，焦点是突破能力训练。现在要改善语文知识体系，要有实用性、操作性。语文是工具，是文化载体。必修课打好基础，选修课可以侧重文化教学。

国家教委副主任柳斌在制订高中教学大纲工作会议上作了指示，他指出：普通高中仍然是基础教育，是义务教育阶段之后的高层次的基础教育；制订大纲要考虑与九年义务教学相衔接，有时代特征、新面貌，适应新工时制（教学时间只有五天），面向21世纪——即从21世纪社会经济发展对人才的需求出发来制订各门学科的课程标准。

在工作会议期间，编订小组紧张地工作，编写了《全日制高级中学语文教学大纲（内部讨论稿）》，内容有：前言；一、教学目的；二、教学原则；三、教学要求；四、教学内容；五、课程结构；六、考试；七、教师。

《内部讨论稿》在一些语文教学重大问题上有所突破。（1）对于语文性质作了新的表述：“语文是学习、工作和生活的最基本的交际工具，也是最重要的文化载体。”（2）教学目的体现了现代化的特色，也增强了民族优秀文化的内容。（3）确立了语文的教学原则（五条）。（4）教学内容分解为能力训练28项，基础知识28项，强化了语言教学内容。（5）把语文课程分为必修课、选修课和活动课。（6）取消“基本课文”，改列“推荐课文篇目”，只供编写课本自由选用，不作为高考内容。

大纲编订小组及时在北京市召开研讨会，申士昌（西城区教研中心），梁捷（北京市第五中学），程汉杰（北京铁路一中），王国源（北京景山学校），张伟明（国家教委考试管理中心），顾振彪、王少阁、张厚感、王连云（以上人民教育出版社）等发了言。会后，冯启德、陈日亮、林泽龙、朱泳燚分别在上海、福州、江苏、海口召开研讨会或个别征求意见。编订小组还把《内部讨论稿》分寄语文学科审查委员。

朱绍禹同志在书面意见中说："由于各个部分说的都是同一对象，只是转换目的、原则、要求、内容等角度，势必内容重叠、语言重复。"要求简化内容和层次。顾黄初同志在书面意见中说："既与义务教育初中大纲相衔接，又有自己阶段性的特定要求。重视口语交际，重视文化素养，重视自学能力，重视考试规范：这几点，我尤为欣赏。"于漪同志在研讨会上说："纯工具、纯技术性，没有文化是不行的。大纲中'文化载体'提法好。'阅读、写作和口头交际能力'提得好。'优秀传统文化'的培养提得好。教学要求和教学内容重复，教学内容太杂了，要求太高。"刘国正同志、钱梦龙同志在《内部讨论稿》上批注了意见。

三

1995 年 4 月，国家教委基础教育司再次召开制订高中各学科教学大纲工作会议。柳斌同志在报告中说，要面向 21 世纪，从中国实际出发，建设中国特色的社会主义教育体系。并且还提出了 24 字的指导思想：加强基础，培养能力，发展智力，发展个性，减轻负担，提高质量。

大纲编订小组综合各方面的意见，进一步明确了指导思想、主要的新内容和存在问题。4 月 19 日各学科教学大纲编订小组向朱开轩、柳斌同志汇报工作。语文学科教学大纲编订小组庄文中、陈日亮汇报了如下要点。(1) 树立面向全体学生、全面提高素质的指导思想，提高学生的思想道德素质和科学文化素质，发展个性和特长。(2) 确认语文的性质"是最重要的交际工具，也是最重要的文化载体"。这个语文性质观更有利于确立教学目的，更有利于语文训练和思想道德教育的统一。(3) 高中语文教学目的以培养运用语文能力为主，全面培养读、写、听、说能力，渗透文化教育。(4) 改革陈旧体系，更新教学内容。删去陈旧、重复的教学内容，改造仍需发展的教学内容，增添适应现代社会的新教学内容。吸取现代教学内容，继承汉语文的优秀传统内容。（5）建立语文教学的应用体系。知识分类分点，能力分类分级，使之有实用性、操作性。（6）课程分必修课、选修课和活动课，使之适应高中学生的分流；教材分科编写，系列化。

柳斌同志在听取汇报后的讲话中谈到语文学科，他说：

语文学科改革动作、力度是很大的。以知识为中心转向以语言实践、训练能力为中心，有很大变化。原先效率不高，同对学科的性质、任务研究不透有关系，现在有很大的变化。（陈日亮、庄文中记录）

大纲编订小组进一步研究语文的性质和语文学科的教学目的，精心研究、分解了知识、能力项目，编写出《全日制普通高级中学语文课程标准（征求意见稿）》。会后，《征求意见稿》由基础教育司分发全国省、自治区、直辖市教研室或教科所，分发审查委员，广泛征求意见。

四

1995 年 9 月，国家教委在天津召开全国中小学教材审定委员会第三届全体会议。会议期间，审查高中各学科课程标准。

冯钟芸同志主持语文学科课程标准的审查工作，参加审查的有刘国正、于漪、张鸿苓、顾黄初、钱梦龙、欧阳代娜、申士昌。编订小组庄文中对课程标准作了必要说明，并转达了武夷山会议意见。

在这次审查会议之前，1995 年 7 月，国家教委基础教育司委托人民教育出版社在福建武夷山召开高中语文课程标准研讨会，有 13 个省、市、自治区的 30 名代表到会，评价了课程标准，提出了修改意见。

主要评价是：

课程标准继承了九年义务教育初中语文教学大纲的长处，语文教育观念有新的发展，对高中语文教学有导向作用；有现代气息，显示一定的前瞻性；结构比较合理，增加了新的内容。

主要意见有：

1.“语文是学习、工作和生活的最重要的交际工具”，提“交际工具”是好的，但要删去“学习、工作和生活的”。有人提出，再加“思维工具”。

2. 前言第三段讲语文教学，但语文的个性不明显。

3. 教学原则第五条太杂，应突出教师的主导作用和学生的主动精神。有人认为此条讲教学共性，可删。可增加一条，讲课内和课外的关系。

4. 教学目的部分和教学原则部分要突出发展个性。

5. 教学内容部分，有人认为可以把能力和知识一起说，避免重复；有人认为还是分列能力和知识好，避免淹没知识。有人提出阅读、写作的能力和阅读、写作的知识有重复。

6. 应当明确提出必选课的教学内容，加强选修课的个性特征。活动课要具体化。

7. 评估和考试部分要对高考起指导作用，还要写得具体些。

8.“课程标准”的特点不明显，应该再具体些，便于操作。

审查委员们对语文的性质和语文学科的教学目的等作了认真的研究，并且逐字逐句地修改了课程标准。主要修改有：1. 在“教学目的”部分强化了语文素质、发展个性、培养自学能力的内容。2. “教学原则”部分增加了第六条，即“语文课内教学和课外学习相互促进”。3. 改写了“课程结构和课时”部分。4. 精心推敲了能力训练 18 项、基础知识 22 项，使之更恰当。

1995 年 10 月，国家教委基教司组织在京的部分审查委员和编订小组成员参加高中各学科课程标准统稿会，要求面向全体学生，发挥课程整体效益，适当减少教学内容，降低难度；要求吸取全国省、自治区、直辖市教研室或教科所返回的意见，修改好递交国家教委领导审定的送审稿；决定正式定名为“教学大纲”。语文学科参加统稿会的有冯钟芸、申士昌、张鸿苓（因故请假）、庄文中、顾德希、孙荻芬。吸收十个省、自治区、直辖市返回的对语文学科的意见，把教学内容和要求部分中基础知识精简为 18 项，降低了三条能力训练要求（例如删去了“发表演讲”“有一定的说话技巧”），形成报送领导的送审稿。送审稿的内容有：前言；一、教学目的；二、教学原则；三、课程结构和课时；四、教学内容：（一）能力训练，（二）基础知识，（三）课文；五、评估和考试；六、教学设备。还有附录一、推荐选文篇目（待补），二、课外阅读书目（待补）。

1996 年 5 月，国家教委领导审定《全日制普通高级中学语文教学大纲》，定为“供试验用”大纲。柳斌同志批示语文教学大纲“有新意”。按照计划，1997 年秋供应高中各学科教材，在江西省、山西省和天津市试验三年。2000 年，修改大纲和教材，供全国普通高级中学使用。

面对21世纪的高中语文教学*

一、立足现实，面向21世纪社会

1978年以来，中学语文教学取得了很大的成绩，为当前高中语文教学改革和制订新教学大纲打下了坚实的基础。

当前，全国实施的中学语文教学大纲主要有两个，一个是1992年制订的《九年义务教育全日制初级中学语文教学大纲（试用）》，一个是1990年《全日制中学语文教学大纲（修订本）》，后一个大纲初中、高中的内容合在一起。

1992年初中语文教学大纲是个新大纲。新大纲规定初中语文的教学目的：

> 在小学语文教学的基础上，指导学生正确理解和运用祖国的语言文字，使他们具有基本的阅读、写作、听话、说话的能力，养成学习语文的良好习惯。在教学过程中，开拓学生的视野，发展学生的智力，激发学生热爱祖国语文的情感，培养健康高尚的审美情趣，培养社会主义思想品质和爱国主义精神。

新大纲以上述教学目的为基础，以读写听说、基础知识的教学要求和课文、48项能力训练、20项基础知识的教学内容为框架，来构建初中语文教学体系。这个初中语文教学的新体系分列读、写、听、说的教学要求，分解

* 本文为1995年作者在香港中小学语文教育研讨会上所作的学术报告。

读、写、听、说的训练点（能力和技能），有科学性和创造性。

然而，新大纲还是一个“试用”大纲，有待修改、完善。例如，加强语文素质教学，发展学生的健康个性；知识分类分点，能力分类分层；教学要求同能力训练、基础知识的教学内容相协调；课程结构同教学目的相配合等，这些方面还需要进一步完善。

1990年的初中、高中合册的语文教学大纲，是1986年《全日制中学语文教学大纲》的修订本。1986年本，又是1978年《全日制十年制学校中学语文教学大纲（试行草案）》的修订本，而1978年本又是以1963年的《全日制中学语文教学大纲（草案）》为蓝本的。这四个大纲之间的关系是继承多于创造，共性强于个性。

1963年教学大纲规定：“中学语文教学的目的，是教学生能够正确地理解和运用祖国的语言文字，使他们具有现代语文的阅读能力和写作能力，具有初步阅读文言文的能力。”1978年教学大纲拨乱反正，规定的教育目的同1963年的基本相同，也是提高使用语言文字的能力和三种能力（读、写能力和初步阅读文言文的能力）。1986年教学大纲，增加了听说能力，“发展学生的智力”，高中增加“初步具有鉴赏文学作品的能力”。1990年教学大纲修订的原则是“加强思想政治教育”和“降低难度、减轻负担”，其中引人注目的是降低写作教学要求，改为：初中“能写简单的记叙文、说明文、议论文和一般的应用文”，高中“能写一般的记叙文、说明文、议论文和常用的应用文”；初中文言文教学只提“能顺畅地朗读文言课文，理解基本内容”。此外，1986年和1990年大纲都列出“各年级语文基本能力和基础知识教学要求”与“基本课文篇目”。可见，以上四个中学语文教学大纲（从1963年到1990年）都以听、说、读、写四种能力和相关的部分基础知识为框架，来构建中学语文教学体系。看来，共同存在的问题是：1. 中学语文教学的核心任务不突出；2. 语文知识和能力的分类分层不清楚；3. 语文素质的内容不完整；4. 高中和初中的教学内容大量重复，初中、高中的教学要求特别是高中的“提高”要求不具体；5. 课程结构不合理。这些问题，制约了中学语文教学质量的提高。

必须看到，现代社会对语文学科提出了新的要求。现代信息社会，要求人们具有语言交际能力，具有语言知识及其运用能力。现代社会开放势态要求快速而又准确的听、说、读、写能力，具有语文的实用能力。现代社会文化交流要求具有民族文化素质，具有文学欣赏的能力，以利于吸收外国优秀文化的营养，发展民族文化。而现代语言学、文学等发展，又对语文教学提出了新的要求。高中语文教学改革，制订新教学大纲，就要面向 21 世纪现代化社会，为培养适应 21 世纪现代化社会的人才服务。

二、高中语文教学的任务

高中语文教学改革、制订新的教学大纲的指导思想是：

面向现代化、面向世界、面向未来，贯彻国家的教育方针，面向全体高中学生；使学生具有适应 21 世纪社会生活的语文基础知识、基本能力和智力，具有较高的语文素质；培养学生的自学能力和创造能力，发展个性；提高教学质量，为培养社会主义现代化建设人才服务。

据此，应确立如下基本原则：

（一）确立适应 21 世纪社会生活的语文教育目的任务和教学内容，加强基础知识的教学和基本能力的训练，加强语文应用的实践，发展智力，培养学生的自学能力和创造能力，提高语文素质。

（二）在读、写、听、说的语文教学中，进行思想品质教育，使学生热爱祖国的语言文字，热爱中华民族优秀传统文化，培养学生的高尚的道德情操、爱国主义精神和热爱社会主义的思想感情。

（三）加强语文素质教学，适应多样的需要，发展学生的个性。优化课程结构，必修课保证高中毕业生的基本要求，选修课和活动课适应分流学生的分流要求。

（四）构建现代化、民族化的语文学科高中阶段的教学体系。要吸收现代先进的教学内容和方法，要弘扬中华民族优秀传统文化，继承汉语文教学的优良传统。

（五）与九年义务教育初中语文教学大纲相衔接，力求比较明确体现高中阶段的提高要求。

立足现实，面向 21 世纪现代化社会，高中语文教学的任务可以作如下规定：

高中阶段的语文教学，要在初中语文教学的基础上，指导学生进一步学好语文知识，进行严格的语言训练，正确理解和运用祖国的语言文字，使他们具有适应实际需要的较强的现代文阅读、写作能力和口语交际能力，具有较强的语感，具有一定的文学鉴赏能力，具有阅读浅易文言文的能力，具有独立自学语文的能力，养成学习和运用语文的良好习惯。在教学过程中，开阔学生视野，发展学生的能力，激发学生热爱祖国语言文字、热爱中华民族优秀传统文化的感情，培养联系实际发现问题、分析问题、解决问题的能力，培养健康高尚的审美观念和一定的审美能力，培养社会主义思想品质和爱国主义精神。

根据高中语文教学的任务，对高中生提出基本要求和分流要求。

基本要求，即各类高中毕业生应达到的共同要求：

养成学习和运用语言文字的良好习惯，热爱祖国的语言文字；具有比较熟练的阅读一般现代实用文的能力、鉴赏文学作品的初步能力和借助工具书阅读浅易文言文的初步能力，具有写作一般现代实用文的能力，具有适应一般交际的听说能力；具有一定的民族文化素质。

分流要求，即不同流向的高中毕业生的导向要求：

A. 准备升入文科高等院校的毕业生：在达到基本要求的基础上，具有语言、文学的较高修养，掌握写作实用文的规律和较高的写作能力，具有基本的民族文化素质。

B. 准备升入理工科高等院校的毕业生：在达到基本要求的基础上，具有阅读一般科技著作的能力和写作科技小论文的能力。

C. 准备就业的毕业生：在达到基本要求的基础上，具有较高的口语交际能力和写作一般职业应用文的能力。

三、建立现代化和民族化相结合的语文教学体系

语文是人们最重要的交际工具。语文不是一般的工具，而是人们交流思想感情的交际工具和思维工具，也是文化载体，饱含民族文化。

语文素质是“民族的根之根”。民族的根是民族文化素质，民族文化素

质的根是语文素质，所以语文素质理应是“民族的根之根”。

语文学科要构建现代化和民族化相结合的中学语文教学体系，要以“语言知识和能力——听、说、读、写（含文章、文学、文言）知识能力——语文素质”为框架，构成既综合而又分析、既自足而又开放的教学体系。中学语文教学体系框架三要素具体内容如下。

（一）语言知识和能力——核心任务

自 1963 年以来的历次中学语文教学大纲，都提出“使学生能够正确地理解和运用祖国的语言文字”的教学任务，但是地位不突出，知识和能力的系列不完整。

在语文教学中，传授语言知识、培养语言能力，是核心任务，是语文的“牛鼻子”。中学语文教学中的语言教学，一是语言本身的知识和能力教学，包括语音、汉字、语汇、语法、修辞以及相关的语言文化，要精要、好懂、有用。二是在文章、文学等教学中的语言教学。可以专门开设“语言应用”或“语言表达”课，来完成语言教学任务——培养语言能力和科学地认识母语的能力。

（二）听、说、读、写能力——主要任务

培养听、说、读、写能力是语文教学的主要任务，也是语文学科实用价值之所在。当然，语言教学也培养听、说、读、写能力，这是一条途径，另一条更重要的途径是通过文章和文学作品教学，来培养听、说、读、写能力。文章读写知识能力和文学鉴赏知识能力是语文教学中必不可少的两种知识能力。可以专门开设“现代文读写”“文学欣赏”“听说训练”课，来完成语文的主要任务。

（三）语文素质——基础任务

语文素质，除了理所当然包括语言、现代文读写、文学鉴赏等知识和能力外，这里主要指同语文相关的民族文化素质：民族当代文化的素质，民族文化传统的素质，民族审美情趣的素质，民族精神的素质。语文是民族性最强的学科，不加强民族文化素质教学，语文就失去了文化基础，失去了“民族的根之根”的特性。可以开设“中国文学名著选读”“中国文化名著选读”“中国文化史话”课，来完成语文的基础任务。

中学语文教学体系框架“语言知识和能力——听、说、读、写（含文章、文学、文言）知识能力——语文素质”三要素，决定了语文的“一语四文”的教学内容：

语言：要具有适应实际需要的理解和使用语言文字的知识能力，具有较强的语感，具有热爱祖国语言文字的强烈感情，对母语有科学的初步认识。

文章：要具有较强的阅读和写作现代文的知识和能力。听话、阅读要准确、快速，说话、写作要通畅、得体。

文言文：要背诵一定数量的诗文的段或篇，掌握一定数量的常用实词、虚词和句式，要具有初步阅读浅易文言文的能力。

文学鉴赏：要具有一定的形象思维的知识能力，能够分析、理解艺术形象和语言艺术，具有一定的审美观念和审美能力。

文化修养：要了解和热爱中华民族优秀传统文化，要了解和热爱中华民族的精神，要了解东西方文化的一般情况。

四、课程结构有利于学生分流和发展个性

要优化课程结构，使课程有利于学生发展个性，适应不同流向、不同程度、不同办学模式的学生和学校。

语文学科课程结构如下：

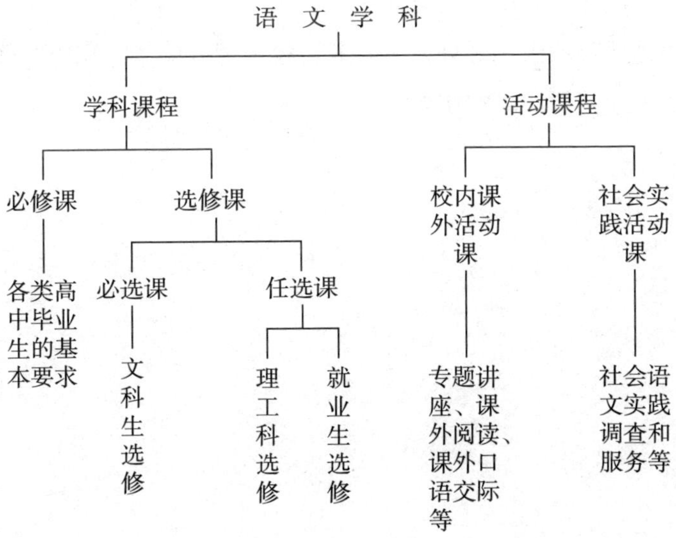

必修课，确保各类高中毕业生的基本要求，确保高中生的基本文化素质。

选修课和活动课确保分流学生的分流要求，发展个性。

必修课、选修课、活动课都分成若干科目，供学生分年级分层次必修和选修。选修课分必选课和任选课。

必修课科目可以开设：

高一：语言运用　文章读写（写作行为、章法训练）

高二：文学鉴赏　文章读写（实用文体训练）

高三：中外文学名著鉴赏　文章读写（综合训练）

必选课科目可以开设（文科学生必选二三种）：

语言表达	文学评论
文言文选读	中外文学名著选读

任选课可以开设（各类学生任选）：

口语交际	应用文写作
文秘初步	实用美学
科技名著选读	科技小论文写作
中国文化常识	西方文化概览
实用语法修辞	中国文学简史

活动课是课程的组成部分，主要开设校内课外阅读、课外写作、课外口语交际等，因地制宜，讲究实效。

1949 年以来中学语文教学大纲的发展轨迹*

一、探求：1955 年、1956 年文学、汉语分科教学大纲

从 1949 年到 1958 年上半年，是中学语文教学大纲的探求时期。

1948 年 8 月，当时华北人民政府教育部教科书编审委员会着手编辑新的语文课本。编审委员会主任叶圣陶起草了《中学语文科课程标准（草稿）》，内部传阅。课程标准有“目标”“教材”“教学要点”三部分。从“情操和意志”和“凭我国语言文字吸收经验表达情意的知能”两方面规定了目标，在听说读写、语言、文言文、文艺欣赏等方面提出具体要求。还提出了语言是“表达内容的唯一的工具”的观点。这对当时的语文教学起了一定的指导作用。

1953 年前，教育部没有颁布中学语文教学大纲，不过，通过全国性的教育会议、推广先进经验，促进了语文教学。1951 年，课本命名时把新中国成立前的“国文”“国语”统一为“语文”。革新语文教学内容，加强思想政治教育。教材选进反映当代社会生活的选文，反映新生活、新思想。强调听、说、读、写教学，开始改变传统语文教学忽略听说的局面。改进教法，变词句的串讲为谈话法、分析法，建立包括导言（概述大意）、朗读、解释词字、讲解段意、分析结构、布置作业、复习等新的课堂结构。

---

* 原载《语文学习》1996 年第 4 期。

不过，当时普遍认为语文教学存在问题之一，是片面理解语文学科的目的任务，问题之二，是语言教学和文学混合一起，任务不明，两败俱伤。1953年前后，学习苏联，推广《红领巾》（小说）教学法，加强语言教学和文学教学，已经成为共识。于是，文学、汉语分科教学应运而生。

1956年文学、汉语分科教学，从1951年胡乔木在第一次中学教育工作会议上提出“语文教学与文学教学分开”想法起，到1958年突然中断实验止，前后经历七年，全面实施只有三个学期，有人喻之谓“断臂的维纳斯”。

1955年、1956年文学、汉语分科教学大纲，是新中国成立以来最严谨、最详尽的教学大纲。大纲有：说明，学期“教学大纲”，课外阅读参考书目。文学大纲说明部分有：教学任务，教材内容和教材编排体系，文学教学法。

总观1955年、1956年文学、汉语分科教学大纲，下列七点值得重视。

1. 有力工具。不仅把汉语看作“一种重要的、有力的工具”，而且把文学也看作“对年青一代进行社会主义教育的有力工具”。

2. 教养任务和教育任务。教养任务提出文学、汉语教学的知识能力和素养，教育任务提出政治方向、世界观、道德品质、审美观点、是非爱憎等方面的目标。

3. 培养能力和习惯。初高中都培养“阅读、理解和欣赏文学作品的能力和运用语言的能力”，“养成他们阅读文学作品的兴趣和习惯”。初中汉语教学，“提高学生理解汉语和运用汉语的能力”。

4. 讲授知识。初中讲授“必要的文学理论常识和文学史常识”，高中讲授“一些文学理论基本知识”和“系统的中国文学史基本知识”。初中汉语教学，“教给学生有关汉语的基本的科学知识”。

5. 系统的教学内容。初中汉语教学内容有语音、文字、词汇、语法、标点符号、修辞等。初中高中文学教学内容有文学作品、文学理论、文学史的常识或知识。教材编排，初一按思想内容编排，侧重反映青年、儿童的生活，初二按文学史编排，初三按文学体裁编排，古代文学作品占三分之一，现当代文学作品占三分之二。高中前三个学期是中国古代文学作品，按文学史排列，每个单元专题若干（作家作品，如《诗经》），专题后附文学史概述（如“秦代以前文学”）。第四学期是“五四”以来现当代文学。第五、六学期是外国文学作品。

6. 规定教法。初中文学教学，规定其过程是：起始、阅读和分析、结束、复习。提倡运用不同方法，如词句的解释和练习，朗读和默读，编提纲，叙述，提问，背诵，作文等。分类讲读，分必讲课文、机动课文、参考课文。根据文学体裁特点进行教学。此外，还提示进行形象分析、艺术形式分析（如结构、表现手法、语言）等。

7. 指导课外文学作品阅读。大纲提供了初高中各年级课外阅读的参考书目，分必读书和选读书，每学期要求阅读不少于四本。按课堂教学进程指导学生阅读相应时代的作家作品。

二、确立：1963 年中学语文教学大纲

1958 年下半年到 1966 年，是中学语文教学大纲的确立时期，主要确立了语文的性质、语文学科的目的任务和大纲内容结构。

1958 年下半年，突然中止文学、汉语分科实验，除了政治原因外，也和教学目的要求高而多，教学内容难而重，大多数教师不适应有关。当时，有些人对分科实验作了不少批评，指责其“忽视思想政治教育”，“脱离社会主义现实”，“至多培养小资产阶级感情”。于是，在没有教学大纲的指导下，语文教材、语文教学突出思想政治教育，进行空头政治的说教，忽视语文双基训练，教学质量滑坡，引起社会不满和语文教育界争论。1959 年，开展了语文的性质、目的任务和“文”“道”关系的大讨论，形成了一些共识。

1963 年的《全日制中学语文教学大纲（草案）》是对 1958 年以来“三面红旗”历史背景下中学语文教学的一次拨乱反正，大纲在中学语文教学史上起了重大作用。大纲内容有：1. 语文的重要性和语文教学的目的；2. 教学要求；3. 教学内容；4. 选材标准；5. 教学内容的安排；6. 教学中应该注意的几点。总观大纲，下面四点可以看出大纲的发展轨迹。

1. 基本工具。大纲开宗明义，“语文是学好各门知识和从事各种工作的基本工具”。大纲从干部的工作和学习、从学好其他学科的角度来阐述语文的工具性，确立了语文性质的工具观。这对语文学科来说，无疑是一次革命。

2. “文”“道”不可分割。大纲反对“以‘道’为主”“以‘文’为主”“‘道’和‘文’并重”的说法，主张“思想内容和语言文字不可分割”，正确处理“思想政治教育和语文教育的关系”。“编选教材，思想政治教育要作适当地安排”。

3. 培养能力。大纲的教学目的订得简单明了，重点突出：

> 中学语文教学的目的，是教学生能够正确地理解和运用祖国的语言文字，使他们具有现代语文的阅读能力和写作能力，具有初步阅读文言文的能力。

4. 以文章为主的教学内容。建立了一般的记叙文、说明文、议论文和文言文递升到比较复杂的记叙文、说明文、议论文和文言文的读写教学体系。此外还有语法、修辞、逻辑的教学内容。规定中学六年共选课文 360 篇。文言文占课文总数的 40%。

1963 年教学大纲规定的语文性质、教学目的、教学内容和“文”“道”统一的观点，指导了 1963 年到 1966 年的语文教学，很快提高了教学质量，并且为 1978 年再次拨乱反正的中学语文教学大纲所继承。

三、改革：1978 年、1986 年、1990 年的中学语文教学大纲

十年“文化大革命”，打乱了语文教学，有人甚至主张把语文课改成“政文课”或者“革命文艺课”。这时期，把语文性质理解为“阶级斗争工具”，要“为无产阶级政治服务”；强调课文的思想政治内容，忽视语文训练和课堂教学，形成语文教学质量大倒退的局面。1978 年起，拨乱反正，语文教育界进行语文思想现代化的探讨，进行广泛的多层次的教学实验，自编体现语文特点的各种教材，进行语文教学改革。

1978 年颁布了《全日制十年制学校中学语文教学大纲（试行草案）》，1986 年和 1990 年又先后作了较大的修订，重新颁布了《全日制中学语文教学大纲（修订本）》（十二年制），有所发展。1978 年教学大纲（1980 年修改本）内容有：前言，教学目的和要求，教材的内容和编排，作文教学，教学

中应注意的几点，附录一：各年级读写训练要求和课文目录，附录二：关于语文知识教学的几点说明。总观大纲，下面四点可以看出大纲的发展轨迹。

1. 基础工具。大纲阐述“语文是从事学习和工作的基础工具”，强调语文的实用功能，并且从使学生“成长为又红又专的人才”（人才观）方面进一步申述。

2. 进行思想政治教育。

> 思想政治教育必须根据语文课的特点进行，必须在读写训练的过程中进行，读写训练也必须以正确的观点为指导，二者是相辅相成、互相促进的。

第一次用简明的语句表述思想政治教育的途径，指出语文课的读写训练和思想政治教育的相辅相成。不再用“文”“道”的传统概念来阐述，揣摩其原因，在1963年大纲中，“文”有时指“语文教育”，有时指文章的“语言文字”；“道”有时指“思想政治教育”，有时指文章的“思想内容”；“文”“道”的内涵不固定，其流弊延续至今。

3. 培养能力。大纲规定的教学目的是：

> 中学语文教学必须用马克思主义的观点指导学生学习课文和必要的语文知识，进行严格的读写训练，使学生能够正确地理解和运用祖国的语言文字，具有现代语文的阅读能力和写作能力，具有阅读浅易文言文的能力；在读写训练的过程中，要注意提高学生的社会主义觉悟，培养无产阶级的情操和共产主义的道德品质。

1978年大纲的语文训练目的跟1963年基本相同，同时表述了思想政治教育目的。这为以后大纲所沿用。

4. 教学内容。除了比较完备的语文知识内容外，建立了一般记叙文、说明文、议论文和文言文递升到比较复杂记叙文、说明文、议论文的读写教学体系。这跟1963年大纲基本相同。

1980 年以后，中学语文教学形成了改革热潮，取得显著成绩。1986 年国家教委根据中央关于教育体制改革的决定和义务教育法的精神，以降低难度、减轻负担、明确要求为原则，修订了 1978 年语文教学大纲。大纲充实了教学目的要求：1. 培养听说能力；2. 发展学生智力；3. 培养健康高尚的审美观；4. 培养初步的鉴赏文学作品的能力。还列出了初高中的听说读写、基础知识的分年级要求，基本课文篇目。1990 年根据“加强思想政治教育”和“降低难度，减轻负担”的原则，修改了 1986 年教学大纲，降低了写作教学和文言文教学的要求。1986 年和 1990 年，人民教育出版社先后修订全国通用的初中高中语文课本，开始建立听说读写和语言、文章、文学、文言文的教学体系。

四、发展：1992 年和 1996 年九年义务教育初中语文教学大纲和高中语文教学大纲

90 年代，随着九年义务教育的发展，国家教委先后颁布《九年义务教育全日制初级中学语文教学大纲（试用）》（1992 年）和《全日制普通高级中学语文教学大纲（供试验用）》（1996 年），语文教学进入新的发展时期。

1992 年初中语文教学大纲内容有：教学目的，教学要求，教学内容，教学中要重视的问题，基本课文篇目。随着初中新大纲的实施，高中新大纲应运而生。1996 年审订了《全日制普通高级中学语文教学大纲（供试验用）》，内容有：教学目的，教学原则，课程结构和课时，教学内容（能力训练，基础知识，课文），评估和考试，教学设备，附录一：推荐选文篇目（待补），附录二：课外阅读书目（待补）。下面以高中新大纲为基点，联系以往大纲，专题描述中学语文教学大纲的发展轨迹。

1. 性质观

1956 年的文学、汉语分科教学大纲，从“认识社会生活”和“进行社会主义教育”两方面来认识语文的工具特性，似乎没有抓住语文的本质。1963 年大纲，从人们的工作、学习和学生学好其他学科来认识语文，确定了语文的“基本工具”特性，是一个重大发展。1978 年、1986 年、1990 年大纲继承了 1963 年大纲的语文性质观，先后确认语文的“基本工具”或

“基础工具”特性，把握了语文教学的导向。

1996年高中大纲规定：“语文是最重要的交际工具，也是最重要的文化载体。”不仅给语文定性为工具，而且突出了语文这个工具的特点：交际工具——负载文化的交际工具。这个性质观有利于正确规定语文学科的教学目的、教学内容、教学方法，并且还突出了语文独有的汉语言、文学及其文化的民族内涵。工具—基本工具或基础工具—负载文化的交际工具，这就是近50年的语文性质观的发展轨迹。

2. 目的观

1956年大纲规定汉语、文学的知识和能力的教养任务，同时规定政治方向、世界观、道德品质等方面的教育任务，要求高，内容多。1963年大纲教学目的单纯化，集中培养学生的语言运用能力、阅读能力、写作能力和初步阅读文言文的能力，没有规定思想教育任务。发展到1978年、1986年、1990年大纲，除了上述四种能力外，还增加了听说能力、文学鉴赏能力、发展智力等。思想教育目的也形成了包括社会主义、爱国主义、道德品质、审美观念等的结构框架。

1996年高中大纲在1990年大纲和1992年初中大纲基础上，对教学目的作了比较合理的规定。智育目的包括知识、能力、智力，并且强调了学生的学习和发展的观念。不仅提出“发展智力”，而且提出“发展个性和特长”。美育目的，提出培养“健康高尚的审美情趣和一定的审美能力”。德育目的，继承了以往的社会主义、爱国主义、道德品质等内容，还提出“热爱中华民族优秀传统文化”的新内容，突出了语文教学的个性。

3. 内容观

教学目的和教学内容反映时代、社会发展对语文学科的需求。1956年大纲以系统的语言、文学的知识、能力来构建教学体系。1963年大纲则以语言、文章为主，强调培养语言运用能力、阅读能力、写作能力、初步阅读文言文能力，表述比较笼统。1978年、1986年、1990年大纲逐步建立了听说读写和语言、文章、文学、文言文的教学体系。

1992年、1996年初高中大纲，建立了以语言为主包括文章、文学、文言文及其文化的多元教学体系，并且突出能力训练，建立读、写、听、说能力训练系列（初中48项，高中18项）。教学内容实用化、多样化、素质化，逐步形成并突出能力系列训练。

4. 原则观

1963年大纲在“教学中应该注意的几点”中提出：（1）切实加强基本训练。（2）讲清课文、启发思考。（3）加强课外阅读指导和写作指导。1978年、1986年、1990年大纲在“教学中应注意的几点”或“教学中应重视的问题”中先后增加：（1）教学要联系实际。（2）提倡启发式。（3）语文教师要提高政治和业务水平，认真搞好语文教学。（4）激发学生学习语文的兴趣。（5）教师要发挥主导作用。1992年初中大纲在“教学中要重视的问题”中提出六个：（1）正确处理语文训练和思想教育的关系。（2）读、写、听、说四种能力都很重要（协调发展）。（3）学习语文知识，有助于提高学生的语文能力和文化素养。（4）语文教学要重视学生智力的发展。（5）课堂教学是语文教学的基本形式，要努力提高课堂教学的质量。（6）语文课外活动和语文课堂教学是相辅相成的。

“要重视的问题”逐步向教学原则发展，是学科成熟的一个重要标志。1996年高中大纲从继往开来、指导教学的视角提出六条教学原则，而且列于教学目的之后，显示其重要性。这六条教学原则是：（1）语文训练和思想道德教育统一。（2）语言训练和思维训练相辅相成。（3）语文训练中语文知识教学同能力训练密切结合。（4）阅读能力、写作能力和听说能力全面训练。（5）教师的主导性和学生的主动性相结合。（6）语文课内教学和课外学习相结合。这六条以教学原则的形式提出，也就要求贯彻于语文教学中，指导语文教学。从“要重视的问题”到“教学原则”，这是一次飞跃。

5. 课程教材观

长期以来，初高中大纲只给语文学科规定一种必修课、一种课本。1992年、1996年初高中大纲规定了必修课、选修课、活动课，并且鼓励“一纲多本”，编各具特色的语文课本，使语文课程教材由单一化趋向多样化。

6. 教学观

1986年大纲前言第三段阐述语文教学的指导思想，提出三个“面向”。1990年和1992年大纲也提出“以马克思主义为指导，全面贯彻教育方针，面向现代化，面向世界，面向未来”等。1996 年高中大纲有所发展，强调：方法论指导，联系生活观点，加强实践观点，培养语文能力观点，提高教学效率观点，培养人才观点，给语文教学带来了新观念。

7. 大纲内容结构观

除了 1996 年高中大纲，以往大纲实际上只管课内外教学和教材编写。1996 年高中大纲则力求管语文教学整体，不仅管“软件”如课内外教学、课程、教材、考试、评估，而且管“硬件教学设备”，由指导局部到指导整体，形成新大纲内容结构的新模式。

工具·实用·现代化*

文中：张先生，今天送刚出版的两本样书来，一本是您的专著《汉语辞章学论集》，一本是咱俩主编的《汉语知识新编》。

志公：噢，装印不错。

文中：汉语辞章学，60年代破土长苗，90年代应运结果，真是一个锲而不舍的“创造”。现在，不少人接受了，也研究起来了。

志公：我是受到启发想到的。意思是架设座桥，在语言学和语文教学之间搭座桥，让语言学走向实用。辞章学重在全面培养和提高运用语言的能力，更好地运用语言。

文中：高中语文新大纲（供试验用）有一句话：“语文是最重要的交际工具，也是最重要的文化载体。”许多人赞赏这个观点。于漪老师在上海《语文学习》上发表了许多精辟的观点，她强调语文的文化内涵。不过，最近在上海、北京的语文杂志上也有同志“批判”“语文是工具”的观点，指出“必须抛弃‘工具论’”，认为“传播道德和文化是语文教学的根本任务”。

志公：1963年我写过一篇《说工具》的文章，登在《光明日报》上。里边说：语文是个工具，不过这个工具与锄头、刨子那些工具不同，语文这个工具本身长着好些东西；语文和思想老是长在一起，“文”“道”统一。前两年，上海开展过一次讨论，一方讲工具，认为不能让语文课兼管许多别的事；一方讲思想，认为语文课必须管思想教育等等。编辑部问我怎么看，叫

---

* 原载《语文学习》1996年第11期。

我发表意见。我说，语文课，主要是培养和提高学生运用语言文字的能力，培养和提高听、说、读、写的能力。这能力很重要，可是现在的情况并不理想。社会各方多有责难，咱们做语文工作的要心中有数。语文教学既不能“喧宾夺主”，也不能“唯‘主’独尊”。培养运用语文的能力，这是语文课的“主”，必须完成好。不过，还有“宾”，就是说，在语文课里，由于语文本身的综合性，捎捎带带还能办不少事，比如思想的感染陶冶，联想力、想象力的发展，思考力、推理力的发展，等等。何不也顺手管管呢？这并非外加，也并不费事。这些“宾”也不能摆在一边不问不闻，把人家都晾起来啊！科学研究，不要搞绝对化，片面性，要多点儿辩证法，对立统一，别搞形而上学。

文中：现在高中语文新大纲突出语文的“交际工具”，突出语文的“文化载体”，更利于“主”“宾”各就各位，协调起来。新大纲在突出文化的同时，强调中华民族优秀文化的教育，这就更体现语文的民族特点，使现代化和民族化结合得更好。

志公：是啊，搞语文要搞辩证法。现在要讨论讨论语文教学如何提高效率，如何现代化。

文中：以前，您提出语文教改要注意学以致用，提高效率。最近，您特别强调语文教学现代化——

志公：是啊，现代化重要啊！不说太久，只是四五年前，咱们想到过语文教学跟电脑有关系吗？时代的步伐越来越快，咱们研究问题的步伐也得加快点儿啊！前天，北京市教委教研部孙荻芬老师来，他们搞了一个“中学语言教育”的研究课题，她是课题负责人。他们还准备编一套“中学生语言学习丛书”，孙老师请我当顾问。现在，顾问满天飞。物以稀为贵，太多了就不值什么了。我谈了点儿看法。材料中说“精讲什么”，“训练什么”，还是注重教师的“讲”和“训”，还是“新书一本，先生讲，学生听”。这是编“学生学习”丛书，还是编“教师教学”丛书？既然是中学生的“学习丛书”，那就要以学生学习为主，要讲讲怎样让学生喜欢学，容易学，学了会用。一句话，要引导学生爱学，会学，学以致用。这就有了特点。那天我讲得不够，还想再补充一点，就是现代化，再加上这个特点。

文中：用现代化观点审视语文教学，这门课确实很重要。然而，也确实不容易。

志公：现代社会信息化。搞经济，靠信息快赚钱。搞科技，靠信息快发展。打仗也要靠信息快。决定战争取胜的要素，一是信息快，先发制人；信息慢了，连还手都来不及，干挨打；一是命中率高和爆破力强。打仗要信息先行。信息那么重要，载体是什么？不管通信技术多么发达，最基本的还是语文，口头语和书面语。信息社会，语文空前重要。要让学生了解语文对现代化社会的重要性，了解语文对自己生存、发展的重要性。这样，他就重视语文了，要学语文了。再一点，要明确现代化对语文有什么要求，要认真调查研究。语文教学，要教学生敏捷思维，具有敏捷的听说能力、读写能力。我以前说过，“处理生活和工作中实际问题的敏捷准确的高效率的口头和书面语言能力，将成为每个人的需要”（1984 年）。

文中：这个观点引起了大家的重视，这是现代化对语文能力提出的要求。

志公：是啊，语文教学，就要体现现代化对语文能力提出的要求。使学生学了，具有适应现代化社会生活的语文能力。所以，我说“学习丛书”要加一个特点，就是体现现代化。顺便说一点，说现代化，不是玩新花样，出一堆新术语。目前，新花样，新术语，华而不实的玩意儿，患多不患少；新方法，可操作的，行之有效的，患少不患多。要总结出这可操作的、有实效的方法，提高教学效率。

文中：您说“要体现现代化”，确实是个方向问题。我学习您的“语文教学现代化”思想，体会到您十分重视全面的文化素质。

志公：现代化更要求全面的文化素质。我主张两个“全面发展”，一个是德、智、体全面发展，一个是自然科学、社会科学、人文学全面发展。高考考文科的不考理化，考工医农科的不考史地，对这种做法，我历来有保留。学生应当具有自然科学、社会科学、人文学的基础的全面的素养（这些意见，志公先生对本刊编辑说过，见本刊 1996 年第 2 期——编者）。偏了不行，瘸了走不快。就语文说吧，语文教学，读写重要，听说也重要。不能只重视读写，而忽视听说，忽视口语交际。在现代社会口语交际空前重要。当前，口语不仅广泛用于交际，交流信息，而且人机对话，口语就要直接参与生产。现代化要求学生具有准确、敏捷、有效的口语交际能力。一个优秀人才，必须有好口才。如果说，以前只有办外交的、当律师的、当教师的需要口才，现在做买卖也需要口才了。“讷讷不能言”不再是“美德”，而是“缺陷”了。

* 自 1995 年秋至今（8 月底），张志公先生住院疗养。近日，两次探望，两席谈话；病虽不轻，精神仍健；所谈谆谆，摘录备忘。

——庄文中

中国现代中学语文教育简史*(1900—1949)

第一章　清朝末年和民国初年中学中国文学课程教材（1902年—1912年）

第一节　《奏定学堂章程》的学制和课程

一、学制

1840年鸦片战争以后，中国逐步沦为半封建半殖民地国家。近代中国的革命家、思想家和志士仁人寻求富国强兵之途，探求改良教育之策。太平天国的反孔教、反科举、反旧文体的反封建教育思想，洋务派的"中学为体，西学为用"的强国保皇教育思想，维新派的近代资产阶级教育思想，这些冲击着腐朽的封建教育思想和教育制度。1901年，清朝政府经八国联军侵华之乱，"以创痛巨深，力求改革"，认识到"兴学育才，实为当今急务"。①

1902年8月，清政府令张百熙制订《钦定学堂章程》（壬寅学制）。1904年1月，又令张百熙、荣庆、张之洞重订《奏定学堂章程》（癸卯学制）。

---

* 原载《构建语文教育的立交桥——庄文中语文教育论集》（人民教育出版社2002年版）。

① 《中国近代教育史教学参考资料》上册，人民教育出版社1986年版，第513页。

《奏定学堂章程》以“端正趋向、造就通才”为教育宗旨，“德、行、道、艺四者并重”，使学生“上知爱国，下足立身”。

下面是四种课程标准的比较表：

课程标准 学段　学制	《钦定学堂章程》 1902 年	《奏定学堂章程》 1904 年	民国初年 1912 年	新学制 1922 年
蒙学	4 年（6 岁入学）	（5 至 7 岁入学）		
初等小学	3 年	5 年	4 年	4 年
高等小学	3 年	4 年	3 年	2 年
中学	4 年	5 年	4 年	初中 3 年 高中 3 年

《钦定学堂章程》小学分三级：蒙学四年（实相当外国初级小学），初等小学三年，高等小学三年。中学四年。这种学制没有实施。《奏定学堂章程》中小学采取“九五”制，小学则为九年（减少一年），中学则为五年（增加一年）。两种学制，中小学都是十四年。当时起草学堂章程的大都是留日学生，仿效日本学制。两种学制从小学到大学（或通儒院）毕业分别需要二十年或二十一年。所以，实施几年，学制太长的弊病暴露出来了。

二、课程

《钦定学堂章程》规定的中学课程有 12 科：

修身　读经　算学　词章　中外史　中外舆地
外国文　图画　博物　物理　化学　体操

《奏定学堂章程》规定的中学课程有 12 科：

修身　读经讲经　算学　中国文学　历史　地理
外国语　图画　博物　物理及化学　体操
法制及理财

两个章程规定的读经、词章或读经讲经、中国文学，相当于语文学科。

读经一科，兼有政治学科和语文学科的职责。从语文学科说，读经一科使学生读了大量的文言文，培养了阅读、写作文言文的能力，也培养了欣赏散文的素养。

《奏定学堂章程·学务纲要》（1904 年）规定："中小学堂，宜注重读经，以存圣教。"具体规定，小学堂每日读经书一小时，挑背讲解一小时，每周计读经十二小时；中学堂每周读经六小时，挑背讲解三小时，计九小时。"计中学堂毕业，皆已读过《孝经》《四书》《易》《书》《诗》《左传》，及《礼记》《周礼》节本，共计读过十经（《四书》内有《论语》《孟子》两经），并通大义。"① 规定中小学生读经，目的在于进行忠君、尊礼的封建教育，也培养学生阅读文言文、理解语言的能力。

1902 年《钦定中学堂章程》规定"词章"科的教学内容：1. 记事文；2. 说理文；3. 章奏传记诸体文；4. 词赋诗歌诸体文等。四年制中学，一年学一种内容。1904 年《奏定学堂章程·学务纲要》改"词章"科为"中国文学"科，规定：

> 其中国文学一科，并宜随时试课论说文字，及教以浅显书信、记事文法，以资官私实用。但取理明词达而止，以能多引经史为贵，不以雕琢藻丽为工，篇幅亦不取烦冗。教法宜由浅入深，由短而长，勿令学生苦其艰难。中小学堂于中国文辞，止贵明通；高等学堂以上于中国文辞，渐求敷畅，然仍以清真雅正为宗，不可过求奇古，尤不可徒尚浮华。②

"中国文学"科学五年，内容有读文、作文、习字，以及"中国古今文章流别、文风盛衰之要略及文章于政事身世关系"等。五年内容安排如下：

---

①② 《中国近代教育史教学参考资料》上册，人民教育出版社 1986 年版，第 535、537 页。

学年	程　　度	每星期钟点
一	读文　作文　相间习楷书行书	4
二	读文　作文　相间习楷书行书	4
三	读文　作文　相间习楷书行书兼习小篆	5
四	读文　作文　相间习楷书行书兼习小篆	3
五	读文　作文　兼讲中国历代文章名家大略	3

设立“中国文学”科，是清末语文教育的重大改革，使语文教育开始摆脱经学、史学的束缚，逐步形成具有现代意义的独立的学科。

三、教材

《奏定学堂章程·学务纲要》规定，教材由官家、私家合力编辑，还鼓励私家编纂，给予版权，但要呈送学务大臣鉴定。

当时，代表性的中国文学课本有1906年刘师培编的《中国文学教科书》。其编辑意图是：“编辑国文教科书，首明小学（六书之文），以为析字之基。庶古代六书文教，普及于国民，此则区区保存国学之意见。”共编十册，先明小学之大纲，依次析字类，论句法、章法、篇法，总论古今文体，配以选文。课本以语言文字知识为纲，打破了历来选文荟萃的文学读本的编法。

《中学堂国文教科书》，吴曾祺编，商务印书馆1908年版。是最通行的中学国文课本。按文学史时期逆序选文，由今到古地分编五册，第一册清朝文，第二册金元明文，第三册五代宋文，第四册晋唐文，第五册周秦汉文。沿流溯源，由近及远。全套课本选文709篇，涉及作者266人，只选文言文，包括有实用价值的赞颂、箴铭、哀祭诸体，不选诗歌和骈文。课文平均800字左右，短文只有100来字。每册选文，以类相从，便于写作。采用传统的评点方法。书眉细批，题下简评，提示命意或重点。中间评点作法和妙处，注重实用。每册之首，有例言，综论作家之渊源，文章之优劣，文学之发展。课本编辑意图是：“学生至入中学堂，多读经书，渐悉故事。此时急宜授以作文之法。……兹编所选，专以助人之精神兴趣，而仍不戾于绳尺者为主。”多选古今名家名文，让学生多读多思，学习写各类常用文章，体现编者多读多写的思想。然而，课本选文太多，有些语文知识没有必要，逆序编排而不选诸子百家、国语国策，也是千虑之一失。

《中学国文读本》，供五年制使用，共十册，林纾编，商务印书馆 1908 年版。课本特点与吴曾祺所编大同而小异，沿用旧式文选型教本，稍加改良。

四、教法

清末民初的教学方法，一般都称之为“教授法”。（至 1919 年，陶行知始用“教学法”）清末，废科举，兴学堂，教学方法仍沿“满堂讲”老法子。《奏定学堂章程》的《初等小学堂章程》规定：“凡教授之法，以讲解为最要，讲解明则领悟易。”“须尽其循循善诱之法，不宜操切以伤其身体。”然而，随着西学东进，留日、法等学者开始介绍西方教育论、教学论，据统计 1902 年至 1904 年中译教育书籍有 54 种。其中影响较大的有日本中岛端转译的美国查勒士·德·葛尔仑（Charles De Germo）所著的《费尔巴尔图派之教育》，费尔巴尔图即 19 世纪德国传统教育派创始者赫尔巴特；樋口勘次郎《统合教授法》（董端椿译，南洋公学 1909 年版）。赫尔巴特提出教授法原理：1. 明了；2. 联结；3. 系统；4. 方法。提出“教授之进程”三阶段：直接提示，分析，综合教授。他的学生莱因（Wilhelm Rein）发展为五阶段：预备，提示，联合，总结，应用。赫尔巴特强调教育性教学，培养兴趣，规定教程结构，注重学生“从教师所指导，自解释课业”，这些对当时的国文教学有一定影响。当时，不少先进的中小学，提倡启发式，由先生讲、学生听的注入式改为有问有答、有预习、有练习、设计合理教程的教学方法。不过，绝大多数学校仍是先生讲、学生听。1909 年，蒋维乔在上海创刊不久的《教育杂志》上发表《论小学以上教授国文》，开中国现代语文教育史上研究教学法之先河。

第二节　民国初年中学国文课程教材

一、课程

1912 年 10 月 10 日建立“中华民国”，结束了两千多年的封建帝制。民国初年，教育部制订新学制，编制课程标准，宣传资产阶级教育思想。1915 年后，袁世凯称帝，北洋军阀独裁，一度恢复尊孔读经。1919 年“五四运动”前夕，陈独秀、李大钊等，提倡民主和科学，反对封建专制和迷信；提倡白话文和新文学，反对文言文和旧文学；提倡新道德和新文化，反对旧道德和旧文化。文化教育界有志之士提倡国语，推进教育改革。这些促成纯文言的“中国文学”科变为“国语”科，为“五四运动”以后语文教育发生质的飞跃作了思想准备。

1912年，中华民国教育部仿日本教育制度，由蔡元培主持制订新学制，即壬子癸丑学制。中小学实行“七四”制。废“通儒院”，立“大学院”；废“尊孔”，立“自由思想”；废“经科”，立“文科”；开始建设新的国民教育。

1912年9月2日，教育部公布《教育宗旨令》，提出：“注重道德教育，以实利教育、军国民教育辅之，更以美感教育完成其道德。”① 蔡元培指出，军国民主义、实利主义、公民道德、美育、世界观五者不可偏废，以此来否定“忠君、尊孔、尚公、尚武、尚实”（1906年）的三纲五常的封建教育。还制订《普通教育暂行课程标准》（十一条）。该课程标准规定：

初等小学（四年）和高等小学（三年）都开“国文科”。

中学（四年）课程有：修身，国文，外国语，历史，地理，数学，博物，理化，图画，手工，法制，经济，音乐，体操，女子加家政、裁缝（共16科）。

中学国文科四年周课时分别为8，8，5，5。②

1912年，教育部公布的《中学校令施行规则》规定国文科的教育目的：

> 国文要旨在通解普通语言文字，能自由发表思想，并使略解高深文字，涵养文学之兴趣，兼以启发智德。

又规定教学内容：

> 国文首宜授以近世文，渐及于近古文，并文字源流、文法要略，及

---

①② 《中国近代教育史教学参考资料》中册，人民教育出版社1987年版，第178、168—175页。

文学史之大概，使作实用简易之文，兼课习字。

1913 年又公布《中学校课程标准》，国文科教学内容列表如下：

第一学年		第二学年	
周时	教学内容	周时	教学内容
7	讲读　作文 习字{楷书 行书	男 7 女 6	讲读　作文 文字源流 习字同前学年
第三学年		第四学年	
周时	教学内容	周时	教学内容
5	讲读　作文 文法要略 习字同前学年	5	讲读　作文 文法要略 中国文学史 习字{行书 草书

《施行规则》规定的教育要旨和教学内容，突破了过去读经作文的旧框框，提出了通解语言文字、欣赏文学、“能自由发表思想”的新内容，并且重视语文知识教学，强调实用，虽然体现了资产阶级民主教育的思想。

二、教材

教育部采用教科书审定制，组织人才编辑共和国教科书，由商务印书馆编辑出版初等小学课本 11 种，高等小学课本 6 种，中学课本 23 种。这个时期，中学国文课本除了吴曾祺、林纾分别编的使用多年的两套外，还有谢无量编的《新制国文教本评注》等。

《新制国文教本评注》，四册，供四年制中学使用，谢无量编，中华书局 1915 年初版。全套课本选文 319 篇，作者 146 人。94%是文言文，6%是铭文、诗赋。作者改变以文学史先后为序的编法，采用以文字深浅为序、以体裁相从编列单元的编法，为读、写提供一组组范文。例如第一册分为五编（即单元），第一编论著之属（18 篇），第二编序录之属（14 篇），第三编书牍之属（13 篇），第四编传志之属（25 篇），第五编杂记之属（30 篇）。采用传统评点法。每一篇选文，编有题解、作者简介、夹评夹注（提示行文之妙）、顶批、黑圈白圈、总评及注释，目的使学生“读一篇可知结构之妙用，读全书可悟作法之不同”。总之，大大增加了教学内容，“评注”涉及风格、段落大意（“节释”）、修辞、文章作法、比较文章之异同。显然，这套课本已经突破了旧文选教本的体制，开创了以文字深浅为序、以体裁编排单元、读写结合的新体制。

三、教法

民国初年，蔡元培出任中华民国临时政府教育部总长，他制订教育方针，编订新学制，宣传资产阶级民主思想和教育思想。他兼收并蓄，网罗贤士，改革教育。1912 年，鲁迅应聘到南京教育部任职。1915 年黎锦熙应聘到北京任教育部教科书特约编纂员。1915 年《新青年》杂志创刊前后，夏丏尊、陶行知、叶圣陶等在中小学致力于语文教学改革。李大钊、陈独秀、胡适、鲁迅等撰文批判旧文化旧教育，提倡新文化新教育。《中华教育界》《教育杂志》等先后介绍流行于日本、欧美的教学法，例如程序教学法、设计教学法、分团主义教学法、自学辅导法、导学教学法、比较教学法等。民国初年至五四运动前夕，教育界呈现群贤毕至、热心介绍并实验欧美教学思想的局面。

当时，先进教师、先进学校改革教法，都力图导学，激发学生求知欲，培养语文能力。1915 年，《教育杂志》发表天民的《国文教材之处理法》，提倡“渐明法”，让学生逐步自学、自明，并且设计了复习、预习、教授、整理、应用的教学程序。1917 年，叶圣陶在苏州甪直吴县第五高等小学任教，主张“国文教授也须为学童设备一种境遇，引起他们的需求”①。他设计学习环境，灵活运用教程阶段，使语文教学贴近学生生活。然而，清末、民国初年，中小学基本上学习文言文，从根本上束缚了语文教学，教法也难以改革。

总观清末、民国初年两个时期的语文教学，可以说，1902 年至 1919 年，是现代意义的语文学科在中小学独立设科的阶段。

1. 初步确立了教学目的，即“通解普通语言文字”，“作实用简易之

---

① 《叶圣陶教育文集》第三卷（人民教育出版社 1994 年版）。

文”，“涵养文学之兴趣”，“兼以启发智德”。

2. 初步建立了教学内容的体系，即以语言文字为核心的包括文章、文学的多元的教学体系。

3. 初步建立了经改革的文选型课本体系，以选文为中心，由浅而深地按文学史逆向编排，兼顾以体裁划分单元，读写结合，突出写作。

4. 在教法上，开始重视学生自学，加强训练，培养能力和习惯，初步体现语文学科的特点。

第二章 “五四运动”时期“新学制”中学国语课程教材（1919 年—1929 年）

第一节 学制和课程

1919 年“五四运动”所进行的文化革命，是彻底地反对封建文化的运动，在反对旧道德提倡新道德、反对旧文学提倡新文学方面立下了伟大的功劳。“五四”时期，中小学的国文科也掀起一场革新运动。蔡元培、胡适、黎锦熙、叶圣陶、周予同、陈启天、孙俍工等先后著文，对国语科的课程设置和教学目的、教学内容、教学方法等提出了革新意见。在语文形式方面，反对专教文言文，主张言文一致和国语统一，即提倡白话文，推行普通话（国语）；在教育思想方面，反对封建伦理道德和教育观念，主张科学和民主的教育思想，提倡个性解放。1921 年北洋政府教育部训令把小学一、二年级“国文”读本改为“国语”读本，学习白话文。

1922 年 11 月，政府正式公布《学校系统改革案》（即“壬戌学制”，又称“新学制”，由胡适起草）。新学制模仿美国六三三制，规定小学四二制，中学三三制，并实行分科制和选修制，即高级中学分普通科、师范科、职业科，在各科中学中又实行选修制。新学制的“教育本义”列出七条标准：

1. 适应社会进化之需要。
2. 发扬平民教育精神。
3. 谋个性之发展。

4. 注意国民经济力。
5. 注意生活教育。
6. 使教育易于普及。
7. 多留各地方伸缩余地。

1923年，全国教育会联合会下属的“新学制课程标准起草委员会”制订新学制课程标准，胡适主持。叶圣陶起草《初级中学国语课程纲要》，胡适起草《高级中学公共必修的国语课程纲要》。

初中国语科教育目的是：

1. 使学生有自由发表思想的能力。
2. 使学生能看平易的古书。
3. 引起学生研究中国文学的兴趣。

并且规定初中毕业最低限度的标准：

1. 阅读普通参考书报，能了解大意。
2. 作普通应用文，能清楚达意，于文法上无重大错误。
3. 能欣赏浅近文学作品。

高中国语科教育目的是：

1. 培养欣赏中国文学名著的能力。
2. 增加使用古书的能力。
3. 继续发展语体文的技术。
4. 继续练习用文言作文。

并且规定毕业最低限度的标准：

1. 曾精读指定的中国文学名著八种以上。

2. 曾略读指定的中国文学名著八种以上。

3. 能标点与唐宋八家古文程度相等的古书。

4. 能自由运用语体文体发表思想。

教学内容，初中是：

<table>
<tr><th>学目及学分总分配（共 32 学分）</th><th colspan="3">各学年每周教授时间分配</th></tr>
<tr><td rowspan="2">1. 读书{精读 14，略读 6} 20
2. 作文{作文与笔记 4，文法讨论 3，演说与辩论 3} 10
3. 写字 2</td><td>第一学年
每周 6 时</td><td>第二学年
每周 6 时</td><td>第三学年
每周 5 时</td></tr>
<tr><td>读书 3
作文 2
写字 1</td><td>读书 3
作文 2
写字 1</td><td>读书 3
作文 2</td></tr>
</table>

课程纲要规定：1. 文言文、白话文混合教学。在选文比例上采取“语体文渐减，文言文渐增”的原则。初中阅读教材，文白比例：第一学年是 1∶3，第二学年是 2∶2，第三学年是 3∶1。2. “读书”分为“精读”和“略读”。3. 把“作文”分为四项：定期的作文，无定期的作文和笔记，定期的文法讨论，定期的演说、辩论。这就把书面语训练和口语训练结合起来，把文法修辞讨论和写话说话训练结合起来，把课内作文和课外笔记结合起来。

教学内容，高中分公共必修（称国语）和文科必修（称国文），如下表所示：

<table>
<tr><th>学目及学分总分配（共 24 学分）</th><th colspan="3">各学年每周教授时间分配</th></tr>
<tr><td rowspan="2">1. 公共必修——共 16 学分
（1）读书（2）作文（3）文法
2. 文科必修——共 8 学分
（1）文字学（2）文学概论</td><td>第一学年
每周 4 时</td><td>第二学年
每周 4 时</td><td>第三学年文科
每周 4 时</td></tr>
<tr><td>读书 2
作文及
文法 2</td><td>读书 2
作文及
文法 2</td><td>文字学 2
文学概论 2</td></tr>
</table>

课程纲要规定：1. 高中“读书”，主要读中国古典文学和一般文言文；2. “文法”，注重语体文与古文文法的比较的研究，修辞学于读书时随时提

出讨论，不必独立教学；3.“作文”，应注重内容的实质和文学的技术，要求会写文言文；4. 高三的文科学生学习文字学和文学概论（《纲要》规定为“中国文学史引论”）。

课程纲要体现了当时语文学科革新的思想：确立白话文的读写地位；重视演说、辩论的口语训练；强调文法修辞知识教学；重视文学欣赏教学；必修课和选修课互相配合，拓宽了语文科的教学内容。

第二节　教材和教法

实施新学制，各地编写了许多新教材。当时比较通行的语文课本有：

顾颉刚、叶绍钧等合编的新学制初中《国语教科书》六册（商务印书馆，1922 年）。

沈星一编的新中学教科书《初级国语读本》三册，《初级古文读本》三册（中华书局，1924 年）。

穆济波编的新中学教科书《高级国语读本》三册，《高级古文读本》三册（中华书局，1925 年）。

这些课本的特点有：

1. 白话文在中学语文课本中取得了合法地位。有的课本文、白混编（例如上述第一种），有的课本文、白分编（例如上述第二、三种）。顾颉刚、叶绍钧等编的课本六册，课文 260 篇，其中白话文 95 篇，占 36.5％，文言文 165 篇，占 63.5％，可见还是以文言文教学为主。

2. 根据新的文体分类编排课文。一般分为记叙文、抒情文、议论文、说明文。低年级多选记叙文，高年级多选议论文。文学作品在课本中占较大比重。

3. 重在培养阅读能力。培养阅读一般文章的实用能力，培养阅读文学作品的能力。沈星一的《初级国语读本》选文标准是：“一、内容务求适切于现实的人生，二、文章务求富有艺术的价值。”第一册 23 名作家大都是当时的名家，例如蔡元培、冰心、叶圣陶、王统照、胡适、郭沫若、周作人、鲁迅等。鲁迅的《故乡》，郭沫若的《天上的街市》，冰心的《超人》，叶圣陶的《隔膜》，都入选课本。

4. 开始编排必要的作业练习。穆济波《高级国语读本》课本后附有

“本篇参考”“本篇研究”，要求学生解词析句、分析内容和作法。

“五四”前后，中学语文教学大都是“读书百篇，其义自现”，教师串讲，学生死记硬背。1923 年实施新学制，语文课本中出现大量的白话文。当时不少人认为，白话文一看就懂，不需要用什么教法。教师教学混乱，学生程度“低落”，又面临新的教学内容——白话文教学，于是引起有识之士研究语文教学法。

这时期重要的语文教学法专著有：

黎锦熙的《新著国语教学法》（商务印书馆，1924 年）。

张震南的《中学国文述教》（商务印书馆，1925 年）。

周铭三、冯顺伯的《中学国语教学法》（商务印书馆，1926 年）。

王森然的《中学国文教学概要》（商务印书馆，1929 年）。

在这些专著和当时的一些论文中，人们探讨语文教学的新的教学法。

1. 探讨同教学目的相应的教法。

黎锦熙在《新著国语教学法》中研究国语教学目的及其教法。他列表如下：

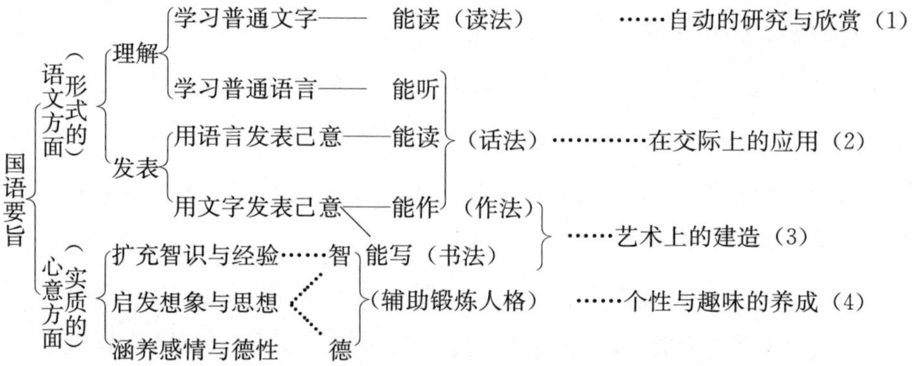

这张“国语要旨”表所表达的语文教学思想是先进的，集大成的。其中，读法、话法、作法、书法都有行之有效的内容。

2. 发挥学生主动精神，重视学生自习。有人提出“自习研究”“自习练习”“自习应用”的教学法。

3. 提出整体教学法，即“先全体而后分析”的教学法，“教一篇文章，从了解事实的内容入手，不从一字一句枝枝节节累积而起”，提出分文体（记叙文、抒情文、议论文等）的作文教学法。

4. 突出口语训练。周铭三、黎锦熙的专著中都有口语教学的具体方法。

5. 梁启超提出“用讨论式的讲授”（《中学以上作文教学法》，1922 年）。

6. 设计种种方法，加强学生练习。突出的例子是廖世承编了一本《中学文学常识测验》，每年级一套，每套 100 个测试题。每题有四个答案，答案中只有一个是对的，其他三个是错的，要求学生选择作答。这是四选一的选择题练习册。

“五四”以后，国内先进人士引进欧美、日本资产阶级教育家的理论，美国教育家孟禄、杜威等也到我国讲学。国内一些先进的语文教学家，开始革新教学法，以适应新学堂班级授课制和新教材。受德国教育家赫尔巴特派五阶段教授法（预备，提示，联合，总结，应用）的启发，人们用自动主义的程序教学法来革新语文教学。杭州浙江第一师范的刘大白、夏丏尊、沈仲九等人自编教材，以当时社会和中学生所关心的问题为大纲节目（如“劳工神圣”“妇女解放”“民主与专制”等问题），并按这些社会问题来选编课文。沈仲九等人起草《国文教授法大纲》，规定白话文教学十项程序：说明，答问，分析，综合，书面批评，口头批评，学生讲演，辩难，教员讲演，批改“书面批评”。其中第 3，4，5，6，7，8 项都是学生的活动。舒新城、沈仲九、孙俍工、穆济波等人则在上海、南京试验美国教育家帕克赫斯特的道尔顿制，注重培养学生的议论能力和人生观，制订学生“工作表”，鼓励学生独立地、自由地完成作业，获得系统的知识。姚铭恩、叶圣陶推行导学教学法（“导儿学步”法），重在循序渐进的启发诱导，重在有计划的练习，叶圣陶又具体地设计精读、略读的程序，由预习而报告、讨论，再练习，逐步培养阅读能力。这些教学法都体现了一些先进思想，例如，学生为学习主体，设计合理的教学程序，有计划地训练，启发式教学，等等。这些先进的语文教学法思想在黎锦熙等人教学法专著中都有所体现，也为后人所继承、发展。

第三章　国民党政府统治时期和革命根据地时期中学国文课程教材（1929 年—1949 年）

第一节　国民党政府统治时期中学国文课程教材

1929 年至 1949 年，中国人民经历了抗日战争和人民解放战争，在中国共产党领导下成立了新中国。这个时期，存在着两种政权即国民党的专制政权和共产党领导的人民政权，两种教育即国统区的半封建半殖民地教育和革命根据地的新民主主义教育。共产党领导的苏区和陕甘宁地区、东北解放区的人民教育是进步的，卓有成效的。在语文教育方面取得了理论和实践的成果，涌现了以徐特立为代表的一批语文教育家。国统区，虽然国民党政府进行文化专制，但是以叶圣陶为代表的先进语文教育家进行了辛勤耕耘，对语文教育作出了卓越的贡献，取得了不可磨灭的伟绩。1929 年至 1949 年两支教育大军都在理论上、实践上为现代语文教育打下了坚实的基础。

为了适应新的政治经济发展，国民党政府教育部 1929 年颁布了《初级中学国文暂行课程标准》和《高级中学普通科国文暂行课程标准》；1932 年作了审核修改，又颁布了《初级中学国文课程标准》和《高级中学国文课程标准》；1936 年又作了修订，正式颁布《初级中学国文课程标准》和《高级中学国文课程标准》；前后经历八年。

1937 年抗日战争全面爆发，1946 年解放战争开始，国民党政府教育部于 1940 年颁布《修正初级中学国文课程标准》和《修正高级中学国文课程标准》，于 1948 年颁布《修订初级中学国文课程标准》和《修订高级中学国文课程标准》。

一、课程设置

1923 年，新学制规定中学实行学分制。《初级中学国语课程纲要》规定课程包括精读和略读，作文（包括文法、演说辩论），习字，共 32 学分。《高级中学公共必修的国语课程纲要》规定课程包括精读和略读，作文，文法，共 16 学分。高中分设普通科和职业科。普通科以升学为目的，又分第一组（注重文学、社会科学），增设文字学和文学史概论（实施中开设文学概论），共 8 学分；第二组（注重数学、自然科学）。

1929 年国民党政府教育部颁布的《初级中学国文暂行课程标准》规定课程包括阅读（精读、略读），习作（作文练习、口语练习、书法练习），共 36 学分。高中取消分组。《高级中学普通科国文暂行课程标准》规定课程包括阅读，文法及修辞，作文练习，共 24 学分。

1932年，初中、高中取消学分制，改为学时制。《初级中学国文课程标准》规定课程包括阅读，习作（文章作法、作文练习、口语练习和书法练习）。《高级中学国文课程标准》规定课程包括阅读，文章作法，作文练习。

1936年，《初级中学国文课程标准》规定包括阅读和习作。《高级中学国文课程标准》规定包括阅读，文章法则，作文练习。此外，高二起分为甲、乙两组：第二学年上学期甲组5课时，乙组8课时（增加了课时，讲授中国文学史大纲）。

1940年，初中从一年级起分升学和就业两组。《修正初级中学国文课程标准》规定包括阅读和习作。《修正高级中学国文课程标准》规定包括阅读、文章法则和作文练习。

1948年，取消初、高中分组。《修订初级中学国文课程标准》规定包括精读（含作文练习和演讲）和略读。《修订高级中学国文课程标准》规定包括精读（含作文）和略读。

综上所述，1923年新学制到1948年，初、高中国文科实行学分制，又取消学分制；实行分组制，又取消分组制；课程定型为精读、略读，作文，文章法则（含章法、文法、修辞）。1932年以后，没有选修课。

二、教学目标和教学内容

下面表一是初中的三份课程标准比较表，表二是高中的比较表。

从表一看，初中教学目的，1929年有三项，即用白话文说写的技能，阅读平易文言文的能力，欣赏文学作品的兴趣。到了1936年，增加了“了解固有文化”，“唤起民族意识并发扬民族精神”，这是因为处于抗日战争全面爆发的前夕。到了1948年，有所加强，强调“国际了解”和“爱国思想”以及“发挥大同精神”。

从表二看，高中承接初中，用白话文说写要做到“正确周密隽妙”，具有“运用文言作文的能力”，“培养学生读解古书的能力”和“欣赏中国文学名著的能力”。到了1936，1948年，同初中一样，增加了思想教育内容，“增强其民族意识”；强调“国际了解”和“爱国思想与民族意识，发挥大同精神”。

表一

标准＼项目	教学目标	教学内容		三年周课时		
1929 年《初级中学国文暂行课程标准》	1. 养成运用语体文及语言充畅地叙说事理及表达情意的技能； 2. 养成了解平易的文言文书报的能力； 3. 养成阅读书报的习惯和欣赏文艺的兴趣	一　阅读 甲　精读 乙　略读 二　习作 甲　作文练习 乙　口语练习 丙　书法练习	（课时） 3 1 2	6.6	6.6	6.6
1936 年《初级中学国文课程标准》	1. 使学生从本国语言文字上，了解固有文化； 2. 使学生从代表民族人物之传记及其作品中，唤起民族意识并发扬民族精神； 3. 养成用语体文及语言叙事说理表情达意之技能； 4. 养成了解一般文言文之能力； 5. 养成阅读书籍之习惯与欣赏文艺之兴趣	一　精读 二　略读指导 三　习作	3/4 1 1	5.5	5.5	5.5
1948 年《修订初级中学国文课程标准》	1. 训练听讲及阅读语体文与明易文言文之能力； 2. 培养运用国语及语体文表达情意之能力，以切合生活上之应用； 3. 培养阅读之兴趣与习惯； 4. 从民族辉煌事迹及有助国际了解之优美文字中，唤起爱国思想与民族意识，发挥大同精神	一　精读（2/3）（包括演讲及作文练习） 二　略读（1/3）	3.32 1.66	5.5	5.5	5.5

表二

项目 标准	教学目标	教学内容		三年周课时		
1929 年《高级中学普通科国文暂行课程标准》	1. 继续养成学生运用语体文正确周密隽妙地叙说事理及表达情意的技能，并依学生的资性及兴趣，酌量兼使有运用文言作文的能力； 2. 继续培养学生读解古书的能力； 3. 继续培养学生欣赏中国文学名著的能力	一 阅读 甲 精读 乙 略读 二 文法及修辞 三 作文练习	（课时） 3 1 1	4.4	4.4	4.4
1936 年《高级中学国文课程标准》	1. 使学生能应用本国语言文字，深切了解固有文化，并增强其民族意识； 2. 除继续使学生能自由运用语体文外，并养成其用文言文叙事说理表情达意之技能； 3. 培养学生读解古书，欣赏中国文学名著之能力	一 阅读 甲 精读 乙 略读 二 习作	 3 1 1	5.5	5.8	5.5
1948 年《修订高级中学国文课程标准》	1. 提高阅读速率及了解力； 2. 熟练应用语体文及明易文言文表达情意，能作切合生活上最需要应用最广之文字； 3. 培养阅读古籍之兴趣与能力； 4. 从民族辉煌事迹及有助于国际了解之优美文字中，唤起爱国思想与民族意识，发挥大同精神	一 精读（2/3） （包括作文） 二 略读（1/3）	3.32 1.66	5.5	5.5	5.5

初中教学内容，1929 年的课程标准列出两大项，以后的课程标准据此稍加调整。1929 年课程标准规定：

(一) 阅读

(甲) 精读，由教员选定适当的材料，指导各种研究的方法，使学生对于所读的材料，关于内容方面，有明白的认识，关于形式方面，有详细的了解。

(乙) 略读，由教员选定整部的名著，或节选整部的名著，指导读法，使学生对于所读的内容旨趣，有概括的了解和欣赏。

(二) 习作

(甲) 作文练习　命题，或试用其他练习的方法。

(乙) 口语练习　演说或辩论。

(丙) 书法练习　楷书熟习或行草书试习。

高中教学内容，1929 年的课程标准列出三大项，以后的课程标准据此稍加调整。1929 年课程标准规定：

(一) 阅读

(甲) 精读　由教员选定整部的名著，每学期一部为主要读物，辅以单篇的选读；使学生对于读物有详细的了解，并应注重于文学的技术之指示（包括材料的运用，思想的条理层次，描写人物的技术等等）。

(乙) 略读　使学生从教员的指导，选读名著，于读物的内容旨趣，须有概括的了解和欣赏。

(二) 文法及修辞

(三) 作文练习　包括读书笔记，专题研究，游览参观的记录，和各种文学体裁的试作等项。教员应于课外指导学生继续练习演说和辩论。

选文的内容，1932 年课程标准规定得比较清楚：

选文精读　选用教材，除适用初中七项标准外，其排列之程序，应语体文言分授。语体文应选纯文艺及有关学术思想之文字；文言文第一学年以体制为纲，第二学年以文学源流为纲，第三学年以学术思想为纲；各授以代表作品，并得酌授文字学纲要及应用文件。

各种文体比例，1940 年课程标准规定得比较清楚：

（壹）选文精读，各学年均以文言为主（第一学年约 7 与 3，第二学年约 8 与 2，第三学年全授文言文）。（按：1948 年课程标准规定，第一学年以现代作品为主，第二、三学年其语体文与文言文约为 3 与 7 之比例。）

（贰）第一学年以记叙文为中心，占 60％……第二学年以说明文为中心，占 60％……第三学年以议论文为中心，占 40％。

三、教材大纲

从 1929 年课程标准起，编有“教材大纲”一节。下面是 1929 年《初级中学国文暂行课程标准》“教材大纲部分”全文：

教材大纲

（一）阅读

（甲）精读

（子）选用教材的标准：

（1）包含党的主义及策略，或不违背党义的。

（2）合于现实生活的，乐于社会生活的。

（3）含有改进社会现状的意味的。

（4）合于学生身心发育的程序的。

（5）叙事明晰，说理透辟，描写真实的。

（6）造句自然，音节和谐，能耐讽诵的。

（丑）教材排列的程序：

(1) 语体文与文言文并选，语体文渐减，文言文渐增，各学年分量的比例递次为 7 与 3，6 与 4，5 与 5。

(2) 各种文体错综排列。第一年偏重记叙文抒情文，第二年偏重说明文抒情文，第三年偏重议论文应用文。

（乙）文法与修辞　文法的词性，词位，句式；修辞的组织法，藻饰法和文体的分类等，并就精读的选文中采取例证和实习的材料。

（丙）略读　选用读物的标准，略举如下：

（子）能使学生对于国文知识与技能，获到更广的观察和更深的领会，而足以助长其作文和读书的能力。

（丑）能使学生对于品性的涵养，获到方法的指导与实际的受用，同时于作文读书有相当的助力的。

（寅）能使学生对于思想之启发，获到理论的指示和实际的自得，而同时于作文读书有相当的助力的。

（卯）能使学生对于文学获到最低限度的常识，或引起欣赏的兴趣。

（二）习作

（甲）作文练习

（子）命题　作文题材取有关于现实生活的，并多取记叙描写的题材。

（丑）记录　故事，传说，及新闻等记录。

（寅）笔记　教室听讲的笔记；课外读书的笔记。

（卯）应用文件。

（乙）口语练习　练习的先后，供给演说或辩论的方法与材料。

（丙）书法练习　楷书及行草书字帖之临摹，或古碑帖之鉴赏。

下面作纵向比较。

1. 选文标准

1929 年课程标准开始列出选文标准，以后稍有增订。

1932 年前三条是：

1. 合于中国党国之体制及政策者。

2. 含有振起民族精神，改进社会现状之意味者。

3. 包含国民应具之普通知识思想而不违背时代潮流者。

1936年“教材标准”附注规定：

选文材料中应注意加入左列各项之党义文选：

中山先生传记及遗著；

中国国民党史略及历次重要宣言；

中国国民革命史实；

革命先烈传记及遗书；

党国行进言论。

1940年特别提出：

选择教材须避免之消极条件：

（甲）违反三民主义及国家体制及政策者。

（乙）思想不合现代生活与进化潮流者。

（丙）意志消极，精神颓废者。

（丁）论理背谬，文法错误者。

（戊）体裁不合现代需要者。

（己）内容过于专门者。

30年代，国民党政府教育部规定中等教育目标之一是“确定青年三民主义之信仰，并切实陶冶其忠孝仁爱信义和平之国民道德”①，“应以三民主义重要的观念，为编订全部课程之中心”。因此，课程标准规定选文要选国民党党义和党史的文件，这给编写语文教材带来了局限性。

---

① 《中华民国教育宗旨及其实施方针》，1929年4月26日国民政府公布，载《中国现代教育史教学参考资料》，人民教育出版社1987年版。

2. 语体文和文言文的比例

1923 年新学制的语文课程纲要规定：初中语体文与文言文之比例是 7.5 与 2.5，6 与 4，2.5 与 7.5。1929 年则 7 与 3，6 与 4，5 与 5。以后就没有变。1940 年高中规定语体文与文言文比例：3 与 7，2 与 8，0 与 10。1948 年则规定，高一学年主要选语体文，高二、三学年语体文与文言文比例为 3 与 7。形成格局：初中、高中文白混编，初中以白话文为主，高中以文言文为主。

3. 各种文体比例

1936 年课程标准规定：初中每学年记叙文、说明文共占 50%，议论文分别占 10%、15%、15%，文学作品各占 15%，抒情文各占 10%，应用文各占 5%，还有文章法则分别占 10%、5%、5%。

1940 年规定：初中第一学年记叙文 70%、说明文 20%，第二学年说明文 60%、记叙文 20%，第三学年议论文 30%，说明文 30%——形成了第一学年以记叙文为中心，第二学年以说明文为中心，第三学年以议论文、说明文为中心的格局。

高中至 1940 年才明确规定文体比例：第一学年以记叙文为中心，占 60%，抒情文占 10%，说明文占 15%，议论文占 15%。第二学年以说明文为中心，占 60%，议论文占 20%，记叙文占 10%，抒情文占 10%。第三学年以议论文为中心，占 40%，抒情文占 20%，说明文占 20%，记叙文占 20%。

40 年代，初中、高中语文教材已形成了以记叙文、说明文、议论文为教学中心的“三阶段”“两循环”的教材文体编排格局。

四、教材

这时期有影响的语文教材有下列几种。

1. 傅东华编，复兴初级中学教科书《国文》（六册），《复兴高级中学教科书》（六册），教育部审定，1933 年 9 月初版，到 1938 年 9 月出第 70 版，商务印书馆发行。在“编辑大意”中说，“遵照民国二十二年教育部新颁《初级中学国文课程标准》编辑。每册包括精读教材 40 课（每周二课），习作教材 20 课（每隔一周授二课），两者穿插编排。在精读课后附“作者”“注解”“提示”。习作教材是知识短文，有语言、文章作法、工具书用法等知识。选文大体上按题材内容相对集中，配以相应的习作教材，构成单元。这套课本开创了选文和知识短文混合穿插编排的课本体例。

2. 江苏省教育厅选编《初中当代国文》（六册）和《高中当代国文》（六册），施蛰存等人注释，柳亚子等人校订，上海中学生书局发行，1934年6月出版。《初中当代国文》，共选精读文207篇，略读文66篇，文后有注释，每册后附作家小传。例如，第一册课文53篇，每周精读两课，略读一课，隔二三周插一篇文法知识。选文一般按文体和内容安排。《高中当代国文》六册，精读文207篇，略读文54篇。这套课本也是选文和知识短文混合穿插编排，兼顾精读和略读，每册后附课外阅读书目。

3. 宋文翰编，新编《初中国文》（六册）和新编《高中国文》（六册），中华书局1935年、1936年出版。初中选文256篇，高中选文253篇。按单元编排。高中课本，从古到今编排选文。初、高中课本每册后附“文章作法”（知识短文集中编排）。

4. 夏丏尊、叶绍钧编，初中国文科教学自修用书《国文百八课》，共六册（只出前四册），开明书店1935年出版。课本采用分课混合编法，共编108课，每册18课。“每课为一单元，有一定目标，单元内含文话、文选、文法或修辞、习问四项，各项打成一片。文话以一般文章理法为题材，按程配置；次选列古今文章两篇为范例，再次列文法或修辞，就文选中取例，一方面仍求保持其固有的系统；最后附列习问，根据着文选，对于本课的文话、文法或修辞提举复习考验的事项。”“本书选文力求各体匀称，不偏于某一种类、某一作家。内容方面亦务取旨趣纯正有益于青年的身心修养的。唯运用上注重于形式，对于文章体制、文句格式、写作技术、鉴赏方法等，讨究不厌详细。”（《编辑大意》）作者说“本书是彻头彻尾采取‘文章学’的系统的”，“本书编辑旨趣最重要的一点就是想给与国文科以科学性，一扫从来玄妙笼统的观念”。这套课本对语文科学化作了有益的探索。

5. 方云皋、羊达之等编，朱家骅、陈果夫、梁实秋等审核，中学《国文》（国定本），1942年至1946年出齐，正中书局印发。这套课本由国民党政府教育部之国立编译馆教科用书组组织编写。编写者把语文课看作“党义课”，选用国民党的文件和主席、院长、部长的文章，企图对学生进行“精神训练”，无视语文教学的规律。教育部把这套课本指定为全国中学“统一”用书，激起教育界的普遍不满。

6. 开明书局出版的文白分编课本。初中《开明新编国文读本》甲种本六册，白话读本，叶圣陶、周予同、郭绍虞、覃必陶合编；《开明新编国文读本》乙种本三册，文言读本，叶圣陶、徐调孚、郭绍虞、覃必陶合编；1946 年开明书局印发。高中《新编开明高级国文读本》六册，白话读本，朱自清、吕叔湘、李广田、叶圣陶合编；《开明文言读本》，原计划编六册，后因政局变化只出三册；1948 年开明书店印发。（按：1980 年，《开明文言读本》三册合为一册《文言读本》，再度发行。1985 年，吕叔湘、张中行合编《文言读本续编》，作为《开明文言读本》的后三册（第 4、5、6 册），人民教育出版社 1988 年出版。）这两套“新编”课本有三点新意。1. 文、白分编，改变了 20 多年来文、白混编的体例。2. 扩大选材范围，坚持“实用”和“杂取”原则。白话文和文言文都编选“广义的实用文”，例如文言文选入笔记、小品、传记、序跋等。3. 重视培养学生的语文能力。初中白话课文后有提示语，高中白话课文后有“读题”“音义”“讨论”“练习”。文言课本卷首“导言”概述文言文的必备知识，包括 196 个文言虚词用法。内容上，由简到繁、由近及远；形式上，课文由短到长，由易到难，标点符号由有到无，注音释义由多到少，培养学生独立阅读文言文的能力。

五、教法

这个时期主要的语文教学法论著有：

1. 权伯华编《初中国文实验教学法》，中华书局 1932 年版。

2. 胡怀琛著《中学国文教学问题》，商务印书馆 1936 年版。

3. 袁哲编著《国语读法教学原论》，商务印书馆 1936 年版。

4. 阮真著《中学国文教学法》，正中书局 1936 年版。

5. 黎锦熙《中等学校国文讲读教学改革案述要》，1938 年石印本，发表于 1947 年《国文月刊》第 51 期、第 52 期。

6. 魏应麒编《中学师范国文作文教学法》，商务印书馆 1940 年版。

7. 蒋伯潜著《中学国文教学法》，中华书局 1941 年版。

8. 叶圣陶、朱自清著《国文教学》（论文合集），开明书店 1945 年版。

20年代，语文教育界引进欧美教学法思想，改革中学语文教学，试验探索语文教学法。三四十年代，在传统语文教学的基础上，探索、建设语文教学法。在这个艰难历程中，黎锦熙、叶圣陶、朱自清、阮真、蒋伯潜等对语文教学法的理论和实践作出了贡献。

（一）阅读教学

1923年课程标准最早提出阅读教学法，规定初中阅读教学：

> 1. 精读课文（由教师拣定书本），详细诵习，研究；大半在上课时直接讨论。
>
> 2. 略读整部的名著（由教师指定数种），参用笔记，求得其大意；大半由学生自修，一部分在上课时讨论。

行文简明，指出在传统诵习基础上，学生自修、研究、讨论；思想和方法先进，有重大突破。

1929年起，课程标准专设“教法要点”一节，突出了教法的地位。1929年课程标准规定精读教法八条：

> 甲精读　选文二篇以上为一单位，须性质互相联络，或可互相比较的。其教学要点如下：
>
> （子）令学生自备工具书籍，如《字典》《辞源》《词诠》《人名大词典》等，并指导其使用方法。
>
> （丑）教员讲解前，应先令学生参考工具书籍，预习生字、难句及关于人、地、时种种之查考。
>
> （寅）课文讲解，只须略述课文的背景及大意，重在引起自习的动机，作扼要的、有趣味的介绍和问答，不逐字逐句的讲解。
>
> （卯）教师应就选文中，可借文字之形音义之说明者略为指示。
>
> （辰）教师讲述大意后，应指导学生作分析、综合、比较的研究，务使透彻了解。或提出问题，令学生课外自行研究。
>
> （巳）应令学生于不妨碍他人用功的范围内，低声讽诵，以养

> 成欣赏文艺的兴趣。
>
> （午）教师所指导的要点和自习时参考研究所得，都要记录于笔记簿上，以备考查。
>
> （未）每习毕一单位，须考查成绩一次。考查方法举例如左：(1) 复讲；(2) 示题（口答或笔答）；(3) 测验；(4) 默写；(5) 轮流报告及讨论；(6) 检阅笔记。

这种阅读教学法实施于 30 年代、40 年代。

一些语文教育家也提出许多建议性的教学法思想和教学模式。

梁启超提出阅读教学要分期分类（分学期分文体），分组比较阅读，采用讨论式（见《作文教学法》《中学以上作文教学法》）。胡适提出上课做三件事：第一件，学生质问疑难，请教员帮助解释；第二件，大家讨论所读的书的内容；第三件，教师随时加入一些参考材料。还提出讲文法要古今对照（如“我骗谁?”与“吾谁欺?”）（见《中学国文的教授》和《再论中学的国文教学》）。夏丏尊则把理解、鉴赏、触发看作阅读的基本能力，读要有“新得”，并且设计理解、鉴赏、触发的三种阅读方法。（见《阅读与写作》，与叶圣陶合著。）朱自清提倡诵读，“先由教师范读，后由学生跟着读，再由学生练习着读，有时还得背诵”（见《论诵读》）。阮真设计了“教学预备，预习指导，教学讨论，应用练习，成绩考查”的阅读教学流程。黎锦熙提出“自动主义的形式教段”（主要针对小学）：

- 自动主义的形式教段
  - 理解（第一段）
    - 预习
      - 指示目的，唤起学习的动机
      - 预备的指导
      - 儿童预习（并欣赏）
    - 整理
      - 儿童问疑
      - 教师试问
      - 儿童发表
  - 练习（第二段）
    - 比较（并概括）
    - 应用（表演等）
  - 发展（第三段）
    - 创作
    - 活用

黎锦熙的教段着眼于一个“导”字，特别重视学生的内在学习动因。由“理解”到“练习”到“发展”，反映了阅读教学的阶段性和创造性。

1942年、1943年，叶圣陶、朱自清编撰的《精读指导举隅》《略读指导举隅》出版。叶、朱对阅读教学有完整的理论和方法，这两本书体现了他们的理论和方法。叶圣陶主张阅读教学要培养学生阅读书籍的习惯和能力，培养自学、思考的能力，“各种学科的教学都一样，无非教师帮助学生学习的一个过程”，要求学生用自己的眼光去读书，自求所答。（见上述两书前言。）精读指导包括课前预习、课内讨论、课后练习。略读指导是一种“提纲挈领的指导”。两书的“前言”和“指导大概”分别对精读、略读的意义和方法作了详细的说明。这两本书对阅读教学法的建设既有集大成之功，又有易普及之便。

（二）作文教学

1929年高中课程标准在“作业要项”列出“作文练习”：“包括读书研究，游览参观的记录，和各种文学体裁的试作等项。教员应于课外指导学生继续练习演说和辩论。”在“教法要点”中规定“作文练习”六项：

> （1）命题作文　课堂内作文，可养成学生作文敏捷的习惯和能力。课堂外作文，可养成学生作文详密的习惯和尽量发抒的能力。
>
> （2）翻译　为最可以训练精确的作文技术之练习。其法：或译文言文为语体文，或译语体文为文言文，或译古韵文为语体的散文或韵文，或译外国短篇之文为中国文言文或语体文等。
>
> （3）读书的笔记　须教学生多作有条理，成片段的笔记。尤须注重养成怀疑不苟且、不潦草的习惯。
>
> （4）游览参观的记载　须注重观察的能力，材料采集的能力，判断的能力，与描写的能力。
>
> （5）专题研究　须提倡材料的搜集与排比，条理的训练，证据的批评等习惯。
>
> （6）文学作品　凡小说、诗歌、戏剧、各种散文，皆可令学生试作。其有特别天才者，当就其性情所近，指示他多读名家作品，以作模范。

不仅指明教法，而且教学中提出培养观察力、判断力、采集力、敏捷力等，尤其值得注意的是鼓励学生搞文学作品，培养“有特别天才者”。1932 年课程标准加了一条：“应用文件　凡宣言、契据、章程、广告及其他公文书札等，皆可令学生习作。”1936 年课程标准则删去文学作品习作一项。

在这个时期，一些语文教育家对作文教学提出许多创新见解。阮真有专著《中学作文教育研究》《中学作文题目研究》。阮真分别拟订初、高中作文教学目的，并概括成一句话：要养成学生的正确而有法度的表述能力。据此拟了十条教学标准：（1）思想清晰，（2）文意切题，（3）论理正确，（4）辞语确当，（5）见解切合，（6）文法（或语法）通顺，（7）结构严谨，（8）修辞雅洁，（9）段落分明，（10）标点清楚。并且据此拟出作文评分标准的百分比。他还把作文分为课内练习和课外练习，分别提出方法。黎锦熙提出作文教学应与语法知识教学相结合，作文训练与话法、读法相结合，认为写作重于讲读，日札优于作文，作文先求“通”，再求“美”。夏丏尊和叶圣陶合著《文心》和《阅读和写作》，他们指出：“语体文的最高境界就是文章同说话一样。”“要达到这个境界，不能专在文字方面做功夫，最要紧的还在锻炼语言习惯。”“真的文字学习，须从为人着手。”具体说明了教学原则和教学方法。

（三）口语教学

1929 年初中课程标准在“习作”提出“口语练习　演说或辩论”，在“教法要点”中规定：

> 口语练习，于课外行之。或由教师命题指定演说，或由学生自由发表意见，或组织辩论会命题辩论。演说或辩论后，亦须加以批评。说话有文法上错误时，更须予以纠正。

高中则进行“辩论术”教学。这些口语教学内容一直保持到 1940 年课程标准（亦无发展）。

胡适早就提出对学生进行“演说和辩论”训练，认为会演说、辩论的人，没有不会写文章的；强调这两项是国语和国语文的实用教法。黎锦熙强调对小学生话法训练要先行一步，训练听说能力。阮真则拟订初中、高中的“口语发表”目的：

> 初中口语发表目的：1. 能说普通语言，语言清晰而圆熟。2. 能当众报告事实，有条理，有层次。3. 演说时仪容姿态端庄而自然，无局促不安的状态。4. 能搜集材料，加以组织，说得有凭有据。5. 能容纳他人的意见，不为无理的争辩。6. 能知普通演说辩论之规则及方术，应用适当。

1929 年以后，在中学语文教学中提出口语教学，无疑是一项重大的革新。不过，实施中只在一般较好的中学进行演说、辩论练习，不完全是口语教学。

第二节　革命根据地时期中学国文课程教材

一、学制和课程

中国共产党领导的新民主主义教育在这个时期经历了三个阶段，即土地革命阶段、抗日战争阶段、解放战争阶段，相应的地区是苏区、革命根据地、解放区。

建立于江西瑞金的中华苏维埃共和国，是共产党领导下的人民国家。苏区处在战争状态，主要兴办小学、识字班和培养干部的红军大学、苏维埃大学。

当时，学制比较灵活，适应战争形势。小学一般是五年；职业学校、师范，先是一至二年的短期中学，再办四年制中学；干部学校半年至一年。

职业中学、初步师范，实际上是中学。据《短期职业中学试办章程》(1934 年 3—4 月修订)，课程分为社会科学、自然科学、某种技术及文字课四项（文字课就是国文课），分别占课时的 15%、20%、40%、15%，还有“其他”（学术政治讲演、社会工作等）占 10%。可见主要学技术课，文化基础课有政治、数学、国文。办学目的是：“职业中学以完成青年的义务教育，使能了解马克思列宁主义的最低限度常识，及实际的生产劳动之一种为任务。”①

当时，中央教育人民委员分为四局：（一）初等教育，（二）高等教育，（三）社会教育，（四）艺术。初等和高等教育两局协同管理普通教育。处于战争状态，中学教育比较薄弱。

抗日根据地陕甘宁边区的中学教育有了明显的发展。1938年11月毛泽东在《实行抗战教育政策，使教育为长期战争服务》一文中说，全民族的第十个任务，在于实行如下各项文化教育政策：

> 第一，改订学制，废除不急需与不必要的课程，改变管理制度，以教授战争所必需之课程及发扬学生的积极性为原则。第二，创设并扩大增强各种干部学校，培养大批的抗日干部。第三，广泛发展民众教育。……第四，办理义务的小学教育，以民族精神教育新后代。②

为了抗日，边区政府确定中学的任务是“提高干部和培养未来干部”。抗战前期（1937年至1942年），中学学校最初只有鲁迅师范与边区中学两所。1939年成立了陇东中学、三边师范、关中师范，1940年又接收了绥德师范、米脂中学，又成立了鄜县师范。学制规定为二年到四年。其他根据地的中学也有所发展。

1944年中共中央西北局宣传部、陕甘宁边区政府规定中学课程，共有八科：边区建设、政治常识、国文、数学、史地、自然、生产知识、医药知识，每周上课时间为16小时到19小时。1946年调整为国文、数学、政治、史地、卫生、自然、艺术、体育等八科，每周上课21小时到25小时。此外，规定每周生产劳动和社会活动不宜超过8小时。

解放战争期间开始调整并加强中学教育管理。1946年《陕甘宁边区政府战时教育方案》规定：“目前教育工作中心是配合军事、政治、经济、群运等工作，争取人民自卫战争的胜利。”对某些课程增加新内容，例如“国语、政治及公民课应着重培养革命观点、群众观点、坚决勇敢及拥军

---

①② 《中国现代教育史教学参考资料》，人民教育出版社1987年版，第67、69页。

尚武的精神，并应向学生解释美帝国主义对华侵略政策及蒋介石封建买办性的法西斯专政的实质”。东北、华北解放区确定中学学制为“三三制”，初中、高中各三年。陕甘宁边区教育厅编审室拟订《初中国文课程标准草案》①，分目标、教学时间、教材大纲、教学实施大纲等四个部分。教材大纲部分有：

1. 关于国文的选材，除以语文规律为主要着眼点外，必须同时注意文章的思想内容与知识内容。在思想内容方面应包括群众观点、劳动观点、革命观点、集体观点、纪律观念、政策观点、科学观点、革命人生观、批评与自我批评，以及正确的学习态度、学习方法、工作态度、工作作风等。在知识方面，应包括卫生、生物、地理、历史、理化、工艺以及社会知识。

2. 各年级语文规律的单元系统配备：

第一年：①生活、思想、语言、文字；②学习什么语；③认字和学字；④读书和听话；⑤说话和写作；⑥简单句子；⑦复杂的句子；⑧态度和语气；⑨词句的错误；⑩词句的正确。

第二年：①观察和分析；②六个为什么；③材料的选择和整理；④事物的特点；⑤记叙的立脚点；⑥说明具体事物；⑦说明抽象道理；⑧议论和批评；⑨揭露和反驳；⑩文章的组织。

第三年：①语文的科学性；②语文的艺术性；③语文的阶级性；④韵文和散文；⑤怎样发挥主题；⑥内容与形式；⑦客观与主观；⑧语文的发展；⑨文告；⑩报告和总结。

3. 精读文体的比重：应用文占16%，普通文占48%，文艺文占16%，语文规律的说明占20%。

二、教材

限于时局，苏区、革命根据地编了许多小学教材、文化课本等，没有编

---

① 原载《边区教育通讯》第三卷第二期，转引自《中国现代语文教育发展史》，云南教育出版社1987年版，第199页。

印统一的中学国文教材。直到1945年，才编印中学国文教材。

在陕甘宁边区教育局领导下，由胡乔木主持编制，1945年5月出版《中等国文》，共六册，供三年制初中使用。课本前有“关于本书的七点说明”，阐述编写指导思想和课本内容、结构。下面摘录第一至四点（注意加重点号语句）：

一　本书确认国文教学的基本目的，是对于汉语汉文的基本规律与主要用途的掌握。在这个方针下，本书打破向来国文教材偏重文艺或偏重政治的缺点，一方面对于常见的各种体裁的语文兼容并包，使学者了解凡应用语文（包括一切说、写、读）的地方都是学习国文的地方；他方面将应用语文的若干重要规律的说明也列为正式课文，使学者知道国文也是一门科学，除选读成文外，也可能和需要用学习一般科学的方法来学习。没选很多“名文”，却选了很多朴素平易的文字，在不足时还由编者写了若干篇以为补充。说明语文规律的课文，全部是编者写的，这些文章不但形式上与向来的文法教材不同，内容上也不全一样，特别是由实用出发而不由定义和公式出发。……

三　本书读文除着眼于国文教学的价值即语文规律的价值外，同时着眼于政治的价值与一般知识的价值；……

四　本书的编制是依据上述各项原则而组织起来的一个整体。全书分六册，每册三十课，每课占二至三小时，每五课为一组（一个教学的单元），每组的前四课（第一册是三课）是读文，末一课（第一册是两课）是语文规律的说明。每册每组都大致有一个中心，各课各组各册之间也多少有一种联系，如果按照这个次序教学，可以依着一定的进度达到一定的目的，改变向来国文教学中的无政府状态。

《说明》对各册编制要旨也作了提示：

第一册——说与写的最初常识，简单的“应用文”。边区的各方面，华北解放区和抗日战争，最初步的群众观念，群众的英雄主义，学习态度。

第二册——词和句。新民主主义的基本概念；解放区与国民党统治区的比较；社会主义、资本主义、法西斯主义。地理与生物的一些知识。

第三册——词和句的进一步研究。民族主义，投降主义和国际主义。工作态度。历史与科学的知识。

第四册——修辞的常识。更多的历史与科学的知识。学习方法。

第五册——作文与读书的常识；汉语、汉字和汉文（文言和白话）。中国文学的常识；文学所表现的政治。

第六册——高级的“应用文”。对敌人的斗争和对自己的斗争（批评与自我批评）。工作方法。

这是以语文为中心的政、文、史、地综合型的语文课本，体现了鲜明的时代性、实用性、综合性。

为了适应不断扩大的解放区教育需要，1948 年 3 月和 1949 年 3 月，编制了《初中国文》（六册）和《高中国文》（六册）。在原有的《中等国文》基础上，扩大选文范围，既中外古今兼容并包，又主次分明；加强语文知识教学，初中加强语法修辞，高中加强文体写作知识和文言常识。新中国成立后，这套课本由上海联合出版社修订再版，作为中学使用的临时课本。

上述两套中学语文课本，在下列几个方面作出了有益的探索：体现“汉语文的基本规律和主要用途”；处理语文规律教学、文化知识教学和思想政治教育三者关系；单元组合（[(课文＋教学参考、注释、习题)＋知识短文]）；选用贴近学生和生活的实用文（包括约请作者为单元组合需要而创作的课文）、课本整体科学化。

三、教法

瑞金苏区时期和延安边区政府时期，毛泽东领导过教育工作，徐特立先后任苏维埃政府教育部长、中央教育部长，延安时期的程今吾、辛安亭、吴伯箫等都是在从事新民主主义教育事业中成长起来的语文教育家。新民主主义革命和马克思列宁主义的传播，使革命根据地时期的教育思想和教法思想闪烁着唯物辩证法的光芒。

首先，提倡理论联系实际，学用结合。在教学中，强调语文教学与抗日相联系，与学生生活相联系，提倡课内课外相结合。在教育目标、教学内容、教学方法上强调联系抗日，学以致用。辛安亭提出三个结合，即教材内容要结合边区实际，教材内容要结合学习对象的实际，教材的表达形式要结合写作实际。

其次，提倡启发式。1929 年毛泽东总结红军教育的十大教学原则，第一条就是“启发式（废除注入式）”（《古田会议决议》）。徐特立一贯提倡启发式，“我们是要学生很热情，造成学生热情的学习环境，要学生自动，这样的方法才是好的”。① 启发式的教学思想也为一般语文教育工作者所贯彻，太行五中伍吉辰说：“教学法的基本精神是自觉自学的：是在于教学过程中特别注意对学生的启发诱导，注意集体研究，集体讨论，同时也不放弃在课外有目的有计划的自学（应以自学为主，集体互助辅之——原编者）。”② 有的老师提出，教师要“做向导，指路带路”，用“活泼的方式”，而不用“填鸭式”教学。

第三，实验读写教学法。徐特立主张“读写结合”；1946 年陕甘宁边区教育局局长晁哲夫主张“讲读要与写作分开”。在实践中，各地教师都作了实验，取得一定的成绩，总结出行之有效的教法。

总观革命根据地二十年的国文教学，由于动荡的战争环境，在实践中产生的先进教育思想和教学法没有来得及总结、推广，存在的问题也没有来得及分析、解决。不过，这些闪烁着唯物辩证法光芒的先进教育思想和教学法是难能可贵的。令人欣慰的是，1950 年 2 月东北人民政府教育部，召开了全区各省、市中学国文教学研究会议，对中学国文教学的任务、教材、教法以及教师学习等问题都提出了改进的意见，也可以看作是革命根据地对于国文教学理论的总结。董纯才在《改革我们的中学国文教学》总结报告中对国文教学的重大理论问题作出了阐述。现摘录其中的关于语文的性质、语文科的教学任务的文字，作为本节小结。

---

① 《徐特立教育文集》，人民教育出版社 1986 年版，第 246 页。

② 伍吉辰《国语科教学座谈会小结》，原载《太行教育》1949 年 1 月。

我们中学里的国文课，实际上包括中国语文和文学习读两部分东西，而这两部分东西又往往结合成一体的。语文是表达思想的工具，思想必须要凭借语文的形式才能表现出来。人们是用语文形式来表现自己的思想感情。一切先人所积累起来的经验，是靠语文的工具，才一代一代传授给后人的。……语文是学习和工作的一种基本工具，也是一种斗争武器。因此我们要教年轻一代学习掌握语文。

…………

由此可以得出结论：中学国文教学的基本任务，是要使学生学会了解和运用中国语文，获得一般的文学教养；同时又从学习语文与文学中，获得革命思想与道德品质的教养。这就是说，中学国文教学含有语文教育和思想教育的双重任务。前者是语文课本身独特具备的特殊任务；后者则是各科共同具备的一般任务。……

具体地说，语文教学本身独有的特殊任务，是在提高学生了解与运用语文形式的能力，即提高学生的阅读能力与写作能力，作为学习与工作的基本工具。

阅读能力的标准，要求达到：能读一般的报章、杂志，普通的社会科学、自然科学与文艺的书籍。

写作能力的标准，要求达到：能写日常常用文件，如书信、函件、日记、笔记、记录、工作报告、工作计划、新闻通讯、调查报告、讲演论文、普通论文等。①

---

① 原载《人民教育》1950年第1卷第2期。

课程论　教材论

高中语文学科的课程和教材体系*

一、高中语文学科的课程和任务、内容

当前，中学语文教育改革进入一个新的阶段。在语文教育改革中，课程改革是一个突出的问题。高中语文课程改革要研究四个问题：一、高中语文学科的性质和任务；二、高中语文学科在三年中怎样分段（文、理科要不要分，何时分等）；三、语文必修课和选修课的教学任务和教学内容；四、语文活动课的教学任务和教学内容。

高中学段，同初中学段相对而言，是较高层次的基础教育阶段，具有相对独立性和提高性。高中毕业生，20%升入大专院校，80%就业或准备就业。高中语文学科必须适应这个社会现实，它的任务要兼顾升学和就业，为培养合格的大学新生和合格的劳动后备军打好基础。语文学科要打好基础，培养素质，同时要适应不同的需要：对升学的学生要加强语文素质的教学，对就业的学生要加强语文实用能力的培养。与此相关，就要考虑高中三年怎样分段，何时分文、理科和分出准备就业的班级。三年一贯？二一分段？一二分段？看来，不能一刀切，要因地制宜，因人制宜。为了适应社会和人才的需要，有的高中生入文科班，有的高中生入理科班，有的高中生准备就业，高中的语文学科势必有几个层次，具有导向性。必修课保证共同的语文基础，选修课就担负起适应社会和发展个性需要的任务，即是说，对文科生、理科生、就业生要开不同的选修课，提高不同学生的适应能力，发展个性。

---

* 原载《中学语文教学》1991年第3期。

高中语文学科课程包括学科课程和活动。如下表所示：

- 学科课程
  - 必修课——各类高中生的共同基础
  - 选修课
    - A 类——文科生选
    - B 类——理科生选
    - C 类——就业生选
- 活动
  - 校内课外活动——专题讲座、课外阅读、兴趣小组等
  - 社会实践活动——社会调查和服务等

跟课程密切相关的问题是：高中语文学科的任务是什么呢？

在初中听说读写能力基本过关的基础上，进一步培养理解和运用语言文字的能力，养成学习和运用语言文字的良好习惯，热爱祖国的语言文字；培养比较熟练的听说读写能力，具有比较熟练地阅读一般现代实用文的能力，具有鉴赏文学作品的初步能力和借助工具书阅读浅易文言文的能力，掌握写作一般现代实用文的规律，具有比较熟练地表达自己的思想感情的能力，具有适应一般交际的听说能力；具有一定的民族审美能力和基本的民族文化素质；在教学过程中开拓学生的视野，发展学生的智力，培养学生的自学能力和参与社会实践的能力，培养学生的爱国主义精神、社会主义道德情操和社会主义政治觉悟。

相应地，高中语文学科教学内容有三个层次：文化素质层次，语言理解和运用层次，语体听说读写层次（包括文言）。如下图所示：

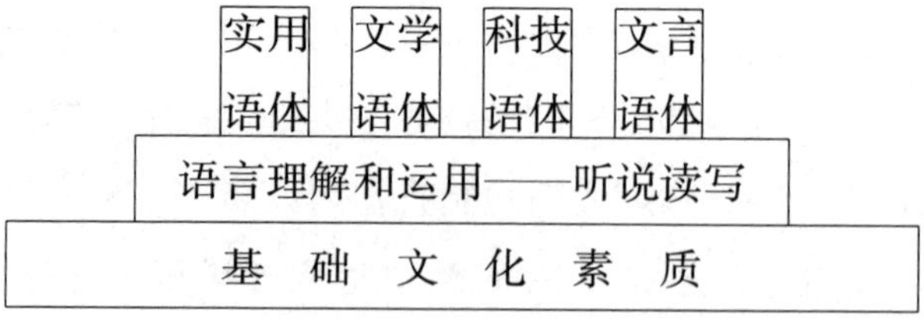

中学语文学科教学内容“三层楼”图

高中语文学科的基础是文化素质，包括语言、文字、文学、文章，包括民族审美习惯、审美情趣、审美原则，包括民族文化常识等。

高中语文学科的核心是语言的理解和运用能力——听说读写的知识和能力。

高中语文学科的主要内容包括实用语体——一般口语的听说、一般实用文的读写，文学语体——文学作品的阅读，科技语体——科技著作的读写，还有我国语文学科的特殊内容文言语体——与现代语体相对而言，即文言文阅读。

根据不同学生的不同需要开选修课，例如：

对于文科学生可以开文学语体、文言语体的选修课，如“中国文学名著选读”“外国文学名著选读”“语言艺术”“美学初步”“文言文选读”“中国文化常识”等。

对于理科学生可以开科技语体的选修课，如“科技名著选读”“科技汉语修辞”“科技论文写作”等。

对于准备就业的学生可以开实用语体的选修课，如“应用写作”“语言表达”等。

语文教学内容既要民族化，体现中华民族的文化，又要现代化，反映时代精神。民族化和现代化，是当前语文教学内容改革的方向。

二、高中语文学科的教材（课本）

语文学科教材的问题很多，下面论述三个主要的问题。

（一）教材体系——基本性和开放性

语文学科综合性很强。语文教材是一个综合体。这个综合体过小，就有人提倡搞“大语文”；过大，就有人主张“轻装前进”。

根据高中语文学科的任务和要求，建立一个合理的教材体系，是教材建设的首要任务。这个体系以基本性为主，兼有开放性。

高中语文教材体系，到底综合哪些内容呢？

当前全国通用的高中语文教材体系，主要综合了下列内容：

1. 实用文的读写知识和能力训练；

2. 听说的知识和能力训练；

3. 文学鉴赏的知识和能力训练；

4. 文言文的阅读知识和能力训练；

5. 现代汉语语法的重点知识和能力训练；

6. 一定的文化知识。

其他局部地区使用的教材还分别综合下列一项或两项内容：

1. 思维能力的知识和训练；

2. 中国古典文学作品的阅读；

3. 一定的中外文化常识；

4. 学习方法的知识和能力训练。

实行“一纲多本”，那么各种教材可以大同小异。大同，教材综合大纲规定的基本内容，体现教材的基本性；小异，教材综合大纲允许的开放内容，体现教材的开放性。教材的开放性和教材独具的教学结构、训练结构，构成一种教材的特点。

抽象地说，语文教材体系包括下列五个层面：

1. 知识层；

2. 能力层；

3. 情感层；

4. 认知心理和学习方法层；

5. 教学思想和教学方法层。

语文教材综合上述五个层面，并且具体地综合文化素质、语言理解和运用、语体听说读写这三层内容及其系列，就构成语文教材的体系。

（二）语文元素——最基本的知识

在化学中，有一百多种化学元素（例如氢、氧、碳等）；这种最基本元素的不同组合，就化合成不同的物质。化学元素具有两大特性：最基本的成分和巨大的生成能力。

在语文学科中，最基本的知识——语文元素是什么呢？

研究语文这个综合体，从中筛选出最基本的知识——陈述性知识和程序性知识，成为语文元素，这将是反复探讨和实验的结果。这里只能探讨一下能够成为语文元素的基本特性。

一是基本性，是某一个教学内容的最基本的知识。除了文体知识外，写作知识是一个巨大的知识库。在初中写作教学的基础上，高中一般写作教学的语文元素是什么呢？观察、审题、选材、立意、结构、语言（准确、通顺)。这是最基本的知识，可以以简驭繁。

二是生成性，具有巨大的迁移力或渗透力，是形成新知的必不可少的知识。在现代汉语语法中有一项知识，就是结构关系，基本的有五种：并列（语言），陈述（头痛），支配（作文），修饰（白菜），补充（缩小）。合成词中，语素与语素有这五种关系；短语中，词与词也有这五种关系；句子中，成分与成分也是由这五种关系决定的。五种结构关系沟通了词、短语、句子，换句话说，这五种结构关系具有生成力，可以生成关于短语、句子的新知。

三是层次性，是系列中不可少的一项，处于一定的层面，能够承上启下。在修辞教学中，分析修辞手段，品味表达效果，这是应该的。但是，目前教学中往往忽视语境教学，然而离开了语境，很难品味表达效果。修辞手段—语境—表达效果，是三个层次。语境就是承上启下的语文元素，具有层次性。

四是转化性，是经过训练能够转化成能力的基本知识。一般的常识不带有规律性，不易转化为能力。语文元素，是带有规律性的基本知识。

对于语文元素的学习，可以定出能级，例如认记力、理解力、运用力、评价力、创造力，分层次地进行教学。

经过研究和实验，筛选出必不可少的语文元素，语文教育科学化就有了基础。

（三）教材结构——体、面、线、点

教材体系要通过教材结构才能完善地体现出来。教材结构要科学地组织好点、线、面、体。

点，教材基本的知识点和训练点，要少而精，有生成力。

线，由知识点和训练点组成某一教学内容的系列。系列与系列既有相对独立性，又有一定的联系。

面，各线的点即各系列的知识点和训练点构成教学平面（例如教学单元），这个平面是听说读写的小综合体，或者是其他教学内容的小综合体。教学平面是教学过程中的一个大台阶，体现阶段性和层次性。

体，由点、线、面构成教材体系，是大综合体。

安排教材结构时，要考虑下列原则：

学科知识结构原则，保持相对的完整性和系统性（语文学科宜粗不宜细，以简驭繁）；

学生心理认识结构原则，符合学生的身心发展过程，培养学生健全的心理认识结构；

教学程序结构原则，教学程序要渗透先进的教育思想和科学的教学方法，有助于培养学生的自学能力。教学程序要体现训练性、层次性、反馈性、巩固性、开放性。

语文学科的性质和高中语文课本的修订*

1978 年，原教育部制订《全日制十年制学校中学语文教学大纲（试行草案）》。1980 年作了修改，印行第二版。1986 年，在第二版的基础上，根据降低难度、减轻负担、明确要求的原则，对 1980 年大纲作了较大的修改。1986 年 12 月第一版《全日制中学语文教学大纲》，是国家教育委员会制订的。这个教学大纲是过渡性的。目前，正在根据国家教委制订的中小学教学计划（九年制义务教育教学计划和即将制订的高级中学教学计划）制订初中语文教学大纲和高中语文教学大纲。在过渡阶段，1986 年大纲作为教学、考试、评估和编写教材的依据。1987 年版高中语文课本是根据 1986 年过渡大纲的基本要求，在 1983 年版高中语文课本（通用本）基础上修订的。

一、语文学科具有交际工具性和思想教育性

1980 年教学大纲在开头部分，表述了语文学科的性质和作用。1986 年教学大纲保留了 1980 年教学大纲的基本观点，并有所发展。1986 年教学大纲说："语文是从事学习和工作的基础工具。普通教育阶段的各门学科都是基础学科，语文则是学习各门学科必须掌握的基础工具。"又说："语文学科对于提高学生的思想道德素质和科学文化素质，培育有理想、有道德、有文化、有纪律的社会主义公民，具有重要的意义。"这两段话可以概括为"两种工具""两种素质""两种性质"。

两种工具，一种是交际工具，语文是人们生活、工作的交际工具，这就

* 原载《课程·教材·教法》1988 年第 7 期，同王文英先生联名发表。

决定了语文必须具有实用性；一种是基础工具，是学习各门学科的基础工具，这就决定了语文必须具有基础性。特别要重视“交际工具”的交际性，以便突出语文的训练性和实用性。

两种素质，一种是科学文化素质，一种是思想道德素质。语文学科要提高学生的这两种素质。

两种性质，一种是交际工具性，语文要作为交际工具来教学，要进行科学的训练，学习知识，培养能力，发展能力；一种是思想教育性，在语文训练中进行思想教育，提高学生的思想道德素质。

作为一门学科，语文的综合性非常强，因而具有多种性质，如交际工具性、思想教育性、训练性（或称作实践性）、实用性等。然而，语文最根本的性质是交际工具性，语文这个负载思想内容的工具因为具有交际的功能，所以又具有思想教育的性质，学生在交际中得到陶冶和教育。交际工具性和思想教育性的统一，是语文学科的特点。

二、高中阶段语文教学的目的要求

比较 1980 年大纲和 1986 年大纲，两个大纲规定的目的要求有相同的内容：教学生学好课文和进行必要的语文基本训练，使学生热爱祖国语言，能够正确理解和运用祖国的语言文字；具有现代语文的阅读能力和写作能力；具有阅读浅易文言文的能力。1986 年大纲新增加的内容有：

（一）提出了“要开拓学生的视野，发展学生的智力”；

（二）培养“说话能力”；

（三）使学生“初步具有鉴赏文学作品的能力”；

（四）明确提出了各年级语文基本能力和基础知识的教学要求。

三、1987 年修订版高中语文课本的内容和结构

1983 年语文通用课本，高中教学内容在初中基础上有一个“大螺旋”：初一记叙，初二记叙和说明，初三记叙和议论；高一比较复杂的记叙和说明，高二比较复杂的记叙和议论，高三记叙、说明、议论的提高训练。1987 年修订版语文课本基本上保留了这个“大螺旋”，并且有较大的调整。

课本的内容有：

（一）议论文、记叙文、说明文、应用文的读写知识和能力训练；

（二）听说的知识和能力训练；

（三）文学鉴赏的知识和能力训练；

（四）文言文的阅读知识和能力训练；

（五）现代汉语的重点知识和能力训练（落实于课文的思考和练习中）。

课本结构以年级语文基本能力和基础知识的教学要求和教学内容为横向层次（三年三个层次），以实用文、文学作品、文言文的知识点和训练点连缀而成的序列为纵向直线，以各类教学单元为纵横交叉的结合点，构成一个结构“网络”。三年六册课文选文 190 篇，组成 45 个单元。单元分配如下：

	议论文	记叙文	说明文	应用文	散文	诗歌	小说	戏剧	文言文	小计
第一册	1	2	1		1				3	8
第二册	1	2	1		1				3	8
第三册	2	1					2		3	8
第四册	2					1	1	1	3	8
第五册	2			1		1	1		2	7
第六册	1	1	1			1			2	6
小　计	9	6	3	1	2	3	4	1	16	45

以高一为例，通过 2 个单元议论文、4 个单元记叙文、2 个单元说明文、2 个单元散文、6 个单元文言文和相应的读写、听说的教学，达到大纲所规定的高一年级教学要求，形成年级基础知识、基本能力的横向教学平面；高一年级 16 个单元就是体现教学要求的知识点和训练点，就是纵横交叉所形成的教学点；点点相连，构成阅读、写作、听说等的系列，也就是阅读、写作、听说等的纵向直线。纵横结合，形成高一年级课本的结构“网络”。

为了落实大纲规定的写作能力，修订课本遵循由浅入深、循序渐进、统筹兼顾的原则，配合单元教学要点和文体特点，安排了较为系统的写作训练，有四个方面：1. 随着单元教学要求，在有的课文的思考和练习中安排片段写作；2. 随着单元教学要求，在单元知识和训练中安排有关文体的整篇写作（每册约有五篇）；3. 在前五册课本中，安排章法方面的专题训练，如根据材料提炼中心，安排好结构，安排好段内的层次，修饰词句，表达方法的综合运用；4. 在六册课本中，安排专题的文章修改训练，如修改文章——中心的确立和深化，修改文章——材料的选择和剪裁，修改文章——调整结构，修改文章——调整段内层次，修改文章——推敲词句，修改文章——综合修改。这样，点、面相结合，写作、修改相配合，使得写作教学能够有层次多角度地进行。

为了落实大纲规定的说话能力，以说话的七种形式（即讲述、讨论、采访和答问、演讲、辩论、口头报告、即席发言）为框架，学习听说的基本知识，训练听说的基本能力。七种说话形式先后分别编在各册相关的单元知识和训练中。

为了落实大纲规定的“初步具有鉴赏文学作品的能力”，单独设立诗歌、散文、小说、戏剧等八个单元，编配必要的知识和训练，分编于各册。

为了落实大纲规定的“阅读浅易文言文的能力”，组成 16 个文言文单元，编配了自成系列的知识和训练，分编于各册。

为了落实大纲规定的语言教学要求，各单元课文的思考和练习中，编配了关于词语、句式、句群、段落和修辞、逻辑的练习，引导学生在语言运用中提高理解和运用语言的能力。

以上五项，同记叙、说明、议论、应用的“大螺旋”，是课本的主要内容，是组成结构“网络”的主要材料。

四、课本修订中研究的几个问题

根据大纲所指出的语文学科的性质、作用和教学的目的、要求、内容，吸取当前语文教学改革的成果，借鉴语文教材编写的经验，我们在编写课本中注意研究了以下几个问题。

（一）体系问题。语文课本不管是合编型（或称综合型）还是分编型（或称分科型），都要有一个科学的体系。体系性不强，是以往语文课本的一大缺点，致使教学无法循序渐进，任意增删教学内容。修订课本为了加强体系性注意了三个层次：1. 综合了应该教学的语文内容，如实用文、文学作品、文言文、读写知识、听说知识及其训练、文言常识、文学常识、现代汉语重点知识及其训练等。2. 每一部分的教学内容（母项）又分为若干子项，如实用文又分为记叙文、说明文、议论文、应用文。又如文言常识又分为通假字、实词、虚词、词义、句式、阅读常识等。3. 每一个子项又分为若干知识点和训练点，如阅读子项，除了文学作品阅读、社会科学读物阅读、自然科学读物阅读等知识和训练外，还先后编配了如下阅读知识和训练：归纳段意、理解主旨、剖析结构、理清思路、质疑辩难、精读和略读、速读、比较阅读、研究性阅读、专题阅读、书面语和口语的特点等。这样，形成由大而小的三层教学内容，并且辅以纵横交叉、层次清楚的“网络”结构，构成了一个教学体系。这个教学体系限于修订的幅度，还不够完善，然而总是前进了一大步。

（二）基础问题。初中和高中都是基础教育的学段，都要体现基础性。高中要在初中的基础上提高，这个“提高”要比初中高出一个层次，为学生进入大学深造或参加社会工作打下良好的基础。高中比初中高出一个层次，体现在听说读写各个方面，体现在语文素质上，例如，阅读，初中能阅读一般的读物，高中则能比较熟练的阅读一般读物（包括掌握阅读技巧），而且还具有初步鉴赏文学作品的能力。又如文言文，初中能在教师指导下熟读浅易的文言文，高中则能借助工具书独立的阅读浅易的文言文，具备必要的文言常识和能力。再如写作，初中能写一般的记叙、说明、议论、应用的文章，高中则能写比较复杂的记叙、议论、应用的文章，而且掌握一定的写作技巧。此外，高中学生的智力要得到明显的发展，具有比初中学生高一层次的理解能力、想象能力、评价能力。在修订课本中上述几个方面都有相应的体现。例如上文提及的阅读训练系列，下文将提到的文言文系列。

（三）系列问题。一个体系包括若干系列，体系的优劣在很大程度上取决于系列的优劣。课本主要有五大系列：实用文的读写知识和能力训练，听说的知识和能力训练，文学鉴赏的知识和能力训练，文言文的阅读知识和能力训练，现代汉语的重点知识和能力训练。例如，文言文系列包括：

年级	单元	基础知识和训练
高一	1	怎样学习文言文
		掌握和使用工具书
	2	诵读的要领
	3	学习文言文实词应注意的几点（一）（二）
	4	通假字
		学习文言虚词应注意的问题
		常见文言虚词用法（一）：之　其　或　则　乃　既　即　但
	5	词类活用
	6	常见文言虚词用法（二）：惟　犹　若　虽　然　以　于　为
高二	7	句读
	8	常见文言句式（一）：判断句、被动句、疑问句、否定句
	9	常见文言虚词用法（三）：盖　夫　也　哉　所　者
	10	翻译文言文
	11	常见文言句式（二）：倒装和省略
	12	学一点古代文化常识
高三	13	常见文言虚词用法（四）：矣　耳　焉　乎　耶　欤
		文言常用固定结构
	14	文言复音虚词
	15	文言文中的修辞
	16	文言文中常见的文体及其特点

通过16个单元文言文阅读，16个单元的基础知识和训练（还包括360个实词教学），使学生具有阅读浅易文言文的能力。这个系列是否合适，还有待于实践。

（四）训练问题。语文是交际工具，工具就得经常操作，并达到熟练运用的程度。训练性是语文作为交际工具的社会作用所决定的。课本各个系列是按照“基础知识旨在指导，基本训练贯串始终”这个指导思想设计的，每一个单元是一个独立的知识点和训练点。每一个单元有下列项目：

1. 单元教学要点：指出本单元教学要点。

2. 课文，每单元有四五篇：讲读课文二篇，体现单元教学要求。课文前有预习提示，课后有思考和练习。

自读课文二三篇，学生自己阅读，运用在讲读课文中所学到的知识和能力，并巩固和提高。培养和检验学生的阅读能力。

3. 单元知识和训练：编配本单元相关的基础知识和训练项目，可以涉及阅读、写作、听说、语言等方面。小结本单元，再一次进行巩固和提高所学到的知识和能力。

这种单元教学设计，使得学生受到一次教学，两次重复训练，逐步巩固，学以致用。

（五）教学问题。力求易教易学，特别是易学。易教，纵向各个系列眉目清楚，有序可循，便于检查；横向各个序列有关的知识和训练相互渗透，相互配合，便于迁移。易学，每册有结构表，使学生学前胸有全局，目的明确；每一单元设计，实际上安排了自学的步骤和要求。课本，既是教材，便于教，又是学材，便于学。此外，每册课本还配有课外阅读课本，同课本单元教学相配合，特别还补充了各种应用文。这对教和学都带来了方便。

（六）实用问题。如上所述，语文是交际工具，交际决定了实用。课本的知识和能力，必须是学生能够学以致用的，当然还有提高文化素质的因素。课本加强了读写训练，加强了听说训练，增加了鉴赏文学作品训练，就是为了学以致用，使学生具有适应现代生活和工作的能力。

1987年版高中语文课本，是在1983年版课本基础上修订的，限于原来课本要求、内容和结构，只作了部分改革，其中有的还是尝试性的。目前，语文教学改革正在深化，跟九年制义务教育小学、初中语文教学大纲相衔接的高级中学语文教学大纲将要制订。我们将遵照新的语文教学大纲，吸取新的教学成果，同广大语文工作者一道改革教材，努力建设具有中国特色的语文教材。

文言文中通假字和异体字的注释*

——释“通”和“同”

清代以前，古人把假借和通假往往笼统称为“假借”。《汉书·艺文志》已出现“假借”一词。东汉许慎在《说文解字》中解释假借：“本无其字，依声托事，令长是也。”客观事物无限，如果一一都用汉字来表示，“逐字而为之，而字有不可胜造之数”（孙诒让《与王子壮论假借书》）。古人就用假借方法，用已有之字来代表有音有义而暂时无字的字。例如，令，《说文解字》“卩”部：“发号令也。”是动词。到了汉朝，设县，行政长官称“县令”。“县令”，县之发号令者也。是名词。“县令”之“令”本无其字，就借用“发号令”之“令”。可见，假借的现象是本无其字，假借的字与本字的关系一般是音同形同而义有联系；假借并没有造出新字来，仅仅是用已有之字来表示新词（一字表示两词）。

文言中通假的用字方法古已有之。然而，到了清代，学者才开始区别假借和通假。清代段玉裁指出：“以汉人通假繁多，不可究诘。”（《说文解字注》）王引之说“至于经典古字，声近而通，则有不限于本字之假借，往往本字见存而古本则不用本字而用同声字。”（《经义述闻·经义假借》）。学者们指出通假是“本有其字”，不用本字而用同声字，“声近而通”。例如，“旦日不可不蚤自来谢项王”（《史记·项羽本纪》），司马迁不用当时已有的“早”字，而用“蚤”来通“早”，声近而通，然而两字本来的意义并没有联

---

* 原载《中学语文教学》1992 年第 2 期。

系。可见，通假的现象是本有其字，通假字与本字的关系一般是音同形异而义无联系。古人用音近而通的办法来便利用字，当然也有不利汉字规范的流弊。

现代学者对通假的看法不尽相同，以致同一现象有人认为是通假，有人认为不是通假。例如“司”，探问消息，侦察，《汉书・灌夫传》：“太后亦已使人候司”。《辞源》看作通假字，通“伺”；《辞海》则认为同“伺”，不看作通假字。（一般辞书用“同”表示同义字、异体字、古今字。）“昏”，《诗・邶风・谷风》：“宴尔新昏，不我屑以。”《辞海》认为通“婚”，看作通假字。《辞源》：结婚。婚，本作“昏”，后加女旁作婚。看作古今字。这种现象在中学语文课本文言注释中同样存在，“通”“同”界限不清。

1990年版高级中学语文课本（人民教育出版社编写，1991年秋季供书，必修本）从利于理解、注重语境、以简驭繁出发，区分注释术语“通”和“同”。

通，这个术语用来注释文言文中通假字、古今字。

通假字。在此语境中用当时不常用的甲字借作常用的音近形异的乙字，甲字是通假字，乙字是本字。课文注释中，写作“甲通乙”。例如：

“所以传道受业解惑也”（《师说》），受通授。

“则知明而行无过矣”（《劝学》），知通智。

“四支僵劲不能动”（《送东阳马生序》），支通肢。

“胡瞻尔庭有县貆兮”（《伐檀》），县通悬。

在《师说》上下文构成的语境中，“传道受业解惑”中的“受”不是接受的“受”，而是授予的“授”；是教师向学生授业，而不是教师接受教育。这样理解就能读懂原文。离开了这个语境，到了另一个语境，“受”不一定当作“授”讲。可见，通假字甲字在此处语境中当作本字乙字讲，离开了此处语境就不一定了。

古今字。古时产生的甲字在发展中有了另一新义（或多个含义），后来就在甲字形体的基础上再造一个后起字，专指甲字本义，而用甲字表示另一个新义。甲字是古字，在甲字形体基础上再造的后起字就是今字。古、今是相对而言的。例如，上古的“莫”，日入草中，表示“暮”（傍晚）的意思。（《论语・先进》：“莫春者，春服既成。”）后来，“莫”在发展中另有新义。

后人就造“暮”，表示“莫”的本义。“暮”成了“莫”的今字，而“莫”却用来表示新义了。又，古代“昏”表示“婚”义，后来“昏”又有新义，就新造“婚”替代“昏”（婚）义，“昏”反而去表示新义了。由于字的变迁比较复杂，因而古、今字难以断定。课本中，古今字也注为“通”，如《石钟山记》“莫夜月明”，课本注为“莫通暮”。这样注，也符合上文所说通假字注释的原则：在此处语境中“莫通暮”，离开此处语境则不一定。同样，也利于理解，以简驭繁，不必引导学生去区别古字、今字了。

同，这个术语用来注释古代的异体字。古代由于用字规范不严，一个字写出几个形体，音同义同而形不同。

异体字。在此处语境中或在其他语境中尽管形体不同，但是音、义都是相同的。例如：

“沛公不胜桮杓”（《鸿门宴》），桮同杯。

“民食果蓏蜯蛤”（《五蠹》），蜯同蚌。

“明晃晃马镫”（《高祖还乡》），镫同镫。

古代联绵词往往有异体：

“南声函胡（《石钟山记》），函胡同含糊。

“皆苍黄吠噬狂走者累日”（《答韦中立论师道书》），苍黄同张皇。

此外，拟声字也往往有异体。

课本把上述几种异体字都用“同”这个术语注释。

注“通”或注“同”宜精不宜泛。有些字词可以直接释义，而不必注“通”或“同”。例如：

“甿（méng）隶之人”（《过秦论》），古指农村居民。（不必注“甿通氓”，或“甿同氓”。）

“吾党菁华”（《〈黄花冈七十二烈士事略〉序》），菁华，精华。（不必注“菁”同“精”。）

“钿头银篦击节碎”（《琵琶记》），篦，头上装饰品，又能梳头发。（不必注“篦”同“鎞”。）

必要的重复注释还是有实用价值的，不能笼统反对一套课本或一册课本中出现的前后重复的注释。一个字（词），如果在前后课文中表示一个意义，就不必重注；如果表示不同的意义，而又可能影响理解，就可以重注。例如，课本中有两处重注：

“内所著披袄中”（《记王忠肃公翱事》），内通纳，放入。
“毋内诸侯”（《鸿门宴》），内通纳，接纳。

有时见日（《与朱元思书》），见通现，显露。
“见放着文书”（《高祖还乡》），见通现，现成。

下面列出高中语文课本（人教社1990年版，必修）中文言文注释的87处“通”和12处“同”，供参考。

第一册

页	课文	例句	通	同	说明
	廉颇蔺相如列传	可予不？	否		
		臣愿奉璧往使	捧		
		拜送书于庭	廷		
		召有司案图	按		
		唯大王与群臣孰计议之	熟		
	赤壁之战	将军禽操	擒		
		五万兵难卒合	猝		
		烟炎张天	焰		
		雷鼓大震	擂		
	记王忠肃公翱事	内所著披袄中	纳		放入
		予佐尔贾	价		价钱
		封识宛然	志		标记
	游褒禅山记	长乐王回深父	甫		
	石钟山记	南声函胡		含糊	联绵词，异体
		莫夜月明	暮		
		汝识（zhì）之乎	志		记住
	芙蕖	西施病心而膑其里	颦		皱眉
	与朱元思书	有时见日	现		显露

第二册

页	课文	例句	通	同	说明
	师说	所以传道受业解惑也	授		
	劝学	虽有槁暴	又		
		君子生（xìng）非异也	性		本性
	问说	以大知而察及迩言	智		
	鸿门宴	距关	拒		
		毋内诸侯	纳		
		要项伯	邀		
		愿伯具言臣之不敢倍德也	背		
		不可不蚤自来谢项王	早		
		今将军与臣有郤（xì）	隙		
		沛公不胜桮杓		杯	
	五人墓碑记	亦曷故哉	何		
	与妻书	几家能彀？		够	

第三册

页	课文	例句	通	同	说明
	察今	尝一脟肉		脔	
	训俭示康	酒酤于市	沽		
	《论语》两则	植其杖而芸	耘		
	《孟子》两章	所识穷乏者得我欤？	德		
		可得闻与	欤		
		今王田猎于此	畋		
	五蠹	民食果蓏蜯蛤		蚌	
		而民说（yuè）之	悦		
	庖丁解牛	砉（huā）然向（xiǎng）然	响		
		善刀而藏之	缮		
		技盖至此乎	盍		

第四册

页	课文	例句	通	同	说明
	窦娥冤	与窦娥烧一陌儿	百		
		这都是官吏每无心正法	们		
	林教头风雪山神庙	口里呐出一句	讷		口吃
		那工夫来望恩人	挪		
	明湖居听书	连一根针吊在地下	掉		
	信陵君窃符救赵	直上载公子上坐	座		
		俾倪		睥睨	
		辞决而行	诀		
		北乡自刭	向		
	送东阳马生序	四支僵劲不能动	肢		
	过秦论	合从缔交	纵		
		秦有余力而制其弊	敝		
		俛首系颈		俯	
		赢粮景从	影		
		钼	锄		
		棘	戟		
	六国论	暴秦之欲无厌	餍		
	论积贮疏	至孅至悉	纤		
		其畜积足恃	蓄		
		衡击	横		
		罢夫羸老	疲		
		缘南晦		亩	
	伶官传序	仇雠已灭		仇	

第五册

页	课文	例句	通	同	说明
	《诗经》两首	胡瞻尔庭有县貆兮	悬		
		三岁贯女	汝		

续表

页	课文	例句	通	同	说明
	涉江	朝发枉陼兮		渚	
	孔雀东南飞	终老不复取	娶		
		箱帘六七十	奁		
	促织	昂其直	值		
		手裁举	才		
		翼日进宰	翌		
	《黄花冈七十二烈士事略》序	所主唱三民主义	倡		
	毛遂自荐	公等录录	碌碌		
	殽之战	殽（yáo）	崤		
		文王之所辟风雨也	避		
		堕军实而长寇仇	隳		huī，毁灭
		乡师而哭	向		
	项脊轩志	而母立于兹	尔		

第六册

页	课文	例句	通	同	说明
	梦游天姥吟留别	列缺霹雳	裂		
	念奴娇·赤壁怀古	一尊还酹江月	樽		
	永遇乐	被甲上马	披		
	雨霖铃	暮霭沈沈楚天阔	沉沉		
	高祖还乡	恰糨（jiāng）来的绸衫	浆		
		引定火乔男女	伙		
		明晃晃马鐙		镫	
		见放着文书	现		现成
	荆轲刺秦王	燕王诚振怖	震		
		使工以药淬（cuì）之	焠		
		秦王还柱而走	环		

续表

页	课文	例句	通	同	说明
	屈原列传	犹离忧也	罹		遭遇
		人穷则反本	返		
		其称文小而其指极大	旨		
		自疏濯淖污泥之中	浊		
		屈平既绌	黜		
		厚币委质事楚	贽		见面礼
		楚将屈匄（gài）		丐	
	祭妹文	当时虽觭（jī）梦幻想	奇		

谈谈高中语文课本的文言文教学内容*

《全日制中学语文教学大纲（修订本）》规定：

初中文言文教学要求是："能顺畅的朗读文言课文，理解基本内容。""熟读、背诵基本课文的一些篇或段。"

高中文言文教学要求是："熟悉一定数量的文言实词，了解常见文言虚词的一般用法。""了解文言句式的一般特点。""能把文言句子翻译成现代汉语。""能借助工具书阅读浅易的文言文，理解文章的思想内容。"

根据大纲要求和当前文言文教学实际，1990 年人民教育出版社高中语文课本（必修）安排了五个方面的文言文教学内容。

一、熟读、背诵一些基本课文的全篇和段

全套课本文言文有 11 个单元，计 44 篇，其中讲读课文 22 篇。每个单元一般安排背诵一篇讲读课文的全篇或段。此外，还有两个单元的古代诗词，计 8 篇课文。背诵诗文涉及 15 篇课文：安排了背诵诗文 11 篇（6 文 5 诗），背诵诗文 17 段（涉及课文 6 篇；其中诗两段）。具体情况见下表：

册	单元	课文篇名	全篇	段
第 1 册	6	廉颇蔺相如列传		最后 5 段：从"既罢"起，到结尾
	7	石钟山记	全篇	

* 原载《语文教学之友》1992 年第 6 期，与蒋传一先生联名发表。

续表

册	单元	课文篇名	全篇	段
第 2 册	6	《指南录》后序		第 4 段
	7	过秦论		最后 3 段
		六国论	全篇	
第 3 册	7	《孟子》两章	《鱼我所欲也》全篇	
第 4 册	6	劝学	全篇	
		师说	全篇	
	7	五人墓碑记		从“嗟夫”起，到“匹夫之有重于社稷也”（3 段）
第 5 册	4	《诗经》两首	《伐檀》全篇	
		涉江	全篇	
	6	《黄花冈七十二烈士事略》序	全篇	
	7	殽之战		从“晋原轸曰”起，到结尾（3 段）
第 6 册	4	唐诗三首	《茅屋为秋风所破歌》全篇	《琵琶行》从“浔阳江头夜送客”至“唯见江心秋月白”（2 段）
		宋词两首	两首全篇	

二、教学文言文的阅读方法

课本安排了文言文的阅读常识和方法及其训练，如诵读、断句、翻译、积累词语、句式等（参阅下表）。

三、教学关于文言文的常识

安排了文言文阅读和文言的常识短文 16 篇，见下表：

年级	册	文言常识	实词、虚词、句式
高一	第一册	1. 怎样学习文言文 2. 掌握和使用工具书 3. 诵读的要领	
	第二册		4. 学习文言实词应该注意的几点（一） 5. 学习文言实词应该注意的几点（二） 6. 学习文言虚词应该注意的几点 7. 常见文言虚词的用法（一） ——之 其 而 则 或 乃 既 即
高二	第三册	10. 断句	8. 词的活用 9. 常见文言虚词的用法（二） ——以 于 虽 然 若 为 惟 因 11. 常见文言句式： ——判断句 被动句 疑问句 否定句
	第四册	13. 文言文的翻译	12. 常见文言虚词的用法（三） ——盖 所 者 安 何 故 且 遂 14. 省略和倒装
高三	第五册	15. 学点古代文化常识	16. 常见文言虚词的用法（四） ——也 哉 矣 耳 焉 乎 已 夫
	第六册	（文言文阅读综合训练）	

四、安排了重点识记的文言常用实词 340 个和虚词 32 个

课本采用了笔者（指蒋）1989 年的科研成果《中学文言文词语数频综合分析系统》。课本截取了该《系统》中词频大于等于 10 的实词，词频大于等于 20 的虚词，这些实词和虚词在 1987 年版人民教育出版社中学语文课本中分别占文言词数的 17.3% 和 23.7%，而覆盖率却分别为 76.9% 和 88.4%。考虑到文言文调整后篇目及课时有了削减，照顾到学生的学业负担和学习中的可接受性等因素，课本从以上常用词中选编了频度高、义项多的实词 340 个，虚词 32 个，作为教学中重点识记的常用词。

修订后的课本，第一次将文言常用实词投放到各篇课文。这样的设计，

是考虑到文言实词的特点和教学的可操作性。文言实词的各个义项之间，大都有本义和引申义的承接联系。一般地说，我们要求投放在某一课文中的实词的主要义项应该在这篇课文及其以前的课文中出现过。例如，“书”有五个主要义项：①写，②文字，③书信，④文书，⑤书籍。其中①③见于《廉颇蔺相如列传》，②④⑤见于初中的《陈涉世家》《木兰诗》和《黄生借书说》，因此，“书”就投放在高一册《廉颇蔺相如列传》一课，作为识记重点。这样投放，顺应古代汉语各义项之间依承变化的规律，避免分散割裂，有利于教师的指导总结和学生的识记、理解。同时，考虑到长课文和短课文，讲读课文、课内自读课文和课外自读课文的不同情况，控制投放数量。除了课外自读课文、古代白话课文不投放外，其余各课分别投放 2—12 个词。每学期投放总量，最多为 66 个（高五册，三个单元），最少为 40 个（高六册），其余都为 58—60 个，使常用词的教学能够均衡有序地进行。

文言虚词，词量少，频率高，用法复杂，各个虚词之间，既有不同之处，又有相似之点。因此，文言常用虚词仍取分类集中的方法，编为四个知识单元。这样做有利于比较异同，掌握用法。

五、设计了课文和单元的练习

课文的“思考和练习”涉及思想内容、章法技法、文言词句。课本加强了文言词句的阅读训练，其中实词、虚词训练突出投放于该课的词、语，例如《赤壁之战》第三题中实词“方、卒、将、事”都在 340 个文言常用实词之列（六册课本安排约 130 个实词练习）。“单元知识和训练”中的“阅读训练”是为了巩固、强化本单元教学重点而设计的，与知识短文相呼应，题型灵活，内容较广。文言词句训练采取了不同样式的选择题，拓宽了思路。

以上五方面教学内容有机结合，构成文言文教学内容的综合系列。熟读、背诵一些文言文的名篇、段，形成一定的语感；教学文言文的阅读方法，掌握自读文言文的一把钥匙；教学一些文言常识，积累一定数量的实词、虚词和句式，就能把握文言词句的一些规律，举一反三，触类旁通；安排练习，使知识转化为能力。总之，文言文教学不能单打一，必须有机组合诸方面的教学内容，发挥综合效应，培养和提高阅读浅易文言文的能力。

语文课本忧喜录*

当前，讨论中小学语文教学，有些人始则忧，继则愤，终则悲。我看语文教学，有忧有喜。语文教学是在爬坡，而不是在滑坡。爬坡，则缓慢，可忧；爬坡，在前进，可喜。如果滑坡，只退不进，那么只能忧而愤，愤而悲。有人悲愤攻心，急不择言，发出“误尽苍生”的胡言，则成事不足，败事有余。

语文教学涉及课程计划、课程标准、教材、教学、考试、设备和教师等，这里就语文课本说说忧喜。

先说说忧吧。

一忧文选型、实用文教学两循环的课本体系长期未变。选的文章好，教材就好，把选文好坏作为课本优劣的主要标准。于是，不少人的目光只盯住选文，平庸啦，时代性差啦。叶圣陶说：“选些文篇让学生读，无非是进行那些训练的凭借而已。不读这几十篇几百篇，换读另外的几十篇几百篇，也未尝不可。”（《重视调查研究》，1979 年）选文要选好的，但某个时期某套课本有几篇选文不合适，也在所难免。换调几篇平庸的选文，课本就好了？不见得。初中课本以记叙文、议论文、说明文为主要内容来安排学期教学，组织单元，三年转一圈。高中仍以记叙文、议论文、说明文为主要教学内容，再转一圈。初中、高中实用文读写知识大量简单重复，两个学段知能层次不清，不能激发学生探求新知的兴趣。浪费师生时间、精力，效率又不高，岂不担忧？

---

* 原载 1998 年 6 月 3 日《光明日报》。

二忧小学、初中、高中语文课本不能统筹兼顾，各自为政，互有重复、缺漏，语文知能层次不清。小学识字2500个；初中要求再识1000字，可新学习的1000字不落实。初中、高中听说读写知能层次又不清。中小学语文课本不能“一条龙”，造成极大浪费。教育机关制订教学大纲，不去统筹兼顾，编课本部门编著课本，也不自己协调。谁能不忧?

三忧高考常常考大纲、课本没有的内容，考学生没有学过的语文知识。有一次，在会上我面对考官恳切地说：“千万别考学生没有学过的语文知识。碰上的得分，碰不上的失分，不公平。因为，没有规定范围，只能碰运气。如果考课外阅读获得的语文知识，就得开出书单。这样，就可以考课外阅读必读书中的名言警句、作家作品。否则，我出题，也可把考官您考得一愣一愣的。语文知识浩如烟海，谁准能海底捞针啊!”大家叫管叫，考官考管考。你忧死了，人家也不心痛。

说完忧，再说说喜，喜中有“改革开放”。

一喜中小学语文知能教学体系开始构建。1993年试行中小学教学大纲和课本，开始构建语文知能教学体系，但还不配套，不协调。初中大纲规定听说读写语文能力48项，知识20项。1996年开始实验的高中大纲初定读写18项能力，18项知识。在此基础上，实验，研究，逐步完善。20世纪末到21世纪初，如果初步建成小学、初中、高中“一条龙”的语文知能教学体系，而且切实可行，那么中小学语文教学会有一次飞跃。

二喜“一纲多本”，颇有成效，课本水平大有提高。当前，编著、使用的十多套小学、初中课本，不少课本试验以知能为体系，并且重视课本中的范文系统、导学系统、作业系统。有的是综合型，听说读写思协调教学；有的是分编型，各成系统，又相互为用。又因为建立必修课、选修课、活动课的课程结构，教材多样化、系统化，有利于发展学生的特长和个性。教材竞争出质量，出人才，也将出科学的教材学。

三喜不少教师当课本的主人，也引导学生当课本的主人，积累了使用课本的宝贵经验。于漪老师用扬长避短的办法使用人教版课本，学生水平提高得很快。蔡澄清老师用增补、重组课本内容的办法，自主地教学，提高课本的效益。山东等省更是大面积地进行教学实验，在课堂上科学地使用课本，对不同教学内容用不同课型教学，取得实效。编教材是门学问，使用教材也是门学问。有效地使用教材，有利于提高教学效率。

四喜中小学生语文水平有所提高。有些人哀叹中小学生语文水平低下，一代不如一代。这是言过其实。虽然中考、高考干扰教学，但是，广大教师使用现行课本，认真教学，学生语文水平确有提高。据一份署名国家教委基础教育司等单位的权威研究报告（《中国小学生学习质量研究报告》，1993年），对1992—1993届五万名小学生测试，达到要求和基本达到要求的人数在80%以上。1997年，北京教育科学院基教中心对480名初中学生进行问卷调查，其一问你所喜欢的学科的顺序，语文是九门学科中顺数第三位（有人总以为语文在学生心目中是倒数“老二位”），中小学生语文水平并不理想，但也有所提高，特别是许多实验地区、学校、学生则大有提高。千千万万语文教师含辛茹苦，认真教学，师魂昭昭，教绩凿凿，岂容抹杀成绩！

说罢语文教学忧喜，还得遵照已故张志公先生说的“拼老命”干。人教社高中实验新课本已在江西、山西、天津实验，明年九年义务教育初中课本将要修订。教材建设任重道远，也大有希望。这更是一大喜事。

试解语文教学的“斯芬克斯之谜”*

语文教学的“斯芬克斯之谜”

希腊神话中有一位斯芬克斯，狮身、蛇尾、人面、美女头，长着一对鹰翅。她坐在城外山头上，向过路行人提出难猜的谜语：“什么生物早晨用四只脚走路，中午用两只脚走路，晚间用三只脚走路，而脚最多的时候，又是速度最慢、力量最小的时候?”许多人猜不出来。后来，一位英雄一语道破：“人。”人，幼年时四肢爬，成年时两脚走，晚年时两脚加一条拐杖。以后，“斯芬克斯之谜”，被人们用来比喻不可理解的人或者难以猜度的事情。

“斯芬克斯”的原谜蕴含先民的天真、智慧和神秘。这个谜越是较真猜，越是猜不透。一联系实际，不是人嘛?平常的生物，平常的真理。

请允许作一点联想。语文教学，有点像“斯芬克斯之谜”。1978 年，吕叔湘先生说：“十年的时间，二千七百多课时，用来学本国语文，却是大多数不过关，岂非咄咄怪事!”从 1903 年算起，现代语文教学进行了 95 年，竟成了“咄咄怪事”。1978 年，叶圣陶说：问我有什么办法提高语文教学效率，“我很惭愧，我没有”(《大力研究语文教学》，1978 年)。1978 年以来，语文界志士仁人，都在回答语文教学的头号问题：怎样提高语文教学效率?在难以猜度这个相似点上，这个怎样提高语文教学效率问题有点像“斯芬克斯之谜”。

---

* 原载《人民教育》1998 年第 10 期。

叶圣陶的最后思考

当前，讨论语文教学有个有趣的现象。有的语文教师怪语文课本选文陈旧，学生不爱学。有的教师、课本编者怪中考、高考，教的没考，考的没教，干扰教师、学生正确使用课本。有的考官怪教师、课本水平低，老想用“指挥棒”指导教学，时不时端出新考点、新考题，还想打游击战，打一枪换一个地方。这像是打陀螺转。一探讨理论，又像是对抗赛，非摔倒对方不可。有人说语文是工具，要训练语文能力，不要渗入思想道德说教。有人主张人文说，批判工具论，强烈要求强化人文思想和人文精神教学。“杀出个程咬金”，更厉害：主张主要学文言文；当前青年道德水平低下，因为文言文学少了。有人提倡语文科学化，制定教学要求、教学内容的量和质。有人反对，语文教学越科学化则越不科学，还是模糊好。大家都有理，都有辛酸泪。

辩证法告诉我们，要抓事物的主要矛盾，正确处理主要矛盾，就能解决问题，办好事。那么，语文教学的主要矛盾是什么呢？

叶圣陶 18 岁当小学教师，教过小学、中学、大学的语文课，编著二十余套语文课本，撰写过语文教学的专著、论文，是现代杰出的语文教育家和文学家。到 1978 年，他已有 68 年的语文教学和研究的生涯。当被问到怎样提高语文教学效率，他谦虚地说“我没有”办法，当被问到语文课本应该怎样编著，他多次说：我也说不好。在他逝世前的十年中，他苦苦思索，号召大家调查研究。1979 年 3 月 25 日在祝贺中学语文教学研究会成立大会上，他说：

> 特别需要调查和研究的是语文训练的项目和步骤。为了培养学生具备应有的听、说、读、写的能力，究竟应当训练哪些项目，这些项目应当怎样安排组织，才合乎循序渐进的道理，可以收到最好的效果。对这个问题，咱们至今还是心里没有数。(《叶圣陶教育文集》第 3 卷，人民教育出版社 1994 年版，第 214 页。)

这是对大会的代表们说的。四天后，在给一位老师信中说："切实研究，得到训练学生读作能力之纲目与次第，据以编撰教材，此恐是切要之事。"(《叶圣陶语文教育论集》教育科学出版社 1980 年版，第 744 页。)真是公私兼念，朝夕苦思。

1980 年 7 月 14 日在小学语文教学研究会成立大会上，叶圣陶说得更明白：

> 现在大家都说学生的语文程度不够，推究起来，原因是多方面的。而语文教学还没有形成一个周密的体系，恐怕是多种原因之中相当重要的一个。不知道我说得对不对。语文课到底包含哪些具体的内容；要训练学生的到底有哪些项目，这些项目的先后次序该怎么样，反复和交叉又该怎么样；学生每个学期必须达到什么程度，毕业的时候必须掌握什么样的本领，诸如此类，现在都还不明确，因而对教学的要求也不明确，任教的老师只能各自以意为之。如果大家认为我的看法大致不错，现在小学语文教学研究会成立了，是否可以把我所说的作为研究的课题，在调查、研究、设计、试验各方面花它两三年的工夫，给小学语文教学初步建立起一个较为周密的体系来。(《叶圣陶教育文集》第 3 卷，人民教育出版社 1994 年版，第 218 页。)

1983 年 11 月 28 日，在全国中语会第三届年会开幕式上，叶圣陶说："语文教学到底是干什么的？要研究。""我年纪相当大了，过了八十九了。""能不能快一点儿?"当时，我在会场上，聆听叶圣陶洪钟般的嗓音，感受到一颗烈士暮年的"壮心"。他又说：

> 然而，现在是什么时代呢？80 年代！现在需要什么呢？要建设中国特色的社会主义，要建设高度的社会主义物质文明和精神文明。语文课再这样教下去行不行？不行！要改，非改革不可！（同上书，第 224 页。）

语文课非改革不可。（改革什么?）相当重要的一个，要改革语文教学还没有形成一个周密的体系的现状，要建立起语文教学的“较为周密的体系”。这是叶圣陶最后的思考。

五年后，1988 年，叶圣陶永远地离开了我们，他的语文教育思想永远地留在我们心中。

现在语文教育界开展学“三老”（叶圣陶、吕叔湘、张志公）的语文教育思想的活动，我特地完整地引用原文，供大家学习、参考。

我认为，叶圣陶在最后的思考中抓住了语文教学的主要矛盾。构建并实施中小学语文知能的“较为周密的体系”，就可能解开语文教学的“斯芬克斯之谜”。

构建小学、初中、高中“一条龙”的语文知能教学体系

中小学语文知能教学体系要根据诸多因素制订。请看下表：

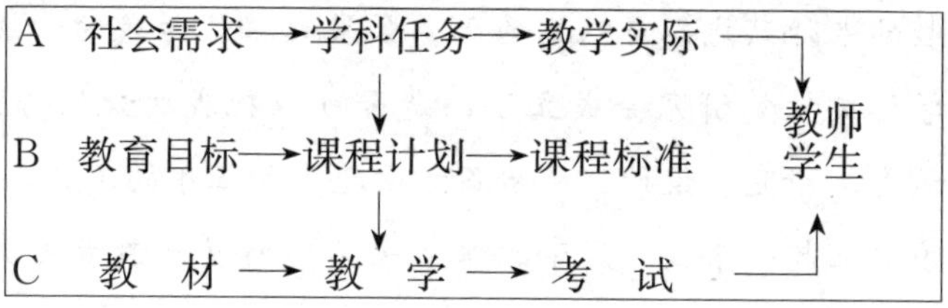

A 项决定 B 项，A、B 项决定 C 项，A、B、C 三项都要落实于师生，而 C 项的教材、教学、考试同师生的关系最密切。课程标准规定了学科的教学目的、要求、内容、原则，而其中最关键的是教学内容，这个教学内容的核心是学科的基础知识、基本能力（技能）、基本智力（包括非智力因素）。可见，学科知能教学体系是对该学科 A、B 两项综合研究的结果。

1978 年，叶圣陶指出“语文训练的项目和步骤”还不明确。20 世纪 80 年代人们作了努力，开始构建语文知能教学体系，语文教材有所长进，不过仍局限于文选型、实用文教学两循环的旧体系，能力层次不清楚，知识系列不合理（特别是语法知识杂乱）。90 年代开始，语文研究取得重大突破。九年义务教育小学和初中语文教学大纲开始自觉地构建知能教学体系。例如，初中大纲规定听说读写 48 项能力（技能），20 项语文知识。1996 年制定的高中语文教学大纲，在初中基础上规定听说读写 18 项能力，18 项语文知

识。这三个大纲，各自构建中小学语文知能教学体系，标志语文教学在 20 世纪末的一次飞跃。

由于 80 年代后半期和 90 年代初语文教学和研究的长足进步，中小学生的语文水平也有所提高。据一份署名原国家教委基础教育司等单位的研究报告《中国小学生学习质量研究报告》（1993 年），对 1992～1993 届 5 万名小学生测试，达到要求和基本达到要求的人数在 80％以上。有的全省，有的全区，有的全校，开展教学实验，大面积提高教学质量。同时，我们也看到中小学生语文水平并不理想的现实，看到中考、高考标准化考试对教学的干扰。因此，我们可以说当前中小学生语文水平同以前比较，有所提高，但是教学效率不高。语文教学在爬坡，前进速度缓慢。也因此，我们反对中小学生“一代不如一代”的说法，反对语文教学“滑坡”的评语，更反对“语文教学大方向错了”的武断。

语文学科如同其他学科一样，要对学生进行素质教育，培养学生的物质文明和精神文明的基础素质。尽管中小学语文教学受到中考、高考的负效应的严重干扰，但是当前中小学语文教学仍是素质教学。

教材、教学要练内功，坚持素质教育，培养学生持续发展的意识和语文能力，才能排除应试教育的影响。当前，要认真构建体现素质教育的语文知能教学体系，使得课本编著、教学、考试有章可循，“打破若干世纪以来语文教学不科学、无定序、目标不明的杂乱无章的状态”。（《张志公语文教育论集》人民教育出版社 1994 年版，第 278 页。）

立足现实，放眼未来，继承已有成果，借鉴外国先进思想，构建面向 21 世纪的中小学“一条龙”语文知能教学体系。一般地说，语文教学包括听、说、读、写、语（语言文字）、思（思维能力、品质）、情（道德情操）。前六项分学段、分层次列出知识、能力、智力教学的“项目和步骤”，构成知能教学体系。限于本文写作目的，这里不能具体谈体系全部内容，只列出供小学、初中、高中分列具体项目的一般语言能力，以见一斑。

- 语言基本能力
  - 吸收能力（听　读）
    - 识记能力
      - 1. 掌握汉语拼音
      - 2. 认读3500个汉字
      - 3. 用普通话听读字、句、段的能力
      - 4. 感受、积累语言材料的能力
    - 理解能力
      - 5. 理解语句在语境中的结构和语意的能力
      - 6. 理解语句的表达效果的能力
      - 7. 理解语体的语言特点的能力
      - 8. 领悟文学语言的形象性和含蓄性的能力
      - 9. 理解汉语的文化内涵的能力
    - 联想能力
      - 10. 由此语言材料联想彼语言材料的能力
      - 11. 由语句的显性语意联想相关的隐含语意的能力
    - 选择能力
      - 12. 选择关键性的词语句段的能力
    - 评价能力
      - 13. 评价一般文章语言优劣的能力
      - *14. 鉴赏文学语言的能力
  - 表达能力（说　写）
    - 理解能力
      - 15. 理解并运用普通话和规范汉字的能力
      - 16. 理解并运用常用词语的能力
      - 17. 根据语境选用词语的能力
    - 选择能力
      - *18. 根据表达目的选用语体的能力
      - *19. 选用规范、简明、连贯、得体的语言的能力
    - 联想能力
      - 20. 根据表达目的联想相关的语言材料的能力
      - *21. 借用联想，选用词句表达隐含语意的能力
    - 评价能力
      - *22. 修改词语句段的能力
      - *23. 评析自己作品语言优劣的能力
    - 创造能力
      - *24. 根据语境选用超常词句取得特定效果的能力
      - 25. 平常词语艺术化的能力

教材、教学、考试相辅相成

在课程标准（教学大纲）中建立起一个语文知能“较为周密的体系”，教材、教学、考试就一致起来，相辅相成。

关于教学和考试，要转变一个观念，即变中考、高考指挥教学为中考、高考服从教学。长期以来，有些人宣传并强化一个观念：发挥高考指挥棒的作用，高考对教学起导向作用。这个观念是错误的，其理论和实践对正常教

学起破坏作用。

第一，高考遵守大纲，遵照语文知能教学体系，不得引进大纲未规定的新内容。大纲是经过专家群体审定、原国家教委批准的，体现国家意志、政府行为。编课本、教学、考试都要遵照大纲。教学实践中发现必须增补的新内容，首先进入大纲，编进课本，让学生学习，然后才能考试。否则，高考无权测试未进大纲、课本而学生又没有学过的新内容。1984 年以来高考不时引进新内容，逼得教学跟着高考指挥棒转。今年考学生未学过的名言警句，明年考学生未学习的外国文学常识。这是高考误导教学。应该是大纲规定教什么，就考什么，怎么教，怎么考；而不是考什么，就教什么，怎么考，就怎么教。高考不能奢望指挥教学。

第二，高考的题型要由教学大纲认定，并让学生学习。当初，高考突然出现标准化试题（四选一或多选多试题），大纲未确认，师生未学过，就像平地刮起龙卷风，粗暴地破坏了正常教学。师生在课堂上操练标准化试题，搞题海战术，是被迫的自卫。谁愿意让考生因不适应标准化试题而含冤落榜？不应该笼统否定标准化测试，但是，必须否定不经过大纲、师生而突然使用标准化测试的做法，这是教育行政部门的失策。这是一。其二在具体操作中，标准化测试命题偏重题型，过于花哨，俗称“弯弯绕”，不能测出考生的实际水平。近年来，有所改进，也是应该肯定的。

第三，高考制度因社会因素不能一时改革，但高考命题和阅卷工作应该及时改革。①应该建立高考命题的专业队伍。高考命题组成员，应该是由语文教学和考试的专家组成，而且是专职的，不是兼职的。②应该建立考试的题库，而且所有试题都是经过一定数量学生试考过的，有符合考题标准的难度、区分度等数据，然后合理组装这些合格试题为考卷。目前，兼职命题人员“飞行集会”式集中一个月，突击拼成考卷，试题未经过试用，深一脚浅一脚，又时有硬伤，这就难免破坏考卷的权威。③阅卷人员要有国家认可的上岗证，改变目前由阅卷单位任意聘请阅卷人员的做法。有多少不合格的阅卷人员，就有几十倍的含冤受屈的考生！

关于教学和考试，还要转变一个观念，即教学要按自身规律进行，不能一味迁就中考、高考。教学引导学生由不知而知，进而探求新知，并且重在教学过程，发展学生的心智。中考、高考只是检查学生的知能，重结果而不重过程。教得好，学得好，学生掌握了语文知能，而且能够综合运用，就能考得好。教学应该决定考试。

第一，通过教学，应该让学生整体掌握语文知能教学的体系。许多教师不学教学大纲，不能把握课本体系，心中没有语文知能教学体系。只是盲目按照课本单元教学，硬搬教参。这样，学生不知道学到多少语文知能，不会复习，不会自学。知识、能力一旦构成系统，就能产生综合效应，就能成为力量，可是学生得不到这种综合效应，这种力量。引导学生掌握语文知能教学体系，这也是成功的教师如魏书生等人的宝贵经验。

第二，通过教学，使学生在教学过程中发展心智，培养自学能力，培养持续发展的意识和能力。语文学习是一个思维开放、情感能动的过程。教学中，教师不能照搬教参，不能什么都追求标准答案，不能压制学生的心智。常常听有的教师说，于漪、钱梦龙、魏书生教得好，就是学不了。其实，于漪教学中激发学生情感，引导学生立体地学习的经验；钱梦龙教学中开发学生心智，让学生在训练中培养能力的方法；魏书生教学中培养学生自管、自学的能力，引导学生当学习主人的管理制度，都是可以学到手的。他们一个共同特点是培养学生当学习主人的能力，培养学生持续发展的意识和能力。

第三，通过教学，主要培养学生整体的语文能力，也应该注重培养学生适应中考、高考的综合能力。中考、高考还会有长期的竞争。学生参与竞争，在适当时间学习各种题型的解题思路，把握考卷的特点，培养自己的应试能力，是理所当然的。但是，不能考什么，就教、学什么，怎么考，就怎么教、学，不能把生动活泼的语文教学过程变成死板单一的模拟应试的操作过程。

用小学、初中、高中“一条龙”的语文知能教学体系来打通语文教材、教学、考试，是否就能解开语文教学的“斯芬克斯”之谜呢？这是我要请教大家的问题。

高中语文新版通用教材答问*

教学大纲、教材有什么新教育思想

问：今年九月，高中是否贯彻新的课程计划、语文教学大纲，使用语文新教材？

答：是的。教育部于今年一月颁布《全日制普通高级中学课程计划（试验修订稿）》，规定了培养目标、课程设置、课程实施、课程评价、课程管理等。接着，教育部修订、颁布了各学科的小学、初中、高中的教学大纲。因此，人民教育出版社修订小学、初中、高中的各科教材。将于今年九月，小学、初中、高中一年级上学期使用第一册新课本，逐学期顶替现行课本。

其中，高中学段，原国家教委于1996年颁布试验课程计划、十二个学科教学大纲，推荐使用新课本。试验三年，得到普遍好评。决定在全国范围内推荐使用高中语文新课本，在十省市推荐使用其他学科的新课本。

新世纪伊始，全面启动基础教育的改革工作，这是国家教育领导机关十年改革的必然结果。

问：新的高中语文教学大纲和语文课本贯彻什么新教育思想，有什么新内容？

答：教育是为适应经济、政治发展而改革的。我们国家发展很快，国际地位提高，已经在国际合作和竞争中处于重要地位。教育改革，集中于焦点，即是培养怎么样的人。这在新的《全日制普通高级中学课程计划（试验

---

* 原载《语文教学通讯》2000年第6期。

修订稿)》中有规定，培养目标第一条是：

> 热爱社会主义祖国，拥护中国共产党，了解中国历史和国情，对国家和民族具有责任感，初步形成正确的世界观、人生观和价值观。
>
> ……具有参与国际活动和国际竞争的意识；具有独立生活的能力；形成健全的人格。

其他四条中跟语文教学比较密切的有：

> ——形成独立思考、自主学习的能力。
>
> ——进一步发展创新精神和实践能力，逐步形成适应现代化社会需要进行终身学习的能力。
>
> ——具有良好的心理素质；形成文明健康、积极向上的生活方式。
>
> ——树立健康的审美观，养成健康的审美情趣，对自然美、社会美、科学美和艺术美具有一定的感受力、鉴赏力、表现力和创造力。

这里关于审美的第四条，对语文教学来说是一股富有活力的泉水。以上这些培养目标中的新内容，对语文学科具有学科的价值，要落实于大纲和教材。

问：那么，教学大纲中怎样落实的，有什么新内容？

答：2000年高中语文新大纲，前身是1996年制订的供两省一市试验用的大纲，根据试验情况作了修订，成为新大纲（修订稿）。

1. 人才观方面：提出“为培养社会主义现代化建设人才服务”。提出“发展健康个性，形成健全人格”。

2. 素质观方面：提出“加强语文实践，注重培养创新精神”，提出“培养发现、探究、解决问题的能力，为继续学习和终身发展打好基础”，即培养自学能力、探究能力、实践能力、创造能力；培养高尚的审美情趣和一定的审美能力；“要致力于学生语文素养的整体提高”，特别是提出“热爱中华民族优秀文化的感情”。

3. 课程观方面：以学生的个性发展为核心，谋求学生、学科、社会生活的均衡、整合，优化课程结构（必修课、选修课、活动课的结构），课程评价则是培养学生正确地认识自我、发展自我的能力（不以学生为敌——考败学生）。

4. 教学观方面：密切联系生活，加强语文实践，要重视师生的“语言交际和心灵沟通”，教师要善于指导，学生要勤于主动；要“创造性地开展多种教学活动，形成教学个性”。

5. 教材观方面：建立具有中国特色的语文学科高中语文教学体系。要现代化和民族化相结合，要重点语文能力和语文素质相协调。

新教材有什么改革

问：教学大纲确实有新面貌、新内容。新教材有什么改革呢?

答：人教版教材有自己的传统，有自己的发展。90 年代初，人教社修订了当时的高中语文课本，沿用至今；又编著了实验课本，试验了两轮。1990 年的通用课本在原有基础上有所改革：把文学作品教学独立出来，加强文学教学；在实用文写作教学基础上，加强写作中立意、构思、技巧等能力训练；编写了口语教材；文言文的虚词、实词定量，等等。实验课本则强化了文学教学、文言文教学，并且注意语文中的文化教育。这些为新课本编写积累了经验。1997 年的两省一市试验的高中语文课本将经过陆续修订，有较大的改革。

问：最大的改革是什么呢?

答：最大的改革是教育思想有所发展，具体说，对语文的性质和价值、对语文的教育目的、对语文的教学内容有新的观念。

首先，我们认为语文的工具性和人文性是统一的。近 50 年来，传统的看法是语文的工具性和思想性统一，在有些年代演化成工具性和思想政治性统一，导致在语文中讲政治，强化思想教育的说教，语文也就成了思想教育的工具，语文价值偏离本体。中国孩子学母语，学普通话，直接目的是用母语来听说读写，来与人交际；到学校学语文，目的是提高听说读写的语文能力，更好地交际。语言或者语文的交际工具的性质，是它的社会价值的依据。这次，小学、初中、高中语文教学大纲开头第一句是：“语文是最重要的交际工具，是人类文化的重要组成部分。”第一次在三个学段的教学大纲中确定了语文的特质。语文，是交际工具，负载文化而又自身是文化。就文化而言，语文涉及的主要是人性、人情，是民族思想感情、民族精神、民族道德、民族审美观念。从学术而言，称之为思想性还是人文性，可以讨论、研究，但是特质不能偏离，语文不能偏离中华民族的思想、感情、精神、道德、美感。

其次，培养目标、教学目的充实新内容。当今世界是一个竞争和开放的时代。美国、日本等都在研究如何培养国际性的竞争性的人才。我国是发展中国家，更要培养德、智、体、美全面发展的人才，要培养素质好、有个性、具有实践精神和创新精神等人才。而语文学科在这方面具有得天独厚的优势，有独特的学科价值。

最后，改革语文学科的教学内容。近 50 年来，中学语文教学内容是以记叙、议论、说明三种实用文体的读写大循环为主要内容，单薄而又重复。现在，根据教学目的和培养目标增加了新内容，初中确定语文读写听说知能 22 项，高中 18 项，建立语言、文章、文学、文言文及其相关文化的教学内容体系。教学内容改革力度大，使课本呈现了新面貌。

问：新的教育思想给教材带来了新面貌。新教材有什么特点呢？

答：教材是教学内容的重要载体，是课程实施的基本依据。2000 年人教版高中语文课本有些明显的特点。

第一，教材有新的教学内容。

阅读方面：

- 文章
  1. 现代文章阅读，着重培养阅读能力：揣摩语言、理清思路、概括要点、筛选信息、把握文意、质疑解难。培养阅读现代文章的能力。
  2. 文言文阅读，着重培养诵读能力和理解语言、内容的能力。
- 文学
  1. 中国现代文学作品：从“五四”到当代主要作家作品。
  2. 中国古代文学作品：从《诗经》《楚辞》到明清小说。
  3. 外国文学作品：从欧洲文艺复兴到现代部分文学作品。

写作方面：1. 认识生活，表达生活和真情实感。

2. 培养确立中心、选材、构思等写作能力。

3. 各种文章样式：通讯、游记、思想评论、文学评论和学写诗歌、小小说等。

口语交际：培养口语交际能力和运用交谈、采访、演讲、辩论等口语样式的能力。

相关的语文知识和文化知识。

第二，教材有新的结构形式。

1. 阅读和写作、口语教材分编，合订（一册）。

2. 阅读教材三个年级三个阶段：

第一阶段：培养阅读现代文章和文言文的能力

第二阶段：培养鉴赏中外文学作品的能力

第三阶段：培养阅读含有丰富文化内涵的文章和文学作品，培养阅读的综合能力

3. 写作教材也分三段：认识生活和表达真情；立意、构思等专项写作能力；文章样式训练。

4. 口语交际分两段：独白体口语训练——即席发言、演讲；会话体口语训练——采访、讨论、辩论等。

5. 教科书分编两种，一是必修课本；二是语文读本，编有选文和语文知识，读本供学生自读。

第三，教材有新选文。

1. 教学大纲规定，课文“要文质兼美，适合教学，有利于开阔学生视野，激发学生学习兴趣”。“全部课文中文学作品约占 60%。文学作品中，我国古代作品约占 50%”。

2. 新课文，不仅文质兼美，还要“激发学生学习兴趣”，使学生爱学，文化品位也高。

3. 中国古代文学作品新选课文有从先秦诸子到明清散文，有唐诗、宋词、元曲、明清小说。其中有：

庄子《逍遥游》

屈原《离骚》(节选)

李白《将进酒》

王实甫《西厢记》之《长亭送别》

孔尚任《桃花扇》之《哀江南》

中国现代文学作品:

鲁迅《阿Q正传》(全文或最后三章)

老舍《断魂枪》

艾青《鱼化石》

徐志摩《再别康桥》

余光中《乡愁》

钱钟书、宗白华、余秋雨、汪曾祺、谢冕等的文章。

外国文学作品:

莎士比亚《罗密欧与朱丽叶》(剧本)

莱蒙托夫《祖国》(诗)

卡夫卡《变形记》(现代主义小说)

海明威《丧钟为谁而鸣》(小说)

雨果《巴黎圣母院》(浪漫主义小说)

怎样使用新教材

问:高中新教材改革力度挺大。两省一市试教中积累了许多宝贵经验,也发现了一些问题。今秋,新教材在全国推开,新教材该怎样使用呢?

答:谈四点意见,供参考。

首先,要学教学大纲,整体把握教材。教学大纲规定教学目的、教学内容、教学要求。教材是据此编写的。因此,要用教学大纲的精神来整体把握教材。要用教学大纲规定的基本要求处理教材,扬教材之长,避教材之短,充分发挥教材的作用,科学地使用教材来达到教学大纲规定的基本要求。

第二,要整体把握教材的内容、结构。新教材,就阅读教学而言,高一年级是现代文章阅读教学、文言文阅读教学,高二年级是古今中外文学作品教学,按体裁划分单元。高三年级是文化内涵丰富的文章和文学作品综合阅读教学。这就要注意文章阅读教学和文学作品教学的各自目的和方法，不能混为一谈。新教材，写作和口语独立编写，自成系列。这就要与阅读教学有合有分，互相配合，相互为用，不能是两张皮。这就有了难度，要开展教研，提高教学水平。

第三，要把握教材的弹性，合理使用教材。一套教材，全国使用，肯定有照顾不周的地方。作为课堂内教学的必修课本，单元中有教读课文和自读课文；作为课堂外的自学读本，教师可指导学生使用，可精读可略读。这些就是弹性。在保证达到教学大纲基本要求的前提下，可以因地制宜、因人制宜的使用教材。

第四，语文教师要提高自己的语文能力和语文素养。语文教师难当，当好更不易。中外古今，天文地理，听说读写，等等，都要知道。单就语文而言，语言、文章、文学及其相关文化，很难当全能冠军。因此，要拓宽知识面，强化基础性学习，又要做到多能一专，有自己的专业特长和教学个性。这样，才能融会贯通地理解和使用教材，才能提高教学质量。

文学鉴赏教学及其他

问：刚才，你谈到要把握教材的内容和结构，谈到文章教学和文学教学等，这些老师最关心，能否谈谈具体意见。

答：好的，要科学地使用教材，就要把握各种教学内容的特点，使用不同教学模式和教学方法。例如，文学教学就不同于文章教学，不能一锅煮。下面谈些个人意见，供参考。

（一）关于语言教学

教学大纲关于语言教学有下面规定：

教学目的部分：

“进一步提高学生正确理解和运用语言文字的水平”。

教学内容部分：

阅读：“根据语境揣摩语句的含义，体会语言表达效果”。“品味文学语言”。

写作：“语言要规范、简明、连贯、得体”。

口语交际："恰当机敏地进行口语交际"。

在"教学中应重视的几个问题"中提出重视"语感的培养"。

高中教学大纲不像初中那样规定语法、修辞等教学内容，而是把语言教学融入文章读写、文学鉴赏、口语交际中，这就决定了高中语言教学的特殊性。

语言教学是中学语文教学的核心。高中语言教学，要引导学生运用初中得到的语言知识、能力运用于文章读写、文学作品鉴赏、口语交际中，从而来提高语感，提高运用语言的能力。例如，在阅读中理解词句在语境中的含义，就要运用语境和词、句的知识，在写作中运用规范、简明、连贯、得体的语言，就要综合运用语法、修辞、逻辑的知识。课本也是这样安排的，在读写听说中学习语言，并且在各课练习中都安排了学习、品味语言的练习，教学时就要分项、分层次地落实语言训练。

（二）关于写作教学

高中改变了复杂记叙文和议论文、说明文的三种文体及其样式的写作教学。写作教学要改变教学模式，走"生活—写作能力—文体样式"的路子。

高一册写作训练单元有：

用心感受生活　　深入思考生活　　善于联想和想象

再现客观事物　　表现主观情意　　自由命题作文

高中写作教学起步，就要解决学生"认识生活—表达生活—表达自己情意"的问题，要解决学生写作愁"巧妇难为无米之炊"的问题；训练联想和想象，作自由命题作文，旨在培养创新精神，培养创造能力，引导学生写放胆文，写有创意的作文。接着，训练文章写作的各种能力，学写实用的文章样式。写作采取开放势态，发展学生的个性，进而促进写作的创造思维和创造能力的培养。

（三）关于文言文教学

高中文言文教学集中在高一年级，6 个单元，学习先秦到明清的文章。

教学大纲推荐学生背诵古诗词曲 50 首，古文 20（段）篇，强化了古诗文的背诵教学。

文言文教学，我认为高一文言文教学第一位的是背诵，该背的，边教边背边理解，课上完文也背了。其次是大纲规定的文言 18 个虚词和 150 个实词教学。句法、章法点拨适可而止。高一文言文阅读能力，运用和提高于高二年级的中国古代文学作品鉴赏教学，两者相得益彰，事半功倍。

（四）关于现代文章阅读教学

现代文章阅读教学高一年级 6 个单元，按阅读能力划分单元。高三年级再重点强化，提高综合阅读能力。

高一年级 6 个单元分别训练：揣摩语言，理清思路，概括要点，筛选信息，把握文意，质疑解难。培养阅读文章的一般能力。这就改变了阅读记叙文、议论文、说明文的教学路子。

现代文章阅读教学走的是文章学的路子，侧重阅读能力的培养。

（五）关于文学鉴赏教学

文学，是用语言塑造艺术形象以反映社会生活、表达作者思想感情的艺术。文学用想象来虚构人物、故事，文学的艺术生活不等同于现实生活。现实生活中没有叫阿 Q 的真人，却有一大批类似阿 Q 的人。可以说，文学用源于生活中真人真事的“假人假事”来表现生活，这种“假人假事”更典型、更本质地反映生活。文学主要用形象思维、灵感思维来创作。

文章，是用语言描述现实生活中真人真事以反映社会生活、表达作者思想感情的艺术。文章描述现实生活中真人真事、真景真物，强调生活真实。文章忌讳通过假人假事来叙事抒情。

文学和文章有相同之处。文学和文章都要反映社会生活的本质，不管真人真事还是“假人假事”。都要使用语言表情达意。在认知、理解语言的一般语意方面也是一致的。文体也有交叉，文章中侧重记叙、抒情的记叙文同文学中抒情散文也有相同之处。不过，两者有本质不同，文学用想象和虚构塑造形象，编造故事情节，文章却用想象和记实来反映生活的真人真事。此外，在选编题材、创作手法、语言运用等方面也不相同。

所以，文学鉴赏教学要走“认知语言—感受形象—理解形象—再创造形象—情感共鸣—评价形象—艺术审美”的路子，重在培养审美情感和审美能力，重在陶冶情操和健全人性，重在提高文化素养。

新世纪　新教材*

——建设基础教育“一条龙”的语文教材

语文课本，是语文教育改革之本。教育思想、社会需求、学生发展、学科体系、教师素质等诸方面都交汇于语文课本，如果这几方面得到科学的和谐的组合，并且适应学生心智发展，那么就能促成学生个性健康发展，就能提高语文教学效率。因此，当前要着力建设21世纪的语文教材，建设基础教育“一条龙”的语文教材。

一、改革语文教材的基本理念

1. 语文是人类最重要的交际工具，是人类文化的重要组成部分。语文教育要培养学生的语文能力和语文素质，满足学生适应现代社会生活的需要；在语文教育过程中，培养学生的社会责任感、自主性、创新意识、科学精神，使学生在民族精神、伦理道德、思维方法、审美观念等方面受到熏陶和教育，形成良好的个性，健全高尚的人格。

2. 语文教育要民族化和现代化相结合，提高教学效率。要继承汉语文教育传统的优良的教学内容和教学方法，要融合现代的优良的教学内容和教学方法，民族化和现代化相结合，从整体上学以致用，提高效率。

3. 按照祖国语言文字的特点进行教育，遵照语文教育自身规律组织课程。汉语文，在语义上有表意性、模糊性，在组合上有规范性、灵活性，在

---

* 作者于2000年被聘为北京市21世纪基础教育语文学科教材编著委员会副主编。本文是作者综合在几个研讨会上发言的部分内容整理而成的。

思维上有联想性、多维性，因此要重视诵读、积累、感悟，精读精练；在教学内容上有综合性、开放性，因此要科学地综合语言、文字、文章、文学等内容，要课内教学和课外自学相结合，构建又综合又开放的教学内容体系，发挥综合效应。

4. 以学生发展为本，面向全体学生的全面发展和个性发展。语文教育要使每个学生身心得到全面发展，获得愉悦和成就感，同时在语文训练中要使学生主动体验、积极参与和不断探究、不断创新，得到全面的主动的、多样的发展。

5. 以社会需要、学科知识和学生发展为基点设置课程、编著教材。分设必修课、选修课、活动课；各学段酌情配置，既有规定性，又有多样性和弹性。教材要完善教学内容，使学生爱学，便于自学。

二、语文教材应具备的特点

1. 构建适应现代社会的教学内容。根据 21 世纪现代社会对语文教育的需求和学生自身发展的需要、语文学科的发展，完善传统的教学内容，吸收现代科学前沿新知。具体地说，删除陈旧的（如放弃初中、高中的记叙文、议论文、说明文三种文体重复循环的教学），改造不合适的（如改造语法、修辞的教学），增添科学的新内容（如符合汉字规律的识字方法，快速阅读的能力，鉴赏文学作品的创造能力等）。教材选文，既要继承传统的，又要增添现代的，特别是增加体现富有民族特色和地方特色的选文。

2. 构建九年义务教育、高中“一条龙”的语文教学内容和教材体系。既分设阶段，又前后衔接。各阶段横向自成体系，纵向逐层递进；处理好初学、巩固和提高的关系，确保螺旋式上升，逐步提高，防止简单重复和严重缺漏。

3. 适合学生认知心理，自主学习，发展自学能力。课文选用，知识、技能安排，练习设计，教材构造，都要符合学生认知心理，激发学习兴趣和探究热情，利于学生自主学习和实践，体现“以学生发展为本”的思想，实事求是。

4. 注重学生实践，学以致用。联系学生生活，激励学生进行语文实践，培养学生实践能力和创造精神；识字、阅读、写作、文学鉴赏等教学注重学以致用，并且利于学生发展。

5. 适应不同需要，灵活使用，因材施教。教材确保教学大纲规定的基本教学要求，同时有一定弹性，采取开放势态，下要保底，上不封顶。鼓励学生使用现代传媒技术促进语文学习，逐步实现课堂教学和课外社会实践相结合，传统教学手段和现代教学手段相结合。

6. 合理安排教材结构，力争发挥综合效应。必修课本设计选文系统、知识能力系统、导学系统、练习系统等。加强知识、能力的综合训练，促使触类旁通，自能发展。构建九年义务教育（1 至 9 年级）和高中的“一条龙”教材体系，发挥各个学段互相衔接互相协调而又递进、发展的 12 年制的基础教育的语文教材体系，最大限度地发挥综合效应。

三、语文教学内容的合理结构

语文课本的核心是体现教学目标和教学要求的教学内容。

从学科角度看，语文学科是相关诸学科的综合，例如汉字学、词汇学、语法学、修辞学、文章学、文学和我国特有的文言文。语文学科不是机械地搬用上述学科的某些内容，而是根据学科特点融合相关内容，构成识字教学、语言运用教学、文章读写教学、口语教学、文学教学和文言文教学等教学内容。学段不同，教学内容的重点不同。九年义务教学，特别是 1 至 6 年级，重点是识字教学、语言运用教学、文章读写教学、口语教学；高中学段重点是语言运用教学、文章读写教学、文学教学和相关的语文文化教学。下面着重谈四个问题。

（一）识字教学

2000 年版小学语文教学大纲规定，小学六年“认识常用汉字 3000 个左右。学会其中 2500 个左右，做到会写，并了解在具体语言环境中的意思。”（规定一、二年级认识常用汉字 1800 个左右，其中 1200 个左右会写。）初中三年“在小学的基础上扩大识字量，认识 3500 个左右的常用字。历来教学大纲都没有规定认哪些汉字，初中更是没有识字的教学内容，是一笔糊涂账。社会人士批评学生特别是初中生写错别字多，而初中生根本没有受到应学的 1000 个汉字教学，又是一宗冤案。

现行人教版小学语文课本 12 册（1990 年版），累计列出生字 2500 个。据李镗同志统计，全套课本未出现的常用字有 110 个，如奸、刃、疤、婚、孕、帅、矛、贤、霸、币、墓、肾、售、骡等等，未出现的次常用字有 455 个，其中中国大写数字壹、贰、叁、柒、捌、玖等都没有出现。可见，小学生对上述汉字不会写或写成错字别字，可以概不负责。

识字教学要九年一贯，要规定小学生所识的 2500 个左右汉字，初中生所识的 1000 个左右汉字，并且教学大纲中一一列出，布告全民。九年识字教学重在会识、会用，会辨正误；到了高中，教学一点汉字书法、汉字文化。这是作为一个中国公民的基本功之一。

（二）语言运用教学

语言运用教学贯串基础教育十二年，已是共识。当前，小学、初中的语言运用教学内容不完善，高中则缺漏，严重影响语文教学质量。

语言运用教学贯串基础教育十二年，然而各学段的教学内容重点不同。前六年（小学），重在词、句、段的实际操练，语言运用规律蕴含其中，起指导作用，而不直接教学词义、句子结构、段内层次等语言知识。在这一学段，重在语言的认知、积累和运用，在读、写、听、说中学生自然地掌握语言运用规律，逐渐养成良好的习惯。中间三年（初中），根据学生语言交际和智力发展的需要，用必要的语言程序性知识来提高学生的语言能力，在进一步的语言交际中培养正确运用语言的自觉性，对母语有初步的科学的认识，热爱母语。在这一学段，要扎扎实实地教学运用词、句、段的程序性知识，教学规范、简明、连贯、得体地运用语言的一般规律和方法，构建语言运用的教学体系。后三年（高中），巩固前九年所学得的语言文字的基础知识和运用语言文字的基本能力，进一步学习语法、修辞、逻辑的综合知识和语言文化常识，语言和思维同步发展，提高运用语言的综合能力，提高语言文化素养。在这一学段，要教学语言运用规律性的专题，例如词语搭配，语序运用，虚词运用，语言结构和深层语义，语境和语句及其言外之意，语言运用技巧，语言文化，特别是要提高学生鉴赏文学的语言美。

总之，要构建基础教学阶段 12 年的语言运用教学体系，统筹兼顾，触类旁通。

（三）文章阅读教学

现代文章阅读教学，在九年义务教育阶段是占课时最多的教学内容。阅读能力在语文学科的重要性，相当于一个人吸收营养以维持生存和发展。当前，在小学、初中、高中学段都认认真真地培养阅读能力，然而高考中学生失分最多的就是现代文章阅读试题。

在 2000 年版小学、初中语文教学大纲规定：

小学：

> 对阅读有浓厚兴趣，阅读程度适合的文章，能理解主要内容，体会思想感情，领悟表达的一些方法，注意积累语言材料。能用普通话正确、流利、有感情地朗读课文。默读有一定速度，边读边思考。背诵优秀诗文不少于 150 篇（含课文）。学习浏览，能根据需要收集有关材料。

初中：

> 1. 在小学的基础上扩大识字量，认识 3500 个左右的常用字。
>
> 2. 用普通话正确、流利、有感情地朗读课文。养成默读的习惯，并有一定的速度（阅读一般的现代文每分钟 500 字左右）。初步掌握精读和略读的方法。
>
> 3. 整体感知课文，体会作者的态度、观点、感情，理解课文的内容和思路，领会词句在语言环境中的意义和作用。对课文的内容、语言和写法有自己的心得，能提出看法或疑问。
>
> 4. 在阅读中了解叙述、描写、说明、议论、抒情等表达方式。

在教学实践中，小学抓住句、段、篇来培养阅读能力和习惯，初中抓住文体——记叙文、说明文、议论文、应用文来进一步培养阅读能力和习惯；同时，小学着重培养写记叙、说明的文章，初中着重培养写记叙、说明、议论的文章，来强化各自的阅读教学。高中（1978 年至 2000 年）则进一步培养阅读记叙文、说明文、议论文的能力，同时继续进行记叙文、说明文、议论文的写作训练。总的可以说，三个学段主要培养阅读记叙文、议论文的能力；读什么，写什么，用训练写记叙文、议论文的写作教学来强化阅读教学。这就形成了三个学段三次循环同一教学内容的封闭式的阅读教学。

文体循环的封闭式阅读教学，教学效率低下，自然成了语文教学改革的对象。这在2000年版小学、初中大纲中有所体现。不过，教学大纲和根据教学大纲编著的现行教材，文体阅读教学的内容仍占重要地位。

从学生实际需要和阅读价值来说，文体并不重要，重要的是阅读情感、阅读方法、阅读能力和阅读感悟的外化（通过说、写表达出来）。因此，阅读教学应该分成两个层次：一个层次是积累层，掌握若干词、成语和名著段、篇，常用的阅读方法如朗读、精读、速读等；一个层次是心智层，阅读情感、阅读能力、阅读感悟的外化等。三个学段根据这两个层次设计各自的具体要求和内容，形成一个层次清楚、目标集中的阅读教学体系。

（四）文学鉴赏教学

1958年，有人轻率地提出“不要把语文课上成文学课”的观点，并且在语文教学大纲和教材中排斥了文学教学。这种观点、做法严重阻碍了语文教学的健康发展，导致了物极必反，到2000年，把文学教学作为语文教学的重要内容，成了语文教育界的共识。

2000年版初中、高中语文教学大纲规定：

初中：

> 学习欣赏文学作品，感受作品中的形象，欣赏优美、精彩的语言。

高中：

> 感受文学形象，品味文学语言和艺术技巧的表现力，初步鉴赏文学作品。

教学大纲为文学教学开了绿灯。然而，当前人们对中学文学教学的目的、要求、内容，并没有共识，在实践中初中和高中只是按照诗歌、散文、小说、文学剧本等四种文体循环教学，层次不清，目标不明。

文学鉴赏教学，要贯串于基础教育阶段 12 年。三个学段应该有各自的教学目的、要求、内容，各自的中外文学名著段、篇。到了高中学段，文学鉴赏教学是语文教学的主旋律。①

① 限于篇幅，不多阐述。请参阅《论中学语文学科中的文学教育》（《课程·教材·教法》1999 年第 1 期）和《形象思维和文学形象》（《中学语文教学》2001 年第 1 期）。

中学语文教材要和谐发展*

——人教版中学语文教材六十年建设纵览

人民教育出版社中学语文教材建设，经历了六十年的发展变化，为全国中学语文教学作了应有的贡献，也积累了丰富的经验教训。用科学发展观来促进教材建设事业发展，可以凝结为一个理念：中学语文教材建设要和谐发展。

一、六十年的中学语文教材建设

从1950年至2010年，人民教育出版社中学语文教材建设可以分为前期和后期两个历史时期。

前期：1950年至1987年，37年间中学语文教材建设呈波浪式发展态势，有波谷有波峰。前期是“国定制”教材建设时期，“一纲一本”，人教社编辑、出版、使用了八套人教版全国通用的中学语文教材，供全国中学通用。

后期：1988年至2010年，23年间中学语文教材建设呈台阶式发展态势，一步上一个台阶。后期是“审定制”教材建设时期，“一纲多本”，编辑、出版、使用了两套人教版全国选用的中学语文教材，供全国中学选用。

人教社中语室六十年的中学语文教材建设史，定位现实，展示未来。

1. 前期：政治性和工具性结合

中学语文教材要和谐发展，首先要科学地统筹语文学科的性质和语文学科的教学目标。六十年来，语文教育界对语文学科性质的认识和实践，从政

---

* 原载《中学语文教学》2010年第6期。

治性（思想政治教育）和工具性相结合发展到工具性和人文性相统一，相应地，对语文学科教育目标的认识，也从思想政治教育目标和语文实用目标相结合发展到语文实用目标和人文教育目标相统一。纵观人教社中语室六十年教材建设史，国家政治经济的发展和语文教学水平的状态，影响语文教育界对语文学科性质和教育目标的认识的变化，也直接决定中学语文教材的发展变化。

一般说来，国家时局动荡、强调阶级斗争，语文学科就强化政治性，强化思想政治教育；国家时局稳定，强调经济文化发展，语文学科就强化工具性，强化语文实用目标。人教版中学语文教材也随之发展变化。

1950 年，新中国成立初期，百业待举，国家强调新民主主义革命，强调阶级斗争。新中国成立初期的语文教学，继承陕甘宁边区等革命根据地教育传统，强调语文价值、政治价值、知识价值，强化思想政治教育。1951 年，人教社编审部语文编辑组改编当时国家出版总署编审局编写的全国通用的初中、高中语文课本，形成人教版全国通用的第一套中学语文教材。这套教材强调“要完成通过语文教学来进行思想政治教育的任务”。课本以选文为主要教学内容，选文题材有强烈的思想政治教育的色彩。初中语文课本六册，有 116 篇课文，其中进行思想政治教育的课文有 44 篇。此外，相当数量的“学习苏联”的课文（30 余篇）也承担思想政治教育的任务。高中课本六册，有 110 篇课文。在 69 篇白话文课文中，选自 1948 年至 1950 年《人民日报》《文艺报》等报刊上的时文有 21 篇，反映苏联社会生活和苏联作者撰写的课文有 16 篇。中学语文教学强化思想政治教育，教材课文思想内容随之政治化，导致课堂教学政治化。1953 年第 7 期《人民教育》短评说：“把语文课变成政治课的现象又产生了。”①

1953 年《人民日报》元旦社论《迎接一九五三年的伟大任务》宣布：“1953 年将是我国进入大规模建设的第一年。”国家大力发展经济建设、国防建设、文化建设。中学语文教育事业迎来空前的发展机会。1953 年 5 月，中共中央政治局召开会议，讨论教育工作，毛泽东主席主持会议。会上决定成立语文和历史两个教学问题委员会。1954 年 2 月 1 日，以胡乔木为主任

① 短评题为《稳步地改进我们的语文教学》。

的中央语文教学问题委员会的《关于改进中小学语文教学的报告》经批准而实施，决定全国中学实施文学、汉语分科教学。

1954 年至 1956 年，人教社文学编辑室、汉语编辑室先后编辑汉语、文学教学大纲和教材。胡乔木指导了文学、汉语教材的编写工作，特别是他指示：采用从古到今编排高中文学课本的体例（从《诗经》《楚辞》到明清小说）。对教材编写产生重大影响。① 1956 年 4 月，教育部指令全国中学实施文学、汉语分科教学，使用文学课本和汉语课本。

文学和汉语教学大纲都强调学科的教养任务：具有文学知识和理解、欣赏文学作品的能力，提高学生理解和运用汉语的能力。同时指出，在完成教养任务的过程中完成教育任务。教学大纲提出了过高的教育任务：帮助学生树立社会主义政治方向，培养辩证唯物主义世界观，培养共产主义道德，等等。文学、汉语教学大纲把文学、汉语看作“认识社会生活”和“进行社会主义教育”的“有力工具”，而没有指明语文的“基本工具”性质。在阐述教学任务一节，也没有提“加强思想政治教育”。教学大纲和教材所选的课文（选文）文质兼美，知识丰富，编排创新，体现了学科独特的智育功能，实际上强调了语文的工具性。

1957 年全国批判资产阶级右派。1958 年开展教育大革命，教育为无产阶级政治服务。正在实验的文学、汉语分科教学，由于时局变化、教材自身不足，遭到中共中央文教小组组长陆定一的批评、否定②，于 1958 年突然中断。同时，指令文学、汉语两科合并为语文一科。1958 年 7 月，人教社中语室遵照上级指示，在没有教学大纲的情况下，应急编写供 1958 年秋季全国中学使用的十二年制中学语文课本（人教版第三套中学语文课本），这套课本逐年修订，用到 1964 年。这套 1958 年“大跃进”版中学语文教材在教育为无产阶级政治服务背景下，是用加强思想政治教育的指导思想编成

① 人教社中语室制订的《中学文学教材的编辑计划（草案）》。高一年级：上学期现代作品 1/3；下学期古代作品 2/3，现代作品 1/3。

② 1956 年 6 月教育部召开全国语文教学会议。会议前，中共中央宣传部部长陆定一对课本选材提出批评，致使会议无功而散。1958 年 4 月 15 日在全国教育工作会议上，陆定一又在报告中明确否定文学、汉语分科教学（《中华人民共和国重要教育文献》，海南出版社 1998 年版，第 825 页）。

的。这套教材的1961年修订版高中课本，选用国家领导人毛泽东、刘少奇等文章有15篇，《人民日报》社论和时文有14篇，把语文教学中加强思想政治教育简单地看作加强选文的政治内容，导致把语文课演化为政治课，降低了语文教学的水平。

1960年，国家经济严重困危，教育事业也停滞不前。从中央教育领导到地方语文教师，面对日益下降的语文教学水平，开始反思和探索语文教学的实践和理论。

1959年4月28日，教育部杨秀峰部长在全国人民代表大会二届一次会议上说："全日制中小学要学好语文（包括中文和外语）和数学，这是学生所必须掌握的最基本的工具。学好语文和数学，其他课程就比较容易学了。"① 1960年4月9日，中共中央宣传部部长陆定一在全国人民代表大会二届二次会议上说："全日制中小学的最主要的课程，是语文（包括中文和外国文）和数学，这是学生所必须掌握的最主要的工具。"② 从1959年7月起，教育部在有关中学语文教学的文件中，明确表述"语文是交流思想和学习各科知识的重要工具"（1959年7月20日《教育部关于编写中小学语文通用教材的报告》），这与当时实际领导中小学语文教学工作的教育部副部长叶圣陶和董纯才有直接关系。

1959年6月至1961年12月，上海《文汇报》专栏开展"关于语文教学目的任务的讨论"，全国语文工作者及时参与讨论。1961年12月30日，《文汇报》发表社论《试论语文教学的目的任务》，指出："语文归根结底是一种工具，是阶级斗争的工具，是生产斗争的工具，是交流思想感情的工具，是传播知识的工具。"社论确认："语文教学的目的任务应该是：使学生正确、熟练地掌握与运用祖国的语言文字，培养与提高学生的阅读与表达能力，并通过教学内容的教育与感染，培养学生具有正确的观点、健康的思想感情和高尚的品德。"

1951年人教版第一套中学语文教材，1956年汉语、文学分科教材，

---

① 《积极进行教学改革，多快好省地发展教育事业》，载《中华人民共和国重要教育文献》，海南出版社1998年版，第897页。

② 《教学必须改革》，载《陆定一文集》，人民出版社1992年版，第637页。

1958 年“大跃进”版中学语文教材，这三套人教版中学语文教材的近期摇摆现象，促使中央教育领导者和语文工作者对语文学科的性质和教学目标有了新的认识，有了质的飞跃，进而逐步统一认识，催生了 1963 年《全日制中学语文教学大纲（草案）》。

1963 年 5 月教育部颁布的《全日制中学语文教学大纲（草案）》，是在中宣部副部长张磐石和教育部副部长董纯才直接领导下，由人教社中语室主持修订的。教学大纲开宗明义：“语文是学好各门知识和从事各种工作的基本工具。”① 教学大纲还规定：“中学语文教学的目的，是教学生能够正确地理解和运用祖国的语言文字，使他们具有现代语文的阅读能力和写作能力，具有初步阅读文言文的能力。”②

教学大纲强调了语文知识和技能的训练。也具体规定了语法、修辞、逻辑和文章读写等知识内容。大纲还提出了“语文教学里的政治思想教育是和语文训练分割不开的”理念。

1963 年，在当时还强调阶级斗争的时局下，以国家文件的形式，首次指明语文学科的基本工具的性质，并强化语文学科工具性的教学目标，实属具有革命性的创举。

遵照 1963 年中学语文教学大纲，1963 年编写出人教版全国通用的第五套中学语文课本之初中语文课本。这套课本以培养学生阅读能力和写作能力的顺序为主线，精心编排课文，穿插语法、修辞、逻辑和文章读写知识，在进行语文能力训练中实施思想政治教育。初中进行了两年全国试用，就因阶级斗争激烈和砍掉课程一半至三分之一的教育革命，戛然而止（没有编写高中语文课本）。因爆发“文化大革命”，1966 年至 1976 年，人教社停止编写、出版中小学各科教科书。

1978 年后，国家改革开放，强调以经济建设为中心，建设有中国特色的社会主义强国。中学语文教学和语文教材也得到健康发展。

1978 年 3 月教育部颁布的《全日制十年制学校中学语文教学大纲》及其教材（人教版第六套中学语文教材），对于“文化大革命”期间中学语文

---

①② 《20 世纪中国中小学课程标准·教学大纲汇编·语文卷》，人民教育出版社 2001 年版。

教学来说，起着拨乱反正的作用。教学大纲特意强调指出："语文课的思想政治性很强，历来都是为一定阶级的政治服务的。"因此，强化思想政治教育，"在语文教学中，思想政治教育和读写训练是辩证统一的。"初中六册选用毛泽东诗文 14 篇，还选用了当时党和国家领导人的政治文章，显示了思想政治教育的强烈色彩。人教版课本加强了语文知识教学，按照字、词、句、篇基本知识和读写基本知识两条线索，选定若干重点问题，写成短文（约 36 篇），由浅入深地编排在年级课本课文之间，强化语文训练。1980 年 2 月修订了 1978 年教学大纲，重新确认了 1963 年教学大纲的重要理念："语文是从事学习和工作的基础工具。"

1986 年、1990 年先后修订了 1980 年的十年制中学语文教学大纲，形成十二年制中学语文教学大纲，强化了工具性的教学目标。例如初中强化培养语言的感受能力（语感），高中提出培养文学鉴赏能力，在"各年级语文基本能力和基础知识教学要点"一节中，分阅读能力、听说能力、写作能力、基础知识四项分述。相应地，人教版全国通用的第八套中学语文教材中也加强了语文基础知识和基本技能的教学。例如 1986 年、1991 年高中语文课本，组成各项语文教学内容的系列：文章的读写知识和能力训练系列，听说的知识和能力训练系列，文学作品鉴赏的知识和能力训练系列，文言文阅读的知识和能力训练系列，现代汉语的重点知识和能力训练系列。同时，1983 年至 1987 年人教版高中语文实验课本则加强了文学教学（高二年级文学课本）。这样，在 1986 年前后，人教版的高中通用课本和实验课本都加强了文学教学，因而，增强了学科的人文内涵。三个教学大纲提出的思想政治教育的目标逐步趋同：

1980 年教学大纲：

在读写训练的过程中，要注意提高学生的社会主义觉悟，培养无产阶级的情操和共产主义的道德品质。①

1986 年教学大纲：

在语文教学的过程中，要开拓学生的视野，发展学生的智力，培养

① 《20 世纪中国中小学课程标准·教学大纲汇编·语文卷》，人民教育出版社 2001 年版。

学生的社会主义道德情操，健康高尚的审美观和爱国主义精神。①

1990年教学大纲：

在教学过程中，要开拓学生的视野，发展学生的智力，培养学生的社会主义道德情操、健康高尚的审美观和爱国主义精神，提高社会主义觉悟。②

从1977年至1990年，三个中学语文教学大纲实施的十五年中，语文教育界对课程性质、课程目标的探究、实验作了极大的努力，特别是对语文学科的思想政治教育目标和工具性目标有了突破性的认识。在语文教学实践中，各地编写了独具特色的多套初中语文教材，总结出许多优秀教师的创造性的教学经验和理论，促进了语文教学的健康发展。然而，因国家时局暂时动荡，1989年10月国家教委发布《关于在中小学语文、历史、地理等学科中加强思想政治教育和国情教育的意见》。1991年8月又颁布《中小学语文学科思想政治教育纲要（试用）》。语文教育界开始反思“加强思想政治教育”对中学语文教学的冲击史实，有识之士也开始审视语文的工具性，审视语文的政治性，探求语文学科人文性的特质。

2. 后期：工具性和人文性统一

1992年至2000年，教育部先后颁布《九年义务教育全日制初级中学语文教学大纲》的试用版（1992年）和试用修订版（2000年）③，《全日制普通高级中学语文教学大纲（供试验用）》（1996年）和《全日制普通高级中学语文教学大纲（试验修订版）》（2000年）；2001年7月，颁布《全日制义务教育语文课程标准》（实验稿）。相应地，人教社中语室先后编写了义务教育初中语文课本、高中语文课本（人教版第九套中学语文课本），编写了执行新课程标准的初中高中语文实验课本（人教版第十套中学语文课本），供全国中学选用。

---

①② 《20世纪中国中小学课程标准·教学大纲汇编·语文卷》，人民教育出版社2001年版。

③ 1988年教育部颁布《九年义务教育全日制初级中学语文教学大纲（初审稿）》，相应的人教版教材在部分省市部分中学试用。

1992年前后，语文教育界在研究九年义务教育的语文教学的过程中，加强语文学科工具性目标的研究和实验，例如1992年初中教学大纲列出48项技能和202项基础知识，1996年高中教学大纲列出18项技能和18项基础知识，开始突破语文教学内容“选文中心说”。同时，开始探讨语文学科的人文性，陈钟樑、于漪等先后撰文，揭示语文的民族文化内涵，探讨语文学科的人文教育目标。进入21世纪，国家确立“以人为本”的国策，深入人心。这对中学语文教学确立“人文性”起了促进作用。

1996年《全日制普通高级中学语文教学大纲》（供试验用）开宗明义：“语文是最重要的交际工具，也是最重要的文化载体。”① 由1963年以来的“基本工具”演化为“交际工具”，强调了语文学科的实用价值；由1950年以来的政治性（加强思想政治教育）演化为“文化载体”，强调了语文学科的人文内涵。1996年高中语文教学大纲的学科理念由政治性演化为文化性，为转入2001年新课标提出人文性架起了桥梁。

2000年义务教育初中和高中语文教学大纲（试验修订版）前进一步：

> 语文是最重要的交际工具，是人类文化的重要组成部分。②

2001年和2003年初中和高中语文课程标准（实验）再前进一步：

> 语文是最重要的交际工具，是人类文化的重要组成部分。工具性与人文性的统一，是语文课程的基本特点。③

两个课程标准在确立语文学科的人文性同时，谨慎地表述人文性的教育目标④：

---

①②③ 见《20世纪中国中小学课程标准·教学大纲汇编·语文卷》，人民教育出版社2001年版。

④ 《全日制义务教育语文课程标准（实验稿）》，北京师范大学出版社2001年版。《普通高中语文课程标准（实验）》，人民教育出版社2003年版。

初中：

1. 在语文学习过程中，培养爱国主义感情、社会主义道德品质，逐步形成积极的人生态度和正确的价值观，提高文化品位和审美情趣。

2. 认识中华文化的丰厚博大，吸收民族文化智慧。关心当代文化生活，尊重多样文化，吸取人类优秀文化的营养。

高中：

高中语文课程必须充分发挥自身的优势，弘扬和培育民族精神，使学生受到优秀文化的熏陶，塑造热爱祖国和中华文明、献身人类进步事业的精神品格，形成健康美好的情感和奋发向上的人生态度……

两个课程标准不再提“思想政治教育”，而侧重于人文教育目标。

在1992年至2003年由“政治性和工具性结合”发展到“工具性和人文性统一”这一过程中，人教社中语室加强了总结、探索、创新的语文教材建设工作，并且及时采取了同社外著名语文教育研究所协作建设教材的方式，开创了中学语文教材建设的新局面。

2001年义务教育初中语文实验课本及其相配套的高中语文实验课本，以学生为主体，联系生活，培养学生的语文实用能力和审美能力，并且注重思想道德教育，注重中华民族传统文化的熏陶。2001年和2004年，遵照新课标编写了初中和高中语文实验教科书。高中语文实验教科书是同北京大学中文系语文教育研究所协作编写的。这套教科书编写指导思想是“守正出新”，在稳定中求创新，发扬人教版教材的优良传统。教科书加强培养学生的语文实用能力，确保语文的“基本口粮”①，并且力争让人文性和工具性

① 温儒敏在《中学语文课程改革的步伐稳一步为好》［人民教育出版社普通高中课程标准实验教材（人教版）《试教通讯》2006年第7期］一文中说：“人教版注意到‘基本口粮’问题。我们教学中应当理直气壮坚定不移地抓住‘基本口粮’，抓住基本的语文能力训练，做到‘心中不慌’。”

自然融合，培养优良的中华民族道德品质和民族精神，培养文化素养。高中必修课五册，每册分“阅读鉴赏”“表达交流”“梳理探究”“名著导读”，便于学生自主地探究地学习。选修课五个板块编了15种选修课本，供学生自主选修，发展个性。人教版第十套中学语文课本确保“基本口粮”又求适度提高，保住经典又兼顾时尚，开放多元，守正出新，引起了广泛关注和评论。

二、中学语文教材要和谐发展

语文学科的性质和教学目标，探索和实验了六十年。由1956年“认识社会生活”和“进行社会主义教育”的“有力工具”发展到“学好各门知识和从事各种工作”的“基本工具”，进而发展到“最重要的交际工具”；由1950年思想政治教育性（政治性）发展到1996年的“文化性”，再发展到2001年“人文性”（人文素质教育），并且语文学科性质定位于“工具性和人文性统一”。可以说，进入21世纪，语文学科这个卫星进入了自己独特的运转轨道。然而，数学也是“基本工具”，语文的工具性及其教学目标如何定质定量；历史学科也有“人文性”，语文的人文性及其教学目标怎样定质定量；语文的工具性和人文性又怎样和谐结合：这些问题和内容还有待进一步研究、总结，任重道远。

用科学发展观观照，中学语文教材建设必须“以人为本”即“以学生为本”，统筹中学语文教学教材建设诸多重大关系。首先语文学科工具性和人文性要和谐结合，工具性教学目标和人文性教学目标要和谐结合，此外还要处理好课本选文和知识能力的关系，处理好各项教学内容和编排各项教学内容的关系，处理好社内编辑人员和社外教师、专家三结合的关系，稳妥地实验教材和科学地发展理论，促进中学语文教材的和谐发展。

语言教学论

构建中学语言教学体系*

一、现行大纲规定的语言教学的任务

现行中学语文教学大纲没有专门规定中学语言教学的任务，只是在“教学目的”中提出。1992 年九年义务教育初中语文教学大纲（试用）提出：

在小学语文教学的基础上，指导学生正确理解和运用祖国的语言文字……激发学生热爱祖国语文的感情……

1990 年初中、高中合编的语文教学大纲提出：

中学语文教学必须教学生学好课文和必要的语文基础知识……使学生热爱祖国语言，能够正确理解和运用祖国的语言文字……

1996 年高中语文教学大纲（供试验用）提出：

高中的语文教学，要在初中的基础上，进一步提高学生正确理解和运用祖国语言文字的水平。要对学生进行有效的语文训练，指导学生学好课文和必要的语文知识……培养学生热爱祖国语言文字、热爱中华民

* 本文由 1992 年《论中学语言教学的基本任务和教学内容》和 1998 年《构建中学语言教学体系》两篇论文合成。

族优秀传统文化的感情……

根据现行中学语文教学大纲，根据对中学语文教学实际的调查研究，中学语言教学的任务可以表述如下：

传授语言基础知识，培养理解和运用语言的基本能力，培养实用语感；培养读、听和写、说的语言能力，使学生能够理解一般文章语言和口语的准确性、严密性，能够理解词句在语境中的显性语义和隐含语义，能够鉴赏文学语言的形象性和含蓄性；使学生具有写作和说话的规范、简明、连贯、得体的语言能力；养成学习和运用语言文字的良好习惯，具有一定的语言文化素养，热爱祖国的语言文字。

二、语言教学内容的现状

下面对照一下1992年初中语文教学大纲（试用）和1996年高中语文教学大纲（供试验用）在“教学内容”部分所规定的语文知识和能力，然后研究初中、高中的语言教学内容。

初中、高中教学大纲所列基础知识一览表

	初　中	高　中
汉语	**1. 语言知识** **语音** （1）汉语拼音规则 **标点符号** （2）复习、巩固标点符号知识 **汉字** （3）在小学的基础上扩大识字量，达到3500个字 （4）汉字构字常识（主要是形声字） （5）同音字、形似字、多音多义字 **词** （6）词的分类 （7）多义词、同义词、反义词	**1. 语言知识** （1）词语的积累和掌握 （2）语境和语义 （3）结构复杂的句子 （4）句子之间的关系和句子的变化 （5）语言的规范和锤炼

续表

	初　中	高　中
汉语	(8) 词义的褒贬 **短语** (9) 短语的结构（并列、偏正、动宾、动补、主谓） **句子** (10) 单句的成分（主、谓、宾、定、状、补） (11) 复句的主要类型（并列、递进、选择、转折、因果、假设、条件）和常用的关联词语（复句不超过二重） **修辞** (12) 比喻、拟人、夸张、排比、对偶、反复、设问、反问 (13) 句式的变换和选择 (14) 简明、连贯、得体	
读写 文体	**2. 文体知识** (15) 记叙文（要素、人称、顺序、中心、详略） (16) 说明文（对象特征、条理、方法） (17) 议论文（论点、论据、论证） (18) 应用文（书信、电报、规则、计划、总结等常识）	**2. 读写知识** (6) 文章的整体和局部 (7) 文章的构思 (8) 文章的情和理 (9) 质疑、阐发和评价 (10) 多角度观察和辩证思考 (11) 素材和题材 (12) 行文和修改
口语		**3. 口语知识** (13) 实用口语和演讲、辩论
文学	**3. 文学知识** (19) 小说、散文、诗歌、戏剧的常识 (20) 基本课文涉及的重要作家和作品	**4. 文学知识** (14) 文学鉴赏常识 (15) 文学发展常识 (16) 传统戏曲和影视文学常识
文言		**5. 文言知识** (17) 常见文言实词、虚词、句式和固定格式
工具书		**6. 工具书知识** (18) 工具书和图书资料的使用

1. 初中的语言知识和能力

初中语言知识有 14 项，其中语音 1 项，标点符号 1 项，汉字 3 项，词 3 项，短语 1 项，句子 2 项，修辞 3 项。

初中语言能力在教学大纲的“教学内容”能力训练部分列出 16 项。

阅读训练中有：

感受课文的语言所表达的思想感情；

借助工具书理解词语在上下文中的含义和作用；

从课文中找出感受最深的句子或段落；

抓住一段文字的中心，找出关键性语句；

体会课文中一些句子的深层含义；

欣赏课文中优美、精辟的语句；

用普通话正确、流利、有感情地朗读课文。

写作训练中有：

用自己的话写出观察的结果和感受；

根据目的、对象、场合，选择比较恰当的语句；

正确使用标点符号。

听话训练中有：

与人交谈，了解对方的意思；

参加讨论，听出不同意见的分歧所在；

听课、听报告，能作记录，不遗漏主要内容。

说话训练中有：

当众说话，语音清晰，音量适当，态度自然；

说话语句连贯，意思完整、明白；

说话注意对象和场合，用语文明、得体；

2. 高中的语言知识和能力

高中语言知识有 6 项，其中语汇 1 项；其他 4 项沟通语法、修辞，侧重语句的规范和运用，带有综合性；还有一项是实用口语和演讲、辩论的知识。以前教学大纲都没有列出高中的语言知识。

高中语言能力在教学大纲的“教学内容和要求”中列出 9 项。

阅读训练中有：

用普通话流畅地朗读课文；

根据语境揣摩语句的含义，体会语言表达效果，积累一定数量的名言警句；

初步鉴赏文学作品的语言。

写作训练中有：

用规范、简明、连贯、得体的语言表情达意。

听说训练中有：

说普通话；

听话专注，听清话语内容，领会说话意图，分辨观点异同；

说话诚恳，口齿清楚，语义明确；

适合不同场合，恰当地交谈、发言，进行辩论；

在语言交际中，应对机敏。

以上，是教学大纲规定的初中语言知识和读、写、听、说中的语言能力，高中语言知识和读、写、听、说中的语言能力。再看看现行人教版语文教科书的语文内容项目序列（阅读训练除外）。

九年义务教育三年制初级中学语文课本内容项目序列

	作文训练	听说训练	语言知识
初一上	1. 说自己想说的话 2. 说话要真实，要实在 3. 说话要有条理 4. 用恰当的表达方式反映生活 5. 观察细致才能写得具体 6. 展开想象，拓宽思路	1. 说话要态度大方，口齿清楚 2. 要说得清楚简洁	1. 汉字・形声字 2. 汉字・同音字、形似字、多音多义字 3. 名词/4. 动词 5. 形容词/6. 数量词 7. 代词/8. 副词、连词 9. 介词、助词、叹词、拟声词 10. 词汇・多义词、同义词、反义词 11. 词汇・词语的感情色彩

续表

	作文训练	听说训练	语言知识
初一下	7. 写人记事要交代清楚记叙要素 8. 写人记事要注意记叙顺序 9. 围绕中心选择材料 10. 要根据中心确定详略 11. 叙述结合描写 12. 在记叙中穿插议论	3. 说话要有中心，有条理 4. 说话要连贯、严密	12. 并列短语 13. 偏正短语 14. 动宾短语 15. 动补短语 16. 主谓短语
初二上	13. 说明事物的特征 14. 用恰当的说明方法 15. 合理安排说明顺序 16. 说明语言的多样性和灵活性 17. 应用性的说明文	5. 说话要有对象 6. 说话要讲究方式	17. 句子和句子成分 18. 句子的主干 19. 陈述句和疑问句 20. 祈使句和感叹句 21. 句子成分的搭配 22. 主动句和被动句 23. 肯定句和否定句
初二下	18. 一事一议 19. 让事实说话 20. 写读后感 21. 要有点分析 22. 要以理服人 23. 写短评	7. 说话要注意语调和语感 8. 说话要注意语言美	24. 复句 25. 复句分句间的关系·并列 26. 复句分句间的关系·递进、选择 27. 复句分句间的关系·转折、因果 28. 复句分句间的关系·假设、条件 29. 二重复句
初三上	24. 应用写作：新闻报道 25. 应用写作：广播稿和书信 26. 写小小说或读后感 27. 写诗或其他 28. 编课本剧或其他作文修改（一）作文修改（二）	9. 开辩论会或讲演会	30. 语言的实际运用：简明 31. 语言的实际运用：连贯 32. 语言的实际运用：得体

续表

	作文训练	听说训练	语言知识
初 三 下	29. 应用写作：小传 30. 应用写作：事理说明文 31. 应用写作：短评 32. 应用写作：调查报告 33. 应用写作：读后感 34. 应用写作：总结 35. 应用写作：作文修改		33. 语言的实际运用：综合练习（简明） 34. 语言的实际运用：综合练习（连贯） 35. 语言的实际运用：综合练习（得体）

初中课本内容项目序列只列语言知识，不列这些语言知识应该转化成的语言能力，这是目前语文课本编排的通例。这就容易误导：1. 只讲授语言知识，不落实转化为语言的能力；2. 没有语言能力目标，不必检查语言教学的效果。

三、中学语言教学的基础知识和基本能力研究

语言教学是中学语文教学的核心。语言教学贯串于听说读写教学，语言水平决定语文水平；母语是青少年生存、发展的交际工具，是身心发展的思维工具；语言负载民族传统文化，是青少年文化素质的重要组成部分；热爱祖国语言文字，是爱国主义精神的源泉之一。所以 1963 年以来的中学语文教学大纲的教学目的，首先规定“指导学生正确理解和运用祖国的语言文字”，确立语言教学在中学语文教学中的核心地位。

当前，中学语文教学不理想，效率不高，其瓶颈是语言教学效率不高。如果给语言教学确立一个恰当的支点，就能让中学语文教学有效地转动起来。笔者自 1985 年以来先后参与国家教委的中学教学计划、教学大纲的制订工作，参与语文教材的编写、研究工作，参与北京市文教“八五”“九五”语言教学课题的科学研究工作，积累了一些想法。这里试图构建中学语言教学体系，抛砖引玉。

（一）中学语言教学的教学目的

根据现行中学语文教学大纲和中学语文教学实际，中学语言教学目的可以这样规定：

学习语言的基础知识，培养理解和运用语言的基本能力，养成实用语感。培养听、说、读、写的语言能力，能够理解一般文章语言和口语的准确性、严密性，能够理解语句在语境中的字面意义和隐含意义，能够鉴赏文学语言的生动和优美；具有写作和说话的规范、简明、连贯、得体的语言能力。养成学习、运用语言文字的良好习惯，具有一定的语言文化素养，热爱祖国的语言文字。

（二）分解式语言教学体系

当前，中学语文教学中规定了语言教学的基础知识，如汉字、语汇、语法、修辞等知识，然而没有明确规定相应的语言能力，没有明确规定高中的语言基础知识和基本能力。

规定的基础知识都是语言学各分支的分解的知识，如语法知识有词类、短语、单句成分及分析、复句等。考虑到教学的实际情况，下面构建分解式的语言教学体系。

初中、高中语言基础知识教学体系（表一）

语言基础知识			
初一	1. 汉语拼音规则 2. 标点符号用法 3. 汉字构造（以形声字为主） 4. 同音字、形似字、多音多义字 5. 词的本义和引申义、比喻义 6. 语素、词、短语 7. 比喻、借代、拟人、夸张 8. 积累词语和选用词语（一）	高一	1. 语言运用和语境 2. 积累词语和选用词语（二） 3. 分析长单句和二、三重复句 4. 理解词句在语境中的语义（二） 5. 语言和思维（二）
初二	9. 辨析多义词、同义词、反义词 10. 理解词句在语境中的语义（一） 11. 句子成分和结构分析 12. 变换句式 13. 对偶、排比、反复、对比 14. 修改语病和锤炼词句（一） 15. 规范、简明、连贯、得体（一）	高二	6. 分析句群（句与句之间） 7. 掌握词句的表达效果（二） 8. 掌握语体特点 9. 领悟文学语言的形象性和含蓄性 10. 规范、简明、连贯、得体（二）

续表

语言基础知识			
初三	16. 复句和关联词语 17. 分析二重复句 18. 委婉、反语、反问、设问 19. 掌握词句的表达效果（一） 20. 语言和思维（一） 21. 语言的文明和优美（一） 22. 名言警句（一）	高三	11. 修改语病和锤炼词句（二） 12. 语言的文明和优美（二） 13. 汉语和民族文化 14. 名言警句（二）

初中、高中语言基本能力教学体系（表二）

- 语言基本能力
  - 吸收能力（听读）
    - 识记能力
      - 1. 用普通话听读字、句、段的能力
      - 2. 感受、积累语言材料的能力
    - 理解能力
      - 3. 理解语句的结构和显性语义的能力
      - *4. 理解语句在语境中的隐含语义的能力
      - *5. 理解语句的表达效果的能力
      - 6. 理解语体的语言特点的能力
      - *7. 领悟文学语言的形象和含蓄性的能力
      - *8. 理解汉语的文化内涵的能力
    - 联想能力
      - 9. 由此语言材料联想彼语言材料的能力
      - *10. 由语句的显性语义联想相关的隐含语义的能力
    - 选择能力
      - 11. 选择关键性的词语句段的能力
      - 12. 选择精彩的语言片段的能力
    - 评价能力
      - 13. 评价一般文章语言优劣的能力
      - *14. 鉴赏文学语言的能力
  - 表达能力（说写）
    - 理解能力
      - 15. 理解并运用普通话和规范汉字的能力
      - 16. 理解并运用常用词语的能力
      - 17. 根据语境选用词语的能力
    - 选择能力
      - *18. 根据表达目的选用语体的能力
      - *19. 选用规范、简明、连贯、得体的语言的能力
    - 联想能力
      - 20. 根据表达目的联想相关的语言材料的能力
      - *21. 借用联想，选用词句表达隐含语义的能力
    - 评价能力
      - *22. 修改词语句段的能力
      - *23. 评析自己作品语言优劣的能力
    - 创造能力
      - *24. 根据语境选用超常词句取得特定效果的能力
      - 25. 平常词语艺术化的能力

“规范、简明、连贯、得体”的基本要求和语言运用的基本方法（表三）

	初中要求	高中要求	基本方法
规范	1. 常用字词读音准确，不误读 2. 常用字词书写规范，不写错别字 3. 使用规范词语，不生造词语 4. 组词造句基本符合语法常规	1. 字音准确，能纠正误读、误注 2. 字形规范，能纠正错别字 3. 自觉使用规范词语 4. 组词造句符合语法常规	1. 辨认形声字声旁表音 2. 运用音随义转的规律 3. 辨认偏旁和特殊笔画 4. 了解产生新词新语的方法 5. 运用分析句子的方法 6. 查阅语言文字规范的法定文件
简明	1. 中心意思明确，不节外生枝 2. 词句简要，不堆砌词句 3. 词句准确，不费解 4. 语段有条理，不杂乱	1. 中心意思明确，不节外生枝 2. 词句简要，不堆砌词句 3. 语句结构清晰，不杂糅 4. 语篇有条理，不杂乱	1. 多用短句，精用长句 2. 只用必要的修饰语 3. 语段短小，层次单纯 4. 利用语境省略词语 5. 用标点符号切分词、语、句、段
连贯	1. 话题明确，不跳跃 2. 层次清楚，不混乱 3. 句序合理，不颠倒 4. 理清表达顺序，不繁杂	1. 话题明确，层次清楚 2. 合理使用关联词语，关系明确 3. 转折明确，前呼后应 4. 理清表达顺序，条理清楚	1. 话题同一，确立中心句 2. 显示主语转换 3. 用关联词语关联语句 4. 用代词指代上下语句 5. 重复显示结构的词、语、句 6. 理顺语气、语调
得体	1. 适合上下文、前后语 2. 适合交际目的 3. 适合对象 4. 适合场合 5. 适合字面语义和隐含语义	1. 适合上下文、前后语 2. 适合目的、对象、场合 3. 适合语体色彩 4. 适合字面语义和隐含语义 5. 适合社会文化语境	1. 辨语旨（交际目的） 2. 辨语境 3. 辨语体 4. 辨语效（表达效果）

表一、表二是知识、能力的单项序列。表一中 8 项知识重复，分（一）（二）级，初中打基础（一）；高中再巩固、提高（二），加强综合性和交际性。表二列出同上述语言基础知识相对应的语言基本能力，概括地说，是要培养中学生的理解和运用语言的六种能力，即识记能力、理解能力、选择能力、联想能力、创造能力、评价能力。初中和高中的语言基本能力大多数重合，打 * 号的 12 个项目则是高中提高的语言基本能力。

表三是语言运用的综合性训练序列。在初一、初二语言知识、能力单项教学的基础上，初三进行综合训练，旨在综合运用语言知识、能力，提高语言运用的水平。高中语言教学采取螺旋式上升的结构，有所重复、巩固，有所增加、提高。

（三）综合式的语言教学体系

换一个思路，以培养学生语言运用能力和达到不同等级水平为出发点和目的，融合相关的语言运用知识、能力，构建一个综合式的语言运用的教学体系。从中学教学实际考察，这个综合式的语言教学体系更有生命力。

中学生运用语言水平可以分为三等：

初等水平：准确、规范；

中等水平：简明、通畅；

高等水平：得体、优美。

初中达到初等水平和中等水平，高中达到中等水平和高等水平。三级水平是一个整体水平，分三等为了便于教学和评估，既要求分明，又互相渗透。

三级水平分别配备相应的知识、能力，初、高中有交叉，又各有重点。表四是具体的教学要求和内容。表中带有 * 号的是高中的 12 项重点教学内容。

运用语言三级水平及其相关的知识能力表（表四）

语言水平	知识能力
优美 得体	*21. 辞格语句艺术化 *20. 超常语句艺术化 19. 平常词语艺术化 *18. 适应语旨、语境、语体、语效 *17. 综合运用修辞方法 *16. 变换、选用句式（如说法、长句、短句） 15. 锤炼词语
通畅 简明	*14. 分句、句子的衔接、过渡 13. 中心句和话题明确 *12. 关联合适、结构完整 11. 语序恰当、搭配合理 10. 删繁就简，避免重复啰唆 *9. 语境定位，防止歧义 *8. 组合单一，层次明晰（修饰语、指代、紧缩） *7. 感受、理解字面（显性）语义和隐含语义 6. 把握词义（词义系统）
规范 准确	5. 标点符号规范（停顿、语气、结构） *4. 语法规范（汉语语法特点、结构常式） *3. 词语规范（区别生造词语和新词新语） 2. 简化字规范（区别形似字、同音字） 1. 普通话正音（异读审音、多音词）

实施上表综合式的语言教学体系，初中和高中要运用既有联系又有区别、既有交叉又有侧重的语言材料和思维能力、思维品质。如下表所示：

语言和思维的关系表（表五）

语言水平	规范、准确　　简明、通畅	得体、优美
	初中	高中
语言材料	主要学习、运用实用文章的语言材料	主要学习、运用文学作品的语言材料

续表

语言水平	规范、准确　　简明、通畅　　得体、优美	
	初中	高中
语言知能	话题单一，确立中心句，巧用关联词语，显示主语转换，利用语境省略词语，等等	炼词，炼句，寻常词语艺术化，辞格语句艺术化，等等
逻辑知识	运用概念、判断、推理等	运用辩证思维
思维能力	观察力 记忆力 理解力	想象力 创造力 评价力
思维品质	广阔性 深刻性 敏捷性	灵活性 创造性 批判性

附：1999年4月8日《文汇报》报道

中学生语言能力贫弱亟须重视

专家强调应把解决这一问题作为语文教学改革的突破口

中学生，你能用“甘”这个字组词吗？“甘甜”“甘露”“心甘情愿”……你总共能想出多少个词？据统计，《现代汉语词典》中以“甘”字打头的词有20个，人们平时常用的也有15个左右。然而，在前不久北京市进行的一项“中学生语言学习现状”调查中，参加测试的666名初、高中学生中，有17名学生居然一个词也写不出，某班的七八名学生只写出某部电视剧的主人公“甘十九妹”，有的干脆就接着写下去：“甘十八妹”“甘十七妹”……这有点让人啼笑皆非。但眼下中学生掌握的词汇远不能满足自身需要，却是事实。除了词汇贫乏外，错别字、语病、词不达意等情形在中学生甚至大学生中也相当常见。这种种现象被一些语文教学研究专家称作“语言能力的贫弱”。

语言能力是什么？教育部课程教材研究所研究员庄文中认为，语言能力是应用语言的能力，是用语言传递信息、进行交际的能力，它与文章、文学、文言及相关文化一起构成了语文教学的总内容；语言能力可进一步细化为识记、理解、联想、选择、评价和创造等多种能力，它决定着语文的水平。原国家语委语言应用研究所副所长于根元研究员更直接地提出，交际能力是最基本的语言能力，语文教学应着重解决“用”的问题。他对记者说，倘若学生用语言都成问题，怎么谈得上体味语言美感、理解语言文化内涵及热爱祖国的语言文字？

现在我们随意翻开一本中学课本就会发现，汉字、词汇、语法、修辞等知识被一一“分解”，零打碎敲给学生，通过记忆学习，学生知道了什么叫名词，哪些是形容词，如何划分段落归纳大意，却不懂如何在具体的语境下准确地应用语言。于根元对记者说，中学语文大纲中，语文被称作“最重要的交际工具，也是最重要的文化载体”，但作为交际工具的语文，长期以来被忽视了，语文教学不可避免地被误导为“温室教学”，贫乏无力的语文教学远不如电视剧对学生的影响大。

长期参与教育部中学教学计划、教学大纲制订工作的庄文中进一步剖析，以往语文教学只规定了基础知识的学习目标，从未明确规定相应的语言能力目标，忽视了对学生语言能力的综合训练。他认为，语文教学改革的核心问题是尽快以明确语言能力为突破口，构建一个可操作的、实用性的语文教学内容体系。在这一体系中，着重综合能力的训练，将语料的运用、语境的把握、词汇数量等多方面内容具体化。

记者了解到，早在1996年，北京市教育科学研究院申报的“中学生语言能力培养系统”课题被市教育部门确立为重点课题。该课题负责人孙荻芬告诉记者，课题研究的目的在于从根本上改革现有教学体系。经过近3年的努力，课题研究成果目前已汇编为一套实验性丛书，很快将在北京市一些中学进行试点；不久，研究成果将编入2000年启用的中学语文试验教材。北京市正在进行的这一语文教学重大改革，牵动着千万人的心，以语言能力的提高为突破口的教改试验，到底会给中学语文教学带来什么，人们拭目以待。

文汇报驻京记者　吴娟
（本报北京1999年4月7日专电）

教学语法及其教学性*

——论语法教学之一

语法是语言单位的组合规律和规则。大体说来，观念形态的语法分三种。一种是参考语法，描写语法事实，详尽地描写词或短语或句子，从中体现具体规律和规则，可以说是对语法的微观研究。一种是理论语法（又叫专家语法），分析语法结构和阐述语法理论、方法，建立语法体系、学派，可以说是对语法的宏观研究。一种是教学语法（又称规范语法），教学本民族人学习本民族语言的语法。

教学语法，一般指教中小学生学习语言的语法。目前，我国小学不教语法，只是渗透一些短语和句子的常识。因此，教学语法的主要对象是中学生。此外，为了教学方便，社会上中等文化程度的成人教育也采用教学语法。

教学语法的对象，决定了教学语法的性质和目的任务。教学语法是教学生规范地运用语言的，从性质上讲，是应用性的、规范性的，不是理论性的、描写性的。教学语法的目的任务是使学生具有对语言的科学知识，培养和提高学生理解和应用语言的能力；教学语法是为完成语文教学总的目的任务服务的。

教学语法具有四个特点。一是科学性，教学语法是吸收当前理论语法、描写语法的科学成果而形成的，社会上大多数人公认是正确的或者是比较正

---

* 原载《课程·教材·教法》1987 年第 5 期。

确的，而不采用有争议的学说和体系，比较稳定。二是教学性，易教易学，学习对象是可以接受的，这就要求教学内容简明精要，表述方式有趣好懂。三是实用性，从语言实际出发，指导语言实践，提高学生语言的理解能力和使用能力。四是规范性，明确讲解语言的正误优劣，促进语言的规范化。

教学语法的本质特点是什么呢？是教学性。因为科学性是理论语法、参考语法和教学语法的共同要求，而实用性、规范性是通过教学性来实现的，如果不好教，不好学，也就谈不上实用性和规范性。以中学生为主要对象的教学语法的教学性，体现在许多方面，下面谈教学语法的体系本身要适合教学。

1954—1956 年产生的《暂拟汉语教学语法系统》（以下简称《暂拟系统》），是我国中学共同使用的第一个教学语法体系。这个体系博采当时各家语法体系之长，避开当时各家争议之点，重点突出，条理清楚，简明实用，形成了一个适合教学的新体系。当然，也不可避免地存在一些问题。1981—1984 年，在《暂拟系统》的基础上制订了《中学教学语法系统提要（试用）》（以下简称《系统提要》），这是一个新的教学语法体系。它的教学性比较强，表现在下列几个方面：

（一）以五级语言单位为框架。语素构成词，词构成短语，短语构成句子，句子与句子构成句群，由小而大地组合成语言单位，层次清楚，联系语言实际。语素联系语音，使语法教学必须联系有声语言即口头语言；句群联系说一段话，写一段文，使语法教学必须联系说话、作文，不再孤零零地讲一个词、一个句子，而在较大的语流（句子和句群）中学习语法，运用语法。

（二）从语法功能和结构关系两个方面，把词、短语、句子沟通起来，“三位一体”。从语法功能看，名词、动词、形容词的语法功能，同名词短语、动词短语、形容词短语相同，而名词短语、动词短语、形容词短语的类型又决定句子的类型——名词谓语句和名词非主谓句，动词谓语句和动词非主谓句，形容词谓语句和形容词非主谓句。下表反映了这种联系：

<table>
<tr><th>词</th><th>短 语</th><th>句 子</th></tr>
<tr><td rowspan="2">眼睛
（名词）</td><td rowspan="2">大眼睛
（名词短语）</td><td>大眼睛！
（名词非主谓句）</td></tr>
<tr><td>他大眼睛。
（名词谓语句）</td></tr>
<tr><td rowspan="2">下
（动词）</td><td rowspan="2">下雨
（动词短语）</td><td>下雨了！
（动词非主谓句）</td></tr>
<tr><td>老天爷下雨了！
（动词谓语句）</td></tr>
<tr><td rowspan="2">好
（形容词）</td><td rowspan="2">好得很
（形容词短语）</td><td>好得很！
（形容词非主谓句）</td></tr>
<tr><td>他很好。
（形容词谓语句）</td></tr>
</table>

从结构关系看，合成词的语素与语素之间有并列、修饰、补充、支配、陈述五种结构关系；短语的词与词之间、句子的成分与成分之间也都有这五种结构关系，如下表所表现的那样：

<table>
<tr><th>结构关系</th><th>合成词</th><th>短 语</th><th>句 子</th><th>成 分</th></tr>
<tr><td>陈述</td><td>地震</td><td>地震停止</td><td>地震停止了！</td><td>主语＋谓语</td></tr>
<tr><td>支配</td><td>动员</td><td>打击敌人</td><td>打击敌人！</td><td>动词＋宾语</td></tr>
<tr><td rowspan="2">修饰</td><td>单干</td><td>努力奋斗</td><td>努力奋斗！</td><td>状语＋中心语</td></tr>
<tr><td>红旗</td><td>金色的秋天</td><td>金色的秋天。</td><td>定语＋中心语</td></tr>
<tr><td>补充</td><td>提高</td><td>看清楚</td><td>看清楚了。</td><td>中心语＋补语</td></tr>
<tr><td>并列</td><td>语言</td><td>大海、波涛</td><td>大海、波涛、海鸥。</td><td></td></tr>
</table>

汉语中，词——短语——句子，其中短语是个中间站。教学的时候，抓中间——短语，带两头——词和句子，三位一体，易教易学。复句和句群也从语法和语义两个方面沟通起来，复句的分句之间，句群的句子之间，都有并列、承接、选择、递进、转折、假设、条件、因果等关系。语法体系内部比较协调。

（三）句型归纳得层次清楚，典型性强。单句分主谓句和非主谓句。主谓句按其谓语类型，又分为名词谓语句、动词谓语句、形容词谓语句、主谓谓语句。非主谓句，又分为名词非主谓句、动词非主谓句、形容词非主谓句、叹词非主谓句。各种句式又下分若干格式。

（四）分析句子，既分析结构层次，又分析结构中心（分析中心语），并且采取简易实用的符号图示法，即加线法。

总之，《系统提要》所体现的教学语法体系有比较强的教学性。认识并掌握教学语法体系本身的教学性，并据此编写语法教材，是搞好语法教学的前提。

词、短语、单句“三位一体”的语法教学*

——论语法教学之二

教材编写和语法教学采用“词、短语、单句三位一体”的教学思想和教学方法，是能够解决当前教材、教法的科学性和教学性的。

一、汉语的重要特点之一是词、短语、单句的结构关系基本一致

汉语是一种具有鲜明的民族特点的发达的语言。汉语语法具有鲜明的个性。英语、俄语等语言有明显的形态变化（例如名词的性、数、格的变化），而汉语基本上没有，两者从根本上就不同，不能用英语等的语法来套汉语语法。汉语鲜明个性的集中表现，就在于：没有形态变化，词、短语、单句的结构关系基本一致，有对应性。

《系统提要》体现了词、短语、单句的结构关系基本一致的对应性，这个教学语法系统从结构关系和语法功能两方面把词、短语、单句“三位一体”地联系起来了。

二、建立教学语法的教学体系

目前，中学语文课本中的语法教材（还有不少大学的语法教材）采取从小到大语言单位的知识教学体系。例如，初一，词、短语；初二，单句、复句；初三，句群。每一级语言单位教学又采取三步走：定义和分类，特点和

---

* 原载《课程·教材·教法》1989 年第 10 期。

分析，用法和纠误。这种知识教学体系具有分散、孤立、概念化的缺点。这种情况必须尽快改变。

以培养理解和运用语言能力为目的的初级语法教学，采用从大到小语言单位的知识和能力相结合而以训练能力为主的语法教学体系，比较符合学生心理和思维的特点，比较好教好学。先教学篇、段和句群，从章法过渡到语法；再教学句群内部句与句之间的关系；接着初步教学句子（不展开）。然后，教学词、短语、单句的“三位一体”。其他教学内容依次编排合理的顺序。这样，建立一个科学的适合教学的语法教学体系。

词、短语、单句“三位一体”教学要体现教学性，采用相应的方法如推导法、造句法、比较法、归纳法等。这里，以短语教学为例着重谈谈这一点。

三、怎样做到词、短语、单句“三位一体”

词、短语、单句这三级语言单位，吕叔湘先生说短语是中间站，张志公先生说短语是中坚。短语在语法中是“起中坚作用的中间站”。教学中要把短语这个特点具体化，让它起承上（词）启下（句）的作用。

词、短语、单句“三位一体”教学，先讲词类中的名词、动词、形容词（其他词类在“三位一体”教学以后教学）；然后，从名词、动词、形容词推导教学名词短语、动词短语、形容词短语；然后从名词短语推导教学名词谓语句、名词非主谓句，从动词短语推导教学动词谓语句、动词非主谓句，从形容词短语推导教学形容词谓语句和形容词非主谓句；然后，教学主谓短语和主谓谓语句（兼归纳主谓句四种句式）；最后归纳词、短语、单句的“三位一体”的结构规律。这个教学过程以短语为中间站。

短语教学可以采取下面的“三部曲”。

第一部曲，从语法功能，由名词、动词、形容词推导出名词短语、动词短语、形容词短语的主要语法功能①，然后列出类似的三个词（可以让学生

① 当前，中学语法教学内容取消了按语法功能分类的短语内容。不过，在高一层次的语法教学中可采用这一部曲，有利于沟通主谓句和非主谓句的句型句式。这三部曲是根据《系统提要》体系设计的，可根据需要灵活使用。

举例，教师从中挑选出便于教学的)：

名词　眼睛　|　动词　下　|　形容词　好

然后说明词同词构成短语。让学生用上面三个词为中心语组合短语。学生会举出相应的短语（如下雨、下车），也会举出形似短语实为词的语言单位［如（飞机）“下降”］。顺便区别词和短语，辨别“什么不是短语”（不展开）。教师从学生举出的短语中挑选几个列在下面，进行比较：

名　词	眼睛	动词	下	形容词	好
名词短语	大眼睛	动词短语	下雨	形容词短语	很好

这样，用推导法，由词推导出短语。用名词“眼睛”组合一组以“眼睛”为中心语的名词短语，用形容词“好”组合一组以形容词“好”为中心语的形容词短语。在组合训练中让学生明白中心语的地位：短语的中心语是哪类词，这个短语就是哪类词的短语。例如，中心语是动词，这个短语有动词的语法功能，就是动词短语（下雨）。用“。”这个符号把中心语标出来：下雨。

接着用造句法和比较法，让学生用名词及其短语造句，然后比较词和短语的语法功能：名词与名词短语的语法功能是否一致。比较两项内容，充当什么成分，构成什么句型：

眼睛最动人。	大眼睛最动人。
最动人的是眼睛。	最动人的是大眼睛。

名词充当主语、宾语，名词短语亦然。再造句并比较：

（提醒对方）　眼睛！

（赞叹）　大眼睛！

这两句都是名词非主谓句，名词和名词短语的造句功能一样。①

用归纳法得出结论，名词短语的语法功能同名词一样，可以像名词一样使用。比较动词与动词短语，形容词与形容词短语，也得出同样的结论。可以列出下表比较：

① 名词、动词、形容词可以作谓语，名词短语、动词短语、形容词短语也可以作谓语，构成名词谓语句、动词谓语句、形容词谓语句。这一点，到单句时再教学。

词	短　语	单　句
眼睛 （名词）	大眼睛 （名词短语）	大眼睛！ （名词非主谓句）
下 （动词）	下雨 （动词短语）	下雨了！ （动词非主谓句）
好 （形容词）	很好 （形容词短语）	很好！ （形容词非主谓句）

第二部曲，从结构关系，由合成词中语素与语素的五种结构关系推导出短语的五种结构关系。让学生举例，挑选出合适的排列如下：

结构关系	词	短　语	成　分
陈述关系	地震	地震开始	主语＋谓语
支配关系	动员		
修饰关系	努力 秋天		
补充关系	说明		
并列关系	语言		

然后，让学生用上面的词同别的词组合，构成相应的短语，如“地震——地震开始、地震结束……”挑选合适的，补列各类短语，进行比较。

用归纳法得出结论，合成词中语素与语素的结构关系同短语中词与词的结构关系是对应的，都有五种。进一步，分析出短语的成分主语、谓语等，为过渡到句子成分作准备。

如果学生能够接受，也可以引导学生把短语直接构成句子（加语调和语气助词），如“地震结束——地震结束了。”主谓短语构成主谓句。也可以在教学单句时，再从短语推导到单句。

这样，在第一部曲中，以短语为中间站，从语法功能的角度，把词、短语、单句沟通起来；在第二部曲中，又以短语为中间站，从结构关系的角度，把词、短语、单句沟通起来；词、短语、单句可以说是“三位一体”。通过这样的教学，学生掌握了词、短语、单句的组合规律，以简驭繁，举一反三。

第三部曲，分别讲名词短语、动词短语、形容词短语、主谓短语的主要格式（兼讲短语成分），讲短语的扩展。短语的格式主要讲以下几种：

名词短语（兼讲定语）：

动词短语（兼讲动词、宾语、状语、补语）：

动词＋宾语（包括双宾语）

动词＋补语

状语＋动词

形容词短语：

形＋补　　状＋形

主谓短语（兼讲主语、谓语），主要讲谓语的类型：

主语＋名/名词短语（她‖大眼睛）

主语＋动/动词短语（会议‖已经结束）

主语＋形/形容词短语（精力‖十分充沛）

主语＋主谓短语（他‖精力充沛）

这样讲主谓短语，为讲主谓句的类型作准备。

教学短语扩展，要在简单短语的基础上逐层扩展，显示层次性。可以主要讲动词短语的扩展：

动＋宾 —扩展→ 状＋动＋宾

动＋补 —扩展→ 动＋补＋宾

状＋动 —扩展→ 状＋动＋补＋宾

下面是语言实例：

(动)＋(宾)：惊　梦

(状＋动)＋(定＋中心语)：［突然］惊了（海的）（酣）梦

［(状＋动)＋补］＋(定＋中心语)：［突然］惊〈醒〉了（海的）（酣）梦

讲短语扩展，可使学生了解短语的层层结构，为教学复杂单句作准备。教学时分析和比较结构，不需强记格式。

编写教材，教学语法，都采取以上的教学思想、教学内容、教学方法，就能让学生比较容易地掌握词、短语、单句的组合规律，触类旁通，学以致用，提高理解和运用语言的能力。

语法规范和语法错误*

——论语法教学之三

人们学习语言，是为了认识语言规律，运用语言规律，准确地听说读写，表情达意。在一定历史时期内，人们对语言规律的认识有相对性，各家语法学说不可避免地存在分歧。然而，人们进行交际，必须遵循相对正确、相对稳定的语言组合规律。为此，全社会必须共同制定具有科学性、实用性、教学性的语法规范，特别是制定教学语法的规范。普通话的语法，是从以北方话为基础的典范的现代白话文著作和口头语言一般用例中总结出来的语言组合规律和习惯用法。普通话的语法规范是人们约定俗成并且明文规定的语言法则。法则，就是平常说的规律、规则。符合语法规范的语句，是正确的，能够准确地交流思想感情；不符合语法规范的语句，是错误的，不能够准确地交流思想感情，也就是平常说的有语法错误的“病句”。学校的语法教学就是教学语法的规范，使学生正确地理解和使用语言。

从大处看，语法规范包括下面三方面的内容。

第一，语言组合的规律。

组词成句，组合句子成为句群，是有一定规律的；这个规律是客观存在的，语法规范首先包括当前人们已经认识的语言组合规律。例如，汉语没有英语、俄语那样的形态变化，因而语序相对稳定，不能自由易位。“主语＋动词（或称作述语)＋宾语”这个语序中，主语、宾语的语法位置一般不能

---

* 原载《课程·教材·教法》1986年第4期。

自由易位，一易位，句子成分变化了，语义也就变了，有的还可能成为病句。例如，“一个人吃三条黄鱼”，主宾易位，成了“三条黄鱼吃一个人”，充当主、宾的词语变了，语义也变了，而且在一定的语言环境里说不通，成了病句。又如，使用结构助词“的”是有规律的。“动词＋的＋名词≠动词＋名词”，“买的书≠买书”，前者是修饰关系，后者是支配关系。不注意，就会出错儿：

> “四人帮”疯狂破坏的党的干部政策、知识分子政策、民族政策，在各方面造成了严重的后果。

这句的意思成了“……党的干部政策……造成了严重的后果”，同作者所要表达的原意适得其反。原因是多加了一个“的”，“‘四人帮’疯狂破坏的党的干部政策、知识分子政策、民族政策”成了定名结构。删去加点的“的”，改定名结构为主谓结构：

> “四人帮”疯狂破坏党的干部政策、知识分子政策、民族政策，在各方面造成了严重的后果。

符合语法规范，就是要符合语言规律。

第二，客观事物的事理。

客观事物有一定的事理关系。词与词、句与句之间的搭配关系往往反映客观事物的事理关系。请比较左右两行短语：

改进错误	改正错误
增长觉悟	提高觉悟
克服问题	解决问题
培养水平	培养能力

左行短语中的动词与宾语不能搭配，“改进错误”，把错误改得更错误？不合事理。右行的都符合事理，搭配得当。

符合语法规范，就是要符合客观事理。

第三，人们的语言习惯。

人们使用语言，有时候符合法则，却不符合事理。但是，大家都说了，久而久之，约定俗成，形成习惯，不会产生误解，这一类的语句也就传布开来，成为正确的语句。“养病”“救火”“晒太阳”“吃食堂”，这些短语符合法则，即动词带宾语，却不符合事理：把“病”养起来，何时才好？把“火”救出来，再烧谁？可是，大家都这样说，习惯成自然，都理解成“因患病而休养”，“消除火”。此外，使用同义词语，也带有习惯性。人们的语言习惯也会变化的，因此不同历史时期有不同的语言习惯，研究语言就得有发展的眼光。

总之，从大处看，符合语法规范，就要符合语言法则，符合客观事理，符合语言习惯。

由于对语言研究得还不深，语法规范工作做得还不够，因而语法规范还不完善。然而，语法规范毕竟已初步形成，辨别语言的正误有了一定的标准。许多语法教科书都设专节论述语法错误。下面是有代表性的三本课本中的语法错误类别［黄伯荣、廖序东主编《现代汉语》(修订本)，北京大学中文系现代汉语教研室编《语法修辞》(第二次修订本)，人民教育出版社编的六年制重点中学初中语文课本《写作》第四册］：

<table>
<tr><th>《现代汉语》</th><th>《语法修辞》</th><th>《写作》</th></tr>
<tr><td>词类误用</td><td></td><td></td></tr>
<tr><td>虚词错用</td><td></td><td>虚词运用不当</td></tr>
<tr><td rowspan="2">搭配不当</td><td>相关的成分配合不当</td><td rowspan="2">搭配不当</td></tr>
<tr><td>词语搭配不拢</td></tr>
<tr><td rowspan="2">残缺和多余</td><td rowspan="2">残缺</td><td>成分残缺</td></tr>
<tr><td>成分多余</td></tr>
<tr><td>语序不当</td><td>词语的位置摆得不对</td><td></td></tr>
<tr><td>句式杂糅</td><td>杂糅</td><td>成分杂糅</td></tr>
<tr><td>复句运用中
常见的错误</td><td>复句组织中的问题</td><td>前言不搭后语</td></tr>
</table>

看来，语法错误主要的类型有：词类误用，语序失调，虚词错用，结构

混乱（包括残缺、多余、杂糅等），搭配不当，关系不清（分句或句子之间）。每一类还可分若干小类。调查中学生语言用例，搭配不当、虚词误用的语病最为常见。

有了语法规范，把语法错误归成大致的类别，归纳出改正语法错误的原则和方法，有助于准确的使用语言，有助于修改病句。

修改病句，是语法教学的有效方法之一。目前，也出版了一些讲述修改病句的小册子，比较好的有李裕德、吴启主的《病句分析》，张理明的《病句评改》，余钖谟的《病句分析》，《词语评改五百例》编辑组编的《词语评改五百例》。在教学中，修改病句要遵循语法规范，看是否符合法则，符合事理，符合习惯。具体修改的时候，应该注意下列几点。

第一，看语境，改得准。

一个句子以它的上下句、上下句群甚至整篇文章为自己的语境。有的句子单拿出来一看，就可以看出语病，有的句子则不然，孤立地看，似乎有语病，放到它所处的语境里一看，就没有语病了。目前，许多人（包括我本人）常常孤零零地拿出一句来，评判语病，不问语境。例如，有人认为下面是病句：

> 剧中周副主席挥毫书写“千古奇冤，江南一叶，同室操戈，相煎何急”的时候，利用幻灯显示了气势磅礴的十六个大字。

并且说：“是谁‘利用幻灯显示了气势磅礴的十六个大字’呢？按照习惯使用的办法去理解，当然是剧中的‘周副主席’。‘周副主席’正在演戏，又怎能‘利用幻灯’呢？所以‘利用幻灯’之前应当加上‘舞台上’。”认为原句因暗中更换主语而造成误解，应补上主语“舞台上”。其实，这句话明显的依赖语境，上文必定说舞台工作人员怎么利用布景灯光来加强戏剧效果，主语承上句（或上几句）省略了。从结构看，“剧中周副主席……的时候”是偏正关系的名词短语，作状语，不是一个分句；“利用”前面承上省略主语。把这句放回原文，有了语境，无论如何不会误解成周副主席打幻灯字幕的。不会判为主语残缺的病句，放回语境去，一点没病态。反之，有的似乎没有语病的句子，放回语境去，就显出病态来。可见，评改病句，有的必须看语境，才能改得准确。

第二，看整体，改得活。

一个句子的成分是互相联系的，改动一处，往往影响别处，而且语义重点会转移。评改病句，一律只改一点，不及其余，只此一法，别无他法；越改越死，导致僵死。不少病句，有多种改法，各有语义重点。因此要看句子的整体，看成分之间的联系，一题多改，改得活。吕冀平先生在专著《汉语语法基础》中修改一个病句，很有启发性。下面是病句：

看了这部影片，心情万分激动，不禁使我回想起旧社会广大贫下中农的遭遇。

他认为“不禁使我……”这个分句不但没有主语，而且想补也补不出来，“于是这又成了结构残缺的句子”。他设计三种改法：

(1) 看了这部影片，心情万分激动，使我不禁回想起旧社会广大贫下中农的遭遇。

(2) 看了这部影片，心情万分激动，不禁回想起旧社会广大贫下中农的遭遇。

(3) 看了这部影片，心情万分激动，我不禁回想起旧社会广大贫下中农的遭遇。

并且一一评论，最后说：“衡量起来 (1) 不足取，因为有了‘使……我’，几个分句之间就要变换一下主语，更主要的是‘使’在这里没有多大的表意作用。(3) 最可取，因为它比 (2) 仅仅多了一个‘我’，却使句子醒目得多。”看句子的整体，设计多种改法，并且具体地讲相关的语法法则，很有启发性。李裕德、吴启主同志在评改此类病句时，还指出两种改法有两种语义重点，也有启发性。这样修改病句，改得活，能够开发智力。

第三，看发展，改得管用。

语言处在发展变化之中，以前有的说法或格式，渐渐淘汰；以前没有的说法或格式，渐渐兴起。我们要用发展的观点来分析语言，对于正在兴起并且被许多人采用的格式，不能断定为“流行病”。例如，“五四运动”以来，“动动＋名名”的格式（如“学习、贯彻方针、政策”）逐渐被大家采用。虽然这种格式是欧化格式，却不能看作语病。可是，有的同志把下面句子看作病句：

> 每个教师都要认真学习政治，不断提高和改进自己的思想水平和工作作风。

解释道：“‘提高’和‘思想水平’相配，但和‘工作作风’就不相配，‘改进’和‘工作作风’相配，但和‘思想水平’就不相配。全句可改为‘每个教师都要认真学习政治，不断提高自己的思想水平，改进自己的工作作风’。”在“动动＋名名”中，每一个动词都可以支配后边的两个名词或名词短语，如“学习、贯彻方针、政策”；也可以交叉搭配，第一个动词支配第一个名词或名词短语，第二个动词支配第二个名词或名词短语，如“解决和总结了疑难问题和教学经验”，但是交叉搭配的顺序不能乱，写成“解决和总结了教学经验和疑难问题”，就有语病了。“动动＋名名”的格式符合汉语结构简明、短小的特点，正在被越来越多的人采用。

前一段时间，曾经讨论“贵宾所到之处，受到群众的热烈欢迎”这个句子是不是病句。这种句子，50 年代有人曾经指为病句，60 年代又有人指为病句，现在又有人指为“流行病”，似乎病史颇长。然而，这种句子当前许多报刊书籍中也有。看来越来越多的人使用它，并不发生误解，这就不能贸然判为病句了，而应该分析这种句子的结构和语义特点，指导实用。对正在兴起的语言格式，要让实践来检验。修改病句，要管用，有利于运用，不能作茧自缚，把生动活泼的语言框死了。

修改病句不是目的，而是手段。在教学中，遵循语法规范来修改病句，而且看语境、看整体、看发展，就能达到提高鉴别和使用语言的能力。否则，看来看去，都像病句，甚至从一位名家的两千字左右的名篇中挑出几十处语病来，未免作茧自缚，有害无益了。

中学语法教学的现状和教学内容改革*

——论语法教学之四

一、十年来初中语法教学的现状

我们先看看初中语法教材的现状。

1978年到1990年，全日制普通中学没有单编成册的语法教材，只是在初中语文课本中安排少量的语法知识短文，而且分散在初一下学期到初三下学期。

1978年到1981年，全国中小学通用教材中学语文编写组编写了十年制中学语文课本（试用本），初中三年六册，高中二年四册。1981年到1985年，人民教育出版社中学语文编辑室对十年制中学语文课本（试用本）作了修订，编成初级中学语文课本（三年六册）和高级中学语文课本（三年六册），这是正式本。在这前后两套课本中编配了语法、修辞、逻辑的知识短文。初级中学语文课本六册，语法教学从初一下学期起步（初一上有字、词的三篇知识短文）。两年半内有12篇语法知识短文，共2.8万字。语法知识短文编于单元之间。每一篇语法知识短文配了大约20分钟的练习题。这套课本采用“暂拟汉语教学语法系统”。

1982年2月到1984年7月，人民教育出版社编写、发行了六年制重点中学初中语文课本《阅读》和《写作》（分编型教材），1986年作了修订。

---

* 原载《语文学习》1991年第4期。

《写作》课本又分为“写和说的训练”和“现代汉语常识”两部分教学内容。三年六册中，现代汉语常识部分有语法知识短文 33 篇。这套课本采用新的教学语法体系“中学教学语法系统提要（试用）”。

1987 年，根据修订过的《中学语文教学大纲》，人民教育出版社修订成了 1987 年版的初中语文课本和高中语文课本。初中课本有语法知识短文 20 篇，安排在第二、三、四、五册，编在每册最后一个单元的后边。这套课本采用“中学教学语法系统提要（试用）”。

1990 年秋，开始在部分中学试用九年制义务教育初中语文课本（试用本），语法教材作了改革：精简内容，结合课文，重在运用。语法教学内容编排在四册中，第一册讲词类，第二册讲短语，第三册讲单句，第四册讲复句。

上述四种语文课本的语法教学内容如下表所示：

	1981 年版初中语文	1986 年版初中《写作》	1987 年版初中语文	1990 年版九年制义务教育初中语文
初一上	双音的合成词	构成词的单位语素 词的构成	最小的语言单位——语素 词的构成——单纯词和合成词	词的构成 名词 动词 形容词 数量词 代词 副词 连词 介词、助词、叹词、拟声词
初一下	词和词组（一） 词和词组（二）	实词——名词、动词、形容词 实词——数词、量词、代词 虚词——副词、介词 虚词——连词、	实词 虚词 名词短语 动词短语 形容词短语和主谓短语	并列短语 偏正短语 动宾短语 动补短语 主谓短语

续表

	1981 年版初中语文	1986 年版初中《写作》	1987 年版初中语文	1990 年版九年制义务教育初中语文
初一下		助词、叹词、拟声词 时间、空间 数量、指称 肯定、否定 程度、范围		
初二上	陈述和陈述的对象 肯定和否定、全部和部分 形容、限制和补充	短语 名词短语 动词短语 形容词短语 主谓短语 主谓句和非主谓句 句子成分和句子的主干	主谓句和非主谓句 句子的主干 几种特殊句式（一） 几种特殊句式（二） 复杂的单句	句子和句子成分 句子的主干 句子成分的搭配 陈述句、疑问句 祈使句、感叹句 主动句和被动句
初二下	复杂的单句	是字句和存现句 把字句和被字句 连动句和兼语句 单句的复杂化 怎样分析句子 句子的用途 单句中常见的语病（一） 单句中常见的语病（二）	句子的用途 怎样辨别句子的正误 复句（一） 复句（二） 复句的扩展	并列、承接、递进、选择 ——分句间的关系 转折、因果、假设、条件 ——分句间的关系 二重复句 句式的变换与选择

续表

	1981年版初中语文	1986年版初中《写作》	1987年版初中语文	1990年版九年制义务教育初中语文
初三上	复句（一） 复句（二） 多重复句	复句与关联词语 复句中分句间的关系 复句的扩展——多重复句 复句中常见的语病 什么是句群 句群的类型（一） 句群的类型（二） 句群中常见的语病	句群（一） 句群（二） 句式的变换	
初三下	句式的变换 句与句之间			

再看看初中语法教学的情况。

1978年版初中语文课本恢复了1963年版初中语文课本的基本面貌，起了拨乱反正的作用。其中语法教材采用“暂拟系统”。教材主要讲授词、词组、句子的特点及其结构，虽然力求简明实用，但是基本是讲授语法知识的路子。在教学中，教师们反映教材浓缩知识，难教难学。1987年版初中语文课本采用“系统提要”，教材仍按讲授语法知识的路子编写，增加了新的内容（语素、短语结构、析句法、句群）。高中课本中没有语法教学的内容。在十来年的教学中，语法教学取得了一定的成绩，教师积累了一定经验，然而当前下列情况突现了出来：

1. 许多教师不熟悉新的语法体系：老教师一时转不过弯子，新教师则刚刚学习；

2. 教材增加了内容，加大了难度；

3. 语法知识短文脱离读写教学，同学生语言运用实际联系不紧密；

4. 高中没有语法教学的要求和内容。语法初中没有过关，高中则趋于回生。

此外，初中学生还学习英语语法。目前，英语语法教学同汉语语法教学同步，甚至汉语语法教学起步还晚一些；两种语法互相干扰。

上述情况激化了矛盾，使得一部分教师重新提出了要不要教学语法的旧题，一部分教师探讨语法教什么、怎么教的问题。语法教学改革成了语文教学中一个迫切的问题。

面对初中语法教学的现状，总结经验教训，我们首先要探讨一下语法教学的目的和教学内容。

二、初中语法教学的目的

初中学生学习母语语法有实用的目的和教育的目的。

初中生学习外语（第二语言），目的是学会听说读写，能够进行交际。英语教材用大量的语言事实和反复训练使学生学会听说读写，养成运用第二语言的新习惯。在学生不会听说读写的情况下，辅以一定的英语语法，帮助学生学会听说读写，规范语言。汉族初中生在已经学会听说读写的情况下，学习母语语法，从母语语言事实中归纳出语法规则，把已经感觉到的语法知识理性化，从而自觉地用语法来指导语言的理解和运用，提高听说读写的能力。学习母语语法也为学习外语语法作好准备，以便在母语语法的基础上掌握外语的特点，提高学习效率。如果初中生不学母语语法或母语语法起步晚，那么初中生只能用第二语言语法来比照母语语法（例如用英语语法来分析汉语语句），认识母语和使用母语必然受到干扰。这种消极作用事实上已经存在，不能不引起我们的警惕。

中学语法教学不仅有实用的目的，而且有教育的目的。英国当代应用语言学家科德说："它们的目标是进行一般的人文科学方面的启发教育，即把每一个说本族语的人只能意会的知识加以系统化和明确化。"（S·皮特·科德《应用语言学导论》，上海外语教育出版社，1983 年第 1 版，第 327 页）这是有道理的。中学生具有对母语的科学认识，就更加认识到祖国语言的优美和伟大，更加热爱祖国语言，增强爱国主义的思想感情。母语语法教学，具有德育的因素。某些否定母语语法教学的人是否同意这一点？

三、初中语法教学的内容

作家老舍说“中国的语言是最简练的语言”（《关于文学的语言问题》）。语法学家张志公说汉语“基本语法是简易的，组合很容易”（《语法研究和语法教学》）。可是，现在的语法教学内容并不简易，而且教也难学也难。为什么呢？因为教学内容、教材编排、教学方法都有问题，而首要的问题是教学内容有问题。初中阶段，改革语法教学内容要考虑以下四点。

一是选择语法的最基本内容。汉语没有词的形态变化，同英语根本不同。汉语的名词、动词、形容词几乎可以充当任何句子成分，这是因为没有形态变化，组合容易。组合可以靠原词之间的意合，而不靠形态变化。而组合关系基本的有五种：并列、偏正、支配、补充、陈述。语素同语素组合，词与词组合，句子成分与句子成分组合，都由这五种组合关系来决定。词、短语、句子的组合关系基本一致，理解了词的组合关系，可以推导出短语、句子的组合关系。（比较：地震/地震结束/地震结束了！）如果教学中使学生掌握词、短语、句子的组合规律，学会分析它们的结构，就能用规律来驾驭语句结构，举一反三，触类旁通（庄文中《词、短语、单句“三位一体”的语法教学——论语法教学之二》）。教学内容不要强求学科知识系统，而要选择最基本的，选择重点，构成适合中学生的中学语法的教学体系。

二是选择最实用的知识。大致有：句与句的衔接和关系（句群内句子的关系），一般复句的组合，紧缩句，复杂单句的分析和使用，几种常用的特殊句式（连动句、兼语句等），句式的变换和选用，句子成分的搭配，语序的安排，虚词的使用（选择若干容易用错的常用虚词，一个、一对教学），数量表示法，指称表示法，肯定、否定表示法，语气情态表示法等。通过研究和实践，选择初中学生最实用的知识作为教学基本内容。

三是选择学生最容易出错的语法现象，例如结构混乱、语序失调、虚词用错、成分搭配不当、句子关系不清等。教学中主要传授规范的语法格式，同时也要重视学生最容易失误的语法现象，分析原因，纠正错误，提高辨别语言正误的能力。

四是选择有利于培养运用语法的良好习惯的训练内容。学语法，要选择有效的训练内容，培养和提高运用语法的能力，逐步使学生养成自觉观察和分析语言现象的习惯。吕叔湘先生说："更重要的是通过课堂教学培养学生自己观察和分析语言现象的习惯，这不仅有利于他的语文能力的提高，也有助于他的智力的开发。"（《怎样跟中学生讲语法》）这话说到了根本上。

中学语法教学新思路*

——论语法教学之五

中学语法教学，是中学语文教学的组成部分，其教学目的是指导学生学习基本的语法知识，培养和提高学生理解、运用、规范语言的能力，提高语言的理解和表达水平，简言之，是提高学生运用、规范语言的能力。为了达到这个教学目的，中学语法教学要进行根本性改革。

第一，变语法科学体系为语法教学体系（即语法应用体系）。

50年代制订、使用的《暂拟系统》，80年代制订、使用的《系统提要》，都是教学语法知识体系。作为语法知识体系，应该具有整体性、系统性和科学性，内容全面，系统严谨，知识性强。80年代全国统编中学语文课本中的语法教学内容，是《系统提要》的“简缩本”，内容多而又不大符合中学生实际，难教难学。

中学语法教学，其对象是十二三岁的初中学生和十五六岁的高中学生，其内容是中学生的母语语法，学生在实践中已经不自觉地使用基本的母语语法，其课时只是中学语文教学中的不稳定的一小部分，其目的是提高学生运用、规范母语的能力。因此，中学语法教学只能选取《系统提要》教学语法体系中一小部分内容，即学生最实用最基本而又能够学习、运用的基础知识和基本能力。必须根据“精要、好懂、有用”的原则来选取并组织语法内容，构成中学语法教学体系。这个中学语法教学体系实质上是一个中学生的

---

* 原载《语文建设》1995年第3期。

语法应用体系。这个中学语法教学体系，由最实用最基本的语法知识能力、中学生的学习心理、科学的语法教学法等结合而成。

第二，变侧重传授语法知识为侧重训练语法能力。

当前，中学语法教学侧重传授语法知识。定义——分类——举例——辨误，就是这样教，这样学。脱离学生语言运用实际，脱离读写教学。主要原因是语法知识太繁，语法能力的教学目标又不明确，教师无法教学，也无法评估。语法教学的经验教训，语法教学的深入研究，逐步使大家形成共识，中学语法教学要侧重训练语法能力，兼顾传授语法知识。

《中学语法教学实施意见（试用）》在“教学内容”部分，规定初中阶段语法知识 32 项（词类 12 项，短语 6 项，句子 14 项），语法能力 8 项（每项含若干小项）。8 项语法能力是：

1. 理解和使用实词、虚词（又分 5 小项）；

2. 恰当安排语序；

3. 合理搭配成分；

4. 正确组织句子；

5. 变换、选择句式；

6. 理解和使用长句；

7. 句子之间衔接、连贯；

8. 掌握词句在语境中的含义。

这 8 项能力是从语法知识运用的角度提出的，例如“准确理解、使用代词”小项，有三方面内容：（1）在起替代作用时，代词应当有替代对象，否则代词无着落；（2）一个代词只应有一类替代对象，如果有两类替代对象，就会产生歧义；（3）在一定语境中代词要指向明确、人称得体。在培养语法能力的过程中知识和能力自然地结合。

语法能力分项分层（能级），逐步完善，形成共识，并且在教材教法中设计训练步骤、方法，使训练语法能力落在实处。

第三，变静态的语法教学为动态的语法教学和静态的语法教学相结合。

静态的语法教学，教学没有进入交际活动的语言结构，分析语言结构的关系，分析各种语法结构，分析语言结构的显性意义（表层意义和深层意义）。例如，分析下列三种语法结构及其显性意义：

(1) 大街上/奔驰着/各种牌号的汽车

(2) 各种牌号的汽车/奔驰/在大街上

(3) 奔驰/在大街上的/各种牌号的汽车

动态的语法教学，教学进入交际活动的语言结构，使用语言结构，适应语言环境对语言结构的制约，使用语言的隐性意义（语用义和情态义）。例如，教学上述 (1) (2) (3) 三种语言结构，就要教学这三种语言结构如何使用，表示什么语用义和情态义。表示某地存在某物、描写静态的事物，用例 (1)。表示某物发生什么动作，描写动态的事物，用例 (2)。强调某物的存在，并带有主观色彩，用例 (3)。在动态的语法教学中，语言使用者根据语境选用语言结构；语言结构必须相应变换，去适应语境，充分地表示显性意义和隐性意义。

中学语法教学要动态的语法教学和静态的语法教学相结合，而以动态的语法教学为主。应该重视下列三点：

1. 分析语言结构和使用语言结构相结合，突出语言运用。

2. 辨析语言结构和辨析语言意义相结合，突出辨析语义。

3. 语法教学同听说读写的语文教学相结合，突出语法能力运用于读写。

第四，变封闭式语法教学为开放式语法教学。

语法是语言的组合法，修辞是语言的选用法，逻辑是语言的思维法，三者是互相区别而又互相联系的。例如：

(1) 儿童是祖国的革命接班人。

(2) 儿童是祖国的希望。

(3) 儿童是祖国的花朵。

研究这三句的主谓结构，是语法。研究这三句分别用在什么语境、取得什么效果，是修辞。研究这三句的语意和词语搭配，是语言逻辑。过去，语法教学常常局限于语法范围。在动态的语法教学中，语法、修辞、逻辑是熔于一炉的。

语法教学展现开放态势，还可以联系或渗透语言文化。例如，汉语多用对偶句式和对举句式：

> 惨象，已使我目不忍视了；流言，尤使我耳不忍闻。（鲁迅《记念刘和珍君》）
>
> 这个人男不男，女不女；人不人，鬼不鬼。

这种对偶句式和对举句式反映了汉民族的“均衡美”和“整体美”的审美心理和思维特征。又如，汉语多“流水句”，一个分句接一个分句，很多地方可断可连，能省则省：

> 我叫阿毛，没有应，出去一看，只见豆撒得一地，没有我们的阿毛了。
>
> ……只要用绳子一捆，塞在花轿里，抬到男家，捺上花冠，拜堂，关上房门，就完事了。（鲁迅《祝福》）

这种行云流水的句式构成自足的语境，蕴含汉民族的重动作、尚简明的语用文化心态。汉语语法的独具的语法现象，体现了汉民族的语用心理和思维特征，有民族文化内涵。

《中学语法教学实施意见（试用）》还需要在教学实践中逐步完善，特别是要组织力量编写教材，研究、实验新的语法教法。张志公先生在三年前曾经感慨地说：“30多年，中学语法教学很大的失误是没有研究语法教学的方法论，没有研究语法教学法。”这话说到了要害，然而没有引起语言应用学者、语言教学工作者的重视。今天看来，研究实验科学的语法教法，是刻不容缓的任务。

中学教学语法的析句法*

语言是由负载语音语义的符号所组成的系统。语言符号在组合的时候，有的先出现，有的后出现，像一条直线那样地向一个方向延伸下去，有一定的先后顺序，这是语言符号的线条性特点。例如：

（1）孩子喝牛奶。

句中的词按直线的一个方向一个一个地排列着，有一定的先后顺序。进一步看，语言符号一经组合，就构成一定的结构关系。两个语言符号（如两个词）组合起来，就构成一种结构关系，如偏正关系，或者并列关系，等等；这形成一定结构关系的两个语言符号，在它们所在的语言符号序列中就成为一个结构层次。上面这个句子，“喝”先同“牛奶”组合，构成支配关系，形成一个层次；“孩子”再同“喝牛奶”组合，构成陈述关系，又形成一个层次。这就是语言符号组合的层次性。语言符号有线条性，所以，可以沿着一个方向切分下去；语言符号有层次性，所以，可以由大到小地一层一层切分下去。

语言符号的组合，既有结构层次，又有结构中心。短语有五种基本结构关系，偏正（修饰）、动宾（支配）、动补（补充）和并列、主谓。具有偏正、动宾、动补关系的短语，其中只有一个成分同整个短语的语法功能相同，这个成分就是结构中心，即中心语。如：新鲜的牛奶/快走；建设祖国；

---

* 原载《中学语文教学》1984年第10期。

走得快。①具有主谓关系的短语，其中任何一个成分同整个短语的语法功能都不同，可以说没有结构中心；具有并列关系的短语，其中每一个成分同整个短语的语法功能都相同，是一种多中心的结构。②这两种短语都找不出一个中心语来。不过，具有主谓或并列关系的短语一扩展，内部往往形成结构中心。例如：

(2)

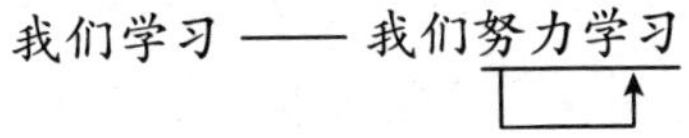

(3)

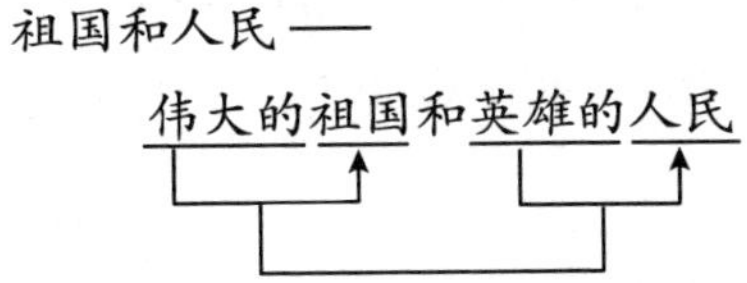

上面两个短语在第二个层次上分别形成结构中心，“学习”“祖国”“人民”都是中心语。

《中学教学语法系统提要（试用）》保留了传统语法的中心词分析法的优点，又吸取了结构主义语法的层次分析法的长处，形成了一种新的析句法。《提要》的析句法主要内容有下列几点。

一、既分析句子的结构层次，又分析句子的结构中心——中心语

《提要》在“4·2 句子的主干”一节中说：

> 所有的单句，不论多么复杂，如果把它逐层压缩，就越来越简单，最后剩下的是这个句子的主干。一般地说，主干就是把所有的定语、状语、补语都压缩下来之后余下的部分。

《提要》认为，大多数短语可以充当句子成分；词或短语加上语调构成

---

① 有人把具有偏正、动（形）宾、动（形）补关系的称作向心结构。

② 有人把具有主谓关系的称作离心结构；把具有并列关系的称作多中心的向心结构。

句子；短语构成句子，短语的成分也就是句子的成分。由短语构成的句子，其中的词不是简单的相加，而是一层一层地由小而大的组合起来的。因此，分析句子的时候，也应该一层一层分析。“逐层压缩”，一是一层一层地由大而小地分析，二是一层一层地压缩掉非中心语——定语、状语、补语。《提要》在分析短语结构时，重视分析向心结构的中心语，把偏正关系的名词短语分析成“定语＋中心语”，把动词短语中的“动＋宾”“动＋补”“状＋动”的“动”看作中心语，把形容词短语中的“状＋形”“形＋补”的“形”也看作中心语。因此，在“逐层压缩”句子的时候，一方面显示结构层次，一方面也把句中每一层次的向心结构的中心语分析出来（压缩掉定、状、补，也就留下了中心语），两个或两个以上的中心语就构成句子的主干。例如：

（4）伟大的人民‖一定创造出伟大的时代。

……人民‖……创造出……时代。

……人民‖……创造……时代。

把句子一层一层压缩，逐层压缩掉定语、状语、补语，剩下中心语，形成主干：……人民……创造……时代。如果动宾关系的动词短语作谓语，短语的主体是动词，是中心语，照例宾语也要被压缩掉。然而，宾语在语义上与动词的关系很紧密，因此可以不把宾语或作宾语的名词短语的中心语压缩下来，可以让它留在主干里。其实，复杂单句中，宾语往往由扩展的名词短语充当，保留宾语实质是保留中心语，这不仅是为了便于教学，而且也是为了分析结构中心。

二、句子的中心语形成主干，非中心语——定、状、补往往是表意的重点

一个句子逐层压缩，留下来几个中心语，形成句子的主干——基本间架。找出主干，抓住了句子的基本间架，对理解语义、辨别正误有帮助。然而，“句子的主干不等于原来的句子，意思没有原句那样明确，有时甚至跟原句相去很远。”（《提要》）例如：

(5) 这种形式主义的开中药铺的方法，实在是一种最低级、最幼稚、最庸俗的方法。

—→……方法……是……方法。

(6) 他才是真正的口头革命派。

—→他……是……革命派。

例（5）的主干语义不明确，例（6）的主干跟原句相去很远。句子的主干好比人的骨架，定、状、补好比人的血肉。骨架有了血肉，人体才丰满；主干有了定、状、补，语义才完整。不能把主干所表示的不完全的语义当作原句的语义。摘录主干，最好采取上面的形式，在中心语之间加省略号，表示中心语不过是结构和语义的间架，还需逐层补上定、状、补，结构和语义才完整。把去掉修饰或补充成分而剩下来的中心语直接连成句子，如把例（5）的中心语连成“方法是方法”，然后又要求主干表达语义的完整性，这种做法本身是不够全面的。

在交际中，定、状、补往往是语义表达的重点。例（6）中，说话人所强调的正是“才”“真正”“口头”。显然，去掉了这些词，语义不可能完整。正因为这样，修饰语同中心语的搭配，是语法教学和语法研究的一个重要课题。

同样道理，在否定句或有否定词语的句子中，否定词语是语义表达重点，摘取中心语时应该同时摘取否定词语，以保持原句语义。例如：

(7) 这一小撮坏东西从来不爱我们的社会主义祖国。—→……东西……不爱……祖国。

三、进行有弹性的句子分析

对句子进行语法分析，可以一层一层地分析到词。简单的句子比较好办，复杂的句子就很费劲。下面这个单句如果分析到词，就很费工夫。

(8)（美国出钱出枪，蒋介石出人，替美国打仗杀中国人，借以变中国为美国殖民地的）战争，‖组成了（美国帝国主义在第二次世界大战以后的世界侵略政策的）（一个）（重大的）部分。（毛泽东《别了，司徒雷登》）

如果像上面那样用几个符号把句子的主、谓、动、宾、定表示出来，就简便得多。

目前，在初中对十四五岁的学生进行语法教学。句子分析得太繁细，一是初中生不容易接受，二是实用价值不高。因此，中学教学语法的析句法有弹性，只需分析出句子基本结构就行了，一般分析出主、谓、动、宾、定、状、补、中心语就可以了，不一定要分析到词。对句中复杂的成分，如果需要分析，可以单提出来分析，如下面所讲到的那样。

四、用符号图解句子。

《提要》图解句子，采取在原句上加符号的符号法。用一种符号代表一种句子成分，如：

═══主语　　——谓语

~~~~宾语　　（　）定语

［　］状语　　〈　〉补语

△△独立语　　≋≋兼语

分析句子的具体步骤如下（以主谓句为代表）：

第一步，用“‖”表示主谓句，界分主语和谓语。“‖”之前是主语，“‖”之后是谓语。这是句子第一层次的分析。为了简便，用了“‖”，前主后谓，泾渭分明，因此可以省去表示主语和谓语的符号。例如：

（9）这组油画‖充分表现出全国人民英勇抗击帝国主义侵略者的情景。

第二步，逐层压缩句子。
~~~~

先二分主语和谓语，这是第二层次的分析：

(10)（这组）油画‖充分表现出全国人民英勇抗击帝国主义侵略者的情景。

分别分出了定语和中心语，“动词”和宾语（由动宾关系的动词短语充当谓语，其“动词”可以是单个儿词或短语，有人称作“述语”。《提要》仍采用习惯说法，称作“动词”）。

第三步，再二分“动词”和宾语，这是第三层次的分析：

(11)（这组）油画‖[充分]表现出（全国人民英勇抗击帝国主义侵略者的）情景。

分别分出了状语和中心语，定语和中心语。

第四步，然后二分“动词”（“表现出”），分出补语和中心语，这是第四层次的分析：

(12)（这组）油画‖[充分]表现〈出〉（全国人民英勇抗击帝国主义侵略者的）情景。

这样一层一层分析，一层一层压缩掉定、状、补（一般是先定、状，后补语），同时层层找出中心语。压缩掉定、状、补而剩余下来的几个中心语形成句子的主干：

……油画‖……表现……情景。

一般情况下，像例（12）那样分析出各种句子成分（有时候可多可少），就可以了。如果要进一步分析某个复杂的局部，可以使用由小而大的框式图解。如例（12）的宾语比较复杂，还可以作如下图解：

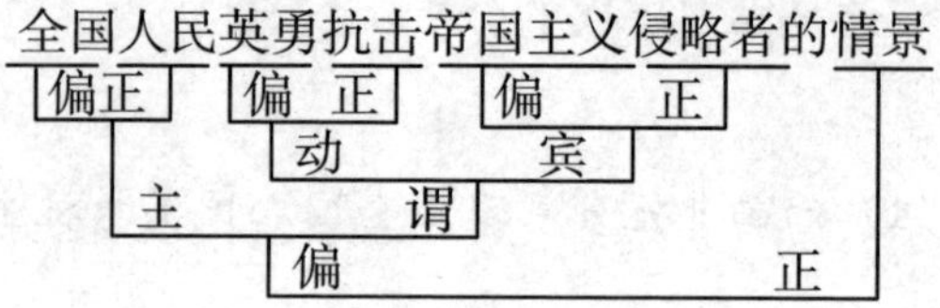

《提要》采取的符号法，比较简易好用，也有一定的局限性，就是结构层次不能直观地一层一层表现出来。不过，掌握了逐层图解的具体步骤，也可以反映三四个层次并显示中心语，已经能够适应中学语法教学的需要。采取由大而小或由小而大的框式图解法，结构层次能够直观地表现出来。缺点是学生作业时要把句子抄在纸上，一画就是半张纸，超过三十字的长句，还需分两半儿图解，很不方便。当然，非中等学校视教学需要，可以采取其他析句法和图示法，也可以分析到词或语素。

《提要》的析句法及其图示法，是为中学语法教学而设计的，是具有一定的特殊性的。

短语研究纵横谈*

一、短语纵横

短语问题，比较复杂。先从纵横两个方面说说短语。

短语，是由词同词构成的不带语调的语言单位，例如，“工农兵”“新衣服”“快跑”“谈清楚”“写文章”“你去”等等。在汉语语法史中，短语的名称最多，先后有：读、投、度、逗、顿、小句，仂（lè）语、兼词、扩词、字群，短语、词组、词结、结构、子句、副句等。这种情况正好反映语言学家对短语的不同认识，也反映了短语的复杂性。

（一）先从纵的方面说

秦汉以前，年少子弟接受正规教育，“一年视离经辨志”（《学记》），“离经”就是分辨经书的章、句、读，以便读通经典。秦汉以下，“众儒各为训诂”，句读就更重要了。唐人对句读作了具体的解释，“凡经文语绝处谓之‘句’，语未绝而点之以便诵咏，谓之‘读’”①。读，唐人训为止，音豆，亦作逗、投，因逗与投古字通用；又作度，如皇甫湜《答李生书》：“读书未知句度。”元人程端礼把读看作“小句”：“句读二字，倒点为句，中点为读。凡人名、地物名，异长句内小句，并从中点。”② 古人心目中的读，有的相当于现在的句中短语（充当句子的一个成分），如：“大学者，大人之学也。”

* 原载《中学教学语法和语法教学》（语文出版社 1999 年版）。

① 唐代湛然《法华文句记》卷一。

② 元代程端礼《程氏家塾读书分年日程》卷二。

有的相当于现在复句中的分句，如："德者本也，财者末也。"古人"习其句读"，是为了弄懂句意。然而，对读——短语的结构并没有深入研究。

1898年马建忠的《马氏文通》出版。在《马氏文通》的影响下，先后出版了一些研究古代汉语的语法，如章士钊的《中等国文典》(1907年)，刘半农的《中国文法通论》(1920年)，金兆梓的《国文法研究》(1922年)，陈承泽的《国文法草创》(1922年) 等。在这些语法书中，不少作者开始研究短语。

马建忠在"论句读卷之十"中分顿、读。顿，有的是句中短语，有的是句中一个词。读呢？"凡有起语两词，而辞意未全者曰'读'。"读，有的作主语，有的作宾语；读的语法功能可以相同于名词或代词、形容词、动词、副词。具体地说，读，有的是主谓短语构成的分句，有的是动宾短语构成的分句。例如：

> 阳城，(顿) 字亢宗，(读) 北平人。(句) 故妄言无行之徒，(顿，起词) 皆争效之。(句) 其使，(顿) 皆贫人子，(读，表词) 私县官赀物，(读) 人人有言轻重。(句)

马建忠还设"次"，说明名、代诸字在短语或句子中所处的地位。马建忠开始研究短语的结构和语法功能，是他的一项贡献。

金兆梓专列一小节"论字群"，讲短语。他举了一个短语的例子："意义的最后独立单位"，并解释道："其作用都不过相当于一个名词，你说他是结合语，但他并没有一种很凝固的结合，或增一二字，或减一二字，或改易一二字，都没有不可以的。这一类的字，我们就叫他为字群 (Words group)。"金兆梓以结构的松紧来区分短语和合成词，也从语法功能来考察不同的短语。

1924年，黎锦熙出版了《新著国语文法》，开始研究国语——现代汉语的语法，也开始给短语分类。首先，他给短语下了定义："两个以上的词组合起来，还没有成句的，叫'短语'，简称'语'，旧时叫'顿'或'读'。"短语是不成句的"词之联合"，相当于英语语法中的 Phrase，例如"上海黄浦江里边的船"。然而，主谓短语不在短语之列，而称作"子句"或"副句"。其次，他只给动词短语分类，并不给全部短语分类。他认为"不作述语”的动词是“散动词”。散动词跟别的词构成短语，可以充当不同的句子成分，就可以分成不同种类的短语。根据充当不同的句子成分，由散动词构成的动词短语分为三种。第一种是名词语，就是充当主语、宾语的动词短语，语法功能与名词相同，例如：“种花是一件很快乐的事。”第二种是形容词语，就是充当定语的动词短语，语法功能与形容词相同，例如：“打虎的武松是他的叔叔。”第三种是副词语，就是充当状语的动词短语，语法功能与副词相同，例如：“武松用拳头使劲打那只老虎。”黎锦熙比较准确地解释了短语，并且按照短语的性质和功能来给动词短语分类，有首创之功。

1942 年吕叔湘的《中国文法要略》、1943 年王力的《中国现代语法》相继出版，给短语的研究奠定了基础。

吕叔湘认为，词与词的配合，产生联合、组合、结合三种关系。(1) 联合关系，如“牛和马”。(2) 组合关系，也称“附加关系”，两个词，一个是主体（称端语），一个是附加上去的（称加语），也就是现在的偏正关系，“这样配合的词群称为‘词组’”。词组又可分为两类，一类是以名词为中心的，例如“田田的叶子”；一类是以动词为中心的，例如“好好照应”。吕叔湘还注意到加语的层次性，要分析有“层次的几个加语”。如“小的红花”，“他的心里是先有‘红花’，然后有‘小的红花’”。(3) 结合关系，如“鸟飞”，也就是主谓短语。“凡是主语和谓语的结合，不论独立与否，可以总称为‘词结’。句子是独立的词结。”这里，吕叔湘看到了汉语造句法的一个重要特点，主谓短语同主谓句构造的一致性，短语可以直接构成句子。

吕叔湘在短语研究方面的突出贡献是，从现代语言学的角度来研究句子和短语之间的变换关系。他设专章讨论“句子和词组的转换”。他指出叙事句一般都能转换为名词短语，而存在句、领属句和判断句则不能转换成名词短语，如：“人看人。”⟶“看人的人。”注释式的判断句不能转换成名词短语：“马，动物也。”$\not\longrightarrow$“动物马”或“动物之马”。传记式的判断句却可以：“长江是中国第一大水。”⟶“中国第一大水长江”。朱德熙 1980 年评论说：“《要略》应该说是研究汉语句法结构变换关系的先驱。”（《汉语语法丛书·序》）

王力应用布龙菲尔德的向心结构和离心结构的理论来分析短语。他的短语的定义是："凡两个以上的实词相联结，构成一个复合的意义单位者，叫做仂语。"他把短语分作两类。一类是，"其中有一个中心词者，叫做主从仂语"，如"小牛""织布""快走""拿起来"，包括偏正、动宾、补充三种关系。一类是，"同品组合者，叫做等立仂语"，如"山川""祭天祀祖"。王力把主谓短语看作句子形式，不列入仂语。他还用"插入法""变谓法"来区别仂语和合成词，例如，"马车"⟶"马拉的车"，"马车"是仂语；"车子"↛"车的儿子"，"车子"是合成词。"老人"⟶"这人是老的"，"老人"是仂语；"老婆"↛"这婆是老的"，"老婆"是合成词。这是王力在短语研究方面的贡献。

50年代，语法研究工作蓬勃开展，进行了多次专题性讨论，例如，1952年、1953年关于词类问题的讨论，1955年、1956年关于主语宾语的讨论。1957年关于单句复句的讨论。语法学界重视了词法和句法，然而没有重视短语的研究。各家语法专著，对于短语大都只是略作分类，一带而过。

1952年10月出版的吕叔湘、朱德熙合著的《语法修辞讲话》，按照内部结构把短语分为四种：联合、主从（包括定中和状中）、动宾、主谓（指"中国的解放"这一类），而把"主语＋谓语"的短语看作"句子形式"，如"自己不懂（的东西）"。作者进一步指出"短语里头也可以包含短语"或者"句子形式"。

1953年11月出版的张志公的《汉语语法常识》（1952年1月开始曾在《语文学习》月刊上分章连载），认为"按照一定的方式组合起来，表示一定的关系的一组词叫作词组"，把短语分为三种：主谓、联合、偏正（包括定中、中补、动宾）。偏正词组又分为三种："以名词为中心词的叫作名词词组，以动词为中心词的叫作动词词组，以形容词为中心词的叫作形容词词组。"值得注意的是作者明确地指出词组的扩展现象："所有的词组都可以像一个词一样跟别的词或词组再行组合，成为扩大的复杂的词组。"

1952—1953年连载于《中国语文》、1961年修订出版的丁声树等人的《现代汉语语法讲话》，形式上只讲词和句法结构，不讲短语。实质上是讲句子中的短语，或者说把短语结构的分析同句子结构的分析合二而一。这本书把句法结构分为五种：主谓、补充、动宾、偏正、并列。

1954—1956 年制订的《暂拟汉语教学语法系统》，是一个综合性的教学语法体系。人民教育出版社汉语编辑室根据《暂拟系统》编写成《汉语》教科书，后来又把《汉语》教科书改编成《汉语知识》（1959 年出版）。《汉语知识》把词组看作独立的一级语言单位。“词和词可以按照一定的方式组合起来，表示比较复杂的意义，这样组合起来的一组词叫作词组。有的词组用在句子里，功用同一个词一样。”从结构上把词组分为四种：联合、偏正、动宾、主谓。又把虚词同实词的组合叫作“结构”，单列介词结构、方位结构、的字结构等。强调了词组的造句功能：“句子是由词和词组构成的。”有的词组可以充当句子成分，有的词组入句要分解成两种句子成分。《暂拟系统》的短语观可以说是总结了前人的研究成果。

上面的情况，可以用下表简明地反映出来：

<table>
<tr><th colspan="2">作者
结构关系
结构成分</th><th>马
1898</th><th colspan="2">黎
1924</th><th>吕
1942</th><th>王
1943</th><th>张
1952</th><th colspan="2">丁等
1952</th><th>暂拟
1956</th></tr>
<tr><td rowspan="5">实词同实词的组合</td><td>联合</td><td rowspan="4">顿</td><td rowspan="4">短语</td><td></td><td>词群</td><td>等立仂语</td><td>联合词组</td><td rowspan="5">句法结构</td><td>并列</td><td>联合词组</td></tr>
<tr><td rowspan="2">偏正</td><td rowspan="3">名词语
形容词语
副词语</td><td rowspan="3">词组（限于组合关系）</td><td rowspan="3">主从仂语</td><td rowspan="3">偏正词组</td><td>偏正</td><td rowspan="2">偏正词组</td></tr>
<tr><td>补充</td></tr>
<tr><td>动宾</td><td>动宾</td><td>动宾词组</td></tr>
<tr><td>主谓</td><td>读</td><td colspan="2">子句（副句）</td><td>词结</td><td>句子形式</td><td>主谓词组</td><td>主谓</td><td>主谓词组</td></tr>
<tr><td colspan="2">实词同虚词的组合</td><td></td><td colspan="2"></td><td></td><td></td><td>结构：介词结构、助词结构</td><td colspan="2"></td><td>结构：方位结构、介词结构、的字结构</td></tr>
</table>

1978年到1986年，原教育部组织人力协作编写大学《现代汉语》教材。于是，高校三套《现代汉语》教材先后增订或新编出版：即胡裕树主编的《现代汉语》，张静主编的《新编现代汉语》，黄伯荣、廖序东主编的《现代汉语》。此外，1981—1983年张志公主编了作为中央广播电视大学教材的《现代汉语》。

这四套大学教材对短语的论述，大致反映了当前语法学界对短语的一般认识。1. 把短语看作介于词和句子之间的一级语法单位，是构成句子的备用单位。短语带上句调、语气即成句子。2. 从结构和功能两方面对短语进行分类。照结构分类，因具体标准和简繁不一，各家分出的类别有同有异；按功能分类，则基本一致：即分名词短语、动词短语、形容词短语。3. 分析短语的扩展现象，揭示层次。4. 分析短语的多义现象。一个总的倾向是，分析短语的结构，揭示层次和语义，从结构上沟通短语和句子。

1984年2月公布了经有关领导和顾问审订定稿的《中学教学语法系统提要（试用）》。这是继《暂拟系统》后的第二个综合性的教学语法体系。《系统提要》明显地提高了短语的地位，看作语素、词、短语、句子、句群这五级语法单位之一。指出："短语很重要。短语可以作句子成分；大多数短语加上一定的语调就可以成为句子。"根据语法功能兼顾语法结构，把短语分为七类：名词短语、动词短语、形容词短语、主谓短语、介宾短语、复指短语、固定短语。并且对名、动、形三类短语作了比较详细的结构分析。在分析短语时，就分析出短语的成分：主语、谓语、宾语、定语、状语、补语等。

在这期间，语法学家对短语提出许多有价值的见解，下面再说。先请看几家对短语的结构分类：

<table>
<tr><th>《暂拟系统》</th><th>胡裕树本</th><th>黄、廖本</th><th>张静本</th><th>张志公本</th><th>《系统提要》</th></tr>
<tr><td>联合</td><td>联合</td><td>联合</td><td>联合</td><td rowspan="3">名词短语
动词短语
形容词短语</td><td rowspan="3">名词短语
动词短语
形容词短语</td></tr>
<tr><td>偏正</td><td>偏正</td><td>偏正</td><td>偏正</td></tr>
<tr><td>动宾</td><td>动宾</td><td>动宾</td><td>动宾</td></tr>
<tr><td>主谓</td><td>主谓</td><td>主谓</td><td>主谓</td><td>主谓短语</td><td>主谓短语</td></tr>
<tr><td></td><td>后补</td><td>补充</td><td></td><td></td><td></td></tr>
</table>

续表

《暂拟系统》	胡裕树本	黄、廖本	张静本	张志公本	《系统提要》
	同位	同位		复指短语	复指短语
	连动	连谓		连动短语	
	兼语	兼语		兼语短语	
方位结构	方位	方位			
	数量	数量			
				能愿短语	
			复句词组		
介词结构	介词结构			介宾短语	介宾短语
的字结构	的字结构			的字短语	
固定词组		固定词组		固定短语	固定短语

（二）再从横的方面说

上面从纵向说的时候，已经带出了从横向说的问题。下面说几个主要问题。

1. 短语的语法地位

吕叔湘在《汉语语法分析问题》中多处论述了短语。吕叔湘指出了短语的性质，短语是“语言的静态单位，备用单位”，不是动态单位，使用单位。强调了短语的地位，“把短语定为词（或者语素）和句子之间的中间站，对于汉语好像特别合适”。形态语言“以词为界”，把语法分为词法和句法。传统语法分析句子是从词到句，短语没有正式地位。汉语是非形态语言，词和句子的中间站是短语，短语的地位很重要。

1978年，张寿康在《说“结构”》一文中，列出21种“结构”（即短语），指出“结构”是造句的一种语言单位，是句子的建筑构件，强调要研究“结构”的特点和功能。① 文章引起了一场小风波。有人著文表示同意，认为：“如果说，从语素到句子分‘语素→词→结构→句子’四级单位，那么‘词’和‘结构’这两个过渡单位中，在印欧语中较重要的是‘词’，而

① 张寿康《说“结构”》，载《中国语文》1978年第4期。

在汉语中较重要的是‘结构’。”① 有人则不同意，认为：“语法教学中遵循由词法到句法，即由词类到句子成分的途径，不在二者之间插进一个词组系统。”② 否认短语的语法地位。然而，这种意见，现在看来是孤掌难鸣了。

1982年，朱德熙在对比了英汉语言的短语同句子的关系后指出，“汉语的句子的构造原则跟词组的构造原则基本一致，我们就有可能在词组的基础上来描述句法。”“如果我们把各类词组的结构都足够详细地描述清楚了，那么句子的结构实际上也就描述清楚了，因为句子不过是独立的词组而已。”③ 朱德熙看到了英汉语言的短语构成句子的本质差异，强调了对短语做静态分析的重要意义。这是富有启发性的。

目前各家短语的类别远远不能反映语言中短语的实际。作为使用单位的句子中的短语五花八门，正如有人指出的如“只咱俩有什么用”“明天又星期天”，口语中这种目前不入类的短语特别多。因此，首先要尽量描写语言中的短语，然后用合适的标准来分类。短语是静态单位，句子是动态单位，两者有质的区别。因此，除词法、句法外，还似乎应有短语法。短语法研究静态的句法结构；句法研究动态的句法结构，特殊的现象如省略、重复、移位、插入等。

2. 二分和多分，二合和多合

西方结构主义语法学者，主张层层二分，一直分析到语素。渐渐此路不那么通畅，就发展成多分，可以一分为三，一分为四。汉语的短语有的可以层层二分，有的不能层层二分，如多项并列的短语和连动短语，有的二分或多分都困难，如兼语短语“叫他去请王老师来”，这种连环套式的结构，一切分就反映不出结构特点来。怎么办？如何解释？张志公提出一个富有启发性的观点。汉语短语有二合的，由两个语言单位——词——组成：身体——健康——→身体健康。有多合的：敢——说——真话——→敢说真话。可以有两种切法：“敢/说真话”，或“敢说/真话”。多合短语当然要多分了，不能简

---

① 陆丙甫《也谈“结构”》，载《中国语文》1979年第6期。
② 彭庆达《说〈说“结构”〉》，载《中国语文》1979年第6期。
③ 朱德熙《语法分析和语法体系》，载《中国语文》1982年第1期。

单地层层二分。① 胡裕树提出“全句修饰语”和句子的外层成分（即主题）的观点，实质上也承认句子的多合现象，有时要三分。（有的句子要一分为三：全句修饰语、主语、谓语。如：“昨天晚上/我/在学校自修。”）②

3. 非主谓短语构成非主谓句

50年代前，各家把主谓短语看作“子句”或“句子形式”，不列入短语。这反映了一种传统的观点，有主有谓才能构成句子，显然受了印欧语言的语法学的影响。然而，语言中特别是口语中大量存在由名词短语、动词短语、形容词短语构成的句子，即非主谓句，如：好球！/下雨了！/美极啦！各类短语构成各类非主谓句和主谓句。现在，大家都承认了这种看法。这就大大开阔了视野，把句法研究引向活生生的丰富多彩的语言实际。

二、短语教学

1. 短语的分类

词与词构成短语。短语是大于词而小于句子的语言单位。

短语内部有结构关系。短语中词与词形成一定的结构关系，不同的结构关系又形成不同的短语成分。主要根据短语的性质、功能，短语可以分为名词短语、动词短语、形容词短语、主谓短语、介宾短语、复指短语、固定短语。（参阅前文）

2. 短语的语法功能

短语有语法功能。一个语言单位的语法功能，主要指它有什么组合能力，充当什么句子成分，构成什么句子（句型）。短语的语法功能是能够充当各种句子成分，构成各种类型的句子。例如，主谓短语可以充当主语、谓语、宾语、定语、状语、补语。

（1）充当主语：老通宝恨洋鬼子不是没有理由的。

（2）充当谓语：这种事我决不做！

（3）充当宾语：人人都说红军好。

① 张志公《汉语的词组（短语）》，载《语言教学与研究》1982年第2期。

② 胡裕树《试论汉语句首的名词性成分》，载《语言教学与研究》1982年第4期。

（4）充当定语：（我说的）话他都听。

（5）充当状语：他又［精神抖擞地］投入了工作。

（6）充当补语：冰凉的河水呛得〈我好难受〉。

短语充当句子成分的能力有大有小，有的还需要一定的条件。各种短语充当句子成分的大致情况如下表所示（格中有“＋”号的表示能充当该种句子成分）。

短语		主语	谓语	宾语	定语	状语	补语	例子
名称	构成							
名词短语	定＋名	＋	＋	＋	＋			大眼睛
	名＋方	＋			＋	＋		河边/操场（的）东边
	指＋数＋量＋名	＋		＋	＋			这五个孩子
	名（动或形）＋的	＋	＋	＋				二班的［（同学）来了没有？］
	名＋名（并列）	＋	＋	＋	＋			工人农民
动词短语	动＋宾	＋	＋	＋	＋	＋	＋	喝酒
	动＋补	＋	＋	＋	＋		＋	说清楚
	状＋动	＋	＋	＋	＋		＋	热烈欢迎
	动宾＋动（连动）	＋	＋	＋	＋		＋	买书去
	动＋宾（主）＋谓（兼语）	＋	＋	＋	＋		＋	叫他来
	能愿动词＋动	＋	＋	＋	＋			愿意去
	动＋趋向动词	＋	＋		＋		＋	站起来
	动＋动（并列）	＋	＋	＋	＋	＋	＋	调查研究
形容词短语	形＋补		＋	＋	＋		＋	好得很
	状＋形		＋		＋	＋	＋	很静/不容易
	形＋形（并列）	＋	＋	＋	＋	＋	＋	勤劳勇敢
主谓短语	主＋谓	＋	＋	＋	＋	＋	＋	精神抖擞
介宾短语	介＋宾				＋	＋	＋	在上海（开会）/（走）向新岸

续表

短语		主语	谓语	宾语	定语	状语	补语	例子
名称	构成							
复指短语	名·名	+		+	+			厂长老王/北京，我们的首都，（是一个美丽的城市）
固定短语	对称性习惯语					+		高一脚低一脚
	四字熟语	+	+	+	+	+	+	打草惊蛇/酒足饭饱

《暂拟系统》中，句子成分主要由词充当，在一定条件下，词组才能充当一个成分。例如动宾词组，有时是整个词组作句子成分，而有时则要分析为谓语和宾语，分析方法不能一以贯之。《系统提要》则把任何语法位置上的短语都看成整体作一个句子成分。例如，动宾结构的动词短语可以充当各种句子成分：

纺线也需要技术。

我爱秋天。

我喜欢看话剧。

（看电影）的同志回来了。

他［舍命］冲上去。

我惊得〈没有话〉。

作为句子成分的短语，在中学教学语法中有的可以不再分析，有的可以进一步再分析，视教学需要而定。再分析，则能显示句子结构的层次性，例如：

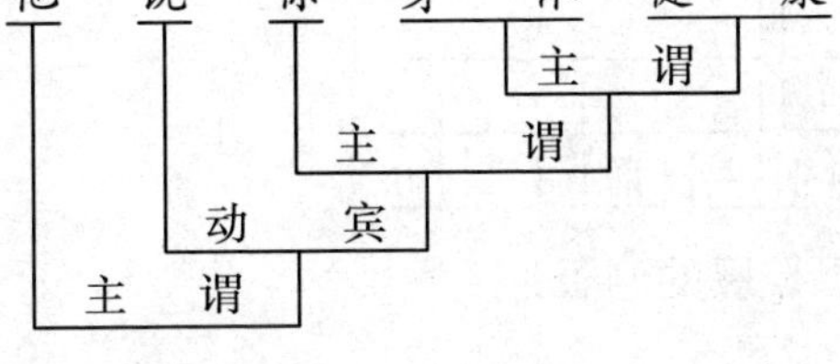

3. 短语的结构及其扩展

短语有结构关系，也有结构层次。由两个词构成的短语有一个结构层次，这个结构层次上的两个词形成一种结构关系。下面是有一个层次的短语。

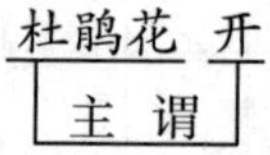

这种简单的短语可以层层扩展，扩展成为与原来短语具有相同语法功能的复杂的短语。下面是经过扩展后有两个层次的短语：

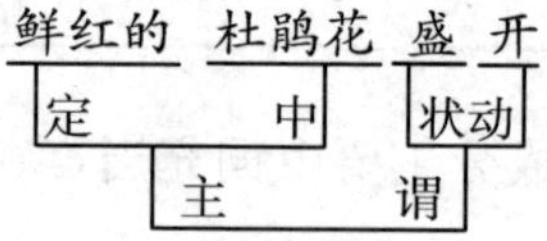

短语多扩展一个结构层次，就多一种结构关系。

短语由小而大地一层一层组合而成。分析一个多层次的短语，也可以由大而小地一层一层分析。任何一个多层次的短语，第一层次可以分析出作为直接成分的两个短语。例如：

(1)

再一层一层分析下去，最后可以分析出词：

(2)

上图显示了结构层次，如果再把各个层次的结构关系或句子成分标出来，这个短语的结构就一目了然（为了简便，可以把结构助词“的”划进状语或定语中去）：

(3)
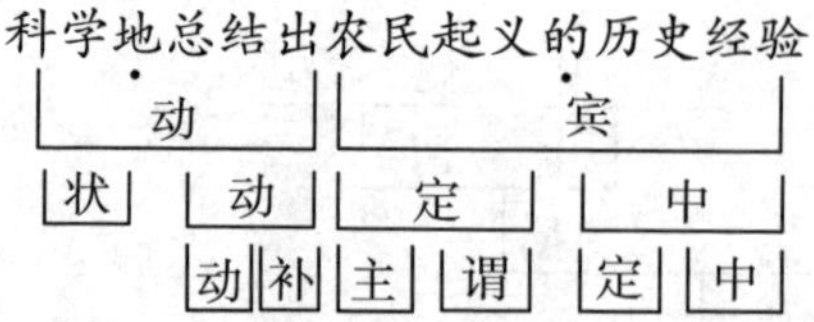

下面是一个短语层层扩展的例子：

一朵花——一朵茉莉花——一朵小茉莉花——一朵清香扑鼻的小茉莉花

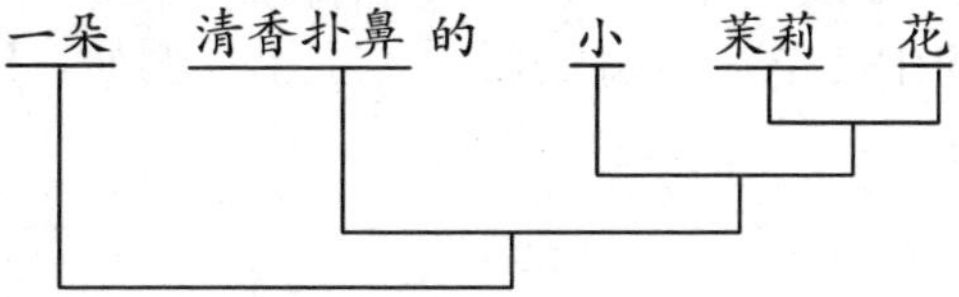

大多数短语能够层层扩展。例如：

主谓短语：我唱——我一定唱——我明天一定唱

你唱——你唱民歌——你唱一支民歌

名词短语：敬爱的老师——非常敬爱的老师——我们非常敬爱的老师

湖边——小湖边——杨柳依依的小湖边

动词短语：戴石榴花儿——戴上石榴花儿——快戴上石榴花儿

诚恳地说——十分诚恳地说——又一次十分诚恳地说

形容词短语：红得可爱——红得很可爱——红得真的很可爱

非常谦虚——非常谦虚谨慎

从语序角度看，短语扩展可以采取多种方法，有的是前加的：戴上石榴花儿——快戴上石榴花儿；有的是中间插入的：红得可爱——红得很可爱；有的是后加的：你唱——你唱一支民歌；有的是兼而有之：总结经验——科学地总结出经验教训。

短语的扩展同单句的复杂化是紧密联系着的。如果单句的一个成分由多层次的扩展短语充当，那么这个单句就复杂起来，如果单句的两个或三个成分由扩展短语充当，那么这个单句就更加复杂了。

秦岭西部太白山的远峰和松坡，渭河上游平原上的竹林、村庄和市镇‖都笼罩在茫茫的春雨中了。（柳青《创业史》）

古希腊女教士希洛点燃的火炬‖照亮了每夜泅过海峡来的利安得尔的眼睛。（巴金《灯》）

上一例主语是由扩展的名词短语充当，下一例主语和宾语由扩展的名词短语充当，单句就复杂化了。

去掉复杂短语扩展的词语，就留下了短语的中心语。例如：科学地总结出经验——总结经验。同样，去掉句子中复杂短语（句子成分）的扩展的词语，就留下了各个短语的中心语，也就是留下了主干。例如，巴金《灯》中那一句可以紧缩为：

……火炬‖照……眼睛。

短语扩展——也可以说单句扩展，可以组合成复杂的语言单位，表达丰富的语义；短语压缩——也可以说单句压缩（压缩掉定、状、补），可以简化语言单位，检查语言单位的组合和搭配。

张志公先生对汉语修辞理论的贡献*

自1951年10月开始，张志公先生以张瓌一为笔名在《语文学习》杂志上连载了《谈修辞》，同时又以纪纯的名字发表了《写作方法——从开头到结尾》。前者经过修订补充，于1953年11月以《修辞概要》为名在中国青年出版社出版。1982年上海教育出版社再版时，把《写作方法》一书也合并在其中，署名张志公，并在《修辞概要》下加副标题“读写一助”。作为新中国成立之后最早诞生的修辞学专著之一，《修辞概要》在普及修辞知识、推动修辞学面向大众化方面起了积极的作用。它将修辞学从修辞格中解放出来，并侧重于修辞在实际语言活动中的应用，这是张志公先生在50年代的重要研究成果，对后来修辞学的研究很有影响。80年代，张志公先生主编了《现代汉语》上、中、下三册（1982年人民教育出版社初版，1984年再版），下册的“汉语修辞”仍贯彻了他早年对修辞的看法，又吸收了语言学、修辞学、辞章学的最新成果，系统地勾勒了汉语修辞的面貌与条理。由于张志公先生对修辞学的精湛研究，还由他主笔编写了《中国大百科全书·语言文字卷》的“汉语修辞”专条。

在此期间，张志公先生还发表了许多很有见地的修辞学论文。60年代初期先后发表了《词章学？修辞学？风格学？》（《中国语文》1961年第8期）和《谈“辞章之学”》（《新闻业务》1962年第2期），大胆地提出了建立“辞章学”的构想。一直到80年代的《汉语辞章学与汉语语法》（《语言研究》1983年第2期）、《修辞是一个选择过程》（《修辞和修辞教学》，上海

---

* 原载《修辞学习》1997年第4期，同谷志红联名发表。

教育出版社1985年版）等等，张志公先生在修辞学领域坚持不懈地耕耘着。他还为许多汉语修辞学著作写了序文，其中有张寿康主编《文章学概论》序、黎运汉、张维耿《汉语修辞学》序、林文金编《修辞和修辞教学》序、吴士文、冯凭主编《修辞语法学》序。

张志公先生的修辞学研究同时也反映在他的学术活动实践中：1954—1960年期间，他在中国作家协会所属的文学讲习所向100多位青年作家讲授语法修辞课；1981年春，在北京大学中文系为三年级的学生开设“汉语辞章学讲话”的选修课；连任两届中国修辞学会会长，等等。

张志公先生通过自己的长期探索和研究，在丰富修辞学理论，推动现代汉语修辞学的研究和普及等方面，作出了自己的贡献。

一、关于修辞学性质

明确提出了修辞学是一门边缘学科；并且提出了修辞的三性——民族性、时代性、社会性。

“修辞”这个词在我国古代很早就出现了，《周易·乾·文言》中就有“修辞立其诚，所以居业也”的话。而修辞作为一种语言活动，在我国也是古已有之，先秦诸子的著作里就有一些涉及修辞的片言只语，在汉魏以后的许多文论、诗话、史记、随笔、杂记、经解中更大量地讨论到修辞的问题。但究竟什么是修辞，还没有一个比较全面准确的界线，对于修辞学的性质，也是无从得知。1932年，陈望道先生《修辞学发凡》的发表，使中国修辞学进入了一个新的历史时期。陈望道先生曾指出，修辞学虽属于语言学范畴，但它又是介于语言、文学之间的一门边缘学科。学习修辞学，必须学习文艺理论、美学、逻辑等知识。

新中国成立后，张志公先生在《修辞概要》一书中，提出了一个新的框架，从用词、造句、修饰、篇章和风格等方面来学习修辞，他详细论述了修辞学与词汇学、语法学和逻辑学之间的不同与交叉。他说：“从运用语言的角度来说，逻辑、词汇、语法、修辞这几样东西的相互关系是很密切的。至于篇章、风格之学与修辞学有关，那就更不在话下了。”① 初步揭示了修辞学具有边缘性学科的性质。

在20世纪60年代初，张志公先生提出建立汉语辞章学的构想，并逐步形成了一个辞章学体系。他认为：“所谓辞章之学，可以说是一门富于民族特点的探讨语言艺术的学问。它包含我们现在一般理解的‘修辞学’的内容，但是比‘修辞学’的范围广、综合性大。”②他指出了修辞学与辞章学的联系，进一步证明了修辞学是一门边缘学科。

到了80年代，张志公先生则明确地提出了修辞学边缘性学科的性质，它兼容许多学科的知识和领域。1982年，张志公先生在他主编的《现代汉语》（中央广播电视大学教材）下册“汉语修辞”概论中，明确指出“修辞学是门边缘学科”。在《说“比、兴”》一文中，张志公先生详细地论述了“比”的心理基础、语言基础和美学意义及文学效果。他指出，“无论是哪一种形式的‘比’（作者按：张志公先生在此指修辞学和辞章学中的‘比’），都有共同的心理基础和语言学基础，又跟美学、文学有密切的关系。建立在什么语言学基础之上的‘比’，就会在心理学上、美学上、文学上产生什么样的效果。”③充分说明了修辞学和心理学、美学及文学的关系，为修辞学的多学科性再次作了详尽的论证。1984年在《修辞学论文集》第2集《前言》中，张志公先生则对此作了具体的论述：

> 修辞是研究语言艺术的一门科学，是一门边缘学科。从理论研究的角度来讲，它同美学、心理学、文艺学、语言学、逻辑学有着多方面的联系；从应用的角度上说，它又同语言运用、信息传递、文艺创作、语言教学等息息相关，因而在研究中应注意它的多科性的特点。

张志公先生对修辞学性质的论述，在修辞学理论的发展上，有着重大的意义，正如宗廷虎先生所说：“这一论点关系到修辞学存在基础的分析及发

---

①②③ 《张志公文集（2）》，广东教育出版社1991年版，第5、231、240页。

展方向的预测。”① 现在这一观点已经受到我国修辞学界的重视和承认，给现代修辞学者以很大的影响，开辟了一条崭新的研究途径，从而使汉语修辞学的研究更加全面、深入。

张志公先生在《现代汉语》下册“修辞篇”中明确提出了修辞的三性——民族性、社会性、时代性。修辞具有民族性、社会性、时代性，这是客观存在的事实，但很少有修辞学著作提到，张志公先生注意到这个问题并明确地加以提出。“修辞是运用语言的艺术。艺术讲美。美学观点是有民族性的，修辞也必然具有民族性。”② 不同的民族有不同的美学观点和审美情趣，这是与它的历史和文化传统、地域的自然条件等分不开的。张志公先生以中华民族的审美观为例，来论述汉语修辞现象中所反映的审美特征、心理特征等，从而揭示了修辞的民族特色。语言是一种社会现象，语言交际是一种社会活动，而修辞既然是运用语言的艺术，它必然也具有社会性。社会随着时间的推移不断发展变化，语言也随着时代的前进不断发展变化，从而影响到修辞的变化，因此，修辞又具有时代性。

修辞的民族性、社会性和时代性的明确提出，对于研究汉语修辞学，特别是研究和运用现代汉语修辞，具有重大的意义。它促使修辞学者从现代汉语实际出发，开创出具有民族特色的汉语修辞研究的路子；它使修辞理论与社会和时代相联系，使之能更好、有效地为社会和时代服务，使汉语修辞学的研究更加深入。

二、关于修辞学对象和内容

首先，在修辞学研究的对象上，传统修辞学一般仅以文艺语体为研究对象。陈望道先生则指出，修辞现象存在于一切“文辞”和“语辞”之中，只要人们说话或写文章，就有修辞现象和修辞技巧存在。他把人们对“修辞”的解说，分为广义和狭义两种：“（甲）狭义，以为修当作修饰解，辞当作文辞解，修辞就是修饰文辞；（乙）广义，以为修当作调整或运用解，辞当作

① 《张志公与陈望道——兼论张志公对汉语修辞学的发展》，载《张志公语言和语文教育思想研讨会论文集》，语文出版社 1993 年版，第 81 页。

② 《汉语修辞概说》，载《张志公文集（2）》，广东教育出版社 1991 年版，第 184 页。

语辞解，修辞就是调整或运用语辞。”① 陈望道先生认为“修辞不过是调整语辞使达意传情能够适切的一种努力”。

张志公先生在吸收前人研究成果的基础上，有所发展，有所创新。他在《修辞概要》中指出：“不但作文章的时候用得着修辞，说话的时候也用得着；不但念过书的人懂修辞，不识字的人也懂修辞。”“不仅文艺作品里用得着修辞，说理的文章也要用。”用通俗的语言说明了修辞技巧无处不在。他还把实际运用中的语言分为两种：一种是应用性的，一种是文艺性的。而运用这两种语言的文章都需要用到修辞技巧。这就突破了那些把修辞技巧仅仅局限在文艺语体的陈腐之见，同时，也大大拓宽了修辞学研究的范围。

张志公先生进一步又提出了修辞是一个选择过程和修辞是运用语言的艺术的观点。他指出，“修辞就是在运用语言的时候，根据一定的目的精心地选择语言材料这样一个工作过程。”② 修辞是规范性和艺术性的统一，规范性是艺术性的基础，“运用语言首先要求合乎规范。只有合乎规范的语言才是最容易达到互相了解，产生交际效能的”。③ 另一方面，语言在合乎规范性的基础上，必须讲究艺术性，“这样运用语言才是高效率、高效能”。④ 修辞要达到的最好的表达效果，即“用经济的语言材料，传递尽可能大的信息量，达到尽可能高的准确性和可理解性”。⑤

其次，在修辞学研究的内容方面。张志公先生既然认为修辞是一门边缘学科，同其他学科有着密切的联系，那么在修辞学研究的内容上，自然而然地与其他学科发生联系，由此而扩大了修辞学研究的范围，使修辞学研究的内容更为丰富。

以往的修辞研究，比较偏重于辞格，有些著作虽然也注意到积极修辞和消极修辞的两大分野，但往往重积极修辞而轻消极修辞，使修辞学研究的内容受到很大的限制。张志公先生突破了前人以辞格为中心的研究局限，把现

---

① 《修辞学发凡》，载上海教育出版社 1982 年版，第 1 页。

② 《修辞是一个选择过程》，载《张志公文集（2）》，广东教育出版社 1991 年版，第 209 页。

③ ④ ⑤《汉语修辞概说》，载《张志公文集（2）》，广东教育出版社 1991 年版，第 179 页。

代汉语修辞学研究的范围一方面扩展到用词、造句等语言自身，另一方面扩展到篇章结构、文体和风格，开辟了修辞学新的内容体系。

张志公先生在《修辞概要》一书中，首先强调善于驾驭词句是修辞的基础，他从汉语自身特点出发，从用词、造句等方面来研究修辞，把修辞和语法结合起来。在用词方面，讲到一些新词的正确意义和正确用法；在造句方面，讲了造句的一些基本问题，长句、短句的运用，以及语序和语气问题等等。既讲了语法，又讲了修辞。张志公先生还在不断地丰富着自己对修辞学内容的研究，比如在《修辞概要》一书中，他对词语提出了“明晰”“确切”“简练”这些标准要求，到了《现代汉语》中的修辞部分，不仅提出“适合需要”“以少驭多”“富有新意”这三大要求，还进一步提出“辨析意义”“调配色彩”“注意音韵”这三个努力的目标。

张志公先生把篇章修辞纳入了修辞学的研究内容。在《修辞概要》中，张志公先生以一定的篇幅探讨了篇章修辞，这与某些修辞学论著只探讨到句子修辞为止相比，无疑大大拓宽了修辞学的内容。并且在 1982 年再版《修辞概要》时，把《写作方法——从开头到结尾》并进去，更加强了这方面的论述。再版本分六个部分论述篇章：材料的安排、段落的划分、开头和结尾、上下的过渡、交代和照应、详略的配合等。由于《修辞概要》把篇章修辞单列出来加以详细论述，引起了许多修辞学著作者的重视，给他们提供了研究的内容和经验，增强了研究的深度。

张志公先生把文体和语言风格纳入了修辞学研究的内容。《修辞概要》专辟语言风格一章，提出在语言运用特点上要培养自己的个性、形成一定的风格，并把风格分为“简洁”和“细致”“明快”和“含蓄”“平实”和“藻丽”等三组六种。到了《现代汉语》中的修辞部分，又将“风格”作为一个独立的部分，还加上了“文体”这一新内容，对文体和风格分别进行了阐述和讨论。

胡裕树先生对此进行评价说：“从‘用词’‘造句’‘修辞’‘篇章和风格’等不同层次和方面着手进行修辞研究，这是一种新的尝试。实践证明，这种安排和探讨比较更符合人们语言表述的运行机制，从而具有更强的生命力。……志公先生远在 40 年前就认识到这一点，并且付之实践，这是非常难能可贵的。"①

三、关于修辞理论的普及和实用

张志公先生在修辞学研究中，非常重视理论的普及，并强调修辞应注重实用，要有助于读写。他的修辞学著作和文章也都反映了这一特点。《修辞概要》既注意语言结构：词、句、段、篇，又重视表达作用，并把二者结合起来论述，它从实用出发，围绕怎样把话说好、把文章写好这个总目的，与阅读、写作、口语紧密联系起来，易教、易学。他主编的《现代汉语》下册"修辞篇"，把修辞知识的系统性和具体语言的实用性紧密结合，同样具有很强的实用性。

从20世纪50年代的《修辞概要》《写作方法》到80年代的《现代汉语》"修辞篇"，张志公先生在汉语修辞学的研究领域中不断探索、前进着，开拓了修辞学的新境界。正如宗廷虎先生所说："志公先生在理论上的发展之功，是应该在修辞学史上记上一笔的。"②

---

① 《张志公与汉语修辞学》，载《张志公语言和语文教育思想研讨会论文集》，语文出版社1993年版，第73页。

② 《张志公与陈望道——兼论张志公对汉语修辞学的发展》，载《张志公语言和语文教育思想研讨会论文集》，语文出版社1993年版，第87页。

读张志公《汉语辞章学》*

1997年5月20日下午2时22分，张志公先生紧紧地闭上了眼睛，静静地睡过去了。先生不声不响地走了，留给我们等身的学术著作和中学教材，留给我们还在怦怦跳动着的精神和思想。

我捧读先生的《汉语辞章学》（人民教育出版社1996年出版），体验着先生三十年创建一学科的情结和甘苦。眼睛湿润起来，思想飞翔起来，又似乎像往常那样，同先生促膝谈心，倾听先生谈自己学术思想的发展变化。

《汉语辞章学》分两部分。第一部分是“汉语辞章学的提出”，选编了有关的8篇文章，反映了先生创建汉语辞章学的思想历程。第二部分是“汉语辞章学引论”，是给研究生讲授的15讲提要，并分别附录自己的著作、文章摘录，“勾画了一个轮廓”。

从1961年到1997年，先生创建汉语辞章学，经历了三个阶段。

第一阶段，1961年前后，提出应该建立集体户“词章学”。早在1956年，先生主持构建教学语法体系和编写汉语课本，在调查研究中深切地认识到语法“难而无用”，朦胧地意识到“基础学科同应用学科不能直接联系起来”，怎么解决这一问题呢？“我为此苦恼了许多年，自己拿不出方案”（《汉语辞章学》第61页）。1961年《中国语文》编辑部召开发展修辞学的研讨会。先生想到了语言实际运用和修辞学问题，就写了《词章学？修辞学？风格学？》。文中列出语言运用的5类21项内容，属于语言运用的技巧、方法和效果问题，涉及词汇学、语法学、修辞学、文体学、风格学。从实用或者

* 原载《中国语文》1997年第5期。

教学考虑，应当全面研究5类21项，为此先生建议创建“辞章学”，综合相关语言学分支的内容，开个“集体户”。1962年又写了《谈‘辞章之学’》，考察我国语言学传统，认为古人有“辞章之学”，“凡是写作（作诗和作文）中的语言运用问题，无论是关乎语法修辞的，关乎语音声律的，还是关乎体裁风格的，都属于辞章之学”，并且指出这是“一门富于民族特点的探讨语言艺术的学问”（第18页）。

第二阶段，20世纪80年代，初步设计“汉语辞章学”轮廓。1981年，应朱德熙先生邀请，为北京大学中文系学生开选修课“汉语辞章学讲话”。内容有绪论、章法论、句法论、词法论、比兴论、风格论、文体论，最后是“汉语辞章学的今昔观”。1982年《汉语辞章学与汉语语法》一文，给辞章学下了定义：“辞章学是研究诗文写作中运用语言的艺术之学。如果用英语来称说，大致可以称之为The Art of Writing：a Linguistic Approach。”（从语言学角度探索写作艺术）。先生把辞章学看作“一门语言应用学科”，不过看作是“文章之学的一个侧面”。

第三阶段，20世纪90年代，确立汉语辞章学是一种桥梁性学科的理论基石。80年代前期，先生到大江南北讲学、调查，制订、宣传新教学语法体系，研究语言教学；后期先生到国外讲学、考察，总结自己的学术思想，例如构建自己的简明汉语语法框架等。1990年，先生第四次为研究生讲授汉语辞章学，实现了一次飞跃，明确地提出：“汉语辞章学是一门‘桥梁性’的学科。所谓桥梁性，是说这门学科是基础理论与应用技术之间起桥梁作用的过渡性学科。”先生是语言学家，又是语文教育家，这种双重学力和职责，促使他要“让基础学科的研究为应用学科的研究服务；或者换一个方向说，使应用学科的研究充分、有效地运用基础学科的成果，作为理论的依据”（第63页）。这种思想，先生在1992年写的《非常需要一种桥梁性学科》一文中表述出来。先生一开头就摆出了语言学家和语文教育家的“老大难问题”：“怎样把汉语语言学的基础知识基础理论同培养听说读写的应用能力（也就是语文教学）实实在在地结合起来。”先生考察古代语言学和语文教学，认为“古人对这个问题显然是感觉到了，并且不断地尝试把这两方面挂起钩来的办法，也就是想出一种桥梁性的、过渡性的办法”。先生把刘勰的

《文心雕龙》、王若虚的《滹南遗老集》、王构的《修辞鉴衡》看作桥梁性学科的名著，并且具体阐述启蒙必修课“属对”（对课）的桥梁性学科的特点。先生在继承传统的基础上，阐述创建汉语辞章学的目的，“就是试图在汉语语言学及其各分支学科的基础知识、基础理论同培养提高听、说、读、写的语言应用能力之间起一些桥梁性作用”（第 54 页）。先生创建汉语辞章学不仅有实用目的，而且倡导一个学术研究方向：基础理论要为语言应用服务，语文应用要以基础理论为指导。李行健先生评论道：“他认为应该建立一个中介性的机制，它可以把语言学向实际的应用转化，把实际应用和语言学的研究紧密结合起来。这些设想，无疑有振聋发聩的作用，这也是志公先生寻求语言学‘管用’的积极探索。”（《张志公语言和语文教育思想研讨会论文选集》第 4 页）

汉语辞章学是一门综合性、桥梁性的学科。在汉语辞章学引论中，先生勾画了一个轮廓：第一讲概说特点和目标。第二、三、四讲说桥梁的两端：语言基础知识、基础理论和语言应用。第五讲到第十四讲，说汉语辞章学内容。第十五讲是结束语。下面四点值得注意。

汉语辞章学的两大特点。一是综合性：“其一是指有关语言、语文方面的基础知识，包括我们常常讲的语音知识、文字知识、语汇知识、语法知识，乃至逻辑知识等，融合起来；其二是指把运用语言的各种能力，包括口头上的听、说和书面上的读、写，融合起来；同时，还涉及其他一些问题，如心理因素、社会因素、民族特点等。”（第 59 页）二是桥梁性，“是说这门学科是基础理论与应用技术之间起桥梁作用的过渡学科”。

汉语辞章学的两大目标，一是“首先把语言学的基础理论知识同语文教学挂起钩来”，二是“还应该更进一步研究如何把语言学科同计算机科学挂起钩来”，这第二个目标当前“应该作为我们努力的一个目标”（第 63 页）。

汉语辞章学的两端：一端是语言的基础知识、基础理论，一端是语言应用。关于语言的基础知识理论一端，先生申说了语言的性质和功能：“语言是表达感觉的工具，是进行思维的工具，是人类交流信息的工具，是教育和接受教育的工具，是发展生产力的工具。”论述了语言的特点：地域性，民族性，社会性，时代性。说明了语言构成的三层次：第一层次是语汇，是构成语言的最根本的基础；第二层次是语音和文字（口语和书面语）；第三层次是语文法。先生特意用“语文法”来代替“语法”，他说语文法就是语言的组合法，强调也要研究口语的组合法，因此“把语法和文法合在一起叫‘语文法’”。论述了汉语的特点，特别是论述了汉语组合的特点：（1）汉语组合以二合为主，还有三合、四合；（2）组合简便、容易；（3）各级语言单位的组合有一致性。先生还特意设计了汉语语言学和语文教育的科研路子：“从学术角度说，要对汉语语音、语汇、语法分别作深入细致的研究；从应用角度说，要把这几个方面有机地融合起来，形成一门具有桥梁性的辞章学；从语文教学上说，则要采取辞章学的路子，按辞章学的系统组织教材、设计教法，从而达到培养提高听说读写的实际运用语言的能力的目的。”（第79页）关于语言应用的一端，先生分别论述了听、说、读、写的能力，指出“它们互相依存，互相制约，又互相促进”，“不可分割”。

汉语辞章学的内容，包括篇章论，句读论，语汇论，字论，说比兴，体裁论，风格论。先生指出，无论讲哪一部分，都讲究三个特点：经济、准确、讲效率。

先生创建汉语辞章学既是传统的，又是现代的，既是语言学基础理论研究，又是语言应用研究，有中西合璧、继往开来之功。先生三十年创建一学科，不仅为语言学和语文教育搭了桥，而且更可贵的是用实际行动倡导语言学为语言应用服务、语言应用以语言学为指导的方向。当前，沿着汉语语言学研究和语言应用研究相结合的道路，众多有志之士正在前进，在各个领域里取得更大的成绩。先生尽了力，作出了贡献，可以安息了。

一座现代的语文应用立交桥*

——张志公与中学教学语法、语文教学

张志公，男，河北省南皮县人。1918 年 11 月生于北京，1997 年 5 月卒于北京。1945 年毕业于江苏省金陵大学外语系。1948 年应聘到海南大学任外语系副教授，代理系主任。1950 年初赴香港华侨大学，讲授翻译学。1950 年由香港到北京任开明书店编辑。1951 年主持《语文学习》编辑工作（直到 1960 年）。1955 年，由中国青年出版社调入人民教育出版社，任汉语编辑室主任，主持中学教学语法“暂拟汉语教学语法系统”和《汉语》课本的编订工作。1962 年改任外语编辑室主任。1981 年升任副总编辑。此后，曾任课程教材研究所学术委员会主任、国家教委教材审定委员会顾问、国家语委委员，北京语言学会会长、中国修辞学会会长、世界汉语教学学会顾问，中国人民政治协商会议全国委员会常务委员、中国民主促进会中央委员会常务委员。学术研究主攻语言学、语文教育学，兼及外语教学、对外汉语教学。张志公先生是当代中学教学语法的奠基者，当代中学语文教育的集大成者。

一、中学教学语法研究

张志公先生的中学教学语法研究，可以用一句话描述：起点高；两个高潮的过程长；终点新。

---

* 原载《中国当代社科精华》（黑龙江教育出版社 2001 年版）。

起点高。1951 年 6 月 6 日，《人民日报》刊登社论《正确地使用祖国的语言，为语言的纯洁和健康而斗争》，同日开始连载吕叔湘、朱德熙的《语法修辞讲话》。于是，社会上掀起学习语法修辞的热潮。1951 年 10 月 20 日《语文学习》创刊。为适应社会需要，《语文学习》编辑部同仁委托张志公撰写语法修辞的连载文章，集各家之长，利于学以致用。在创刊号上，同时开始连载张志公的《谈修辞》和《写作杂谈》（1982 年两书修订并合为《修辞概要——读写一助》）。1952 年 1 月号开始连载张志公的《汉语语法常识》，1953 年成书出版；书出，周祖谟先生称赞作者的努力“是值得称道的”。1955 年日本大阪市立大学香坂顺一教授翻译了这本书，译名为《中国文法基础》，并在后记中认为“本书在语法研究史上是应当占有相当地位的”。（《张志公文集》第 1 卷，第 4 页。）社会上把《汉语语法常识》看作与黎锦熙、王力、吕叔湘、语言研究所语法小组并列的语法体系第五家，张志公进入语言界，一开始就登上了一个高峰。

《汉语语法常识》博采名家，择善而从，也融入了自己的研究成果。一、划分词类强调语法功能，“依据是词的语法上的特点”，“它可以跟哪些词组合，怎样组合，组合起来表示什么关系”。二、把词同词的组合概括为两个主要方面，即“两种组合方式”——用词序和虚词组合，“三种关系”——主谓关系、联合关系、偏正关系（包括修饰、补充、动宾）。三、把单句分成主谓句和非主谓句，还提出存现句、常式句、变式句等。四、在内容结构上，作者采取了词法和句法交错讲授的编排方法，使学习者很快进入句子使用阶段，引导学习者在语言实践中学习语法。这本书，在理论上已经体现作者后期明确提出的“语法是语言的组合法”理论，在实践上也体现了“管用”的原则。

两个高潮的过程长。从 1951 年到 1997 年，教学语法研究历时 46 年。1954 年和 1981 年，作者先后两次主持两个中学教学语法系统，形成两个学术研究高潮。1954 年到 1956 年，中学试行汉语、文学分科教学。在吕叔湘先生指导下，张志公全力以赴主持《暂拟汉语教学语法系统》，又主编了全国使用的《汉语》课本。1959 年又主持把《汉语》课本改编为《汉语知识》，这本书成为中学教学语法的代表作。《暂拟系统》折中各家，自成一体，便于中学语法教学，以后又成为高等师范院校的语法课本的依据。《暂拟系统》第一次统一了中学语法教学的语法体系，对普及汉语语法起了重大作用。1958年到1959年，在总结“暂拟系统”教学实践的基础上，张志公作了新的探索，编写了《语法学习讲话》。作者在这本书中，“不声不响地改弦易辙，试着用层次分析——虽然兼顾句子成分和意义，整个的间架是层次分析的。”开始试用层次分析和句子成分分析相结合的析句法，进一步提出了组合理论：“两个两个地往一起组合，一直组合到能够表达一个完整的意思，成为一句话，这是汉语的基本构造方式。”“组合是汉语语法里边十分值得重视的一个问题。”这本书作者作了如下探索：1. 把重点放在应用上；2. 讲最基本的东西；3. 多从逻辑关系入手；4. 联系说话和写作中的修辞表达以及语气、情态等问题；5. 为构拟更符合汉语特点的语法体系作点试探。作者的创新之处是不声不响地把层次分析和中心词分析结合起来，尝试构拟更符合汉语特点的语法体系。这本小册子一连三版，销售60多万册，这是读者对作者探索的回报。这是作者语法修辞研究的第一个高潮。

在第二个高潮中，张志公在语法修辞理论方面多有建树，作出了更多的实绩。1981年到1984年，为了适应新的语法教学需要，在吕叔湘先生直接指导下，张志公主持了制订《中学教学语法系统提要（试用）》工作。这个教学语法系统，采用层次分析和中心词分析相结合的析句法，增加了语素和句群两级语法单位，突出了短语的语法地位（词和句子的中间站，短语加上语调成句），增强了理论性和实用性。与此同时，张志公主编和修订了作为中央广播电视大学课本的三卷本《现代汉语》，并且撰写了一系列的研究语法修辞的论文。作者还在北京语言学会、中国修辞学会中做了大量的理论宣传工作和学术研究组织工作。在这个时期，张志公在理论语法、教学语法和修辞理论等方面都作出贡献。

在理论语法方面。在研究汉语特点、阐述汉语语法理论和方法方面，志公先生作了下面几个方面的探讨。

一、单音节语素是汉语语素的基本形式。汉语语素的特点，第一，一个语素是一个带声调的音节。第二，汉语语素的自由性是基本属性。第三，在语言中，语素的组合能量很大，只要语汇意义和语言习惯容许，就能组合起来。

二、汉语是非形态语言，汉语语法是以各级语言单位的组合法为主体的。“其实，所有语言的语法，从广义来说，都是组合法。”在形态语言中，形态变化的实质也是一种组合法，其所以要有词的形态变化，是因为适应不同组合的需要。词与词组合的时候才变化，孤立、静止的时候不变化。“语言活动，从表达的一方来说，就是用语素构成词，用词构成短语，用词或者短语构成句子，有时候再用句子构成句群这样一步一步、一层一层的一个组合过程；从接受的一方来说，就是顺乎表达者的组合步骤来理解对方思想感情的过程。”因此，“语法就是使用同一种语言的人共同理解、共同接受、共同遵守的语言组合法则的整体。简言之，语法是语言单位的组合法则。”（《现代汉语》第三编第一章“汉语语法概论”）

三、汉语的组合有自己的特点。第一，简易性。汉语各级语言单位的组合，不靠形态变化，而是主要依靠语序和虚词由小到大地层层组合。由于少了形态变化的制约，所以汉语的组合比较简易，灵活自如。第二，一致性（或称“对应性”）。汉语的组合方式主要有两种，一是以语序为手段，可称为“直接组合”，例如“老师问”和“问老师”；一是以虚词为手段，可称为“关联组合”，例如“吃的好”和“吃得好”，“边说边笑”和“越说越笑”。两种组合方式可以形成两套组合关系，一套是并列、修饰、补充、支配、陈述等关系，语素同语素的组合，词同词的组合，都有这五种结构关系，是“一以贯之”的；另一套是承接、因果、假设、条件等关系。组合方式、组合关系的一致性，也是汉语组合简易性的一个重要方面。第三，组合中强制性的规则比较少，可选择性的比较多，因而语义起决定性的作用。组合法有强制性的规则，例如陈述关系，被陈述的在前，陈述的在后（“老师问”），颠倒位置就必定改变关系（“问老师”）。然而，汉语没有形态变化，强制性中有灵活性，可选择的余地大，语义起决定性的作用。例如，结构助词“的”，有时必须用，有时可用可不用，有选择的余地。语序也有选择的余地。主谓句，在一定条件下谓语可提前：“怎么了，你？”状语的位置，可以在主语前，或者动词谓语前，或者句末，根据语义表达的需要来选择。可见，虚词、语序也并不都是纯粹的语法手段，也常常兼有语义的作用。组合时的结构关系和语义关系都是重要的，然而选择怎么样的组合，语义起决定的作用。第四，多合性。汉语的组合既有二合的，又有多合的。具体地说，既有一个语言单位同另一个语言单位组合的，二合的，如“时代潮流”“深入钻研”；又有三个或三个以上组合的，多合的，如“小学、中学、大学”“上街买份报纸看”“打他一巴掌”“请客人进来坐坐”，等等。一个语言单位如短语，从横向来说，有一个加一个的组合，两个、三个、多个的组合；从纵向来说，有一层的组合，两层的组合，多层的组合。“研究组合，就是要研究，横向的一个个如何组合，纵向的一层层如何组合。”汉语组合既有二合的，又有多合的，而汉语组合的多合性正是汉语的特点之一。第五，独特性。汉语造句法因无形态变化而具有独特性，有时候结构关系不是决定因素，必须研究句子一般结构以外的独特成分。“在汉语里，决定一个组合能否成为一个句子有别的一些条件，组合中的关系不是最有决定性的因素。（比较：‘鸟飞’不成话，‘鸟飞了’成句话；‘孩子聪明’不大像个句子，‘这孩子真聪明’显然是个句子。）汉语造句法，恐怕还很需要琢磨琢磨。”（《语法学习讲话》）

四、从实际出发，实事求是，用辩证法来研究语法。志公先生一再强调要重视两个实际：一个是汉语实际，研究汉语特点。早在1954年就说，要从实际语言中来，回到语言实际中去。1957年提出“语法研究的理论意义和实用意义应当是统一”的观点，强调要指导人们的语言实践。一个是我国的语法学的实践。它既有我国语言学家的创造，又有西方语法学的消极影响，就是摆脱不掉形态变化的束缚。因此，研究汉语语法决不能被形态变化牵着鼻子走，而要在非形态的汉语实际中探求规律，建设真正的汉语语法学。在研究方法上，志公先生始终力图用辩证法来研究语言，用发展、联系、全面的观点分析语言。1951年，指出“咱们的语言现在正发展到变化较大的一个阶段”，研究语言要重视语言的发展变化，重视口语。1959年，在讨论语言规范的时候，志公先生指出，语言发展中有一种制约的力量，就是经过长期约定俗成的语言规范；语言发展中还有一种突破制约的力量，就是不断出现新的格式和规则，经过群众的语言实践，筛选出新的语言规范，使得语言不断地发展，适应社会发展的需要。1954年指出要区别“一般的、特殊的、个别的”，要研究出一般的规律，同时要区别特殊的和个别的现象。

不能被那些特殊的和个别的现象搅乱了视线，否定规律的存在，又不能用一般的规律去否定特殊和个别的现象的正确性。1955 年，指出要全面解决汉语语法问题，必须进行词法和句法的综合研究，研究句法要把结构和意义结合起来考虑，以后又指出语义起决定性的作用。在一般和个别、意义和结构等问题上，体现了志公先生抓主要矛盾和矛盾的主要方面的思想方法。此外，在强制性和选择性，分类和划界，实词和虚词（实和虚）等语法理论问题研究上，都体现出志公先生用辩证法来研究语法的思想方法。志公先生在语法研究中使用并提倡辩证法，是有重大理论意义和实践意义的。

在教学语法方面。志公先生阐述教学语法的对象、性质、目的任务、教学内容、教学方法，论述教学语法及其教材应具备的特点、教学语法同理论语法的关系、教学语法同邻近学科的关系，总之，阐述了教学语法体系的理论基础。

对象。著者认为，教学语法的对象主要是中小学学生。“教学语法是和理论语法、描写语法相对着说的，有人称它为学校语法。这个‘学校’是 school 的意思，指中学和小学，不包括大学。所以，用个更通俗、简单的说法，所谓‘教学语法’就是教中学、小学的学生学习语法的系统、教材和方法。”（《庄文中〈中学教学语法新编〉序》）著者特别强调，“教学语法要十分认真地考虑对象问题”，要区分不同层次的教学对象：小学低年级学生和高年级学生，初中生和高中生。

性质。“教学语法是偏于应用性的，而不是理论性的，带有一定的规范性，不是单纯描述性的。”（《汉语语法研究与中学教学语法》）

目的任务。“语法教学应当为完成语文教学总的目的任务，即培养和提高学生理解和运用语言的能力服务。”具体说来，有两个任务。一个是使学生“对于自己须臾不可离的语言具备一点科学的认识”，“把语法当作一个受过中等以上教育的人应当具备的基础知识、基础理论来对待”。这就是说，像学习其他社会科学和自然科学一样，语法是中学生必须学习的学科，必须具备的科学知识。一个是“有助于提高理解和运用语言的能力，有助于提高辨别语言运用中正误优劣的能力”。（《现代汉语》中册）

教学内容。“内容应当是提供基本知识”。著者认为，“学校语法既是以中学、小学的学生为对象的，在学术深度上就要有所控制，也就是，要讲得浅一点；在广度上也要有所控制，也就是，要讲得少一点，讲的内容要有所选择，不仅不求并且不应求全。此外，因为是要教给很多孩子学的，所以讲的内容必须是比较成熟的、比较有把握的东西，同时又是大多数教师所熟悉的东西。”（《庄文中〈中学教学语法新编〉序》）此外，要选择好教学内容的重点，讲究编排顺序——先讲什么，后讲什么，前后贯通。教学内容要“精要”，表述要“好懂”。

教学方法。理论联系实际，语法知识要联系语言实际，讲究训练方法。著者一贯把语法教学看作语言教育的一个环节，特别重视要调查研究学生语言能力和思维能力的实际情况。语法教学就要针对学生的语言实际，学用结合。语法教学要“管用”。“精要、好懂、管用”，是志公先生对教学语法的要求的通俗表述。

教学语法及其教材的特点。志公先生认为有下列六个特点。（一）科学性。“要求这个体系根据我们今天所能认识到的是比较科学的”，具体地说，一是这个体系比较准确地反映汉语的实际，一是能够把对汉语的认识以及它的理论根据比较准确地表述出来。（《关于建立新的教学语法体系的问题》）（二）时代性。“我们现在建立起一个体系，教给各级学校的学生，他们按照这个体系学会了这些知识，是要在几年乃至十几年之后去应用的。到那时，他们将面临许多新的要求。”因此，教学语法要考虑语言同现代化科学的结合，考虑语法同有关学科的联系。教学语法也要立足于现实，着眼于未来。（三）教学性。语法内容、表述方式要“容易为教者和学者所接受”，要有可接受性。“搞教学语法，可接受性则是必须作到的，否则就会被拒绝，就会彻底的失败。”（四）实用性。1958 年志公先生说，“要使语法书更可亲，更有用”。1962 年说，“希望把语法讲得尽可能地平易近人些，并且尽可能地对培养语文能力多起点作用。”1980 年说，要把语法讲得“好懂”“管用”，“好懂才更管用，管用才更好懂，两个方面是密切相关的”。（五）群众性。“建立教学语法体系，心目中要有群众，要为群众着想，要使建立的体系为群众所用，但是也不能完全迁就群众。”因为教学语法面向数以百万计的教师和数以千万计的学生，必须要有群众观点。（六）规范性。教学语法“要使学的人知道某种语言结构怎样运用是正确的，怎样是不正确的，怎样是比较好的，怎样是比较差的。可是，这又不能讲得太死。要承认语言是处于不断的发展变化中的；还要承认习惯说法的约定俗成这种客观语言事实的存在。处理好语言规范化和语言在实际应用中的灵活多变性，是教学语法的又一项艰巨任务”。

教学语法同理论语法的关系。志公先生认为，教学语法同理论语法既有联系，又有区别。“理论语法和描写语法是教学语法的基础，教学语法是对理论语法和描写语法研究成果的普及、推广和应用，同时也是对理论语法和描写语法的验证。”志公先生一贯提倡理论语法工作者研究教学语法，教学语法工作者也研究理论语法，使得理论语法和教学语法互相促进，相得益彰。

语法同邻近学科的关系。志公先生一贯主张，教学语法要同逻辑学、修辞学有机地结合起来，并且身体力行。此外，进行语法教学，还要研究社会语言学、心理语言学等。教学语法要有多科性的特点。

总之，在教学语法方面，志公先生在实践上两次主持制订教学语法体系，编写了几本教学语法的著作和中学语法教学的课本，撰写了不少论文，作了许多普及、研究教学语法的实际工作；在理论上阐述了教学语法的一系列问题，为建设教学语法的理论基础作出了重要贡献。

在修辞学理论方面，张志公对修辞学的性质、目的、对象、内容等方面提出了实践性和前瞻性相结合的理论。

修辞学的性质。“修辞是研究语言艺术的一门科学，是一门边缘学科。”修辞学具有民族性、时代性、社会性。

对象和内容。张志公指出“修辞就是在运用语言的时候，根据一定的目的精心地选择语言材料这样一个工作过程”。(《修辞是一个选择过程》)“讲究修辞就是要用最经济的语言材料，传递尽可能大的信息量，达到尽可能高的准确性和可理解性，收到尽可能好的表达效果。”在修辞学内容方面，张志公作了开拓性的工作，他重视用词、选句、辞格的研究，也研究篇章、文体、风格的修辞效果。胡裕树先生评论说：“从‘用词’‘造句’‘修辞格’‘篇章和风格’等不同层次和方面着手进行修辞研究，这是一种新的尝

试……这是非常难能可贵的。”(《张志公与汉语修辞学》)

结合汉语特点研究修辞。“修辞学必须结合汉语特点来研究，很多修辞手法是靠了汉语的特点才形成的”，“应该把语言的规范性和艺术性统一起来，加强语言交际的效能”。

终点新。1996 年，张志公出版了《汉语辞章学》，三十年创建一门新学科。1961 年，鉴于语法“难而无用”，张志公先后写了《词章学？修辞学？风格学？》和《谈‘辞章之学’》，想把运用语言的知识、技巧、方法综合起来，开个“集体户”，建议创立“词章学”。1981 年，应朱德熙先生邀请，为北京大学中文系学生开选修课“汉语辞章学讲话”，认为“辞章学是研究诗文写作中运用语言的艺术之学”，是“一门语言应用学科”。1990 年，张志公第四次为研究生讲授辞章学，实现认识上的一次飞跃。明确提出“汉语辞章学是一门‘桥梁性’的学科”。在 1992 年《非常需要一种桥梁性学科》论文中说：创建汉语辞章学的目的，“就是试图在汉语语言学及其各分支学科的基础知识、基础理论同培养提高听、说、读、写的语言应用能力之间起一些桥梁性作用”。三十年中，张志公不断研究、不断修正、不断创新，终于创建了一门综合性、桥梁性、应用性的学科“汉语辞章学”。李行健先生对此评论道：“他认为应该建立一个中介性的机制，它可以把语言学向实际的应用转化，把实际应用和语言学的研究紧密结合起来。这些设想，无疑有振聋发聩的作用，这也是志公先生寻求语言学‘管用’的积极探索。”(《张志公语言和语文教育思想研讨会论文选集》第 4 页)

1996 年出版的《汉语辞章学》一书，编入了张志公的辞章学讲稿和相关论文。作者论述了汉语辞章学的两大特点：综合性和桥梁性；两大目标：一是“首先把语言学的基础理论知识同语文教学挂起钩来”，二是“还应该更进一步研究如何把语言学科同计算机科学挂起钩来”。在阐述汉语辞章学的两端——语言基础知识、基础理论和语言应用时，发表许多真知灼见。关于语言的基础知识、基础理论一端，申说了语言的性质和功能：“语言是表达感觉的工具，是进行思维的工具，是人类交流信息的工具，是教育和接受教育的工具，是发展生产力的工具。”说明了语言构成的三个层次：第一层次是语汇，是构成语言的最根本的基础；第二层次是语言和文字（口语和书面语）；第三层次是语文法。特意用“语文法”来代替“语法”，认为语文法就是语言的组合法，强调也要研究口语的组合法，因此“把语法和文法合在一起叫‘语文法’”。还特意总结了汉语语言学和语文教育的科研路子：“从学术角度说，要对汉语语音、语汇、语法分别作深入细致的研究；从应用角度说，要把这几个方面有机地融合起来，形成一门具有桥梁性的辞章学；从语文教学上说，则要采取辞章学的路子，按辞章学的系统组织教材、设计教法，从而达到培养提高听说读写的实际运用语言的能力的目的。”关于语言应用的一端，分别论述了听、说、读、写的能力，指出“它们互相依存，互相制约，又互相促进”。作者在书中构建了汉语辞章学的内容框架：篇章论，句读论，语汇论，字论，比兴论，体裁论，风格论。

二、中学语文教学研究

张志公研究辞章学，也是为了研究中学语文教学的需要。

60 年代初，中学语文教学效率低，促使张志公第一次集中精力研究传统语文教育，成果是 1962 年出版了《传统语文教育初探》一书。他指出我国传统语文教育可以分为三个阶段四个步骤：

第一阶段（第一、二年）是启蒙教育，第一步是集中识字（两千个左右），第二步是进一步识字教育，兼顾初步的知识教育。

第二阶段（第三年）即第三步读写的基础训练（读《四书》，读诗，属对，语言文字的基础知识）。

第三阶段即第四步进一步的阅读训练和写作训练。

在初步研究中，张先生总结出传统语文教育的一些宝贵经验：集中识字，识字和写字的分别、分步骤教学；阅读训练原则是“文”“道”不可偏废，方法是“熟读、精思、博览”；作文训练原则是“词”“意”并重，步骤是先放后收（先写放胆文，后教作文法），方法是“多作多改”（自己多改）。

1977 年拨乱反正的语文教学实际，促进张志公第二次研究传统语文教育。这次研究成果，可以归纳为：三大体系，三大经验，三大问题，四大积弊。

张志公指出传统语文教育的三大体系是：一、建立了成套的、行之有效的汉字教学体系；二、建立了成套的文章之学的教学体系；三、建立了以大量的读、写实践为主的语文教学法体系。同时，从理论上总结了传统语文教育的三大经验：一、语文教育从汉语文的实际出发，并且充分运用汉语文的特点来提高教学效率。二、着眼于语文的工具性，采取让学生多读多写、在训练中掌握语文能力的原则和方法。三、重视启发学生独立思考，使他们自己能够不断地增长读书作文的能力。

张志公指出传统语文教育存在的三大问题是：一、传统语文教育的目的是使学生获得参加科举考试的写作能力并应试做官。二、教学内容是“识字＋读古文＋作古文”。三、学习语文的主要手段是记诵模仿。四大积弊是：脱离语言实际，脱离应用实际，忽视文学教育，忽视知识教育。

张志公两次研究传统语文教育，提取精华，剔除糟粕，既防止虚无主义，又防止复古倾向，使自己的语文教育理论和实践植根于民族的优良文化传统。张志公把两次传统语文教育的研究成果用于语文理论的建设，提出了现代化和民族化相结合的语文教育观。

第一，张志公论述了教育目标现代化，包括德、智、体全面育人的观点，提高全体学生文化素质的观点，全面培养听说读写的语文能力的观点。

第二，张志公从语文教育现代化的高度进一步阐述语文的工具属性和文道统一。指出“语文教学必须教学生切切实实地在训练中学会操纵和使用语文工具”，语文教学“必须把学生运用字、词、句、篇章的能力和训练学生理解语言所表达的思想的能力结合起来”。进一步阐述：“在现代社会，语文的交际工具属性更加强，要求更加高，更突出实用，更讲究效率。“文”“道”也有现代化的内容：“文”，要求说、读、写讲究高效率；“道”，要增加改革开放的国情的新内容。“统一”，不是“道＝文”，不是“文＝道”，也不是“文＋道”，而“应当是文中有道，道中有文，相辅相成，互相促进”。（《“文道统一”也有“现代化”问题》）

第三，论述语文学科的要求和内容现代化。阐述了现代社会对语文学科提出的“格外突出”的新内容和新要求。1. 小学利用汉语拼音进行“分进合击”的高效的读写、识字、写字教学，提高教学质量。中学按照知识和实践的合理关系组织语文课，可分四个部分，段落论、篇章论、字词论、总论（语文能力和语文修养）。2. “发展智力，培养能力，成为当代教育工作的一项突出任务”。3. “培养学生快速阅读的能力”。4. “充分熟练地掌握普通话”，具有“处理生活和工作中的实际问题的敏捷准确的高效率的口头和书面语言能力”，“能够用最经济的语言传递最大的信息量，取得最大的表达效能”。(《掌握语文教学的客观规律》)5. 从现代化的要求出发，使学生掌握三百六十行共同需要的“有助于实际应用的共同的东西”——科学的知识系统，使学生的头脑科学化。6. “向儿童、少年、青年进行文学教育”，使学生具有文学的欣赏和鉴别能力。

第四，论述语文学科的教学法现代化。

第五，提出小学、初中、高中“一条龙”的语文整体改革方案。

三、一个宝贵的交汇站

如前所述，张志公先生研究中学教学语法四十余年，最后把中学语法教学融入汉语辞章学，化解了晚年深感中学语法教学不管用的积忧。张志公同时研究中学语文教学，提出现代化和民族化相结合的语文教学观，落实在教材、教学上，仍然“要采取辞章学的路子，按辞章学的系统组织教材，设计教法”。在张志公的学术领域内，汉语辞章学成了他的中学语法教学研究和中学语文教学研究的交汇站，创建了一座现代的语文应用立交桥。张志公三十年创建汉语辞章学，不仅为语言学和语文教学搭了桥，而且更为可贵的是倡导学科理论为语文应用服务的研究方向。这是张志公先生留给我们的宝贵的学术财富。

谈谈叶圣陶、吕叔湘、张志公的语言教学思想*

语言教学是中学语文教学的基础和核心。1963 年以来的中学语文教学大纲，都把培养和提高“理解和运用语言文字的能力”作为主要任务，这也成为语文教育界的共识。

叶圣陶先生、吕叔湘先生、张志公先生都是当代的语文教育家。他们对语言的性质和语言教学目的、内容、教法、教材等有精辟的独创的理论，这些理论来源于语言教学实践，又指导了当代的语言教学。

一、关于语言的性质和语言教学的目的

叶圣陶、吕叔湘、张志公，一般不严格区分语文的性质、语文学科的教学目的和语言的性质、语言教学目的这两组学科概念。

早在 40 年代，叶圣陶认识到：“‘五四’以来国文科的教学，特别在中学里，专重精神或思想一面，忽略了技术的训练，使一般学生了解文字和运用文字的能力没有得到适量的发展，未免失掉了平衡。”① 为此，叶老探讨国文的性质，指出：“国文，在学校里是基本科目中的一项，在生活上是必要工具中的一种。”（叶本第 86 页）认为旧式教育“不能养成善于运用国文

* 原载《中学教学语法和语法教学》（语文出版社 1999 年版）。

① 《〈国文教学〉序》，载《叶圣陶语文教育论集》，教育科学出版社 1980 年版，第 51 页。下文引此书文字，随文只注页码，如“叶本第×页”。

这一种工具来应付生活的普通公民”。纠正积弊，必须学习国文，“学习国文就是学习本国的语言文字”（叶本第 2 页），并且进一步指出：“训练思想，就学校课程方面说，是各科共同的任务；可是把思想语言文字三项一贯训练，却是国文的专责。”（叶本第 77 页）在 1948 年前，叶老认为国文是一种工具，国文科专职是训练语言文字和思维，主要是培养学生的阅读和写作能力。1948 年后，叶老把语文理解为口头语和书面语。50 年代，汉语、文学分科教学，叶老分别阐述文学和语言的教学目的，然而编文集时，叶老没有同意编入《关于语言文学分科的问题》一文。1963 年前后，叶老阐述语文的性质和语文学科教学目的，没有严格区分语文和语言两个概念。1963 年在《认真学习语文》一文中说：“我们说语言是一种工具，就个人说，是想心思的工具，是表达思想的工具；就人与人之间说，是交际和交流思想的工具。”（叶本第 138 页）1980 年说：“语文是人与人交流和交际的必不可缺的工具。”

吕叔湘顺着叶老的教育思想阐述语文教学。吕老在总结叶老的语文教育思想时，明确指出：“其一是关于语文学科的性质：语文是工具，是人生日用不可缺少的工具。”① 在自己论述语文教育时，一般不说“语文是工具”。他认为：“对于语文教学首先得有两点基本认识：（1）语文的性质，主要是语言和文字的关系，（2）人们学会一种语文的过程。”（吕本第 22 页，1964 年）他论述了口语和书面语的同异，认为二者互相促进，所以“语文教学应该语言和文字并举，以语言为基础，以文字为先导，就是说，文字的教学应该从语言出发，又反过来影响语言，提高语言”。（注：语言指口语，文字指书面语。）他认为，“语文的使用是一种技能，一种习惯，只有通过正确的模仿和反复的实践才能养成”。（吕本第 17 页）因此，他说：“语文课的主要任务是培养学生使用语文的技能，所以一般称之为工具课。”（吕本第 23 页）他把“语文课”看作“工具课”，语文课应“达到语言和文字都提高的目的”。他没有严格区分语文和语言两个概念，也没有严格区分语文和语文学科两个概念。他是作为语言学家来论述语文教学的，注重语言教学。在论述

① 《吕叔湘论语文教育》，河南教育出版社 1995 年版，第 425 页。下文引此书文字，随文只注页码，如“吕本第×页”。

语言教学时，他提倡普通话教学，提倡口语教学。他认为语言教学的目的，除了提高学生的读写能力外，还应“训练学生的思维能力”，“对祖国语言的理解、欣赏、热爱，这也是爱国主义教育”。（吕本第 51 页，1979 年）

张志公继承了叶老、吕老的语文教育思想，是 20 世纪集大成的语文教育家。1963 年，张老特意写了《说工具》。开头第一句：“语文是个工具，进行思维和交流思想的工具，因而是学习文化知识和科学技术的工具，是进行各项工作的工具。”① 下文阐述这个观点时，有时说“语文这个工具”，有时说“人要掌握语言这个工具”。1979 年他又特意写了《说“语文”》。他说“语文”是根据叶圣陶建议而确立的，并且肯定地说：“这个‘语文’就是‘语言’的意思，包括口头语言和书面语言，在口头谓之语，在书面谓之文，合起来称为‘语文’。”（张本第 69 页）这与叶老、吕老一致。不过，有时候张老区分语文和语言，1980 年他还写了《语言教育研究的现状和展望》，这是中国语言学会成立大会上对语言学家所作的学术报告。一开头说：“这里说的语言教育主要是指各级学校语文教学里的语言教育。”并且指出，对语文教学的目的看法有分歧，例如语文教学应该不应该承担文学教育的任务。1984 年，他在一篇长文中设想：从初中起增设“文学”课，“文学课的任务是进行文学教育，不是进行听说读写训练的”（张本第 277 页）；另外，还开语文课，进行篇章、段、句子、词组、词、语体、风格的训练（实质上是张老提倡的辞章学的内容，张老的汉语辞章学是语言学和听说读写能力之间桥梁性即应用性学科）。后来，鉴于课时限制，又主张语文科分编两本教材，一是语文课本，一是文学课本，各有各的任务。1990 年前后，一般情况下，张老还是说“语文，是一种工具”（1992 年）。不过，1984 年后，张老根据语文教学的发展现实，突破了“语文即口头语、书面语”的认识，在“语文”中确立了文学教育的任务。

二、关于语言教学的内容

关于语言教学内容，三老的观点大体一致，不过各有侧重，有增有减。

---

① 《张志公语文教育论集》，人民教育出版社 1994 年版，第 21 页。下文引此书文字，随文只注页码，如“张本第×页”。

叶老在1935年、1937年同夏丏尊合编的《国文百八课》《初中国文教本》中编进语法、修辞的教学内容，语法如词的种类、短语、句的基本成分、句的种类等。1949年《中学语文科课程标准》提学习语言文字，提听、说、读、写四方面的语言能力，学习一些语汇、语法、修辞格知识；吸收要做到了解要旨，解决疑难，表达要做到符合语言习惯，明确，干净。1963年主张练习识字、写字，用字用词，辨析句子，安排文章结构的基本功。在评论《语法修辞讲话》时，他提出要讨论长句、段落、篇章，要研究语言的规范化。还主张语言教学要同思维教学相结合。1983年，叶老说："在现在的时代，听、说、读、写非连起来不可了！"主张"都重要，要并重"。然而，他也知道："语文到底包含哪些具体内容；要训练学生的到底有哪些项目，这些项目的先后次序应该怎么样，反复和交叉又该怎么样；学生每个学期必须达到什么程度，毕业的时候必须掌握什么样的本领，诸如此类，现在都不明确，因而对教学的要求也不明确，任教的老师只能各自以意为之。"①（1980年）

吕叔湘认为语文课的主要任务"是教会学生使用现代语文，主要是读和写现代文"。又说，"文学和语言比较，语言是主要的，文学是次要的"。具体地说，语言教学内容有：1. "应该把现代汉语中最有活力的两千来个字（估计不超过此数）给学生讲清楚。"（吕本第4页）2. 教会学生积累词语，比较同义词、近义词等。3. "应当好好教虚词"（吕本第4页），辨别句子格式，分析复杂句子。他认为学习词汇、语法、修辞，"能训练学生的思维能力"（吕本第51页）。4. 语法教学，"可以联系修辞和逻辑的地方不妨联系"（吕本第146页）。5. 培养学生的语感。

这里有必要说说语感。20世纪40年代，叶圣陶在引证夏丏尊谈"语感锐敏"时，曾论证过语感。他说：

> 必须在日常生活中随时留意，得到真实的经验，对于语言文字才会有正确丰富的了解力，换句话说，对于语言文字才会有灵敏的感觉。这

---

① 《叶圣陶教育文集》第3卷，人民教育出版社1994年版，第217页、226页。

种感觉通常叫作“语感”。(叶本第 267 页)

叶老从加强对生活的体验角度来谈培养语感。“可见要求语感的锐敏，不能单从语言文字上揣摩，而要把生活经验联系到语言文字上去”。

吕叔湘则从训练语言文字的角度谈培养语感。他在 1984 年说：

什么叫“语感”？对于语言的各个方面或者某一个方面的值得注意的现象能够很快引起注意，这就是语言敏感，就是有很好的语感。语感是个总的名称。里边包括语义感，就是对一个词的意义和色彩的敏感。包括语法感，就是对一种语法现象是正常还是特殊、几种语法格式之间的相同相异等等的敏感。当然也包括语音感，有的人学话总是学不像，就是因为对语音不敏感。各种语感都是可以培养的，尤其是在青少年时期。语文教学的首要任务就是培养学生各方面的语感，让他记住某些事实是次要的。(吕本第 148 页)

语感，包括语义感、语法感、语音感等，吕老很重视培养学生对语言现象的敏感。有的学者在论述语感的重要性时，引用上文最后一句，说吕老认为“语文教学的首要任务就是培养学生各方面的语感”，于是引申为培养语感是语文教学的“首要任务”，致使把语感在语文教学的地位夸大到不适当的程度。联系上文，吕老比较理论语法及其专著、教学语法及其课本时，指出前者着重理论，后者着重事实。因此，他强调教学语法时，要着重语言事实，“有时候把事实闹清楚就很有用，不一定非‘提到理论的高度’不可”。然后谈到语感，他就培养语感和记住语言事实比较，指出教学时要首先培养语感，而“让他记住某些事实是次要的”。可见，引用吕老上文，来证明培养语感是语文教学诸任务中的“首要任务”，是一种误解，也不符合中学语文教学的实际。

张志公 1962 年提语言教学要过三关：字关，句关（包括词语），篇章关。1979 年，提出语法教学和修辞、逻辑结合起来。1984 年和 1990 年，张老先后提出：以系统的理性知识为先导，以实用的语言知识系统为序，以培养语言运用能力为目标，按照理论与实践相结合的原则来组织语文课。具体教学内容是：1. 段落论，2. 篇章论，3. 字词论，4. 总论（语言能力和语言修养）。选择语言教学内容要遵循“精要、好懂、管用”的原则。实质上，张老用他创立的汉语辞章学来改革中学语言教育，不能不说是独树一帜。

三、关于语言的教法

三老提出了关于语言教学的一些原则和基本教法。

叶圣陶提出，语法、修辞教学“要从实际的听、说、阅读之中多多提出实例，让学生自己去发现种种的法则”，强调要从自己的说话和听话中学习语言，在念话（读自己写下来的话）、改话中学习语言，还强调“养成剖析句子的习惯”。叶老提出“比较研究”法：“普通话、方言、文言的语汇、语法、修辞格三方面，要随时从教材中提出实例，作彼此的比较研究。”（叶本第202页）

吕老的教学法思想最重要的一点，是“活”。他说：“关键在于一个‘活’。……真正掌握一种教学法的教师，他是会随机应变的，他的教室里是生气勃勃的。……如果说一种教学法是一把钥匙，那么，在各种教学法上还有一把总钥匙，它的名字叫做‘活’。”（吕本第108页）

教法活，要反复练，符合语文规律。规律是相对稳定的，但是运用规律是灵活的，学习运用规律更灵活。学习语言的过程是一个正确“模仿→变化→创造”的过程。教师、学生和语文三者之间有许多活的因素，因此，要指导学生反复练，活教规律，活学规律，否则任何教学法都会变成一堆公式。

教法活，要结合实际，随机应变。学生的知识，能力，心理，班级状况，教师条件，社会实际，都是教学的实际。课堂教学，辅导自学，会出现事前想不到的情况。因此，不能照搬模式，而要联系实际，随机应变，活用教法。

教法活，要讲究实用。吕老一贯强调要教得学生感到有用，并且会用。他说：“不要把学生的注意力局限在形式的辨认上，这容易使他感觉枯燥乏味。要把重点放在用法的探讨上，使他感觉有用。更重要的是通过课堂教学

培养学生自己观察和分析语言现象的习惯，这不仅有利于他的语文能力的提高，也有助于他的智力的开发。”（吕本第136页）

教法活，要教会学生动脑筋，积极思维。吕老指出，“要逐渐培养学生主动学习的能力”。不仅要学生有知识，而且要学生“有智慧”，“你有智慧，你就会运用这些知识。……智慧就是能动脑筋”。让学生“个个都能动脑筋，能够自己解决问题”。“这是根本，这是教师给学生的最宝贵的礼物。”（吕本第64页）

总的说，吕老反对死记硬背的填鸭式教学法，提倡主动地自学的诱导式教学法。他说：“这两种教学法的分别，在一定程度上可以跟工业生产和农业生产的分别相比。工业生产是用人为的手段把原料改变为成品，原料是听凭处理的对象。农业生产则是依靠作物自己发育生长的能力，仅仅为它的顺利成长提供最好的条件。”（吕本第76页）

张老的教法思想之一是练。“语言是工具。掌握工具要靠练。练才能熟。熟能生巧。”（张本第578页）要练口（读和说），练耳（听力），练眼（读），练手（写），“目的在于培养学生对语言具有较高的敏感，对运用语言有熟练的技能”。并且强调，“在普通教育的语言教育之中，实际的训练是主要的，基本的，教点知识要为培养技能服务”。

提倡“比”。张老指出，学习语言是一个不断积累、归纳运用语言的条理和方法的过程，而用“比”可以帮助学习“积累得更多些，更快些，归纳得更准确些，更深入些”。（张本第550页）学词语可以用比，学虚词、句式也可以用比。

提倡“点”。就是在关键的地方，点拨一下，提醒一下，让学生“领悟”。“点”，特别值得提倡，“善于准确地抓住应当点的地方而又能切中肯綮、要言不烦地点它一下，这是一种很高的教学艺术”。（张本第591页）

叶圣陶、吕叔湘、张志公的语言教育思想，为我们在新世纪构建语言教育的体系打下了坚实的基础。正如张志公在1980年所说的，当前“还没形成语言教育的完整的系统的理论的建树，也没有对语言教育的实施提出完整的系统的方案”。（张本第448页）任重而道远，我们要有所继承，有所发展，构建具有汉语特点的语言教育科学体系。

叶圣陶与中学语法修辞教学*

叶圣陶先生在新中国成立前后的六十余年间，撰述了许多论述语文教学的文章，其中有些文章深入探讨了语法修辞教学问题；在他编写的语文课本中，编进了语法修辞的教学内容。今天，我们来学习和总结叶老关于中学语法修辞教学的实践和理论，对于当前语法修辞教学，是有指导作用的。

一、两种编排形式

叶老主张对中小学生进行语法修辞教学。早在 1924 年 4 月发行的《作文论》中，叶老专列一节“修词”，“讨究造句用词”，并且指出“不论是出于不自觉的或者是出于特意的，凡是使一句句的话达到刚合恰好的地步，我们都称为修词的工夫”。① 1943 年 3 月，在《语言和文字》一文中说：求语言完美，“学习论理学告诉我们思想遵循的途径，使我们知道如何合理，如何便不合理。文法告诉我们语言的习惯，使我们知道如何是合式，如何便不合式。修辞学告诉我们运用语言的方式，使我们知道如何是有效，如何便没有效”。因此，他主张教国文要带教一点文法、修辞和伦理学大意，“目的之一是使学生心知其故，语言要怎样才算完美”。（第 606 页）1948 年 8 月，叶老草拟的《中学语文科课程标准》明确指出：“语法、修辞法、作文法、思想方法要从实际的听、说、阅读之中多多提出实例，让学生自己去发现种

---

* 原载《课程·教材·教法》1983 年第 3 期。

① 《叶圣陶语文教育论集》，教育科学出版社 1980 年版，第 384 页。本文凡只注页码不注篇目的引文，均引自《叶圣陶语文教育论集》。

种的法则。”（第 202 页）

叶圣陶身体力行，他在自己编写的中小学语文课本中，编进语法修辞的教学内容。这些内容的编排主要采取两种形式。

第一种，在课文的练习中安排零星的语法修辞知识，一点一滴，注重实用；不设专文，不求系统。采取这种形式的课本有：1932 年叶圣陶编纂、丰子恺绘画的小学初级学生用《开明国语课本》（共八册），1934 年叶圣陶编纂、丰子恺绘图的小学高级学生用《开明国语课本》（共四册），1946 年叶圣陶与周予同、郭绍虞、覃必陶合编的初中学生用《开明新编国文读本（甲种）》（共六册，专选白话文），1947 年叶圣陶与徐调孚、郭绍虞、覃必陶合编的初中学生用《开明新编国文读本（乙种）》（共三册，专选文言文），1948 年叶圣陶与朱自清、吕叔湘合编的高中学生用《开明新编高级国文读本》（共六册，专选白话文）等。

小学的《开明国语课本》“每数课之后列有练习课，有的注重于语法、作法、修辞的讨究，有的注重于内容的研求和欣赏”。（第 168 页）小学语文课本全套十二册，四百来篇课文“大约有一半可以说是创作，另外一半是有所依据的再创作，总之没有一篇是现成的，是抄来的”。① 在练习题中有语法和修辞的练习，其中有的是分析句子。高中的《开明新编高级国文读本》每篇课文后分列“篇题”“音义”“讨论”“练习”四栏。在“练习”栏里，“提出结构的分析，词语的讲解，句式和比喻的运用等。句式属于文法，比喻属于修辞，结构属于文章作法。”“我们注重的是应用，不是理论，所以采取这样一点一滴的办法”。（第 194 页）

第二种，在每一册的单元后面安排几篇短文，集中讲语法修辞，勾勒轮廓，保持其固有的系统，又不作繁细的分析。采取这种形式的课本有：1934 年叶圣陶与夏丏尊、宋云彬、陈望道合编的初中函授生用的《开明国文讲义》（共三册），1935 年叶圣陶与夏丏尊合编的初中国文科教学自修用《国文百八课》（共出了四册），1937 年叶圣陶与夏丏尊合编的《初中国文教本》（共六册）等。

---

① 《我和儿童文学》，上海少年儿童出版社 1980 年版。

《开明国文讲义》每三、四篇选文后有文话、文法、修辞、文学史话，分配如下（单位：篇）：

项目 / 篇数 / 册数	文选	文话	文法	修辞	文学史话
第一册	52	18	18		
第二册	44	11	6	12	
第三册	35				12

《国文百八课》共有108课，文话项目有108个，代表着文章知识的108个方面；一课就是一个单元，以文话为中心，包括文话、文选、文法或修辞、习问四项。“本书是彻头彻尾采取‘文章学’的系统的，不愿为了变化兴味自乱其步骤。”（第180页）从横向看，每一单元结合选文，有一定目的，四项互相配合；从纵向看，四项各有系统，有相对的完整性。全套课本构成一个完整的体系，为以后中学语文课本的单元编排形式奠定了基础。在这套教材中，叶老很重视语法和修辞的教学内容。关于语法，“大体仍沿用马氏及时下文法书的系统”，“我们也曾努力于此，偶然有所发现”（180页），把自己的研究成果也编进教材。关于修辞，依据陈望道的《修辞学发凡》。可以说，《国文百八课》吸取了当时语法修辞最新的研究成果。《初中国文教本》每一单元后有“文章法则甲”，讲语法修辞；“文章法则乙”，讲文体写作等。例如第一册选文三十篇，编进“文章法则甲”八篇：

一、字和词；

二、词的种类（一）；

三、句的基本成分和式样；

四、词的种类（二）；

五、短语；

六、句的附加成分；

七、句的成分的省略；

八、句的种类。

在上面以单元编排为特点的几套语文课本中，语法修辞的教学内容增加了，并且照顾了这两门语言学科固有的系统性和完整性。

此外，1948年出版供高中学生使用的《开明文言读本》（朱自清、吕叔湘、叶圣陶合编），除了每篇课文后有音义、虚字、文法、讨论及练习外，还有吕叔湘执笔编写的三万多字的导言，专讲文言的语音、词汇、文法、虚词等。这种把比较系统的语言知识集中编在一起，附在课本里的做法，很有启发性。

二、语法修辞教材的特点

进行语法修辞教学，最好有一套理想的教材。然而，编写这样一套教材不是一件容易的事情，要具有多方面的特点，比如科学性、系统性、实用性、简明性等。我们先看一个实例。1937年夏丏尊、叶圣陶合编的《初中国文教本》第一册第二一、二二课后边编排了“文章法则甲”——“六　句的附加成分”，这篇课文的全文如下：

文章法则甲

六　句的附加成分

句的基本成分是很简单的，有了名词，代名词，就可做主语；有了动词，形容词，就可做述语。复杂的句，除这些基本成分以外，还有附加上去的成分。附加成分，有一定的法则，现在试仍旧用上回所举过的四个句式来说明。

（一）形容词或形容词短语　可附加于句中各个名词上。如：

老人来。　　黑猫捕小鼠。

你的身体好。　　我是贫苦的学生。

（二）副词或副词短语　可附加于句中各个动词或形容词上。如：

人从故乡来。　　猫在夜间捕鼠。

身体很好。　　我也是学生。

（三）助词　可附加于句末。如：

人来了　　猫捕鼠哩

身体好吗　　我是学生呢

（四）感叹词　可附加在句的头上。如：

喏人来。　　哦猫捕鼠。

呀身体好。　　呃我是学生。

句的附加成分越多就越繁复，一句极简单的，可以敷衍成很复杂的长句。试以“人来”句为例，改成长句如下：

呀，你和我昨日在张三家里见过的那个会说笑话的老人正从巷口向我们这里来了。

习问

一、句的附加成分有几种？附加的方法怎样？

二、试将下列各文句删去附加成分，改成比较简单的句式。

(1) 吾今以此书与汝永别矣！《与妻书》

(2) 吾作此书。同上

(3) 泪珠和笔墨齐下。同上

(4) 旁边有一段低低的土墙。《三弦》

(5) 挡住了个弹三弦的人。同上

全篇课文不到四百五十字，简明地讲授了句子附加成分的特点和组合的方法。尤其突出的是，用同样的四个句子做例子，按四种方法来构成附加成分，形成鲜明的对比。课文末尾，采用扩展法，把短句扩展成长句——复杂单句。又在“习问”中，要求学生用紧缩法，去掉附加成分，摘出基本成分。课文把比较难懂的语言组合理论融化在语句变换的实际操作之中，具有科学性、实用性和简易性的特点。

1956 年 5 月，《汉语》课本第三册编成初稿。叶老进行了审读，他在同年 5 月 27 日的日记中写道：

下午倦甚，偃卧两小时许。起来续看初中汉语课本第三册稿，毕。此稿讲语法，注重规律，于各类词，指明其特点，讨论其用法，其他语法书尚无如是编撰者。教师苟善于利用，学生受益不少。缺点有二。一为叙说太呆板，殊无趣致。二则所用例句往往为不甚高明之语言，不足为典范。明日当与同人言之，期补为此二失。①

这段话集中地表现了叶老对《汉语》课本的要求。如果改上述的“二失”为“二得”，那么理想的《汉语》课本的特点应该是，阐明规律，注重实用，例句典范，文笔有趣。

阐明规律。叶老认为，“语法是连词成句的规律”，“语法就是教人如何把话说得对”，“修辞就是教人如何把话说得好”。课本应当讲解基本规律，“注重理解和实用，竭力避免机械的术语和过细的分析。务使读者修习之后，对于语言文字的规律具有扼要的概念，并且养成正确地、精当地发表的习惯”。（第169—170页）尤其重要的是，课本应当“从实际的听、说、阅读之中多提出实例，让学生自己去发现种种的法则”。课本要阐明规律，而且引导学生去“发现种种的法则”。这一点很难做到，然而应当力争做到。

注重实用。叶老认为，教学语法修辞，要使得学生在科学规律的指导下，在反复实践中，养成正确使用语言的习惯。他说：“学习语文目的在运用，要养成运用语文的好习惯。”“一定要把知识跟实践结合起来，实践越多就知道得越真切，知道得越真切就能起指导实践的作用。不断学，不断练，才能养成好习惯，才能真正学到本领。”（第140页）他提倡“五多”，多听，多说，多读，多写，多改。除了大家都强调听说读写四多外，叶老还强调多改，通过多改，把知识融会贯通，培养使用语言的实际能力。出于注重实用的目的，叶老还要求语法修辞课本中编进关于段落和篇章的内容。1955年，他在评论吕叔湘、朱德熙的《语法修辞讲话》时说，“这里头只讲到句，没谈段落和篇章。一般语法书原来大都如此。可是《讲话》既然把语法和修辞合起来谈，既然着重在讨论语言的使用，这就离不了思维的条理，而思维的条理常常在一段一篇里看出来。上下两句分开来看都完整，连起来看可不相应，那就说不上恰当地使用语言。前后两段分开来看都要得，连起来看可搭不上，那也说不上恰当地使用语言。因此，要给读者更多的帮助，应该在下一句和上一句、后一段和前一段的关系上有所讨论。”（第650页）叶老特别

---

① 《日记抄》，载《新观察》1956年第19期。

强调要根据实用的原则编写教材，安排内容。

例句典范。“最感麻烦的是文法、修辞的例句的搜集。”（第 178 页）这是经验之谈。例句都采自名家名篇，当然很好，然而离学生语言实践较远，不容易学到手。叶圣陶认为例句可以采于三个方面：“例子以日常生活中的语言，读本上的文句，作文练习簿上的文句为范围。”（第 606 页）例句典范而又切合学生语言实际，就能够引导学生自己去发现语言规律，学以致用。

文笔有趣。课本的语言要深入浅出，活泼有趣，使得学生乐意阅读，容易接受，进一步去分析、归纳语言现象。

三、怎样进行语法修辞教学

叶老说：“语法、修辞法、作文法、思想方法都不作孤立的教学，孤立的教学徒然研讨一些死知识，劳而少功；必须就实际的听、说、阅读之中相机提出教材。”（第 202 页）这里提出了一个总的原则，不要就课本孤立地教学，而要在听说读写中教学语法修辞。叶老关于语法修辞教学有许多真知灼见，下面仅仅列举四点，以见一斑。

说话和听话。叶老主张初学语法修辞的人，要从自己的说话和听话中学习语法修辞。他说：“对个人或公众能够说出自己的意思，能够作辩论，不虚浮、不夸张，老老实实，诚中形外。说话又能够不违背伦理和我国的语言习惯，明确，干净，不含胡，不啰唆。”（第 199 页）又说：“留心听人家的话。……听话也是阅读，不过读的是‘声音’的书。”（第 122 页）“听人说话：能够了解对方的要旨，不发生误会。又能够加以评判，对或不对，妥当或不妥当，都说得出个所以然。”（第 199 页）自己多说，练习组词成句、修饰语言的能力；听人家说话，练习理解别人说话的内容和辨别正误优劣的能力。说话听话的机会远比读话写话的机会多，而往往忽视说话、听话中的语法修辞问题。为此，叶老主张也要引导学生研究说话、听话中的语法修辞问题。他说，“对初学者也可以教文法……例子可以从日常语言中找。”“只要把自己说的人家说的语言多多归纳，多多比较，就是普通人学文法的道路，这样有实际的用处。”听话，也要考虑“人家用词的选择，语调的特点，表现方法的优劣”。发现和解决学生说话和听话中常见的语法修辞问题，就学活了。

念话和改话。叶老一再强调学生作文就是写自己说的话。把自己说的话写下来，要多念几遍；通过念自己写下来的话，来发现那些不符合说话习惯的地方。他说，“写好以后，念它几遍，至少两三遍……凡是不通的地方，有废话的地方，用词不当的地方，大致可以听出来。总之，要多念多改，作文的进步才快。”如：“在鼓掌声中又可听到了他们的生产指标像火箭一样突飞向上的消息，那时自己将是多么高兴呀。”反复诵读，就能发现：“可”表示能愿，动作还没有实现；“了”表示完成，动作已经实现。一句之中，表示“没有实现”的词和表示“已经实现”的词怎能联用，岂不矛盾？可见，这个“了”绝对不能用。此外，“语句里的动词跟宾语和动词跟补语之类，前后呼应的连词跟连词和连词跟副词之类，咱们下笔的时候偶尔疏忽，会成为结构不配合，前后不呼应。用嘴一读，疏忽之处就检查出来了。”（第 483 页）多念多改，就是在实践中巩固和运用语法修辞知识，培养使用语言的能力。

养成剖析句子的习惯。叶老说，“对于语法要注点儿意，先得养成剖析句子的习惯。”（第 461 页）说一句话，有的词语是对象，有的词语是说明对象的，这两部分是否搭配。一个复句有几个分句；有的复句中几个分句是轻重均等的；有的复句中几个分句有轻有重，一般是重点在后头，要善于剖析。又如，一个句子较长，去掉修饰成分，变短了；有的句子较短，加上修饰成分，就变长了；语意的表达也不同了。

剖析句子，不仅活用语法修辞知识，而且也训练思维能力。叶老在分析一句话时写道：

> “上海的住旅馆确是一件很困难的事，廉价的房间更难找到，高贵的比较容易，我们不敢问津的。”什么叫做“上海的住旅馆”？就字面看，表明住旅馆这件事属于上海。可是上海是一处地方，绝不会有住旅馆的事，住旅馆的原来是人。从此可见这个话不是想错就是写错。如果这样想：“在上海，住旅馆确是一件很困难的事，”那就想对了。把想对的照样写下来：“在上海，住旅馆确是一件很困难的事，”那就写对了。（第 448 页）

因此，叶老主张语言能力的训练与思维能力的训练应当结合起来进行。

使用比较研究法。进行语法修辞教学，不仅教学一点一滴语法修辞知识，还应当采取比较研究法："普通话、方言、文言的语汇、语法、修辞格三方面，要随时从教材中提出实例，作彼此的比较研究。比较研究不必像专门家那么细密，只要学生养成这么个习惯就成。"（第 202 页）普通话、方言、文言的语汇、语法、修辞格三方面要进行比较，就是教学普通话语法修辞也要进行比较。语素、词、词组、句子、句群等语法单位有什么特点，组合有什么规律，如何使用；句式如何变换和选用，不同的句式如何表示基本相同而又有细微差别的意义，都宜于对比研究。规范的应该对比研究，不规范的也应该对比研究。从语言运用的实例中选取有代表性的不规范的例子，对比归纳出语言运用中常常出现的毛病，如结构不完整、搭配不得当、词序不合理、关联不明确等，引导学生分析比较，找出原因来，得出纠正的方法。叶老说得好，教学语法修辞"要比较，要归纳，这样说不错，那样说更好，这样说为了什么作用，那样说含有什么情趣"，这样，中学语法修辞教学就能理论联系实际，学以致用。

静态的语法教学和动态的语法教学相结合*

语言教学要体现语言最本质的特点即交际工具性，语法教学更应如此。语法教学要静态的教学和动态的教学相结合，而以动态的教学为主。

一、两种语法教学

静态的语法教学，教学没有进入交际活动的语言结构，分析语言结构的关系，分析各种语法结构，分析语言结构的显性意义。动态的语法教学，教学进入交际活动的语言结构，分析语言结构的使用和功能，分析语言环境对语言结构的制约，分析语言的隐性意义。请看下表：

- 语法教学
  - 静态语法教学
    - 语言结构的格式（各种结构关系）
    - 语言结构的显性意义
      - 表层意义
      - 深层意义
  - 动态语法教学
    - 语言结构的使用（各种结构变化）
    - 语言结构的隐性意义
      - 语用义
      - 情态义

* 原载《语言文字应用》1994年第2期。

二、静态的语法教学

静态的语法教学，简言之，是教学分析、组合语言结构，理解语言结构的显性意义。

教学分析、组合语言结构，一要教学语言结构的组合手段、方式、关系，二要教学语言结构的一致性（对应性），三要教学语言结构的特殊性。

汉语的组合手段、方式、关系有自己的民族特点。汉语的组合手段主要是语序和虚词，而不是形态变化。例如：

我们‖爱祖国。——祖国‖爱我们。

他吃着饭。——他吃了饭。——他吃过饭。

“祖国”充当主语或宾语，形态不变。动词加虚词“着”或“了”“过”，表示不同的动态，而动词不变形态。请看下表：

组合手段	组合方式	组合单位	组合关系
语序	直接结合	词、短语、单句	并列、修饰、陈述、支配、补充
虚词	关联组合	复句、句群	并列、选择、转折、条件、因果等

组合语言结构不受形态制约，而且主要靠语序和虚词；语意起很大作用（搭配得当、符合事理、适应语境），常常采用意合法。词、短语、单句的组合关系（结构关系）基本一致，复句和句群的组合关系也基本一致。语言结构的简易性和一致性，是汉语的一个明显的特点，掌握了这个特点，可以说掌握了打开汉语语言结构的一把钥匙。这把钥匙要交给学生。

汉语语言结构的一致性主要体现在词、短语、单句结构的一致性（对应性）。据此，可以提出词、短语、单句的“三位一体”的语法教学观点和方法。《系统提要》这个教学语法体系，从结构关系和语法功能两个方面把词、短语、单句“三位一体”地联系起来了，打通词、短语、单句，静态的语法教学就会简易好懂，事半功倍。

不仅要教学语言结构的一致性，而且要教学结构的特殊性。如果教某类词能充当什么句子成分，某类短语能充当哪几种句子成分，其实对汉语来说没有多大用处，因为几乎每种实词、每类短语都能充当绝大多数句子成分。这样教学显示不出语言结构的特殊性，学了没有多大用处。必须教学词类、语言结构的特殊性。教学动词，要教学动词带动态的助词“着”和“了”“过”，表示动作行为不同的动态——完成或未完成，要教学能愿动词、趋向动词、判断动词的用法。教学句式，要教学各种句式的特点，如双宾语主谓句、兼语主谓句等各自的结构特点和格式，突出个性，使学生认识“这一个”或“那一个”。学生掌握了一种结构的特殊性，也就掌握了这种结构。

教学理解语言结构的显性意义，使学生学会理解语言结构的表层意义和深层意义。

语言结构的表层意义是由词类意义和结构关系组成的。例如：

（1）小王‖把老李批评了一顿。

（2）小王‖被老李批评了一顿。

名词（事物）、介词、动词（动作）、助词、数词、量词，主谓结构——陈述和被陈述关系，这些决定了上面两句的表层意义。表层意义是语言结构最直接的意义，表示静态的信息。

语言结构的深层意义就是词语之间内在的关系意义，即语法意义。名词和动词组合时，名词有施事、受事、工具、处所等意义，动词有“向”的意义（单向、双向、三向等）；副词和动词组合时，副词有程度、范围、情态、否定等意义。上面例（1）（2）都是主谓句，结构相同，“主语＋状语＋动词＋补语”。但是，深层意义不同。例（1）表示主动的语意；“小王”是施事，动作发出者，“老李”是受事，接受“批评”这一动作。例（2）表示被动的语意，“小王”是受事，动作接受者，接受“批评”这一动作，“老李”却成了施事，动作发出者。可见，两句中，“小王”“老李”跟动词“批评”之间的语意关系不一样，这是因为介词“把”“被”标志了语言结构的深层意义：“施事”“受事”；主动、被动。又如：

（3）中国女篮大败韩国队。

(4) 中国女篮大胜韩国队。

两句结构相同，语意也相同。可是“败”和“胜”的词汇意义完全相反，如果去掉宾语：

(5) 中国女篮大败。

(6) 中国女篮大胜。

那么，意义就完全相反。为什么呢？因为，动词“败”“胜”的语义指向不同。“败”可用作自动（“自败”）也可用作使动（“败他”——“使他败”），既可自指又可他指。例（3）中，“败”指向韩国——“败韩国队”，即“使韩国败”。“胜”，在现代汉语中一般用作自动，例（4）中“胜”指向主语中国女篮——“中国女篮胜”，而不用作使动，不指向宾语，只可主语自指而不可他指宾语。可见，语言结构的深层意义不能不探求。

三、动态的语法教学

动态的语法教学，简言之，是教学使用语言结构，理解语言结构的隐性意义。教学使用语言结构，一要教学语言结构的变换和选用，二要教学一种语言结构适应怎样的语境并获得怎样的语意。

动态的语法教学不仅要教学组合语言结构，而且要教学使用语言结构。一个语言结构可以变换成语意基本相同而又有细微差别的不同格式。在语言交际中，语言结构自身活动着，寻找适应自己的语言环境，充分地表达显性意义和隐性意义。请看一个句式变换的教学实例（一部分内容）。

第一步，展示例句，分析结构。

我们打垮了敌人。

——我们把敌人打垮了。

——敌人被我们打垮了。

比较同类例句，得出把字句和被字句的变换规律。施事同受事对换一下位置：“把”“被”互换。

——我们‖把敌人打垮了。
施事 受事

——敌人‖被我们打垮了。
受事 施事

第二步，比较语言结构的显性意义。两者都是陈述和被陈述的关系。然而，前者表示主动意义——主动句；后者表示被动意义——被动句。

第三步，使用语言结构，分析语言结构的隐性意义——进入语言活动。

强调“我们”的主动性，表示“经过一番主观努力”，可用一般主动句——陈述句：

(7) 经过一日一夜的激战，我们打垮了敌人，取得了决定性的胜利。

强调处置敌人的结果，可用“把字句”：

(8) 敌人调来了一个连增援，满以为能够保住阵地，但是，我们把敌人打垮了，夺取了阵地。

(9) 敌人被我们打垮了，企图突围逃跑的妄想破灭了。

第四步，通过练习，沟通相关的语言变换的知识、能力，或者探求语言交际中语言结构的隐性意义。

作下面的练习。

“我们打垮了敌人”这一句可以变换成下列句式：

A. 把字句：我们把敌人打垮了。

B. 被字句：敌人被我们打垮了。

C. 反问句：难道我们不是把敌人打垮了吗？

D. 双重否定句：敌人不能不被我们打垮。

下面四段话中，空缺的一句应该分别选用上面哪一句？请填空。

A. ________________企图突围逃跑的妄想破灭了。

B. 敌人调来了一个连增援，满以为能够保住阵地，但是，________________夺取了阵地。

C. 敌人不是没有力量，但是，______________因为我们的战士具有大无畏的精神，而且得到人民群众的支持。

D. ________________难道阵地不是已经在我们手中吗？事实毕竟是事实，敌人的种种谎言不攻自破。

这个教学实例也可以逆向进行：从语言活动开始，逐步归纳出语言结构及其使用的规律。

教学理解语言结构的隐性意义，使学生理解处于交际中的语言结构的语用义和情态义。

语言结构的语用义是语言结构运用于一定语言环境而获得的，也可以说是语境赋予语言结构的特定含义。例如，“我‖喝酒”和“我酒喝”都是主谓结构，区别在于“酒”在动词“喝”之前或之后。成分位置不同，组合成不同的结构，用于交际，则构成不同的语意焦点：

我喝酒，不吃饭。（焦点在对比动作）

我酒喝，饭不吃了。（焦点在对比事物）

再比较：

A. 我‖喝酒，不吃饭。（主谓结构，主语“我”）

B. 我‖酒喝，饭不吃了。（主谓结构，主语“我”）

C. 酒‖我喝，饭不吃了。（主谓结构，主语“酒”）

D. 喝我酒，不是喝你酒。（动宾结构）

“我”“喝”“酒”三个词，组合不同，结构不同，适用于不同语境；反之，不同语境（上下文）选择不同的语言结构，“不是喝你酒”只能选择“喝我酒”作为最佳的上一分句。

语法的语用义是语言结构在语境中表达的类义（评论、强调、被动等），有何种表意功能；修辞则解释语言结构在语境中的表达效果，有何优劣。两者既有一定的联系，又有必然的区别。阐述语言结构的语用义，联系修辞，并进而探求语境中语言结构的隐含意义，这对增加中小学语法教学的实用性有好处。

情态义有两种，一种是表达者有意发出的信息，必须传递给对方的情态，往往带有语气助词或其他语言标志；一种是表达者在语流或语句中自然流露出来的信息，表达自己的情态，不一定必须传递给对方的，这两种情态义都是隐含在处于一定语境的语言结构内。《祝福》中，祥林嫂丧夫后来到鲁家，祭祀时她去分配酒杯和筷子。

"祥林嫂，你放着罢！我来摆。"四婶慌忙的说。

祥林嫂到土地庙捐了门槛，冬至祭祖时"坦然的去拿酒杯和筷子"。

"你放着罢，祥林嫂！"四婶慌忙大声说。

"祥林嫂，你放着罢！""你放着罢，祥林嫂！"词语相同，句子的结构相同，只是称呼语的位置不同。前者在语境中有祈使、劝阻的情态，后者在语境中有责备、恼怒的情态，表达者的情态成了语意焦点。因此使祥林嫂"像是受了炮烙似的缩手，脸色同时变作灰黑"。

动态的语法教学丰富了语法教学的内容，提高了语法教学的效率。

四、静态的语法教学和动态的语法教学相结合

静态的语法教学和动态的语法教学是语法教学的两只翅膀，必须有机结合，而不能偏废。静态的语法教学和动态的语法教学相结合，应该重视下列三点。

第一，分析语言结构和使用语言结构相结合，突出语言运用。

语法教学的基础是语法结构（分析和组合）。教学语法结构，目的是运用语法结构。从教学语法结构看，语法教学不能是"语法结构—语法结构"，这种教学模式使语法教学僵化；而应该是"语法结构—语言运用—语法结构"，通过语言运用，来理解和掌握语法结构。

第二，辨析语言结构和辨析语言意义相结合，突出语言意义。

辨析语言结构所负载的意义，是中学语法教学的重要内容。语言结构蕴含显性意义，语言环境赋予语言结构的隐性意义。

辨析语言结构的隐性意义，常常要结合修辞，使语法教学延伸到语言教学，学以致用。语言结构的隐性意义有种种情况。例如，省略，省略句子成分，省略一个或几个句子，即说半句留半句或者说一句藏一句，这种省略的句子在语境中获得隐性意义。

> 你爱信不信!

这是“你爱信就信不爱信就不信”的省略形式，隐含着“我都不管”的意思。这是句子成分的省略，下面是句子的省略：

> 诗人歌德在魏玛公园散步，碰到一个敌视他的文学批评家。批评家说：“我从来不给傻子让路!”说完，便站在路中间。
>
> 歌德接过话头笑着说：“而我正相反。……”说完，便退到路旁边。

歌德说的“而我正相反”等于“而我则从来给傻子让路”，这是个大前提。歌德用“退到路旁边”这句体态语表示结论“我给你让路”，省略了小前提“你是傻子”。歌德说了一句留了一句，这一句是语境赋予的隐性意义，是歌德说的“而我正相反”所要表达的主要意思。这种省略，好像只是修辞现象，而不是语法现象。不过，如果改变“语法只讲到句”的观念，树立“语法讲到句群”的观念，就会既看作修辞现象又看作语法现象。

第三，语法教学同听说读写的语文教学相结合，突出运用于读写。

目前，中学语法教学只是中学语文教学的一部分，而且是比较小的一部分内容。中学语法教学当然有自己的教学任务，有必须教学的知识和能力，但是它处于整个中学语文教学中，也为培养语文的听、说、读、写能力服务，因此语法教学必须同听、说、读、写教学相结合，特别是语法知识能力应运用于阅读和写作。

1. 语法能力运用于阅读

语法能力运用于阅读，主要理解语句的结构，把握显性意义和隐性意义，特别是辨析语境赋予语句的隐含意思。语法运用于阅读，下面列举八个方面。

——辨析文中关键性的名词、动词、形容词所表达的语意。

——辨析文中搭配超常的语言结构的隐性意义。

——理解定语、状语的修饰作用。

——理解语序所表达的语意。

——理解虚词及其所表达的事理关系。

——理解长句结构及其严密的语意。

——理解分句、句子之间的结构层次和事理关系，把握语句在语境中的显性意义和隐性意义。

——用语法结构的观念来分析、理解篇章的层次结构。

下面举例说明以下各方面。

(1) 辨析关键性的名词、动词、形容词所表达的语意。

任何一段话都有关键性的名词或动词或形容词，把握了它们，也就把握了主要语意，理解了语言的优美之处。

> 可是，我要说，这是由于他跟我们的战士接触太少，还没有了解到我们的战士：他们的品质是那样的纯洁和高尚，他们的意志是那样的坚韧和刚强，他们的气质是那样的淳朴和谦逊，他们的胸怀是那样的美丽和宽广！（魏巍《谁是最可爱的人》）

品质——纯洁、高尚，意志——坚韧、刚强，气质——淳朴、谦逊；胸怀——美丽、宽广，这几个名词和形容词搭配得多好！“最可爱的人”的精神面貌揭示了出来。关键性的名词或动词，又往往是理解整段、整篇的一把钥匙。老舍《在烈日和暴雨下》有一段描写下暴雨的过程，雨从小到大，作者用不同的名词或名词短语来称说雨，十分精彩：

> 云还没铺满天，地上已经很黑，极亮极热的晴午忽然变成了黑夜似的。风带着雨星，像在地上寻找什么似的，东一头西一头地乱撞。北边远处一个红闪，像把黑云掀开一块，露出一大片血似的。风小了，可是利飕有劲，使人颤抖。一阵这样的风过去，一切都不知怎么好似的，连

> 柳树都惊疑不定地等着点什么。又一个闪，正在头上，白亮亮的雨点紧跟着落下来，极硬的，砸起许多尘土，土里微带着雨气。几个大雨点砸在祥子的背上，他哆嗦了两下。雨点停了，黑云铺满了天。又一阵风，比以前的更厉害，柳枝横着飞，尘土往四下里走，雨道往下落；风，土，雨，混在一处，连成一片，横着竖着都灰茫茫冷飕飕，一切的东西都裹在里面，辨不清哪是树，哪是地，哪是云，四面八方全乱，全响，全迷糊。风过去了，只剩下直的雨道，扯天扯地地垂落，看不清一条条的，只是那么一片，一阵，地上射起无数的箭头，房屋上落下万千条瀑布。几分钟，天地已经分不开，空中的水往下倒，地上的水到处流，成了灰暗昏黄的，有时又白亮亮的，一个水世界。

顺着下暴雨的过程，抓住“雨星”—“雨点”—“大雨点”—“雨道”—“瀑布”—“水世界”这些名词或名词短语，就能领会作者写雨从小到大的雨景的妙处。

(2) 理解定语、状语的修饰作用。

许多句子去掉了定语或状语，几乎没有什么表达作用。阅读句段，定语、状语往往是语意的重点，必须把握。

> 一个人能力有大小，但只要有这点精神，就是一个（高尚的）人，一个（纯粹的）人，一个（有道德的）人，一个（脱离了低级趣味的）人，一个（有益于人民的）人。（毛泽东《纪念白求恩》）

这句的五个定语表达了丰富的语意，使这一句成为争相传诵的格言警句。下面几句，只有理解了修饰语，才能读出诗一般的神韵：

> ……在平静的深黯的海面上，月光辟开了一款狭长的明亮的云汀，闪闪地颤动着，银鳞一般。远处灯塔上的红光镶在黑暗的空间，像是一颗红玉。它和那海面的银光在我们面前揭开了海的神秘——那不是狂暴的不测的可怕的神秘，而是幽静的和平的愉悦的神秘。（鲁彦《听潮》）

如果抓住了文中的关键性的名词“月光”、（灯塔上的）“红光”、（海面的）“银光”，再理解修饰语、陈述语，就能具体地感受到大海的彩色的神秘晚景。

（3）理解虚词及其所表达的事理关系。

虚词一般不表达实在意义，只是通过组合语言单位来表现它们的事理关系，给人们提供理解句段的思路。有时虚词也能传神，带来言外之意。

鲁迅是运用虚词的语言大师，他不仅在议论性文章中巧用虚词，而且在记叙性的作品也巧用虚词。下面是《阿Q正传》中阿Q画花押时画圆的动作描述：

> 他生怕被人笑话，立志要画得圆，但这可恶的笔不但很沉重，并且不听话，刚刚一抖一抖的几乎要合缝，却又向外一耸，画成瓜子模样了。

阿Q从来没有拿过笔，这次立志画圈儿画得圆，“但”笔不行，刚几乎合缝，“却”向外一耸，“画成瓜子模样了”。这句话两次转折，“但”“却”表现了阿Q死要面子的心理状态，乃是传神之笔。下列关联词语可以帮助理解句群内的意义层次：

> ①我们，普通的党员，在共产主义事业中也是做一部分工作，尽一部分责任。②我们的这一部分，比马克思、恩格斯、列宁、斯大林的那一部分，当然是小得多。‖③然而，我们总有一部分。④大小虽然不同，但都是整个伟大事业中的“一部分”。|⑤所以，我们只要做好了一部分工作，就算尽了我们的责任。‖⑥我们当然尽可能使自己做的工作多一点，然而，如果不能多，就少一点，也是有益的，也是一样光荣的。⑦无论如何，最低限度不能妨害共产主义事业的发展，而必须大小不一地尽自己的一部分责任，多少不一地做好自己担负的工作，这是我们每个党员所应有的正确态度。（刘少奇《个人和集体》）

七个句子，“所以”显示了①②③④和⑤⑥⑦之间是因果关系，据因推果。“然而”又显示了①②和③④之间的转折关系。句群中大层次清楚了，小层次就比较好把握了。

（4）理解长句结构及其严密的语意。

理解长句，学过语法的人同没学过语法的人比较，学过语法的人能够自觉地分析结构，把握语意，事半功倍。

办法之一，是借助虚词把长句切分成几个结构段。长句中一般有虚词，起组合语言单位的作用。下例在虚词“的”和“就”处切分结构：

> 左手拇指和食指之间的/毛线或棉条/就会像魔术家帽子里的彩绸一样/无穷无尽地抽出来。（吴伯箫《记一辆纺车》）

办法之二，是摘出主干（用着重号标出主干成分）。如下例：

> 赵州桥高度的技术水平和不朽的艺术价值，充分显示了我国劳动人民的智慧和力量。（茅以升《中国石拱桥》）

办法之三，把长句变换为短句，意义就明快了。例如，把长句中的主干摘出并连起来说，然后把长定语拆开来说，如下例：

> 长句：原子是由居于原子中心的带正电的质子和不带电的中子组成的原子核及围绕它作高速旋转的带负电的核外电子组成的。
>
> 化长为短：原子是由原子核和核外电子组成的，原子核由居于原子中心的带正电的质子和不带电的中子组成，带负电的核外电子围绕原子核作高速旋转。

用语法的知识和能力来阅读长句，有明显的优势。

（5）理解分句、句子之间的结构层次和事理关系，把握语句在语境中的显性意义和隐性意义。

词、语、句处在句子、句群中，就处在一定的语境中，这就便于理解它们的显性意义和隐性意义。用语法的眼光，分析下面句群的层次，就能更好地理解作者所表达的语意：

> ①它没有婆娑的姿态，没有屈曲盘旋的虬枝。②也许你要说它不美。③如果美是专指“婆娑”或“旁逸斜出”之类而言，那么，白杨树算不得树中的好女子。｜④但是它伟岸，正直，朴质，严肃，也不缺乏温和，更不用提它的坚强不屈与挺拔，它是树中的伟丈夫。‖⑤当你在积雪初融的高原上走过，看见平坦的大地上傲然挺立这么一株或一排白杨树，难道你就只觉得它只是树？⑥难道你就不想到它的朴质，严肃，坚强不屈，至少也象征了北方的农民？⑦难道你竟一点也不联想到，在敌后的广大土地上，到处有坚强不屈，就像这白杨树一样傲然挺立的守卫他们家乡的哨兵？⑧难道你又不更远一点想到，这样枝枝叶叶靠紧团结，力求上进的白杨树，宛然象征了今天的华北平原纵横决荡、用血写出新中国历史的那种精神和意志？（茅盾《白杨礼赞》）

这个句群有八个句子，①②③和④⑤⑥⑦⑧构成第一层次，对比说白杨树：“算不得树中的好女子”和“是树中的伟丈夫”。⑤⑥⑦⑧四个反问句是解释④的，抒写“树中的伟丈夫”的品质和象征意义，构成第二层次。从总体上把握了这两个层次，八个句子的语意一目了然，同时也感受到了作者强烈的激情。可见，句群教学自然而然地同阅读结合起来，语法直接运用于阅读，动态的语法教学是大有可为的。

2. 语法能力运用于写作

语法能力运用于写作，主要是正确地组合语句，表达句与句之间的事理关系，以便通畅地表达显性意义和隐性意义，有时还涉及修辞。语法运用于写作，下面列举十个方面：

——正确地使用名词、动词，安排好搭配关系，准确地表现事物和动作。

——用代词指称事物，使行文简洁。

——用定语、状语具体、形象地反映事物和动作。

——用恰当的语序有条理地表达语意。

——用完整的语言结构表达完整的语意。

——用关联词语准确地表达事理关系。

——用长句表达严密的语意。

——在不同语境中使用不同的句式，表达有细微差别的语意和隐含意义。

——用句群恰当地表达既有中心语意又有连贯性的意思。

——辨析语句的正误，修改病句。

下面举例说明以下各方面。

（1）正确地使用名词、动词，安排好搭配关系，准确地表现事物和动作。

写作中大量使用名词、动词，一要精选，二要搭配好。名词和动词组合，可以构成主谓关系和动宾关系。对比下列 a 和 b、c 句中的动词。

①
a. 水稻根系的发育在水中可以生长，但水中必须有充分的氧。
b. 水稻根系在水中可以生长，但水中必须有充分的氧。

②
a. 一个很小的孩子接着问，他有惊怖的眼光。
b. 一个很小的孩子接着问，他露出惊怖的眼光。

（叶圣陶《饭》）

③
a. 这样做才能取得预期的目的。
b. 这样做才能达到预期的目的。
c. 这样做才能取得预期的效果。

例②b 动词用得好，生动地描述动作，有动态感；而 a“有”字句，只表静态。例①③的 a 句动词与它相搭配的名词（中心语）不协调，影响语意表达。

（2）用定语、状语具体、形象地反映事物和动作。

定语修饰名词，描述事物；状语修饰动词，描述动作；定语、状语使事物、动作表达得具体、形象，富有感染力。比较：

④ a. 大海卷起波浪。
b. （蔚蓝色的）大海卷起（一排排小山似的）波浪。

⑤ a. 原文：咱们集合在一块儿，铺成真实的路，
让人们行走！
b. 改文：咱们集合在一块儿，铺成真实的路，让
人们［在上面高高兴兴地］走。

（叶圣陶《古代英雄的石像》）

例④b 用了定语，把大海的颜色、波浪的形状描绘了出来。例⑤b 用了状语“在上面高高兴兴地”，把动作的情态表现了出来。阅读优美的作品，不可不理解定语、状语所表达的语义；写作优美的文章，不可不用好定语、状语。

（3）用恰当的语序有条理地表达语意。请比较：

⑥ a. 总之，倘是咬人之狗，无论它在岸上或在水中，我觉得都在可打之列。
b. 总之，倘是咬人之狗，我觉得都在可打之列，无论它在岸上或在水中。（鲁迅《论“费厄泼赖”应该缓行》）

⑦ a. 在延安的人，在所有抗日根据地的人，不但坚持了抗战，而且吃得饱，穿得暖，取得了抗战的最后胜利。
b. 在延安的人，在所有抗日根据地的人，不但吃得饱，穿得暖，而且坚持了抗战，取得了抗战的最后胜利。（吴伯箫《记一辆纺车》）

语序表达语句的关系、语义，可以巧妙地表达隐含意义。例⑥b 把表示条件的分句挪后，突出了假设的结果。例⑦b 调整了语序，把“抗战”突出来，语义先轻后重。

（4）用关联词语准确地表达事理关系。

先比较：

⑧
原句：自然也不同我们谈话。只是当你们快活的时候，“小宝贝”“小心肝”地叫一阵；不爽快的时候，“可厌的东西！”“我要打了！”“快给我滚开！”地骂一回。
改句：自然也不同我们谈话。只有当你们快活的时候，才“小宝贝”“小心肝”地叫一阵；不爽快的时候，就“讨厌的东西！”“我要打了！”“快给我滚开！”地骂一回。

（叶圣陶《啼声》）

⑨
原句：雕刻家从此成了名。他能够给古代英雄雕一个石像，满大家的意。
改句：雕刻家从此成了名。因为他能够给古代英雄雕一个石像，使大家都满意。

（叶圣陶《古代英雄的石像》）

例⑧的改句，把原句的“只是”改成“只有”，还加了“才”和“就”，这一改，把分句间的条件关系明显地表现出来。例⑨的改句加了一个“因为”，表明因果关系。此外，例⑧的“才”“就”还显示了情态，丰富了语意。在写作中使用关联词语，要比较，用或不用，用这个或用那个，意思和效果不一样。使用关联词语不仅能够准确地表达，而且使语意更严密。

（5）在不同语境中使用不同的句式，表达有细微差别的语意和隐含意义。

汉语的句式变化灵活。要用不同句式准确地表达不同语意；要用不同句式表达基本相同而又有细微差别的语意。变换句式是语法的事，选用句式是修辞的事，两者密不可分。

⑩
a. 这个人‖大个儿。
b. 这个人‖是大个儿。

⑪ 原句：骄傲，若非圣人或愚人就难得免。
改句：人是最容易骄傲的，除非圣人或傻子。

例⑩a突出“大个儿”，陈述主语的特点，是名词谓语句；b判断主语是“大个儿”，是动词谓语句。例⑪原句是单句；改句把排除的对象挪后，突出了前面结构的意思。

（6）用句群恰当地表达既有中心语意又有连贯性的语意。

说写一句话，容易符合语法，说写相关的几句话，就不容易了，往往是中心语意不明确，关系不清楚，意思不连贯。因此，语法教学不仅教学说写一句话，而且要教学说写相关的几句话，即要教学句群。说写句群，一要正确地组合句与句，关系清楚，语意明确，二要充分利用几个句子所提供的语境，表达丰富的语意。比较：

⑫ 原句：①一轮红日从东方的地平线上渐渐露出头来。②红光赶走了星星。③天空变成了鱼肚白。④太阳射出给予人们温暖和力量的光芒。
改句：③天空变成了鱼肚白。①一轮红日从东方的地平线上渐渐露出头来，②赶走了星星。④朝阳射出了给予人们温暖和力量的光芒。

例⑫原句排列顺序不妥，不能反映客观事物发展的顺序，致使语意不连贯。改句调整一下语序，表现了晨景的自然变化，语意就连贯了。可见，句群教学也自然地同写作结合起来，语法直接运用于写作。动态的语法教学确实大有可为。

附：1994年6月，我应邀去马来西亚讲学，在南洋商报和上海书局联办的“中文语法研讨会”上讲中学语法教学。下面是南洋商报的专题报道。

庄文中：引导学生提高分析与理解力

〔吉隆坡卅一日讯〕庄文中教授指出，语言是人类最重要的交际工具，所以，语言教学便要体现语言最本质的特点——交际工具。

语法教学宜动静结合

他说：语言教学要从语法开始，语法可以分为静态语法教学和动态语法教学，两者须互相结合，但却以动态的语法教学为主。

何谓静态语法教学？在没有进入交际活动的语言结构，分析语言结构的关系、各种语法结构和语言结构的显性意义，便是静态语法教学。

而动态语法教学，则是进入交际活动的语言结构，分析语言结构的使用和功能；分析语言环境对语言结构的制约，以及分析语言的隐性意义。

庄文中是在南洋商报与上海书局联办的“中文语法研讨会”上主讲时如此表示。

语言乃民族标志

他说：“语言是民族的标志，所以，我今日受邀主讲中文语法教学，感觉上非常地亲切。”

他继续说，从语法功能看，名词、动词、形容词的语法功能与名词短语、动词短语、形容词短语相同。

“当名词短语、动词短语、形容词短语分别充当句子的谓语或直接构成句子的时候，它们就可以构成各种的谓语句或非主谓语句。”

可见语法功能中，词、短语和单句也有明显的一致性。

昨日到场聆听讲座会的人士约有四百人，而执教鞭者占了多数。

动静语法教学若翅膀

庄氏透露，静态的语法教学和动态的语法教学是语法教学的两只翅膀，必须有机结合，而不能偏废。两种语法教学相结合，应该重视下列三点：

第一，分析语言结构和使用语言结构相结合，突出语言运用。

第二，辨析语言结构和辨析语言意义相结合，突出语言意义。

第三，语法教学与听、说、读、写的语文教学相结合，突出语法运用于读写。

“语法运用于写作，主要是正确地组合语句，通畅地表达显性意义和隐性意义。”

庄氏曾在几间大学里担任教师，后来，他被调到教育部，开始投入研究华文教学。

动静结合灵活教学

他说："静、动态语法教学相结合，是一个活的教学过程，在这个活的教学过程中引导学生在语言交际中学习、使用语法，提高分析和理解语言的能力。"

整个教学过程的理想模式应该是"语言运用—语言结构—语言运用—语言结构—语言运用"，语言运用既是起点又是终点，这个教学过程便称为静、动态语法教学相结合的教学过程。

（1994 年 6 月 1 日《南洋商报》）

中学生语言学习和运用讲座*

语言学习和运用讲座（1）

规范（上）

语言文字的规范，就是符合国家法定的语言文字标准，符合人们长期约定俗成的语言文字使用规则。

语言文字规范化，是发挥作为交际工具的语言文字的社会职能的需要，是人们交流思想感情和社会发展的需要，因此，国家制订了语言文字的一系列规范标准，这是硬性标准。符合，就是语言规范；不符合，就是语言失范，就是语言运用的“硬伤”。中学生，要学习国家规定的语言规范标准，自觉规范地运用语言。

中学生要从语音、汉字、语汇、语法四个方面学习、掌握语言文字的规范标准。

一、学习普通话，读说正确的字音词音

1. 要识别形声字声旁表音的程度。

据学者研究，《现代汉语通用字表》7000个通用字中，形声结构的汉字有5636个，其中声旁表音并且声、韵、调全同本字的有2285个，占形声结

* 应《语文报》之邀，为中学生开辟语言学习和运用讲座，共15讲。刊登于1998年3月至5月《语文报》。为中学生学习而写语言、文学之实用导学文章实属不易。开辟讲座，重在尝试、探索。

构字总数的40.54%，即是说10个形声字只有4个是可以“读半边”（声旁）的，其他的6个字不能“读半边”。例如：

声旁“干（gān）”：

A. 肝，矸，竿，酐（gān）

B. 杆（杆秤），秆，赶（gǎn）

C. 盰，骭（gàn）

A组字读音跟声旁干（gān）声、韵、调全同，声旁准确表音；B、C组字跟声旁不同音——声调不同，声旁不能准确表音，不能“读半边”。至于声旁“娄 lóu”完全不表“数”字的读音，不能用声旁来类推本字的读音了。

2. 要识别异读字、词的规范读音。

普通话中有些字词有异读，即有的字在书面语言中，在复音词、文言成语中，是一个读音（文读），而在口语中，在少数指称、日常生活事物的复音词中，是另一个读音（白读）。下面的字词读音你能区分吗？

	文	读	白	读
澄	chéng	澄清；	dèng	把水澄清了
血	xuè	心血；	xiě	流了点儿血
嚼	jué	咀嚼；	jiáo	咬文嚼字
露	lù	露天；	lòu	露马脚

有的不分文读音、白读音，而在不同的词中读不同的音：

创	chuàng	创举；	chuāng	创伤
大	dà	大王；	dài	大夫
强	qiáng	强度；	qiǎng	强迫
间	jiān	中间；	jiàn	间断

有的过去有两读，现在规定只读一个音，规定为“统读”：

癌	ái	（统读）；	凹 āo	（统读）
纤	xiān	（统读）；	歼 jiān	（统读）
浃	jiā	（统读）；	挟 xié	（统读）
凿	záo	（统读）；	拙 zhuō	（统读）

异读字词，一般是意义相同而读音不同的一个字词。国家公布了《普通

话异读词审音表》，学习普通话，就要根据国家审订的规范音来读说异读词。把统读的呆 dāi（板）、波 bō 读成以往的 ái、pō，把“把水澄（dèng）清了”的“澄”读成 chéng，就是读白字。古人说“秀才认字读半边”，我们要区分，哪些字词能读半边，哪些字词不能。

3. 要识别多音字的不同读音。

有些字在表示不同的意义时读不同的音，音随义转，要区别。例如：

阿，词的前缀，ā，阿婆、阿哥；迎合、偏袒，ē，阿谀、刚正不阿。

艾，停止，ài，方兴未艾；惩治，yì，自怨自艾。

省，节约，shěng，省吃俭用；检查、探望，xǐng，反省、省亲。

参，加入，cān，参军；不齐，cēn，参差，cēn cī；人参，shēn，参片。

多音字，多义多音，要勤查勤记。

读说白字的原因较多，例如，不区别多音字的不同读音（音随义转）；不按审音表读异读字、词，把异读的读成一个音，把统读的读成两个音（有时读这音，有时读那音）；不正确地利用声旁读音，盲目“读半边”；此外，还因字形相近而误读，把葺 qì 误读成茸 róng，等等。读说字词，事关重大，不可马虎。

下面的官司，您怎样判决？

1994 年 6 月江津市四牌坊小学语文毕业考试中有这样一道题：选择“自作自受”中“作”的正确读音。学校规定的习题标准答案是阴平声调：“作 zuō”。三名学生却选择去声声调：“作 zuò”。结果，学校认为三名学生做错了，被扣去一分。三名学生因这一分之差，竟失去升入江津中学的资格。后来，三名学生的家长不服，认为三名学生没有错，要求校方纠正错误评分，并向法院告状。家长的理由是国家公布的《普通话异读词审音表》的规定：

作（除“作坊”读 zuō 外，其余都读 zuò）

校方辩护，理由是 1985 年 1 月小学语文课本和 1994 年出版的《现代汉语词典》中，“自作自受”的“作”注为“zuō”。

（附）答案：应当判决三名家长胜诉。国家制订的《普通话异读词审音表》有法规的性质，应当据此审音，并判决。校方规定的答案，课本或《现代汉语词典》，都不能作为法庭判决的依据。

语言学习和运用讲座（2）

规范（中）

二、学习规范汉字，能纠正错别字

不规范的汉字有：①任意使用被《简化字总表》简化的繁体字（不能在简化字书文中任意使用被简化了的繁体字，如“为人民服務”）；②被废止的《第二次汉字简化方案（草案）》中的简化字（足球赛）；③1955 年被淘汰的异体字（打围老家去）和自造的简体字；④1977 年被淘汰的计量单位的旧译名用字（三呎）；⑤1965 年被淘汰的旧字形（东吳）。规范的汉字就是国家法定的汉字，使用规范汉字要遵照国家制订的文件：《简化字总表》《现代汉语常用字表》《第一批异体字整理表》《印刷通用汉字字形表》《关于出版物上数字用法的规定》等。

错字，是形体不正确的字，在现代汉字中没有这个字。例如，把“武器”的“武”错写成“武”，多了一撇。别字，是该用这个字却误写成那个字，用了别一个字。把“明辨是非”误写成“明辩是非”，“辩”就是别字。

中学生要掌握防止写错别字的方法。

1. 区别能类推的和不能类推的简化字。

《简化字总表》第一表里 350 个简化字，都不能作为简化偏旁去类推出简化字。例如，“兒”简化成“儿”，但不能以此类推，把“倪、蜺、霓、麑”简化成“仉、虮、雿、麂”，否则，就写错字。第二表中的 132 个简化字，都可以作偏旁用，可以类推，“風”简化成“风”，就可以类推出“飒、飘、飒”等。

2. 区别形似字。

区别声旁相同、形旁不同而字形相似的形声字。例如：

màn 谩（骂）蔓（草）漫（步）

páo 刨（根）咆（哮）庖（厨）

pào 泡（菜）炮（兵）疱（疹）

这些分别是同音的形声字，形旁不同，表义不同，辨析不同形旁所表示的不同意思，就能便于正确书写。

区分形似字的不同特点。戊 wù，象形字，像一种狭长的斧。戌 xū，象形字，像平口大斧。第三笔是一短横。戍 shù，会意字，一人持戈，原意是守边。中间是一点。这三个字形区别是：戊，中间空的；戌，中间短横，戍，中间是点。

形似而写错字，有三种情况：

①笔画数量不同，多一笔，少一笔：

正：庆　庄　纸　泽

误：庆　庄　纸　泽

②笔画形状不同，如把竖写成竖钩等：

正：规　虐　朱

误：规　虐　朱

③笔画组合不同，把相离的两笔写成相交的两笔，或把相接的两笔写成相离的两笔：

点与相关的笔画相离：刃　凡　辨　添

点与相关的笔画相接：卜　扑　夕　多

点与相关的笔画相交：囱　啄　匆　葱

稍一不慎，上面的字容易写错字。

④用错相似的偏旁，形成错字：

正：协　初　步　迅

误：协　初　步　迅

防止写错字，就要认准笔画，分清笔画组合，区别偏旁。

3. 区别音近、义近的字。

音近、义近的字，容易误用，形成别字。

因音同形似而误：

正：鞠躬尽瘁　一枕黄粱

误：鞠躬尽粹　一枕黄梁

因音同义近而误：

正：欢度佳节　阴谋诡计

误：欢渡佳节　阴谋鬼计

此外，还有因形似而误：

正：脍炙人口　鬼鬼祟祟

误：脍灸人口　鬼鬼祟祟

写别字的主要原因，是对所用字（语素或词）的意义不清楚。知道“炙zhì”是用火烤肉的意思，就会正确使用“脍炙人口”了，因为“灸 jiǔ”是“用燃烧的艾绒熏烤一定的穴位”的意思，根本连不上。所以，学习时要区分易混字的语义。

4. 学会查阅国家法定的语言文字规范的文件，如上述几种文件，自觉遵守规范标准。这些语言文字规范的文件，是怀有标准答案的老师，要常常请教。

有些人写字、用字不认真，以为小事一件。有一个单位印包装材料，把单位所在地“乌鲁木齐”印成“鸟鲁木齐”，结果大批印成的包装材料不能用，损失十几万元。您说这是小事一件吗？

语言学习和运用讲座（3）

规范（下）

三、自觉使用规范词语

词语规范是人们在语言交际中长期约定俗成的。中学生要自觉使用普通话规范词语，不要滥用方言词语、文言词语、外来词语，更不要生造词语。

1. 词语的语音规范

词语的读音要规范，要按照国家规定的普通话字词读音来读说。

2. 词语的意义规范

现代汉语普通话语汇系统的特点，一是“现代”，二是“普通话”——民族共同语。因此，不使用早已不用的古词义，不使用冷僻的方言词义。

“刘”，现代汉语只用于姓。古代汉语中，“刘”还有“兵器”“杀”两义。同时，现代人不能说“他刘了鬼子”。

“秀”，普通话中，词义为：①植物抽穗开花（秀穗）；②清秀、聪明、优异、优异的人才等。有的方言中“秀”（英语 Show 的音译）有“表演”义：个人秀、歌厅秀等。因此，普通话中不必说“联合秀十分成功”。

词语的选用规范。文言词语，要选用现代还在使用并且普遍为人理解的词语，可以用“幽婉”“朝觐”等，不用“祝嘏 gū”（祝福）、“圭臬”（标准）等已经死去的古词。方言词要慎用。非用不可时要少用，用那些大家易于理解的，有时可加注释。普通话里已有的，则尽量用普通话词语，不用方言词语，如用“洗澡”，不用“汏浴”（吴方言）。普通话在各方言区使用，也会陆续吸收方言中有生命力的词语，如北京方言词“没治、大款、侃大山”，粤方言词“的士、排档、炒鱿鱼”都成为普通话词语。还要正确使用规范的外来词，不要滥用，更不要自造外来词。

新词新义的规范。一看普遍通用，二看生命力强。新词新义正在发展中，有些新词新义很快被社会承认，进入普通话语汇，如拼搏、反馈、软件、绿卡等，有些新词新义昙花一现。选用新词新义，要考虑上述两条原则，不要追求新奇而失去真情实意。

有些同学喜欢生造词语，还认为自己是使用新词新语，沾沾自喜。这就要正确认识新词新语，正确使用新词新语。

新词新语，一是已经取得了使用许可证——当前许多人普遍使用，尽管有的词语还没有归入词典。二是新词新语符合现代汉语发展的规律。

新词新语及时、准确地表达新事物、新思想，例如“电脑”“彩电”“创收”“服装城”“互联网络”等。

新词新语符合汉语构词法，而且往往同现行词语有联系。新词新语产生的方法有：

类推：模仿反映同类事物的同类词语：

导游——导购、导读、导车

文盲——科盲、法盲、音盲、舞盲

军嫂——空嫂、商嫂

简缩：简化四字词语为二字词语：

第三产业——三产

空中小姐——空姐

三资企业——三企

国有资产——国资

住房制度改革——房改

同化：一类事物的词语被一组同类事物的词语同化，形成相同形式的词语：

高教、普教、职教、成人教育——高教、普教、职教、成教

党风、民风、社会风气——党风、民风、社风

运用这些方法产生的新词新语，容易为群众喜闻乐见，为大家所接受、使用，这跟任意生造词语是两回事。

四、组词造句符合语法规范

普通话语法，是从以北方话为基础的典型的现代白话文著作和口头语言一般用例中总结出来的语言组合规律和习惯用法。普通话的语法规范是人们约定俗成并且明确规定的语法法则。法则，就是平常说的规律、规则。符合语法规范的语句，是正确的，能够准确地交流思想感情，不符合语法规范的语句，是错误的，不能准确地交流思想感情，也就是平常说的有语法错误的“病句”。例如，普通话语法中，有规范的“主＋动＋宾”句式，有“主＋状＋动”句式，（也可以合理变动语序），那应当按普通话语法规范用句，说“我吃饭”“我先走”，而不说有些方言或其他民族语中的“我饭吃”“我走先”。不符合语法法则的是病句，如“考场是设在一间古色古香的大厅里举行的”（两种句式杂糅）。不该出现歧义的出现歧义而导致交际失误的，也是病句。请分析下面一起纠纷。

甲方向乙方买一批货物。双方签订合同，其中有一句：“货到全付款”。乙方发了一半货物，甲方收到一半货物。乙方要甲方付全款。甲方不付。双方对“货到全付款”各执一义。双方都有理，为什么？怎么解决？

（附）答案：乙方把“货到全付款”理解为“货到，全付款”，只要货到，不管到全不到全，甲方都要“全付款”。甲方则理解成“货到全，付款”，要全部货物收到，才“付款”。双方都有理，然而合同词句不严密（有歧义），双方也都有责任，协商解决才是上策。

语言学习和运用讲座（4）

简明（上）

语言运用要做到简明、连贯、得体。先学习简明。

简明，简就是简要，言少意丰，没有多余的词句；明，就是明白，清楚易懂，没有费解的词句。

北京甲校学生张大军给上海乙校学生李文竹（表妹）拍一份电报，想表达下面的意思：

（1）张大军的同学王小梅到上海去旅游。

（2）王小梅乘坐京沪线 20 日 K13 次火车，20 日 19 时 50 分从北京发车，21 日 10 时 58 分到达上海。

（3）托王小梅随车带去一箱久保桃，送给李文竹。

（4）希望李文竹进车站月台接王小梅。

下面是张大军起草的电报稿：

甲稿：

我的同学王小梅第一次到上海旅游，乘坐 20 日京沪线 K13 次火车，20 日下午 19 时 50 分从北京发车，21 日上午 10 时 58 分到达上海，托王小梅随车带去一箱久保桃，请分发并注意保鲜，盼进车站月台接王小梅，张大军。

张大军读了两遍，觉得画波浪线的词句多余，改成乙稿。

乙稿：

王小梅乘 20 日 K13 次到上海旅游，随车带去一箱久保桃，盼进月台接王，张。

张大军的爸爸提意见，说字数还是多了，电报用语应该是最简明的；有些意思可以让王小梅跟李文竹当面说，车次、时间李文竹也能查到，不如拣最必要的话说。张大军很受启发，改成丙稿。

丙稿：

王小梅乘 20 日 K13 次赴沪盼接张

做到简明，第一要表达必要的信息，使用相应的简练词句，没有多余的信息及其词句。这份电报稿最必要的信息是：

（1）王小梅乘火车到上海；

（2）乘 20 日 K13 次列车；

（3）希望李文竹去接站；

（4）拍电报人是张大军。

这四项信息缺一不可，否则就会误事。一般的信息可说可不说，在电报中以不说为佳。甲稿中，“我的同学”，“第一次到上海旅游”，“随车带去一箱久保桃”，“进车站月台”，都是一般信息，有的可以见面说，有的也不必说。多余的信息则一定不说，说了就是啰唆重复。例如“京沪线”，“下午 19 时 50 分从北京发车”，“请分发并注意保鲜”，都是多余的话，要删去。

做到简明，第二要词句表意明确，没有费解的词句。乙稿中，“王小梅乘 20 日 K13 次到上海旅游”，是说 20 日启程赴上海呢，还是 20 日到达上海？甲稿中，“请分发”，发给谁。说了反而叫人不知所措。

做到简明，第三要根据语意决定详略，没有详略不当的毛病。如果李文竹事前一点也不知道，张大军就得说清谁去上海，希望接站，到达时间等，可以写成丁稿。

丁稿：

王小梅乘 20 日 K13 次赴沪旅游盼月台接张大军

如果张大军事前同李文竹通过信，李文竹知道王小梅赴沪旅游，只要知道的是何次列车何日到达上海，就可以简化成戊稿和己稿。

戊稿：

20 日 K13 次赴沪张

己稿：

21 日 K13 次抵沪张

戊稿，是说从北京启程的时间、车次——20 日 K13 次从北京启程；到达上海的时间，李文竹自会查找。己稿，是说到达上海的时间、车次——21 日 K13 次到达上海（抵有“到达”义）；接站，具体时间，李文竹自会知道，电报中就不必说了。这叫量体裁衣。

语言学习和运用讲座（5）

简明（下）

语言运用简明，一要表达必要的信息，没有多余的，二要词句表意明确，没有费解的，三要根据语境决定详略，没有详略不当的。现在，学习做到简明的一些方法。

一、使用必要的修饰语，并且排好语序，不要堆砌修饰语

定语、状语是修饰事物、动作的，表现事物、动作的特点。修饰语要少而精，使用二三个修饰语要排好语序。

> ①赵州桥横跨在洨河上，是（世界著名的）（古代）石拱桥，也是（造成后一直使用到现在的）（最古的）石桥。（茅以昇《中国石拱桥》）

“石拱桥”前有两项定语，一是说明“著名”的范围，一是交代什么时代。“石桥”前也有两项，不能改变语序，不能说成“最古的、造成后一直使用到现在的石桥”，因为我国最古的石拱桥是“旅人桥”，约建于公元 282 年，而赵州桥则建于公元 605 年。如果从“造成后一直使用到现在”这个标准说，那么赵州桥是“最古的”。

> ②海水……它［从我们的脚下］扑了过来，［响雷般地］怒吼着，［一阵阵地］［将满含着血腥的浪花］泼溅在我们的身上。（鲁彦《听潮》）

海水怎样“扑”，怎样“怒吼”，怎样“泼溅”呢？这些动词前的状语把海水的动作状态生动地描绘了出来。

下面例句有的修饰语是多余的，有的几个修饰语的语序有问题。

> ③原文：时钟嘀嗒作响，平均每 1.3 秒就有一个（黄皮肤、黑眼睛

的龙之传）人出生。以此速度，1989 年 4 月中旬，中国第 11 亿位国民就将登记在户口册上。

改文：时钟嘀嗒作响，平均每 1.3 秒就有一个中国人出生。（《写在第 11 亿位国民出生前夕》）

④我老了，我是［一天一天］［从小］看你长大的。

（比较：我老了，我是看你从小一天一天长大的。）

二、利用语境省略词句，不要简单重复同义的词句

在同一个语境中进行交际，交际双方共知的一些内容，或前后已说到的一些内容，这些共知内容可以省略或者简化。例如：

⑤原文：还有一种（立体的会活动的）书，（也很吸引人）。它的插图都是立体的。当你把书打开的时候，书里的人和动物马上会站起来，跃然纸上，栩栩如生。

改文：还有一种书，插图是立体的。把书打开，书里的人和动物会站起来，跃然纸上，栩栩如生。（《从甲骨文到缩微图书馆》）

原文中“立体的会活动的”“也很吸引人”都可省掉，因为下文都说到。

在对话时，对话人更要根据语境省略词句，否则浪费人家时间和精力。早晨，周文同学进校门，见到沈老师。

周文：老师好！

老师：您好！参赛作文写好了吗？

周文：老师，昨天我开夜车（写参加作文比赛的参赛作文），（9 时半才写了一半，12 时还没有写好结尾），半夜 1 时才写好誊清。（今天一早，我把参赛作文装在书包里。您看，不是带来了吗？）

括号内的语句都可以不讲，否则成了啰唆大王了。

三、多用短句，精用长句，把不必要的长句改写成短句

短句结构简单，表意明快。长句结构复杂，表意严谨。各有各的好处。短句容易掌握，长句难于用好。有的同学总想把所有意思一股脑儿装在一句话里说，就不简明了。

⑥啥时间（欢蹦乱跳的只要不是在上课大老远就知道她在哪儿的）路健变了呢？

把许多意思装在长定语中说，长句读起来挺憋气。不如把长定语抽出来另说，把句子主干集合起来单说：

路健整天欢蹦乱跳的，只要不是在上课，大老远就知道她在哪儿，啥时候她改变了呢？

老舍是用短句的能手。他用短句写暴雨，又明快，又生动。请读一读：

风过去了，只剩下直的雨道，扯天扯地地垂落，看不清一条条的，只是那么一片，一阵，地上射起无数的箭头，房屋上落下万千条瀑布。几分钟，天地已经分不开，空中的水往下倒，地上的水到处流，成了灰暗昏黄的，有时又白亮亮的，一个水世界。（《在烈日和暴雨下》）

语言学习和运用讲座（6）

连贯（上）

语言运用要简明，也要连贯。

连贯，指的是几个分句、几个句子、几个句群互相衔接、前呼后应，鲜明地表达一个中心意思。人们表达一个意思，往往用互相联系的几个分句、几个句子、几个句群，这些句子像河水顺流而下，像链条环环相扣，使人容

易理解。读读下面一段话：

(1) 母亲现在离我而去了，我将永不能再见她一面，这个哀痛是无法补救的。母亲是一个平凡的人，她只是中国千百万劳动人民中的一员，但是，正是这千百万人创造了和创造着中国的历史。我用什么方法来报答母亲的深恩呢？我将继续尽忠于我们的民族和人民，尽忠于我们的民族和人民的希望——中国共产党，使和母亲同样生活着的人能够过快乐的生活。这是我能做到的，一定能做到的。(朱德《回忆我的母亲》)

做到连贯，第一要保持同一的话题，表现一个中心意思，不要任意转换话题，节外生枝，例（1）5句话，由哀痛而赞美，由报答母恩而忠于民族和人民，而后表示自己的信心和决心，句句相连，环环相扣。5句话围绕同一话题“纪念母亲、报答母恩”，表达一个中心意思“用忠于革命的行动来报答母恩”。这样，语句连贯而下，表达的意思也很通畅。

下面一段话，刚提出一个话题，没有展开，就扯到另一个话题，东拉西扯：

(2) 我有什么好的学习方法呢？自学，课前预习，课后复习，课外拓宽、运用，有问题自己解决，要树立一个正确的学习目的，那就是为了建设四化而成才。这样就有正确的学习态度。例如……

做到连贯，第二要句际关系清楚，不要混乱。分句、句子之间有并列、递进、转折、因果、总分等事理关系，如果是递进关系，或顺进，层层上升，或逆进，层层下降，关系要清楚。如果是因果关系，或一因一果，或多因一果，推论要明确。

(3) 刘永刚刻苦认真，勤于思考，善于自学，所以在班上年年名列前茅。

“名列前茅”这个结果，是由前面并列的三个原因（由三个分句表达）推出来的，分句间的关系很清楚，也就连贯了。

做到连贯，第三要句序合理，不要颠倒。几个句子先说哪一句，后说哪一句，有一定的合理顺序。合什么理呢？或者按时间先后排次序，或者按空间位置排次序，或者按心理变化排次序，或者按逻辑关系排次序，做到有条有理。下面例（4）是按空间位置写的：

（4）①最妙的是下点小雪呀。②看吧，山上的矮松越发的青黑，树尖上顶着一髻儿白花，好像日本看护妇。③山尖全白了，给蓝天镶上一道银边。④山坡上，有的地方雪厚点，有的地方草色还露着；这样，一道儿白，一道儿暗黄，给山们穿上一件带水纹的花衣；看着看着，这件花衣好像被风儿吹动，叫你希望看见一点更美的山的肌肤。⑤等到快日落的时候，微黄的阳光斜射在山腰上，那点薄雪好像忽然害了羞，微微露出点粉色。⑥就是下小雪吧，济南是受不住大雪的，那些小山太秀气！（老舍《济南的冬天》）

第①句和第⑥句总的说，第②句到第⑤句依次写山上、山尖、山坡、山腰的美妙雪景，层次很清楚。

做到连贯，第四要前后文有呼应，上下段有过渡。第一句和第二句，或者第二句和第三句容易衔接。隔数句，则容易顾此失彼，不易前呼后应。上下段又容易脱节，连不上。例（4）第①句说“最妙的是下点小雪呀”，接着4句按方位写雪景，最后第⑥句又说“就是下小雪吧”，呼应第①句，这样首尾照应，当然浑然一体了。

胡绳《想和做》前4段分别说“空想家”和“苦干家”的不足，第5段过渡一下：

（5）一事不做，凭空设想，那是“空想”。不动脑筋，埋头苦干，那是“死做”。无论什么事情，工作也好，学习也好，“空想”和“死做”都不会得到进步。想和做是分不开的，一定要联结起来。

想和做怎样才能够联结起来呢？……

第①②句承上，进一步说“空想”和“死做”的害处，第③句启下，说想和做的结合。下一段开头设问，引出下文。有了第5段的过渡，全文就一气呵成了。

语言学习和运用讲座（7）

连贯（下）

做到连贯，要话题保持同一，要句际关系清楚，要句序合理，要前后文有呼应、上下段有过渡。现在，再学习一些做到连贯的具体方法。

一、明确话题，确立中心句。例如，《想和做》的第6段：

> ①想和做怎样才能够联结起来呢？我们常常听说“从实际出发”这句话，这就是想和做联结起来的一条路。想的时候要从实际出发，就不能“空想”，必须去接近实际。怎样才能接近实际？当然要观察。光观察不够，还得有行动。举个例子来说，人怎样学会游泳的呢？……

第1句承上明确话题，第2句确立中心句，接下来从理论和实践结合角度来阐述中心句，这一段12句就显得十分连贯。

二、恰当使用关联词语。关联词语组合词、语、句、段，并且显示事理关系。读读吕叔湘《论“基本属实”》的第4段：

> ②原来如此，莫非查明了苍蝇是有的，但是只有一只？——有，所以是“属实”，但是数目不对，所以是“基本”属实？是这么回事吗？那就应当说清楚。可是来信只说“饭菜内有蝇事”，那“基本属实”就不好理解。其实呀，8月3日的事情，8月22日见报才去查问，那苍蝇究竟是一只还是两只，还是三只，大概是谁也记不清了，所以只说有无，不提数目。那么为什么又是“基本”属实呢？因为一老一实地说，“有这么回事”，实在有点不好意思，给它来个“基本”，打个折扣。没想到既然没有数目，折扣就无从打起。

文中用“但是”“可是”，表示转折，用“所以”“因为”，表示因果，这些关联词语巧妙地组合了语句，显示了句际的结构关系，同时也显示了作者评论的态度和情趣。

该用关联词语而没用，或者用错，上下句就不连贯了。下文一处关联词语用错，一处该用则没用，请想一想：

③生活充满明媚的阳光，也有艰难险阻。（尽管）顺水还是逆水都要行船。顺水，则乘风破浪；逆水，则逆流而上。不进则退，这是铁的生活规律。（　）我们要树立崇高的人生观，自强不息，努力前进，做一名适应环境，创造环境的强者。

三、重复、替代或比照相近、相对的词句，衔接、呼应相关词句。比较下面的原文和改文，改文第2、3、4分句重复主语“树枝”，话题同一，并且连续使用“被”字句，显得十分连贯。

④原文：累累的果实把树枝都压弯了，有的树枝竟然被苹果压断了，而大多数树枝不得不用木杆撑住。

改文：果实累累，树枝都被压弯了，有的树枝竟然被压断了，大多数树枝不得不用木杆撑住。（峻青《秋色赋》）

下例，有双双比照的词语：

⑤<u>从远处看</u>，郁郁苍苍，重重叠叠，望不到头。<u>到近处看</u>，有的修直挺拔，好似当年山头的岗哨；<u>有的</u>密密麻麻，好似埋伏在深坳里的奇兵；<u>有的</u>看来出世不久，却也亭亭玉立，别有一番风采。（袁鹰《井冈翠竹》）

四、调整句子的长短，增强节奏感。一组句子长短协调，一句之内并列词语先短后长，或者采用对偶句、排比句，用鲜明的节奏来增强语句的连贯性。平时，我们说“刮大风下大雨”，“买了铅笔、钢尺、练习本、双肩背书包”。如果说成“刮大风下雨”，“买了铅笔、双肩背书包、练习本、钢尺”，就不那么顺。读读下面一段话，注意语句的长短，句式的整散：

⑥又一阵风，比以前的更厉害，柳枝横着飞，尘土往四下里走，雨道往下落；风，土，雨，混在一起，连成一片，横着竖着都灰茫茫冷飕飕，一切的东西都裹在里面，辨不清哪是树，哪是地，哪是云，四面八方全乱，全响，全迷糊。（老舍《在烈日和暴雨下》）

最后两个分句“哪是树，哪是地，哪是云”，节奏整齐；“全乱，全响，全迷糊”，先短后长。节奏协调，有助于语句连贯。仔细斟酌，上文第 3、4、5 分句可以调整一下：

……柳枝横着飞，尘土四处走，雨道往下落……接着下文的“风，土，雨，混在一起，连成一片”，读起来更加顺口顺耳。

语言学习和运用讲座（8）

得体（上）

运用语言要简明、连贯，还要得体。

得体，指的是选用一定的语言材料，适合特定的语境，取得最佳的表达效果。请读下面一段话：

________一边流泪，一边继续说：“我也舍不得你走啊！……我得为你的前途着想，我不能误你的前途……”

________把李银桥揽入怀中，拍打着他的后背哭道：“银桥，我死后你要每年到我坟头上去看一看啊……我活着的时候，你也要每年来看我一次，我这里就是你的家。”（彬子编《毛泽东的感情世界》）

上面的话谁说的？毛泽东同志。1962 年，跟随毛泽东 15 年的卫士李银桥调到天津工作。李银桥不愿意离开毛泽东，哭着。毛泽东也舍不得李银桥，但是为了他的前途，还是让他去天津锻炼、工作，于是说了上面一番话。对着自己心爱的卫士，怀着劝慰、告别的心情，毛泽东声泪俱下地说出肺腑之言。如果毛泽东说："银桥同志，为人民服务嘛，要到大风大浪中去锻炼啊！"这样说大话，就不适合特定语境，取不得最佳表达效果，也就达不到交际目的。做到得体，要掌握一些运用语言的要求和方法。

一、要辨析和适合交际目的。说话作文都有一定的目的，赞扬或者讽刺，请求或者命令，劝慰或者制止，肯定或者否定，正经话或者开玩笑，等等。交际目的不同，词语、语调都不同。毛泽东是为了劝慰、惜别，说的是大白话："我死后你要每年到我坟头上去看一看啊"，"我这里就是你的家"。自然亲切，话中流露出慈父般的深情。以情动人，理寓其中。李银桥也感受到了这种真情实理。这些出于真情的大白话十分切合特定的语境和交际目的，也就十分得体。

二、要辨析和适合对象。交际对象不同，民族、性别、年龄、个性、文化素养也不同。身为中学生，对同学可以叫"小李""老李"，对教师则不能；对同学可以祝"健康成长"，对教师则不能。要针对不同交际对象的身份、心理、修养，选用不同的词句，有时候还要考虑采用不同的交际策略，例如直言不讳，或者迂回婉曲，真诚批评说服，或者故意挖苦讽刺，等等。《陈毅市长》中，陈毅夜访化学家齐仰之，说服教育，并且请齐仰之主持办制药厂。齐仰之颇为感动。下面是一场对话。

陈　毅　我知道齐先生是学者，是专家，只可就见，不可屈致，所以我才亲顾茅庐，如一顾不成，我愿三顾。

齐仰之　不不不，陈市长一片赤诚，枉驾来访，如此礼贤下士，已使我深为感动。在此以前我之所以未能从命，一是我对共产党人的革命化学毫无所知，二是……二是我这个知识分子身上还有着不少酸性……

陈　毅　我的身上倒有不少碱性，你我碰在一起，不就中和了？

齐仰之　（大笑）妙！妙！陈市长真不愧是共产党人的化学家，没想到你的光临使我这个多年不问政治、不问世事的老朽也起了化学变化！

陈　毅　我哪里是什么化学家哟！我只是个剂，是个催化剂。

陈毅采用迂回策略，运用委婉的语句，说自己有“碱性”，是“催化剂”，因为齐仰之是高级知识分子，耿直自尊，初见面时不便直言，又因为齐仰之是化学家，懂得化学术语的比喻义。这段特殊的对话，正是由交际对象特殊身份、心理、素养所决定的。

三、辨析和适合交际场合。交际场合一般有三种。一是工作场合，正规严肃；二是生活场合，自然亲切；三是娱乐场合，随便轻松。例如，祝贺生日，针对不同人不同场合，使用不同词语：

祝生日愉快！（一般人，一般场合——家庭、单位）

祝×××80寿辰！（老者，一般场合、公开场合）

庆祝×××先生90华诞！（有名望的长者，公开场合）

如果在班级教室里为一个同学过生日，蛋糕上写“祝×××15寿辰”，那就是开玩笑了。

四、辨析和适合交际对象、场合的文化背景。汉族人见面，可以说些询问式的寒暄话。例如：“你真年轻，多大年纪?”“好久不见了，结婚没有?”也可以说些嘱咐式的寒暄话，例如：“天冷了，多穿件衣服。”“看您又感冒了，快吃药!”表示关心，交流感情。可是，这些寒暄话不能任意对初见面的英国人说。有一位汉族女教师同一位英国女教师初次见面。这位汉族女教师很热情，拉着对方的手，亲切地说：“你真年轻，多大年纪?”对方笑了笑，没有回答。“结婚了没有?”对方站起来就走，同别人去交谈了。原来，寒暄时同英国人最好谈气候变化和休闲活动，别谈年龄、工资、婚姻、病情，英国人认为这些属于“个人隐私”的内容，不愿意人家探问。可见，语言交际要考虑不同国家、民族的特殊文化背景。

语言学习和运用讲座（9）

得体（下）

语言交际要简明、连贯、得体，用最经济的词句表达最丰富的信息，取得最佳的表达效果。

语言运用充满着辩证法。

要简明，不要重复多余，不要费解、产生歧义；有时候，为了强调或者取得特殊表达效果，也可以重复近义的词句，故意使用有歧义的词句。

①要硬着头皮顶住。人这个地方叫头，头有一张皮，叫头皮。硬着头皮顶住，就是你批评我，我就硬着头皮听，听一个时期，然后加以分析，加以答复，说得对的就接受，说得不对的加以批评。（《毛泽东选集》第五卷，第440页）

②盛淑君听了他（指陈大春）最后的话，心里着急了，连忙转身，跑出房间，扯起她的嘶哑的喉咙，慌忙叫道：“团支书，大春同志，大春!”（周立波《山乡巨变》）

例①，“人这个地方叫头，头有一张皮，叫头皮。”这句是承上解释“头皮”的，看似多余，实际上在严肃的会议上多了一点幽默风趣，调节了交流思想的气氛，有利于沟通交际双方的思想感情。例②盛淑君连用了三个称呼，似乎多余了两个，其实三个称呼反映三层人际关系：团支书——大春是团支书，淑君是争取入团的积极分子；大春同志——两人都是革命同志；大春——淑君爱着大春，愿意直呼其名。三个称呼也表现淑君对大春的特殊感情：公开尊敬他，暗暗爱着他。

有些词语、结构有多义性。在特殊语境，使用多义的词句，诱使对方理解一义，达到交际目的。有一个长工向财主借五两银子，财主要他大年初一还十两银子，并立借据。长工写了借据，其中有一句：“今借冯大财主五两银子，至大年初一归还十两银子。”到了大年初一，冯大财主找到长工，还没有开口，长工说："冯大财主，该还我十两银子了！"两人到县官那儿打官司。县太爷本来同冯大财主有仇，就喝道："不是明明写着'借给你冯大财主五两银子'吗？还狡辩！当堂还给长工十两！"原来，"借"可解释成"借出"，也可解释成"借进"。如果"借出"，应写"借给"；如果"借进"，应写"借到"。长工故意使用有歧义的词句，取得特殊的表达效果。

要连贯，不要节外生枝，不要跳跃脱节；有时候为了表现无意识的行动、杂乱的心理，还得用一组内容不连贯的句子。《祝福》中祥林嫂问"我"：

> "就是——"她走近两步，放低了声音，极秘密似的切切地说，"一个人死了之后，究竟有没有魂灵的？"
>
> ……
>
> "也许有罢，——我想。"我于是吞吞吐吐的说。
>
> "那么，也就有地狱了？"
>
> "啊！地狱？"我很吃惊，只得支吾着，"地狱——
>
> 论理，就该也有——然而也未必……谁来管这等事……"

先说"该也有"，后说"也未必"，突然又跳出新话题"谁来管这等事"，这些不连贯的"支吾"话语，正好表现了"我"的为难、慌乱的心态。

要得体，不要没有分寸，不要不切语境；有时候，出于特殊的交际目的，故意不讲分寸，不得体反而成了得体。例如，同学之间常常说这一类的话："班长大人，别摆架子！""郭老，别磨蹭了，快走！"这些不得体的称呼含有善意的批评，在一定场合挺有表现力。读读下面插曲：

> 毛主席接见出席会议的代表。
>
> "老毛，你咯胖呀！"一位代表双手握住毛泽东的手，重重地抖了抖，大声地和他打招呼。
>
> 毛泽东微微一愣。周围的人全都吃了一惊。
>
> "'罗瞎子'，是你呀！"毛泽东很快认出来了，他亲切地朝对方的肩

头送去一拳，很愉快地接上了话。

“老毛，你到底记得我这个小萝卜头!”“罗瞎子”激动得眼泪往下掉。

毛泽东哈哈笑了，他操着浓重的湖南口音回答：“咯还不记得!‘苟富贵，毋相忘’嘛!”

（海鲁德等《生活中的毛泽东》）

一个代表高声叫“老毛”，毛泽东亲切地叫“罗瞎子”，这种不得体的称呼在特殊语境中表现了人民领袖和老百姓各自的特殊感情，何等得体。

词语本无种，得体就美妙。使用词句，也要以时间、地点、条件为转移。此时此地此境用这个词句好，彼时彼地彼境用这个词句不一定好，得选用另一个词句，这就叫做要辩证地使用词句。

语言学习和运用讲座（10）

养成分析语句的习惯

一家皮货收购站向某县订购羊皮，规格是“每张羊皮大小 1.3 $米^2$ 以上，而且没有剪斑（即刀伤斑）。”双方订合同。合同写上一句：“1.3 $米^2$ 以上、有剪刀斑的不要。”结果，皮货收购站收到的都是 1.3 $米^2$ 以下的小块羊皮，亏损 10 万元。怎么回事儿呢?

皮货收购站的人把这一句理解为“1.3 $米^2$ 以上的要，有剪刀斑的不要”。某县的人则理解为：“1.3 $米^2$ 以上、有剪刀斑的‖不要”。主语是的字结构，相当于“1.3 $米^2$ 以上、有剪刀斑的羊皮”；谓语是“不要”。某县当然只寄 1.3 $米^2$ 以下的小块羊皮了。皮货收购站的人不会分析语句，吃了亏。

教育家叶圣陶一再提倡要养成分析语句的习惯。汉语语句是从小到大、一层一层地组合成的，短语或句子的成分之间有结构关系和结构层次。遇到长句或者别别扭扭的句子，先要品一品，辨一辨。例如，毛泽东《别了，司徒雷登》中有一个长单句：

美国出钱出枪，蒋介石出人，替美国打仗杀中国人，借以变中国为美国殖民地的战争，‖组成了美国帝国主义在第二次世界大战以后的世界侵略政策的一个重大的部分。

分析句子有各种方法，例如中心词分析法、层次分析法、句型分析法等等。不管用哪种分析法，分析汉语句子，都要从句中分析出结构、语义相对独立的语块（或叫做句子成分，或叫做结构·语义段）。读一读，凭语感，这一句首先可以分出三块：“‖”前一块（主语），“组成了”一块（谓语动词），标浪线的一块（宾语）。再分析一下，主语中“战争”前是一个长修饰语，浪线部分（宾语）中“部分”前是一个长修饰语。结构清楚了，语义就明确了。

一个句子，可以分析出主语、谓语，动词、宾语，定语、状语、补语和中心语。句子成分的关系如下：

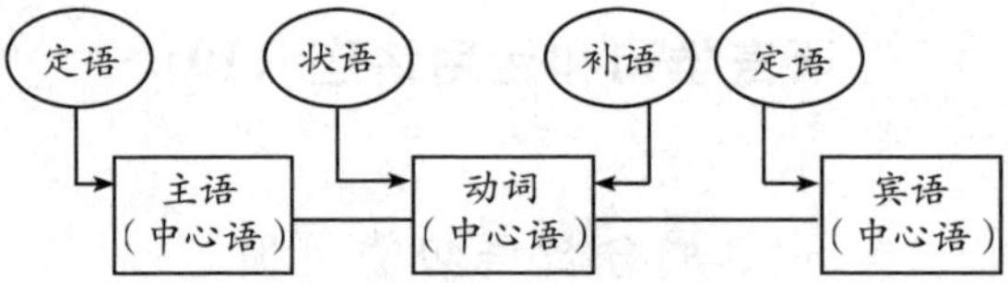

主语、（谓语）动词、宾语是主干，定语、状语、补语是枝叶，是修饰、补充主干的。分析下面一句：

三班的班主任‖突然走进了一班的教室。

主干是“……班主任……走……教室”。定语“三班的”修饰“班主任”（主语的中心语）；状语“突然”修饰“走”（谓语的中心语），补语“进了”补充“走”；定语“一班的”修饰“教室”（宾语的中心语）。简单一点，用符号来分析：

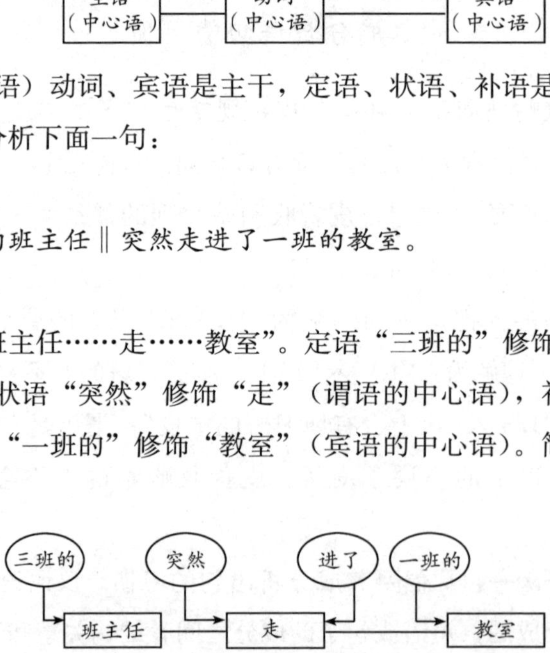

（三班的）班主任‖〔突然〕走〈进了〉（一班的）教室。

句子成分和句子成分的关系，大致如上图所示。句子成分之间的关系，各个句子成分相对稳定的位置，要把握，而且会分析。经常观察、分析，养成分析句子的能力和习惯，就能提高运用和理解句子的能力。分析下面长句：

他们‖是（世界上一切伟大人民的优秀之）花。

一条黄绿相间的琉璃屋檐，‖〔把巍峨的大会堂的轮廓从蔚蓝的天空中〕勾画〈出来〉。

（伟大的）人民‖〔一定〕创造〈出〉（伟大的）时代。

有些句子读起来不顺，辨结构，品语义，就会发现问题。例如：

*（1）（基础）教育‖是（青少年培养能力、开发智力的）最佳时期。

*（2）我面对家乡建设规划图使我十分激动。

上句，“基础教育”怎么成了“最佳时期”？主语和宾语不能搭配，把“基础教育”说成“基础教育时期”，主语和宾语都从时间角度说，就通了。下句“我面对家乡建设规划图”怎样？没说定，又另说“使我十分激动”，说话人把两个语块硬焊在一起，不顺。应当分开来说，选用一式：

我面对家乡建设规划图十分激动。

家乡规划图使我十分激动。

多听多读，多说多写，辨辨结构，品品语义，评评效果，逐渐养成分析语句的习惯，就能提高理解和使用语句的能力。

语言学习和运用讲座（11）

用好一段话

人们交流思想感情，有时一句话就说清了；有时不行，要说一段话，二三句，或者七八句。有的一段话中心语义明确，条理清楚，有的一段话中心语义不明确，层次不清。要认真练一练，说好一段话，或写好一段话。

(1) 请爱护水吧。否则，人类见到的最后一滴水将是自己的眼泪。(一则环境保护的公益广告词)

(2) 在一望无际的浩瀚沙漠之中，几匹斑马望着远方，它们的眼神中流露出失望和无奈。它们在干什么？它们为什么这样无望？它们在寻找它们的家。可是，举目四望，只有看不到尽头的沙漠。它们的家在哪里呢？“保护生态平衡就是保护我们自己”这句话写在画面的左边。(一位学生写的介绍一则“中华好风尚”公益广告的说明文)

例(1)有2句话，一句正面说，一句反面说，中心语义是“爱护水”。从反面说，用语夸张，却含真情实意。例(2)有6句话，有描写，有问有答，展现了广告的画面。最后一句，提示了中心语义。这两段写得很好。

课间休息。王刚不小心将李伟的眼镜打碎了。李伟家庭困难，很为难。王刚愿意赔偿，又怕爸爸怪罪。班长田力给王刚爸爸写信，说明情况，要求赔偿。先后写了下面两封便信底稿：

(3)

叔叔：

您好！

我是王刚的班长。王刚今日不小心将李伟的眼镜打碎了。李伟家庭困难，请您赔偿。

此致

敬礼

田　力

5月22日

(4)

王刚家长：

您好！我作为本班的班长，想要说说此事。王刚在课间休息的时候，不小心打碎了李伟的眼镜，李伟的家庭条件并不是很好，他都伤心地哭了。您不应该打王刚，因为他不是故意的，谁不犯点儿小错误呢？王刚是打碎李伟的眼镜，应该赔偿损失。至于李伟家庭困难，我们班委再次商量，决定给李伟家捐些钱，以救急用。谢谢！谅解此事！

班长

5 月 22 日

例（1），中心语义明确，不过没有交代王刚的态度，也没为王刚解忧，用语也生硬。例（2），为王刚说了情，没有说清谁赔，中心语义不明；画线的语句显得多余，用词不当。试试改改：

(5)

王叔叔：

①在课间休息的时候，王刚不小心打碎了李伟的眼镜。②李伟家庭困难。③王刚愿意赔偿，态度很好；他不是故意的，请不要责怪。④请您及时赔偿。⑤如有困难，我们班委可以出钱赔偿。⑥谢谢您的理解、支持。

此致

敬礼！

三班班长　田　力

5 月 22 日

例（4），信首用“王刚家长”，教师用，可以；学生用，显得生硬，应改称“王叔叔”；信末没有“致礼”的用语，不合信的格式。都要改。

从上面的用例中可以知道，说好或写好一段话要做到三点：

1. 突出中心语义。用一句话概括，或者一层一层说明白。例（4）没有说清楚谁来赔。例（5）说了“请您及时赔偿”，突出了中心语义；人家知道该怎么做。

2. 一层接一层说，一句接一句说，句间有逻辑性，语义适当，句式协调。例（5）第一层说打碎眼镜，第二层为王刚说情，第三层说赔偿，最后用礼貌语言。句意连贯，层次清楚。

3. 句间、句中词语要用得恰当，同上下文协调。“您不应该打王刚”，王刚还没挨打，先责怪家长；“以救急用”，看低了人家；“谅解此事”，又似乎自己有错求人原谅。这些不连贯、不协调的语句，不利于取得良好的交际效果。

语言学习和运用讲座（12）

巧用句式

从不同角度看，句子有不同的句式，各有使用价值。

从结构看，有单句、复句、紧缩句；

从语气看，有陈述句、疑问句、祈使句、感叹句；

从用途看，有主动句、被动句，肯定句、否定句；

从长短看，有短句、长句。

还有散句、整句，排比句、对偶句，等等。学习语言，要学会变换、选用句式，做到句式灵活，表意丰富。

你帮人家做了一件好事，人家说“谢谢”或“多谢”，你怎么回答？

A. 谢什么？（疑问，反问）

B. 不用谢。（陈述，否定）

C. 别谢了！（感叹，否定）

D. 算了吧。（祈使）

用反问句“谢什么”，显得生硬；用感叹句“别谢了”，显得有点厌烦；用祈使句“算了吧”，显得不在乎，怪人家礼轻。还是用陈述的否定句，显得自然、有礼：“不用谢。”（或者：不谢。/别客气。）使用不同语气、不同语句，产生不同的语义、不同的表达效果。即使用同一个句子而语气不同，效果也不一样，你体味一下：

谢谢！——别谢了。→（陈述，语调平直）
谢谢！——别谢了！↓（感叹，语调高降）
谢谢！——别谢了！↑（祈使，语调中升，稍延长）

说话一般多用短句。可是，有人一写文章，就想一口气把意思都说完，就勉强用长句。例如：

（1）要认认真真地写字、说话、读课文、做练习、做作文。

不如分开来说，又可以再加一些修饰语：

（2）要规规矩矩地写字，要清清楚楚地说话，要仔仔细细地读课文，要踏踏实实地做练习，要认认真真地写作文。

也可以改变句式，都设一个主语：

（3）字要规规矩矩地写，话要清清楚楚地说，课文要仔仔细细地读，练习要踏踏实实地做，作文要认认真真地写。

读起来，很庄重，别有一种情趣。

老舍先生善于用短句。他曾说过，他的话剧台词没有超过8个字的，超过了说起来就不响亮；能用短句表达的，就不用几十字的长句，越来越恨那种“迷惘而苍凉的沙漠般的故城哟”句子。他描写人物外貌：

（4）他长得短小精悍，既壮实又秀气，既漂亮又老成。圆圆的白净子脸，大眼睛。

描写人物的动作：

（5）他请安请得最好看：先看准了人，而后俯首急行两步，到了人家的身前，双手扶膝，前腿实，后腿虚，一趋一停，毕恭毕敬。安到话到，亲切诚恳地叫出来："二婶儿，您好！"（《正红旗下》）

句子短小，显得紧凑、活泼，好读好听。

不过，话得说回来，长句也有好处，结构完整，表意严密。比较下面两个长句。

（6）我试着往前凑，它跳一跳，可又停住，看着我，小黑豆似的眼睛‖带着点要亲近我又不敢完全信任我的神气。（《小麻雀》）

（7）几分钟，天地已经分不开，空中的水往下倒，地上的水到处流，成了灰暗昏黄的，有时又白亮亮的，一个水世界。（《在烈日和暴雨下》）

例（6）中长句，一口气说下来，结构很清楚，主干是："……眼睛……带着点……神气。"例（7）中长句的主干是："成了……水世界。"作者巧妙地利用停顿，使用逗号，把长句分隔得短小了，读起来不憋气：这是长句化短的一种方法。

选用句子，不能呆板划一，而要灵活多样。例如，散句中选用一些排比句、对偶句，更能显示语言的魅力。读读下面一段话：

没有风。海自己醒了，喘着气，转侧着，打着呵欠，伸着懒腰，抹着眼睛。因为岛屿挡住了它的转动，它狠狠地用脚踢，用手推着，用牙咬着。它一刻比一刻兴奋，一刻比一刻用劲。岩石也仿佛渐渐战栗，发出抵抗的嗥叫，击碎了海的鳞甲，片片飞散。（《听潮》）

散句中用一些排比句，读起来挺顺畅，挺气派。

语言学习和运用讲座（13）

肯定、否定要明确

“甲是乙”或者“甲不是乙”，这是对思维对象表示肯定或者否定，就是下判断。作出一个肯定判断，语言形式有肯定句式、双重否定句式、否定的反问句式。

（1）他是全国劳动模范。（肯定句式）

（2）他不能不是全国劳动模范。（双重否定句式）

（3）难道他不是全国劳动模范吗？（否定的反问句式）

作出一个否定判断，可以用否定句式或者肯定的反问句式。

（4）他不是全国劳动模范。

（5）难道他是全国劳动模范吗？

汉语表示肯定、否定有一种特殊语言形式：

一次否定（不能）——表示否定

否定＋否定（不能不）——表示肯定

否定＋否定＋否定（不能不否认）——表示否定

表示否定，可以用否定副词：没有（没）、不、无、非；可以用反问句式“难道……吗”；可以用否定词语：无时无刻（等于“没有任何时刻”）、不得、不能，还有否定意思的动词如禁止、忌讳、避免、否定等。

用“否定＋否定”：

（6）从前线回来的人说到白求恩，没有一个不佩服，没有一个不为他的精神所感动。（毛泽东《纪念白求恩》）

用“没有……不”双重否定，表示肯定，加强了肯定的语气。

用“否定＋否定＋否定”：

*（7）王芳几乎无时无刻不忘搜集、整理民歌，积累了大量的资料。

“无时无刻”，是同字交错格式的成语（与“无穷无尽”“无边无际”同类），是“没有哪一个时刻”的意思。“无时无刻”一重否定；“无时无刻不”双重否定，相当于“时时刻刻都”，表示肯定；“忘”相当于“不记着”，又一次否定。“无时无刻不忘”这项三重否定相当于“时时刻刻都忘”，表示否定。“时时刻刻都忘搜集、整理民歌”，与原意适得其反。因此，要删去“忘”，改成双重否定句“无时无刻不搜集、整理民歌”。

表达肯定的意思，却误用三重否定句或双重否定的反问句，致使适得其反。辨一辨下面两句：

*（8）科学发展到今天，谁也不会否认地球不是绕着太阳运行的。

*（9）难道能否认改革开放以来没有取得巨大的成就吗？

有时候，要人家选择“是”或“不是”来提问，用“是否”（或者用“能否”——能或不能）。用“是否”“能否”，是从正反两方面说的，下文也要从正反两方面照应。

（10）是否是一个有道德的高尚的人，决定于他有没有正确的价值观和人生观。

（11）能否取得优异的学习成绩，取决于他是否有正确的学习态度和学习方法。

例（10）“是否”对应“有没有”，例（11）“能否”对应“是否”，都从正反两方面说，就合理了。

*(12)搞好改革开放，决定我们能否实现社会主义现代化。

搞好改革开放，怎么不能实现社会主义现代化呢？这就说不通了。上文只说正面，下文却说正反两面，不对应了，改成下文，都从正反两方面说，就通了。

(13)是否搞好改革开放，决定我们能否实现社会主义现代化。

否定词“不”“没”有区别。“不”修饰动词、形容词，是对动作、性质的否定；“不去”“不黑”，是对“去”这个动作，“黑”这种性质的否定。“没”（“没有”）则是对动作的动态、性质的变化的否定；“没去”表示否定“去了”，“去”这个动作没有完成，“没有黑”表示否定“黑了”，没有发生过“黑”的变化。要注意细微区别。

两位皮鞋推销员去非洲考察。英国的推销员拍回的电报说“这里的人不穿鞋”，就回去了。美国的推销员拍回的电报说“这里的人没穿鞋”，深入推销，开辟了售鞋的市场。原来，“不穿鞋”，否定了这里的人穿鞋的行为，似乎是人家不愿穿鞋，就有鞋也卖不掉。“没穿鞋”，只是否定这里的人脚上没有穿鞋，不是不愿穿鞋，就有鞋可卖了。当人家问您“吃苹果吗”的时候，如果您本来喜欢吃苹果，您回答“没吃苹果”，人家还会请您吃。可千万不要回答“不吃苹果”，否则人家不请您吃苹果了。

语言学习和运用讲座（14）

辨 义 选 词

词，是最小的能够独立运用的语言单位。极大部分词用来指称事物，有词义。例如：

人——使用语言进行交际的，能够制造工具并使用工具进行劳动的高等动物。

猿——没有颊囊和尾巴、跟猴相似、生活在森林中的哺乳动物。

“人”“猿”这两个词，有不同的词义，指称两种动物；这种词义反映了概念。

一般地说，词义有两种，一种是理性义，反映词指称事物的本质；一种是附带义，是人们长期使用这个词所赋予的感情色彩、语体色彩。例如：

词	理性义	感情色彩	语体色彩
行为	人做出的某事	中性	中性
行径	人做出的某事	贬义	书面
壮举	人做出的某事	褒义	书面
注视	仔细看	中性	中性
凝视	仔细看	中性	书面
打量	仔细看	中性	口语

使用词语，要辨析词义，选用不同的词语，特别要区分词义的细微差别。北方人爱用“搞”，“搞商店”“搞对象”“搞得好”等等，南方人（江浙一带）爱用“弄”。文学家叶圣陶（苏州人）爱用“弄”，早期小说中大量用“弄”，晚年修改作品，选词辨义，把“弄”改成对应的动词。例如：

(1) 他们母子三个住在旅馆里怎么**弄**（改为“挨”）得下去！（《潘先生在难中》）

(2) 兄弟**弄**（改为“开”）一爿五十千的小杂货店……（《某城纪事》）

(3) 他想这几个孩子总该有个好的学校，而要学校**弄**（改为“办”）得好，莫过于由自己来办。（《校长》）

(4) 实际上这地方大可以不欠薪，不打折扣；所以**弄**（改为“搞”）到这般地步，都是他们的荒唐。（《抗争》）

根据不同的语境把“弄”分别改为“挨”“开”“办”“搞”表意更加确切。再看看老舍的用词。

(5) 他们拉车姿势，讲价时的随机应变，走路的抄近绕远，都足以使他们想起过去的光荣，而用鼻翅儿**扇**着那些后起之辈。（《骆驼祥子》）

(6) 绕到丹桂商场，老李把自己**种**在书摊子前面。（《离婚》）

例（5）写老车夫轻蔑新车夫的神态，鼻翅儿一扇动，露出蔑视人的神志。用“扇”，很传神。例（6）写老李爱书，看见书摊子就去看书，把自己“种”在书摊前面，一个“种”字把老李痴书的劲儿表现了出来。下面，老舍选用形容词描写祥子：

写心态：黑暗与心气接成一气，都渺茫，都起落，都恍惚。（虎妞告诉祥子“我有了”）一万样的没想到的事奔了心中去，来得这么多，这么急，这么乱，心中猛地成了空白，像电影片忽然断了那样。

写祥子健壮：他确乎像一棵树，坚壮、沉默，而又有生气。

写祥子穿戴：脚上是宽双脸千层底青布鞋，干净，利落，神气。

这些形容词富有表现力，把人的形、神表现得活灵活现。

有一位同学写一篇单元作文，竟然使用了 12 个“十分”，什么“十分高兴”“十分喜欢”“十分激动”。还有一位同学写了一篇“漂亮”的作文，文中竟也使用了十几个“漂亮”，其中有这么几句：

她生得十分漂亮。她高高的前额，很漂亮。她一双大眼睛，非常漂亮。两个酒窝，更是十分漂亮。笑起来，酒窝深深的，真是标致极了！

前四句连用了四个“漂亮”，最后一句用“标致”，感情色彩变了，语含讽刺了。这两位同学，都是语汇“贫困户”，应该好好学习、积累词语，练习辨义选词。

语言学习和运用讲座（15）

词语搭配反映概念关系

概念反映客观事物的本质属性。概念的内涵，是思维对象的本质属性，如“人”这个概念的内涵是“能够制造、使用劳动工具的用语言进行交际的动物”；概念的外延，是本质属性所涉及的思维对象，如“人”的外延是

"中外古今的一切人"。概念用词语表示，如"能够制造、使用劳动工具的用语言进行交际的动物"这个概念用"人"这个词表达，其他如"黄种人""白种人""黑种人""男人""女人"，等等。

运用语言，搭配词语最多，出错儿也最多，或相关词语并列不当，或前后词语陈述、支配、修饰不当。词语搭配不当，常常是在理解概念之间的关系方面出了错儿。理顺词语，先要理顺思维。

词语所管的范围过小或过大（外延过狭或过宽），致使相关的词语不搭配。例如：

*（1）人民解放军在抗日战争、解放战争和抗美援朝战争中，都为人民立了大功。

*（2）姜昆表演的曲艺受到群众的欢迎。

抗日战争时期称八路军、新四军，抗美援朝战争时期称人民志愿军，解放战争时期才称人民解放军。"人民解放军"这个概念过狭，不能用于三个战争时期，应改用"人民军队"。"曲艺"包括快板、大鼓、评书、相声等。姜昆表演的是相声，用"曲艺"，外延过宽了。

大概念（属概念）同它所属的小概念（种概念）并列，显得不协调，例如：

*（3）青少年和中小学生都要开展"五讲四美"活动。

*（4）解放军战士奋不顾身地抢救粮食、棉花和人民财产。

"中小学生"属于"青少年"范围，"人民财产"包括"粮食、棉花"，属概念、种概念并列，显得重复啰唆。

概念之间没有"等于"或"包含于"或"属于"的关系，而强行判断。例如：

*（5）随地吐痰是不治之症，是人民公敌。

“随地吐痰”是一种“动作”，“不治之症”是一种病，不能简单下判断；看作比喻，也不确切，“人民公敌”更是概括不当。

不能正确理解概念之间的关系，容易犯词语搭配不当的语病。这是一方面。另一方面，有时候出于表达需要，可以故意违反逻辑常规巧妙运用词语，取得特殊效果。例如：

(6) 全党、全军和全国人民同心同德，艰苦奋斗，建设社会主义现代化强国。(种概念和属概念并列，以示突出，强调。)

(7) 暮色降临，上海外滩成了一颗夜明珠。(比喻)

例(6)，“全国人民”可以包括“全党”“全军”，三者并列，则突出“全党”“全军”，这种用法已经约定俗成。例(7)是比喻，“夜明珠”是喻体，隐含“光辉的繁荣的地方”。

修辞中的借喻、借代、双关、反语等都隐含概念，要注意前后搭配得当。例如：

(8) 忍看朋辈成新鬼，怒向刀丛觅小诗。

(9) 中国军人的屠戮妇婴的伟绩，八国联军的惩创学生的武功，不幸全被这几缕血痕抹杀了。

“刀丛”是借喻，隐含“白色恐怖”，与前后的“怒向”“觅”很搭配。“伟绩”“武功”，是反语，隐含“血腥的罪行”，与“抹杀”搭配得很巧妙，显示了讽刺的意味。

词语搭配，涉及语汇、语法，也涉及修辞、逻辑。学习和运用语言，也要学习和运用修辞、逻辑，语、修、逻是相通的：语法是语言的组合法——组合语言单位来准确地表情达意；修辞是语言的选用法——根据表达需要来选用语言，艺术地表情达意；语言逻辑是语言的思维法——合乎事理地用语言表达思想；三法合一，触类旁通，提高学习和运用语言的效率。

文学论

我对《娥并与桑洛》的不同看法*

在对傣族民间长篇叙事诗《娥并与桑洛》的讨论中，有人说："这是一首不好的诗。"理由是：

1. 娥并与桑洛的爱情没有基础，难道他俩的爱情基础就是双方容貌的美丽吗？

2. 两个主要人物形象都塑造得不成功，桑洛没有反抗精神；娥并笨得很：抓饭把手都抓破了，又被墙上的竹针刺得满身流血。这么傻啊？

3. 诗中有许多不伦不类的比喻，如把姑娘比作"鸭子""金蚂蚁"。有的情节不合理，如桑洛刚诞生，景多昂的姑娘们就纷纷赞扬桑洛漂亮，自怨不休，叹息桑洛生得太晚，不然就可以同他谈恋爱。另外，诗中桑洛的母亲没有受到应有的惩罚，等等。

以上这些理由能否成为否定《娥并与桑洛》的理由呢？先来看一看故事和人物形象吧。

《娥并与桑洛》是一部反对封建家长制的爱情悲剧。大富翁的儿子桑洛聪明、漂亮，以致景多昂的姑娘都"说妈妈就要把她嫁给桑洛"。桑洛的母亲要桑洛娶表妹阿扁，一方面因为是亲戚，另一方面阿扁家也是大富翁，正好门当户对。可是阿扁是个坏姑娘，专讲人家坏处，阿谀桑洛的母亲，并且"看见男人，口水特别多"。桑洛不愿娶阿扁，坚持要出去做生意，找爱人。

---

* 原载《民间文学》1961年第9期。南京大学中文系1958级文学专业的同学，结合民间文学课的学习，讨论了长篇叙事诗《娥并与桑洛》。《民间文学》于第9期发表了南京大学师生们的一组文章，本文是其中的一篇。第10期，赵景琛教授发表了《我看〈娥并与桑洛〉》，文中说"我是属于肯定派，我基本上同意庄文中同志的意见"。

来到了猛根，桑洛找到了美丽的姑娘娥并。于是与她对起歌来，定了情。货物售完，桑洛只得回家，但想念娥并心切，重又来到娥并家，并与娥并发生了关系，娥并怀了孕。桑洛又回家，准备接娶娥并。母亲知道了，就大骂桑洛是“畜生”，要他与娥并断绝关系。桑洛说：“你不准我娶娥并，我偏偏要和她成亲！如果你真不答应，从此我不叫你母亲!”娥并久等桑洛不来，便出门找寻。到桑洛家，被桑洛母亲害得满身伤痕，被赶出家门。在森林里，娥并昏倒，孩子出世即刻死去。死孩变成小鸟。娥并回到家里，也即刻死去。桑洛闻讯，追到娥并家，见娥并已死，拔剑自杀。

下面提出我的几点看法：

第一，娥并与桑洛有爱情的基础。桑洛出门找爱人，这个行动本身，就表现出桑洛追求幸福、自由，反抗家长专权的精神。桑洛遇到娥并，两人就对起歌来。长诗用整整一章半的篇幅来描写他俩的相会和对歌。在对歌中，娥并表现了机智和聪明以及对爱情的忠贞。“只要哥哥不变心，我们的爱情啊，没有人能够拆散!”事实证明，桑洛和娥并对爱情都是坚贞的。娥并出门找桑洛，桑洛殉情自杀，都是这种对爱情忠贞的表现。因此，我们可以说，桑洛和娥并的爱情基础是：共同追求幸福和自由，对爱情的坚贞。

第二，桑洛有反抗精神，娥并并不笨。如上所说，桑洛不听母亲的命令娶阿扁，出门自找爱人，这一行动就充分表现出了桑洛的追求自由、幸福，反抗家长包办婚姻的精神。等到母亲发觉桑洛与娥并有了关系，要桑洛断绝与娥并的关系的时候，桑洛表现出了强烈的反抗精神，一定要娥并，不然宁可不认母亲，最后自杀殉情。自杀殉情这一举动，是桑洛性格发展的高潮，也是桑洛的反抗精神最高度的表现。大家很赞扬《梁山伯与祝英台》中祝英台的反抗精神。可是祝英台并没有公开声明同家庭断绝关系，而桑洛却表现了同家庭决绝的态度。我看，比较起来，桑洛的反抗性比祝英台还强烈些呢！桑洛出门追求新生活，最后为了爱情而自杀，这一方面表现出了桑洛对封建家长制的反抗，另一方面也控诉了封建家长制残害青年的罪恶。

娥并是一个美丽、聪明的姑娘，她对爱情坚贞不渝，诗中娥并的聪明集中地表现在同桑洛的对歌中。大家知道，少数民族有对歌谈恋爱的风俗。在对歌中，桑洛进一步认清了娥并的外貌美和精神美，因此钟了情。有些人用

“抓饭抓破了手，竹钉刺伤了身体”来抹杀娥并的聪明，这种看法是幼稚的。诗歌不能如小说详尽地来描写事件，它只能作一般的刻画。诗中反映出的娥并被害经过，是极简单而又带生活气息的。我们可以想象桑洛的母亲害娥并，不只做了这点坏事。但是，长诗只要交代桑洛的母亲害了娥并这一事实就够了，不必作过细的描写。另外，娥并是怀着孕出门的，经长途跋涉，又受了桑洛母亲的非难，故而支持不住，流产而死，这是合乎情理的。

第三，各民族有各民族的风俗习惯和爱好，有各具特点的审美观。有些人以诗中把美丽的姑娘比作“鸭子”和“金蚂蚁”，作为否定的理由，就是不懂得上面所说的这一点。傣族人民认为鸭子和金蚂蚁是美丽的，这是傣族人民彼时彼地的习惯和爱好。我们古代人尊敬乌龟，而现在我们厌恶乌龟。假如，在古代作品中，我们看到把乌龟比作崇高的东西这一现象，就指手画脚说出什么比喻不当之类的话，这只能说明自己无知罢了。

另外，有些人要求结尾惩罚一下桑洛的母亲，这作为一种要求是可以的，但用来作为否定的理由，那就武断了，不实事求是地对待作品了。假如，这种观点成立，那么《孔雀东南飞》《梁山伯与祝英台》也要作为否定的对象了，因为这两部作品并没有惩罚焦母和祝父。显然，这是错误的。

《娥并与桑洛》是一部优美生动的叙事诗，它存在着一定的缺陷，但是，这是很次要的，不能作为否定全诗的理由。

《娥并与桑洛》塑造的桑洛和娥并两个形象是可信的，典型的，作品通过他俩的爱情悲剧，一方面反映了青年对封建家长制的反抗，控诉了封建家长制戕害青年的罪行，另一方面表现了傣族人民追求自由、幸福的理想和斗争。因此，我们有充分理由说：《娥并与桑洛》是一部成功的优美的长篇叙事诗。

为创造新体诗歌指明了方向*

——学习《毛主席给陈毅同志谈诗的一封信》

毛泽东同志在给陈毅同志谈诗的一封信中，给广大人民和革命诗人提出了一个光荣而又艰巨的任务：在批判继承民歌和古典诗歌的优良传统的基础上，要特别注意从民歌中吸取养料和形式，“发展成为一套吸引广大读者的新体诗歌”。

毛主席关于诗歌的一系列光辉指示，精辟地总结了我国历代诗歌创作的丰富经验，正确地阐述了新诗创作的艺术特点、艺术方法和发展道路，为创造社会主义的新体诗歌奠定了理论基础。

在信中，毛主席三次指出写诗“要用形象思维”。这是诗歌创作也是文学艺术创作中的一个根本问题。形象思维同逻辑思维一样，都是人们认识客观世界的思维方法。无数客观外界的现象通过人的眼、耳、鼻、舌、身这五个官能反映到人们头脑中，形成感性认识；感性认识飞跃到理性认识，就产生思想。斯大林说：“在这些形象、知觉、观念之外，思想就是空洞的，没有任何内容的，就是说，这是不存在的。”客观世界的“形象”是形成思想的材料，也是形象思维的客观依据。哲学、政治经济学的特殊性表现在用分析、推理、论证等方法，来阐述客观世界规律和人们社会生活的特点，用理论来说服、教育人们。文学艺术的特殊性则在于用共性和个性相结合的艺术形象，来表现客观世界和人们的思想感情，用饱含着思想感情的形象来惊

---

* 原载1978年1月29日《内蒙古日报》。

醒、感奋人们。两者通过不同的思维方法、表现方法达到认识世界、改造世界的共同目的。文学艺术家在创作过程中是用形象来思维的，用形象来表现客观世界和人们的感情的。这是一个客观存在的规律，是不以人们的意志为转移的。

写诗“要用形象思维”，这也是诗歌创作实践本身所决定的。客观世界中的事物和形象，影响、感动了人们，使得人们心潮起伏，激情奔涌。“非陈诗何以展其义？非长歌何以骋其情?”这种创作的激情又摧人们去想象，使脑海中飞翔着种种生动的形象。把这种种生动的形象加以典型化，就创造出典型的艺术形象，“笼天地于形内，挫万物于笔端”，把饱含着丰富思想感情的艺术形象熔铸在精练的诗句中。1958 年 6 月 30 日，毛主席读了《人民日报》报道的余江县消灭了血吸虫病的消息后，“浮想联翩，夜不能寐。微风拂煦，旭日临窗。遥望南天，欣然命笔”。诗人脑海中出现了种种形象，胸怀中奔腾着激情的浪潮，驰骋于天地之间，来往于古今之中，于是“欣然命笔”，创作了主题深刻、形象鲜明、诗味隽永的光辉诗篇七律《送瘟神》二首。毛主席在《论反对日本帝国主义的策略》一文中，论述长征是“宣言书”“宣传队”“播种机”。毛主席用强大的逻辑力量论证红军是英雄好汉，不怕任何艰难困苦，宣传了群众，播下了革命的火种，使人口服心服，欢欣鼓舞。在诗歌《七律·长征》中，毛主席用形象思维，把逶迤的五岭、磅礴的乌蒙比作“腾细浪”“走泥丸”，赋予金沙江、大渡河以“暖”“寒”的感觉（实际上是表现红军的心情）。“更喜岷山千里雪，三军过后尽开颜”，一个顶天立地、无往不胜的伟大的红军形象跃然纸上。诗中通过形象表现出来的革命英雄主义和革命乐观主义深深地激动了广大读者。恩格斯说：“同诗的艺术一起而来的还有思想，这就是他的诗作的理性根源的最有力的证据。”毛主席在诗中用艺术形象来抒发激情，同时也用艺术形象来显示红军长征的重大意义。这就是诗歌创作要用形象思维的艺术特点。

毛主席在信中说：“又诗要用形象思维，不能如散文那样直说，所以比、兴两法是不能不用的。”比、兴，是形象思维的两种重要艺术手法。我国诗歌已有两三千年的比、兴的优良传统。比，“以彼物比此物”；兴，“先言他物以引起所咏之词”。两者都是用具体的“彼物”“他物”——即用生动的形象——来写物起情，激发读者的想象。比，明显，直接；兴，含蓄，委婉。使用比、兴的目的是增强诗歌的形象性。比、兴可以分用，也往往结合使用。民歌《东方红》开头："东方红，太阳升，中国出了个毛泽东。"诗人李有源清早进城，看到"红彤彤的太阳从东边升起来，万道金光照射着天地"，想到毛主席，产生了创作激情。他用眼前的旭日东升来引出"中国出了个毛泽东"的诗句，引出所咏之词，这就是兴。诗人"望着红彤彤的太阳，出神地想起来：化育万物的是太阳，拯救穷人的是共产党，要打起比方来，说毛主席是咱穷人的太阳，那是再恰当不过了"。《东方红》开头三句比、兴结合使用，既创造了一个庄严宏伟的抒情的艺术境界，又增强了鲜明的形象性。

"四人帮"一伙不会做工，不会种田，不会打仗，也不会创作。他们授意炮制的一些诗歌，不用形象思维，不讲比、兴，声嘶力竭，味同嚼蜡。例如有那么一首诗，名叫什么《锁链·铁锤》。作者举起"铁锤"，一会儿砸向"土围子"，一会儿又砸向资产阶级权利，一会儿砸向所谓形形色色的走资派，一会儿又砸向身缠"锁链"的广大人民，从空话到大话，从帽子到棍子。这种诗根本不用形象思维，空话连篇，感情虚狂，构思拙劣，完全是狂言和谎话的混合物。

毛主席对于诗歌形式作过长期的研究，并且于1957年指示新诗要"精练、大体整齐、押韵"；以后，又指示要在民歌和古典诗歌的基础上发展新诗。我国是诗国。早在二千五百年前就有诗歌总集《诗经》，其中有士大夫的作品，也有大量的人民的歌谣。这些诗短小精悍。诗句以四言为主，也有二言至八言的诗句。有一、二、四句押韵的，有逢双句押韵的，也有一韵到底的。《诗经》给我国诗歌形式奠定了基础，以后，我国诗歌更加繁荣、成熟、完整，楚辞、唐诗、宋词、元曲是民族诗歌的珍品。新诗从诞生以来六十年中，诗人们创作了许多优秀诗篇。同时新诗也存在不少问题，不少新诗太散漫，记不住，太空洞，不形象。因此，我们要借鉴优秀的古典诗歌，更重要的是要从民歌中吸取养料和形式，创造一套相对稳定而又吸引广大读者的新体诗歌。优秀民歌，短小精悍，刚健清新，想象丰富，形象鲜明。诗段、诗句大体整齐，以五、七言为主，节奏分明，大体押韵，音韵和谐，易唱好记。这些都是新体诗歌可以吸取的艺术养料。让我们遵照毛主席的教导，实现毛主席的遗愿，在实现四个现代化的同时，创造出一种具有中国气派、中国作风、群众喜闻乐见、内容与形式尽可能完美的新体诗歌吧！

鲁迅与形象思维*

——兼谈阿Q形象的创造

从目前的资料来看，最早比较自觉地论述形象思维的人，是德国唯心主义哲学家黑格尔和俄国革命民主主义者别林斯基。黑格尔说：“在艺术里不像在哲学里，创造的材料不是思想而是现实的外在形象”，“艺术的使命在于用感性的艺术形象的形式去显现真实”（《美学》第一卷）。别林斯基在1840年说：“艺术是对真理的直感的观察，或者说是富于形象的思维”（《艺术的观念》）。他们两人都比较明确地指明了文学艺术的特质。俄国马克思主义前躯者普列汉诺夫，批判地继承了别林斯基关于形象思维的学说，摈弃其唯心论的因素，用唯物论来阐述形象思维。1900年，他在《论艺术》一文中阐述文艺的特质时说：“说艺术只表现人们的感情，也一样地不对的。不，这也表现他们的感情，也表现他们的思想，然而并非抽象地，却借了灵活的形象而表现。艺术的最主要的特质就在此。”（《鲁迅译文集》第6卷）二十世纪二三十年代，无产阶级文学家高尔基、法捷耶夫等都从理论和实践的结合上论述过形象思维。

在我国现代革命史上，较早论述形象思维的是谁呢？不是别人，正是伟大的革命家、思想家、文学家鲁迅先生。

1927年，鲁迅转变成为共产主义者后，读了大量的马列主义著作，也翻译了不少马列主义的文艺论著。1930年，他翻译并出版了普列汉诺夫的

---

* 本文写于1978年。

《艺术论》一书，特地写了序言（这本书收了普列汉诺夫的三篇论文，其中第一篇就是上面提到过的《论艺术》）。鲁迅在序言中首先肯定“普列汉诺夫也给马克思主义艺术理论放下了基础”。接着，鲁迅精辟地指出：

> “第一篇《论艺术》首先提出‘艺术是什么’的问题，补正了托尔斯泰的定义，将艺术的特质，断定为感情和思想的具体底形象底表现”（《二心集·〈艺术论〉译本序》）。

这里，鲁迅肯定了普列汉诺夫关于文艺的特质在于用形象来表现人们的思想感情的观点。查《鲁迅全集》，没有发现鲁迅直接使用过“形象思维”这一术语。然而，他通过评论普列汉诺夫的文艺思想，特别是在谈到自己创作经验的文章中，精辟地论述了文艺创作的思维规律，对于形象思维发表了许多匠心独具的见解。

鲁迅认为艺术形象来源于生活形象，是对于生活形象进行改造而合成的。艺术家的任务是创造艺术形象以反映人们的思想感情。鲁迅说，文艺是“敏感”地“描写社会”的，因此作家要“到大众中去学习”，“必须和实社会接触”，“留心各样的事情，多看看，不看到一点就写”。鲁迅坚决反对脱离社会生活，进行主观臆造，“说假话”，“用人工来制造理想人物”，生造艺术“傀儡”。他一再告诫人们不能“天马行空”式地“凭空创造”，而要深入生活，研究生活，“选材要严，开掘要深”，创造出典型形象来。在谈到自己的创作经验时，鲁迅写道：

> “所写的事迹，大抵有一点见过或听到过的缘由，但决不全用这事实，只是采取一端，加以改造，或生发开去，到足以几乎完全发表我的意思为止。人物的模特儿也一样，没有专用过一个人，往往嘴在浙江，脸在北京，衣服在山西，是一个拼凑起来的脚色。”（《南腔北调·我怎么做起小说来》）

对于客观世界中丰富、生动的事，鲁迅“只是采取一端，加以改造，或生发开去”。对于客观世界中形形色色的人，鲁迅又是“杂取种种人，合成一个”。从大量的生活形象中，提炼出生动的具有本质特点的形象，进行“改造”，“生发”，“杂取”，“合成”，创造出活生生的艺术形象来。鲁迅说，这种方法“也和中国人的习惯相合，例如画家的画人物，也是静观默察，烂熟于心，然后凝神结想，一挥而就，向来不用一个单独的模特儿的”（《且介亭杂文末编·〈出关〉的“关”》）。鲁迅特地指明，自己艺术创作的思维方法与中国传统的美术创作的思维方法是一致的，都是运用形象思维的方法，从大量的生活形象中创造出艺术形象来。

鲁迅在论述文艺创作的思维活动时，谨慎地把创作过程中的形象区分为“影象”“形象”“具象”等，具体地分析了艺术形象的诞生过程，揭示了形象思维的特质。

鲁迅说：“阿Q的影象，在我心目中似乎确已有了好几年，但我一向毫无写他出来的意思。”（《华盖集续编·阿Q正传的成因》）辛亥革命前后，社会中有形形色色的阿Q式的人物。鲁迅杂取现实生活中形形色色的阿Q式的人物，在脑海中改造成为“阿Q的影象”。这个“阿Q的影象”在鲁迅脑海中活了“好几年”。鲁迅把来源于现实生活的并且已活在作家头脑中但又没有最后定型的人物形象称为“影象”。开始创作《阿Q正传》时，鲁迅没有料到阿Q“大团圆”的结局。可见，鲁迅头脑中“阿Q的影象”还没有最后定型。这个“影象”虽然还没有最后定型，但已经得到作家的初步“杂取”“合成”，是一个活生生的毛坯式的艺术形象。鲁迅又说：“我的杂文，所写的常是一鼻，一嘴，一毛，但合起来，已几乎是或一形象的全体，不加什么原也过得去的了。但画上一条尾巴，却见得更加完全。所以我的要写后记，除了我是弄笔的人，总要动笔之外，只在要这一本书里所画的形象，更成为完全的一个具象，却不是‘完全为了一条尾巴’。”（《准风月谈·后记》）在《〈出关〉的“关”》一文中，鲁迅讲述了创作历史小说《出关》的意图，批判了邱韵铎那种“视小说为非斥人则自况”的主观主义的庸俗化的评论方法，并且说道：“他起了有利于老子的心思，于是不禁写了‘巨大无比’的抽象的封条，将我的无利于老子的具象的作品封闭了。”在另一封书信中，鲁迅进一步说道：“小说也如绘画一样，有模特儿，我从来不用某一整个，但一肢一节，总不免和某一个相似，倘使无一和活人相似处，即非具象化的作品，而邱先生却用抽象的封皮，把《出关》封闭了。”（《鲁迅全集》第十卷，第200页）从上面引文中我们可以知道，鲁迅文章中的“形象”同“具象”是有所区别的。在作品中的形象上“画上一条尾巴”，目的是“要在这一本书里所画的形象更成为完全的一个具象”，也就是说使得“形象”成为“具象”——典型形象。这儿的“具象”，相当于鲁迅使用的另一术语“典型人物”。文艺作品中的“具象”既与现实生活中的某一个相似，又与某一个不相似，是共性与个性的统一。否则，文艺作品“即非具象化的作品”。鲁迅创作历史小说《出关》，目的是塑造一个活生生的“徒作大言的空谈家”的典型形象——老子，批判老子的“‘无为而无不为’的一事不做”的消极思想。在老子这个典型形象身上，既有历史的因素又有现实的因素，既有共性又有个性。鲁迅杂取了现实生活中种种老子式的人物形象，然后进行艺术概括，创造了老子这个典型形象。可是邱韵铎硬要把老子这一典型形象看作是作者鲁迅本人，胡说什么看了《出关》，读者会“跟着我们的作者”“坠入孤独和悲哀去”。邱韵铎根本不懂文艺的特质——作家运用形象思维来创造典型形象、反映社会生活，因而“用抽象的封皮”，把“具象的作品封闭了”，抹杀了文艺作品中典型人物的社会意义。

作家深入生活，从大量的生活形象中提取生动的具有本质特点的形象，并且加以“改造”“生发”“杂取”“合成”，进行艺术想象和艺术概括，在头脑中形成“影象”，然后“凝神结想”，用艺术手段（如文字、线条、动作等）创造出活生生的艺术具象——典型形象来。这个从生活形象到头脑中的影像再到艺术具象的过程，就是鲁迅说的“具象化”的过程。其实，也就是今天我们所说的典型化的过程，形象思维的过程。在“具象化”的过程中，作家始终离不开生活形象，用生活形象来创造艺术形象。

鲁迅在论述文艺创作的思维活动时，特别在谈自己的创作实践时，没有特意指出哪一阶段用形象思维，哪一阶段用逻辑思维，而往往指明认识事物本质对于创作具有指导作用，强调文艺创作的自觉性。

1918年，在谈创作《狂人日记》时，鲁迅说：“后以偶阅《通鉴》，乃悟中国人当是食人民族，因成此篇。”（《鲁迅全集》第九卷，第285页）鲁迅在创作《狂人日记》前，不仅从现实社会中初步合成了狂人的影像，而且从中国历史中抽象出封建社会是吃人的社会的结论，并且把这个结论渗透到作品中去。鲁迅创作《阿Q正传》，想“画出这样沉默的国民的魂灵来”，批判和改造社会。鲁迅从社会生活中杂取种种人，塑造了一个落后的不觉悟的农民阿Q这一典型形象，活灵活现，甚至不能改动阿Q头上的帽子：“只要在头上戴上一顶瓜皮小帽，就失去了阿Q，我记得我给他戴的是毡帽。”同时，鲁迅对阿Q这个典型形象的落后性和革命性有深刻的认识，“中国倘不革命，阿Q便不做，既然革命，就会做的”，而且“我还恐怕我所看见的并非现代的前身，而是其后，或者竟是二三十年之后”（《阿Q正传的成因》）。正因为鲁迅对阿Q典型形象吃得透，开掘深，所以阿Q这个典型形象深刻而又生动地反映了当时的社会生活，具有极大的社会意义。由此可见，鲁迅把形象的想象力与本质的抽象力有机地统一起来，自觉地进行创作，塑造了令后人永远说不尽的“阿Q”。

鲁迅还认为作家应该自觉地塑造艺术形象，而决不能在文艺作品中写哲学讲义，或塞进抽象的教条、口号，“因为我们需要的，不是作品后面添上去的口号和矫作的尾巴，而是那全部作品中的真实的生活，生龙活虎的战斗，跳动着的脉搏，思想和热情，等等”（《且介亭杂文末编·论现在我们的文学运动》）。

鲁迅在论述文艺创作的思维活动时，具体分析了作家创造典型形象的过程，即生活形象——作家头脑中的影像——艺术形象——艺术具象，指明了形象思维的特点在于杂取生活形象以创造艺术形象；指明作家运用形象思维，不仅要善于捕捉生动的生活形象来创造艺术形象，而且要分析、研究艺术形象和主题，使艺术形象发展有一定方向，饱和着思想感情；而作家的思维活动都是受世界观指导的，“根本问题在作者可是一个‘革命人’”。这些，对我们理解和掌握毛泽东提出的“诗要用形象思维”这一重要文艺理论问题，肯定具有很大的启示和教育作用。

鲁迅的文艺思想博大精深，闪烁着马列主义的思想光芒。笔者不敢自以为是，著文为了抛砖引玉，以求与大家共同学习和总结鲁迅关于形象思维的文艺思想。

论鲁迅诗歌*

鲁迅先生的诗歌①，像他的杂文、小说、散文一样，是他的光辉的战斗一生和伟大的革命精神的结晶，是留给我们的一份宝贵的文学遗产。他的光辉诗篇，形象地反映中国人民反对帝国主义、封建主义、官僚资本主义的时代精神和社会现实；特别是后期（1927年以后）诗歌，生动地反映了19世纪30年代的民族斗争和社会生活，表现了中国人民崇高的革命精神和瑰丽的革命理想，真不愧是战斗的鼓点，进军的角号，革命的旗帜。

1942年，毛泽东同志《在延安文艺座谈会上的讲话》中，引用鲁迅的“横眉冷对千夫指，俯首甘为孺子牛”诗句，并说“应该成为我们的座右铭”。1961年10月7日，又把鲁迅的《无题：万家墨面没蒿莱》一诗亲笔书赠日本访华的朋友们。这是对鲁迅诗歌的最正确最崇高的评价。学习和研究鲁迅诗歌，对于我们了解鲁迅的战斗一生和无产阶级世界观的形成，对于我们学习鲁迅的共产主义革命精神，对于我们繁荣社会主义诗歌创作，都是具有很大的现实意义的。

忍看朋辈成新鬼，怒向刀丛觅小诗

鲁迅经历了从旧民主主义革命过渡到新民主主义革命的激烈而又残酷的民族斗争和阶级斗争。他亲身经历了1900年义和团运动的失败，1912年辛

---

* 本文写于1978年，未作修改，保持当时的原貌。

① 鲁迅先生的诗歌现有61题78首。其中旧诗50题67首，新诗11题11首。1927年前，创作了18题29首；1927年后，创作了43题49首，后期诗约为前期的两倍。

亥革命的失败，1927 年第一次国内革命战争的失败，深刻地看到了帝国主义、封建主义、官僚资本主义屠杀和奴役人民的野蛮性和残忍性，深刻地看到了中国共产党和中国人民不屈不挠的革命精神和崇高品质。鲁迅满怀着对无产阶级和劳动人民的爱，对阶级敌人的恨，“忍看朋辈成新鬼，怒向刀丛觅小诗”，揭露、批判帝国主义、封建主义、官僚资本主义及其走狗的滔天罪行，抨击封建主义的孔孟之道和帝国主义的奴化思想，成为“在文化战线上，代表全民族的大多数，向着敌人冲锋陷阵的最正确、最勇敢、最坚决、最忠实、最热忱的空前的民族英雄”①。

鲁迅青年时代的诗歌，猛烈地抨击封建统治阶级和封建礼教。鲁迅少年和青年时代，“从小康人家坠入困顿”，使他看清了封建剥削阶级的丑恶面目，憎恨封建礼教，厌恶洋务学堂的“乌烟瘴气”。鲁迅忧愤交集，急切地寻求革命真理。1900 年（二十岁），他写了《别诸弟三首》。这是他一生中最早的一篇文学作品。作者在诗中表现了半殖民地半封建黑暗社会给自己带来的痛苦，抒发了追求革命真理的真挚感情。作者向旧世界大声疾呼：“我有一言应记取，文章得失不由天。”勇敢地宣明文章、事业的成败得失，不取决于天，而是取决于人，人定胜天！在《祭书神文》（1901 年 2 月）中，作者一面表示自己蔑视金钱、与书做伴，一面把封建地主贵族斥为“俗丁伧父”，揭露他们的“钱神醉兮钱奴忙”的丑态。如果这些“俗丁伧父”胆敢污辱书神，诗人就要用弯刀来对付他们。鲁迅青年时代的诗作，为我们塑造了一个勇敢地反封建主义的爱国青年的光辉形象。

1912 年，鲁迅眼看着孙中山先生领导的辛亥革命走向失败。皇帝和贵族的专制政权虽然被推翻了，但是代之而起的是以袁世凯为代表的地主阶级的军阀官僚的统治，人民仍然处于水深火热之中。鲁迅愤而创作了《哀范君三章》。作者敏锐地指出辛亥革命的不彻底性和资产阶级的软弱性，社会仍然是“世味秋荼苦，人间直道穷”，以致逼死了像范爱农这样正直的知识分子。同时作者描述道：

---

① 《毛泽东选集》第二卷，人民出版社 1991 年版，第 658 页。

狐狸方去穴，桃偶已登场。

故里寒云恶，炎天凛夜长。

封建皇帝贵族那些“狐狸”刚刚赶走，以袁世凯为代表的封建军阀官僚这些“桃偶”又粉墨登场，继续压榨人民，致使苦难的祖国恶云翻滚，长夜漫漫，寒气逼人。用生动的艺术形象指明了社会发展的特点，抨击了袁世凯军阀卖国政府。

1917 年俄国的十月革命，给中国送来了马克思主义。“这时，也只是在这时，中国人从思想到生活，才出现了一个崭新的时期”①。鲁迅从思想到生活也“出现了一个崭新的时期”，奋起参加新民主主义革命文化新军，英勇地不妥协地反对帝国主义和封建主义。他在《人与时》（1918 年 7 月）中批判“现在屠杀者”的封建复古主义。在《我的失恋》（1924 年 10 月）中嘲笑买办资产阶级知识分子及其腐朽诗风。在《替豆萁伸冤》（1925 年 6 月）中，揭露了帝国主义走狗段祺瑞北洋军阀迫害青年学生的罪行。在《“而已集”题辞》（1926 年 10 月）中，作者愤怒写道：“泪揩了，血消了；屠伯们逍遥复逍遥，用钢刀的，用软刀的。”尖锐地揭露帝国主义和封建主义的混合物北洋军阀政府及其反动文人，用“钢刀”和“软刀”反革命两手来屠杀、欺骗人民的罪行。1928 年 10 月，鲁迅重新发表这首题辞，进一步指出新上台的蒋介石反动派与北洋军阀是一丘之貉，也是用“钢刀”屠杀人民，用封建礼教这把“软刀”来欺骗人民。诗人不畏强暴，英勇作战，表现了用战斗的笔与敌人血战到底的英雄气概和坚强决心。

1927 年，蒋介石反动派发动“四一二”反革命政变，第一次国内革命战争失败。中国共产党领导人民大众以武装的革命反对武装的反革命，毛主席开创了井冈山革命根据地，为中国革命指明了正确道路。蒋介石反动派疯狂地进行反革命的军事“围剿”和文化“围剿”，妄图对共产主义和共产党“剿尽杀绝”。但是，在中国共产党领导下，人民大众粉碎了两种“围剿”，促进了农村革命深入和文化革命深入。“而共产主义者的鲁迅，却正在这一

---

① 《毛泽东选集》第四卷，人民出版社 1991 年版，第 1359 页。

‘围剿’中成了中国文化革命的伟人。”①

鲁迅成长为共产主义战士后，更加以不克厥敌、战斗不息的“韧性”战斗精神，抨击帝国主义及其走狗，抨击复辟狂和投降派，反对国民党反动派的反革命军事“围剿”和文化“围剿”，为中国革命立下了不朽的功勋。

在后期诗歌中，鲁迅揭露和批判国民党反动派反革命军事“围剿”和文化“围剿”的滔天罪行。蒋介石对外采取不抵抗主义，把国土拱手让给日本帝国主义，对内疯狂“围剿”革命根据地，派飞机往苏区狂轰滥炸，“禹域多飞将，蜗庐剩逸民”（《无题》1933 年 6 月），“霆击寒村灭下民”（《二十二年元旦》1933 年 1 月），真是“杀人有将”啊！对国统区人民实行白色恐怖政策，逮捕、暗杀革命人民，禁止和扼杀无产阶级革命文艺。在《无题：大野多钩棘》（1931 年 3 月）中，鲁迅一面揭露蒋介石反革命军事“围剿”造成了“几家春袅袅，万籁静愔愔”的黑暗现实，一面控诉反动派镇压无产阶级文艺运动的暴行：“风波一浩荡，花树已萧森。”《无题：洞庭木落楚天高》（1932 年 12 月）一诗同样反映了国民党反动派第四次反革命军事“围剿”的疯狂和残暴，“眉黛猩红涴战袍”，无数妇女的鲜血染红了国民党将士的战衣；反映了反革命文化“围剿”摧残无产阶级文艺运动的现实，“泽畔有人吟不得，秋波渺渺失《离骚》”，剥夺了人民的言论自由，扼杀了革命文艺的创作。《公民科歌》（1931 年 12 月）一诗，深刻地揭露和批判国民党法西斯奴化教育的反动内容和实质，指出他们妄图把人们培养成为“蛮如猪犭罗力如牛”的奴才，以维持摇摇欲坠的法西斯独裁统治，无情地抨击了蒋介石竭力提倡的反共反人民的“新生活运动”。

鲁迅还把炸弹似的诗歌直接掷向以蒋介石为首的国民党反动集团，对这批人进行了辛辣的讽刺和无情的鞭挞。在《赠邬其山》（1931 年初春）中，揭露反动派“一阔脸就变，所砍头渐多”的丑恶嘴脸和残暴本性。《南京民谣》（1931 年 12 月）五言四句：

大家去谒灵，强盗装正经。

---

① 《毛泽东选集》第三卷，人民出版社 1991 年版，第 663 页。

静默十分钟，各自想拳经。

蒋介石一伙一面装腔作势去中山陵“谒灵”，装成孙中山的信徒，招摇撞骗，一面又钩心斗角，拼个你死我活，灵前静默时还在“各自想拳经”。鲁迅把反动派斥之为“强盗”，形象而又深刻地揭示了这伙强盗的反动本质和虚伪、腐朽的灵魂。《好东西歌》（1931 年 12 月）和《“言词争执”歌》（1932 年 1 月）更是把矛头直刺反动头目。1931 年，日本帝国主义发动“九一八”事变，侵占东北各地。蒋介石下令不抵抗，匆匆忙忙撤退，“金风萧瑟走千官”（《亥年残秋偶作》1935 年 12 月），却加紧“围剿”苏区。同时先后召开国民党第四次全国代表大会、一中全会。会上，反动头目们一会儿争权夺利，互相漫骂，“相骂声中失土地，相骂声中捐铜钱”，大发国难财。一会儿妥协分赃，声明误会，原来“大家都是好东西，终于聚首一堂来吸雪茄烟”。这群卖国贼一面投敌卖国，一面还想欺骗人民，抵脱卖国罪名，尔虞我诈。反革命的共同利益又促使他们暂时妥协：“卖就大家都卖不都不，否则一方面子太难堪”，“理论和实际，全都括括叫”。鲁迅愤怒地批判道：“放屁放屁放狗屁，真真岂有之此理”。进行了辛辣的嘲笑和有力的抨击。鲁迅的这些诗，揭示了国民党反动派“大狗小狗饱狗饿狗之间的一点特别有趣的争斗”，批判了反动派投敌卖国的反动本质和钩心斗角、自欺欺人的丑恶嘴脸，并揭示出他们的“暮鸦”“狐狸”般垂死挣扎、日薄西山的历史命运，打击了敌人，教育了人民。

鲁迅不仅揭露和批判国民党反动派，而且还揭露和批判帝国主义侵略中国的滔天罪行。1928 年 10 月，鲁迅重新发表《“而已集”题辞》，在批判反动派屠杀人民的罪行同时，也揭露帝国主义提倡尊孔读经的目的，就是用封建礼教这把“软刀”奴化中国人民，使中国人民“永远做侍奉主子的材料”，俯首帖耳的奴隶。在《吊大学生》（1933 年 1 月）和《一·二八战后作》（1932 年 7 月）中，反映了日本帝国主义侵略中国，屠杀人民，造成“战云暂敛残春在”“古城千载冷清清”的悲惨局面。《题三义塔》（1933 年 6 月）一诗，作者把爱国主义同国际主义结合起来，表现了作者的共产主义伟大胸怀。“奔霆飞熛歼人子，败井颓垣剩饿鸠”。像奔腾雷霆般的炮弹和飞蹿的烈火残杀了中国人民，在一片废井坍墙的瓦砾中只剩下一只饿鸠。作者用诗的语言概括地描写了日本侵略军给中国人民带来的灾难，接着笔锋一转，写热爱和平的日本人民拯救、埋葬、悼念这只饿鸠。诗人充满信心地写道："精禽梦觉仍衔石，斗士诚坚共抗流。度尽劫波兄弟在，相逢一笑泯恩仇。"中日两国的反法西斯战士只要真诚团结，斗志坚决，就一定像精卫鸟衔石填海那样，共同反击法西斯逆流。渡过了艰苦的斗争和沉重的苦难，兄弟般的中日两国人民必然取得胜利，建立和发展牢不可破的革命友谊。这首诗立足现实，展望未来，一面批判了日本帝国主义的侵略罪行，一面坚信在共产党的领导下，中国人民一定能够打败日本帝国主义，中日两国人民必然在反法西斯的斗争中团结起来，共同战斗，建立万古长青的友谊。鲁迅严格区分两类不同性质矛盾，正确预见革命的未来，表现了高度的马克思主义思想水平和共产主义宽广的胸怀。

学习和研究鲁迅诗歌，我们就要学习鲁迅揭露和打击敌人的"韧性"战斗精神，对于帝国主义和一切敌人要针锋相对，不克厥敌，战斗不止，把斗争进行到底。

横眉冷对千夫指，俯首甘为孺子牛

毛主席说："鲁迅的两句诗，'横眉冷对千夫指，俯首甘为孺子牛'应该成为我们的座右铭。'千夫'在这里就是说敌人，对于无论什么凶恶的敌人我们决不屈服。'孺子'在这里就是说无产阶级和人民大众。一切共产党员，一切革命家，一切革命的文艺工作者，都应该学鲁迅的榜样，做无产阶级和人民大众的'牛'，鞠躬尽瘁，死而后已。"① 鲁迅对敌人横眉冷对，坚决斗争，不屈不挠。对人民、对共产党、对毛主席，无比热爱，鞠躬尽瘁，死而后已。

在帝国主义、封建主义、官僚资本主义残酷压迫和剥削下，广大人民家破人亡，饥寒交迫。鲁迅深切同情劳动人民的苦难，热情赞美劳动人民的革命精神。"奔霆飞熛歼人子"，"霆击寒村灭下民"，控诉了国民党反动派、日

---

① 《毛泽东选集》第三卷，人民出版社 1991 年版，第 834 页。

本帝国主义屠杀人民的罪行。“故乡黯黯琐玄云”（《无题》1932 年 2 月），“如磐夜气压重楼”（《悼丁君》1933 年 6 月），反映了在国民党反动派法西斯统治下，国统区黑夜沉沉，腥风血雨，人民生活于水深火热之中。在《所闻》（1932 年 12 月）和《赠人二首》（1933 年 8 月）中，作者以细腻的笔调，描写了城市侍女、歌女的痛苦生活。她们被资本家、官僚政客从远地农村买来，被迫强颜欢笑，弹曲唱歌，以满足反动统治阶级花天酒地、骄奢淫逸的腐朽生活。但是，有的姑娘“唱尽新词欢不见，旱云如火扑晴江”，唱尽了新歌，亲人还是不能见面，却只见旱云如火一样扑到晴江上，旱灾使得千千万万人民流离失散。有的姑娘“忽忆情亲焦土下，佯看罗袜掩啼痕”，想到亲人死在反革命军事“围剿”和日寇侵略战争的焦土下，不由得心如刀绞，悲愤交加。这些苦难的姑娘形象实际上就是国统区苦难的人民的缩影，鲁迅寄予了深切的同情。中国人民是富有反抗精神和革命传统的，是“中国的脊梁”。在历史小说《铸剑》中，鲁迅借侠客晏之敖者所唱的诗歌，发出了消灭反动派的强音：人民生活于苦难的黑暗社会中，而暴君“一夫”却屠杀人民，寻欢作乐，维护其反动统治。晏之敖者“用一头颅兮而无万夫”，宁愿牺牲自己的头颅，也要消灭统治者。鲁迅热情赞美晏之敖者，实际上就是歌颂劳动人民的反抗反动统治阶级的牺牲精神和革命精神。

鲁迅对党和毛主席无比热爱，对共产党的革命路线坚决拥护。表现在他的诗歌中，则是满腔热情地歌颂革命，歌颂共产党和毛主席领导下的革命根据地。

在共产党和毛主席的革命路线领导下，井冈山革命根据地建立了，工农红军创建了，苏维埃红色政权成立了，第一次反对反革命军事“围剿”的斗争胜利了。中国革命的迅速发展，使共产主义者鲁迅胸中激起万丈巨澜，浮想联翩。他凝聚自己的革命激情，驰骋革命浪漫主义的瑰丽想象，把热爱共产党、毛主席，向往革命根据地的思想感情铸进《湘灵歌》（1931 年 3 月）中：

昔闻湘水碧如染，今闻湘水胭脂痕。
湘灵妆成照湘水，皎如皓月窥彤云。

从前听说湘水碧绿可爱，像染过的一样。如今看到湘水像抹上胭脂那样鲜红美丽。湘水女神梳妆好了，到湘水边照看自己，只见水里好像一轮皓月看着一片红云。“湘灵妆成”象征着革命根据地的建立和发展，“今闻湘水胭脂痕”象征着革命根据地一片光明，沐浴在灿烂的阳光下。可见，在革命的关键时刻，鲁迅热情歌颂革命根据地，歌颂毛主席的“星星之火，可以燎原”的伟大预见。这跟林彪的“红旗到底能打多久”的哀鸣形成了鲜明的对照。所以，当毛主席领导红军长驱二万五千里，胜利到达陕北时，鲁迅立即致电毛主席和党中央：“在你们的身上，寄托着中国和人类的希望。”鲜明地表明了鲁迅热爱党、热爱毛主席的无产阶级深厚感情和马克思主义的伟大政治远见。

做无产阶级和人民大众的“牛”，鞠躬尽瘁，死而后已，这是鲁迅革命精神的集中表现。在国民党反动派法西斯白色恐怖的荆天棘地中，鲁迅为人民为革命辛勤地工作，写作，“在生活的路上，将血一滴一滴地滴过去，以饲别人，虽自觉渐渐瘦弱，也以为快活”（《两地书》1926 年 12 月）。他不顾反革命文化“围剿”的残酷和凶狠，不顾敌人逼得自己成为“迁客”，经常离家避难，“却成迁客播芳馨”（《无题》1933 年 11 月），仍然坚持斗争，给人民传播真理，教育人民，打击敌人。1932 年 10 月，在《自嘲》一诗中，鲁迅发出共产主义者的誓言：“横眉冷对千夫指，俯首甘为孺子牛。”思想感情升华到一个崭新的境界，充满了无限的生命力和强烈的革命精神。他全心全意地为人民工作着，夜以继日地为革命战斗着，以致积劳成疾，体重只有三十七公斤！我们读着鲁迅的诗文，回忆他的光辉的战斗一生，鲁迅真是一个“毫不利己，专门利人”的高尚的人，一个有益于人民的人，一个伟大的共产主义战士！

学习和研究鲁迅诗歌，我们就要学习他做无产阶级和人民大众的“牛”，全心全意地为人民服务的革命精神，为中国和世界大多数人民服务，鞠躬尽瘁，死而后已。

心事浩茫连广宇，于无声处听惊雷

鲁迅不但是伟大的文学家，而且是伟大的思想家和革命家。他既是彻底的革命现实主义者，又是彻底的革命理想主义者。他身居小楼，心怀天下，立足现实，预见未来，不屈不挠地追求真理，舍生忘死地战取光明，为共产主义壮丽事业而英勇奋斗。

青年时代，鲁迅就立下了“我以我血荐轩辕”（《自题小像》1903年初）的誓言，立志为人民的自由幸福、祖国的独立解放献出自己的热血和生命。他从西方资产阶级那里学到了进化论、天赋人权论、资产阶级共和国的政治方案，奔走呼号，宣传群众，努力革命。辛亥革命失败，使他认识到资产阶级不能领导中国革命，半殖民地半封建的旧中国也根本不可能建立资产阶级共和国。十月革命一声炮响，给中国人民送来了马克思主义。鲁迅欢欣鼓舞，急切地学习俄国十月革命，重新寻找革命理想。在新诗《梦》（1918年5月）、《他们的花园》（1918年7月）和《他》（1919年4月）中，作者热情地呼唤革命真理和革命理想的到来：“你来你来！明白的梦。”作者还塑造了一个革命者“小娃子”的艺术形象。他脸上“还有微红”，“望见邻家”十月革命的苏俄，“大花园里，有许多好花”。“用尽小心机，得了一朵百合”，高兴得脸上“分外添出血色”。象征攻击十月革命的反动派——苍蝇，却在百合花上拉了“几点蝇矢”。但是，小娃子还是“想起邻家”，继续要在大花园里采好花。这个小娃子的艺术形象，正是当时赞叹和学习俄国十月革命的革命知识分子的形象，他们突破反动派的反革命宣传，学习马克思主义，走俄国人的路。鲁迅正是这种革命知识分子的代表。他在1934年回忆当时思想情况时说：“待到十月革命后，我才知道这‘新的’社会的创造者是无产阶级。”（《答国际文学社问》）经过1927年大革命失败的教育，1928年对马克思主义的集中学习，新民主主义革命阶级斗争的大风大浪的锻炼，共产党的热情帮助和教育，以及自觉改造世界观，鲁迅终于走向无产阶级，成长为共产主义战士。

马克思主义赋予鲁迅以革命青春，共产主义理想照亮了鲁迅的革命道路。正因为鲁迅用共产主义理想来指导自己参加民主革命的战斗实践，所以不仅在顺利的条件下乘胜前进，而且在困难的情况下，能够指出光明的前景，越是艰险越向前，表现了革命理想主义和革命乐观主义的精神。

在诗歌中，鲁迅不仅反击了国民党反动派的反革命军事“围剿”和文化

“围剿”，而且反映了在反“围剿”中农村革命和文化革命的深入，表现了革命人民的辉煌胜利和英雄气概。在《湘灵歌》中，鲁迅反映了取得反“围剿”胜利的革命根据地的一片光明景象。在《无题》（1932 年 1 月）中，鲁迅揭示了革命的辩证法：“血沃中原肥劲草，寒凝大地发春华。”国民党反动派进行反革命军事“围剿”，“血沃中原”，但是工农红军这支“劲草”在反“围剿”中更加壮大；反动派进行反革命文化“围剿”，“寒凝大地”，但是无产阶级革命文艺这朵“春花”开得更加灿烂，正如鲁迅在一篇文章中所说：“中国的无产阶级革命文学在今天和明天之交发生，在诬蔑和压迫之中滋长，终于在最黑暗里，用我们的同志的鲜血写了第一篇文章。”（《中国无产阶级革命文学和前驱者的血》）

1934 年，是中国黎明前最黑暗的年代。当时，在三座大山的重压下人民求生不得，啼饥号寒，红军的第五次反“围剿”斗争正处于艰苦阶段。就在这最黑暗的日子里，鲁迅写下了光辉诗篇《无题》：

万家墨面没蒿莱，敢有歌吟动地哀。
心事浩茫连广宇，于无声处听惊雷。

亿万人民饥寒交迫，脸色瘦黑，被埋没在野草丛中，怎么再敢唱出震天动地的哀歌来呢！但是，思想感情浩浩茫茫，连接着广阔的宇宙，于表面的寂静无声中，听到了惊天动地的革命春雷！鲁迅“与革命共同着生命”，“深切地感受着革命的脉搏”，他与无产阶级、人民大众打成一片，共命运，同战斗。他透过黑暗的现实，看到了光明的前途，于表面的沉默无声中，听到了人民大众的革命春雷。鲁迅站在共产主义理想的高度，看清了历史发展的规律：黑暗即将过去，光明即在前头；道路是曲折的，前途是光明的。所以，当红军胜利到达陕北，他欢欣鼓舞，把自己的思想感情凝成光辉的诗句：“竦听荒鸡偏阒寂，起看星斗正阑干。”（《亥年残秋偶作》1935 年 12 月）黑夜伫立，遥望北方，北斗横斜，晨光熹微，天快亮了！这些诗句充分表现了鲁迅对党和毛主席的深厚的无产阶级感情，大无畏的革命英雄主义和高度的革命乐观主义，对共产主义事业必胜的坚定信念，充满了革命理想的光辉。

学习和研究鲁迅诗歌，我们就要学习鲁迅的马克思主义的政治远见和对共产主义理想的坚定执着，胸怀祖国，放眼世界，为现实共产主义壮丽事业而贡献出一切。

愿乞画家新意匠，只研朱墨作春山

1933 年 1 月，鲁迅在赠日本画家的诗中说："愿乞画家新意匠，只研朱墨作春山。"要求艺术家用无产阶级思想感情和创造性的艺术构思，用鲜红的色彩，来画出春意盎然、阳光普照的"春山"——在共产党领导下革命根据地的新的世界和人民大众革命斗争中的新的人物。也就是要求艺术家用饱满的政治热情、完美的艺术形式，来反映革命斗争，表现新的世界和新的人物。鲁迅自己正是这样做的。他的诗歌，特别是后期的诗歌，"是东方的微光，是林中的响箭，是冬末的萌芽，是进军的第一步，是对于前驱者的爱的大纛，也是对于摧残者的憎的丰碑"(《白莽作〈孩儿塔〉序》)，做到了革命的政治内容和尽可能完美的艺术形式的统一。

鲁迅的诗歌用典型的艺术形象来反映深广的社会内容，充满着无产阶级激情，富有战斗性和哲理性。《惯于长夜过春时》《自嘲》等诗，塑造了一个在敌人横暴地压迫、摧残的恶劣环境里，不屈不挠、顽强战斗的共产主义诗人形象。他"忍看朋辈成新鬼，怒向刀丛觅小诗"，"横眉冷对千夫指，俯首甘为孺子牛"，呼啸着前进。这些充满无产阶级激情的诗句，既深刻地反映了当时黑暗社会现实，又表现了以诗人为代表的广大人民的革命精神和高贵品质。在《好东西歌》《"言词争执"歌》中，作者带着强烈的阶级仇恨，勾勒了国民党反动集团中"强盗""狐狸""吴老头子""皇太子""老头""大柱石"等群丑形象，把以蒋介石为代表的国民党反动派的投降卖国本质和卑鄙丑恶的灵魂揭露无遗，入木三分。《无题：大野多钩棘》《无题：禹域多飞将》等诗，通过具体的艺术形象来揭露和批判国民党反动派的反革命军事"围剿"和文化"围剿"的滔天罪行，令人义愤填膺，扼腕而起。《赠人二首》等塑造了"越女""秦女"等苦难的妇女形象，控诉了黑暗势力的暴行，哀而动人，催人战斗。而《湘灵歌》等诗，又以美丽的湘灵女神的形象来歌颂革命根据地，表现了广大人民热爱共产党和毛主席的思想感情，真挚热烈，感人至深。“血沃中原肥劲草，寒凝大地发春华”“心事浩茫连广宇，于无声处听惊雷”等诗句充满着革命辩证法的哲理，发人深省，引人前进。鲁迅的这些诗篇，源于生活，高于生活，具有巨大的感染力量和教育作用。这些诗篇像暴风雨中海燕的啸叫，漫漫长夜里破空的闪电，黎明前夕进军的角号，引导人民投入战斗，激励人们奋勇前进，真正起到了教育人民，团结人民，打击敌人，消灭敌人的战斗作用。

鲁迅诗歌想象丰富，构思新颖，耐人寻味，富于诗美。《湘灵歌》中，作者用湘灵照水、湘江映红，象征性地描写革命根据地，又用皓月、彤云等美好事物来衬托，突出地表现了革命根据地“风展红旗如画”“风景这边独好”的美好景象。想象丰富而又独创，色彩瑰丽而又感人。接着笔锋一转，写反动派残杀革命者，扼杀革命文艺，国统区“芳荃零落无余春”，一片寂寞冷落、危机四伏的衰败景象。美丑强烈对比，构思大胆新颖。《南京民谣》短短四句二十字，作者抓住以蒋介石为首的反动集团进谒中山陵、静默十分钟的一瞬间的特写镜头，把虚伪的行动与丑恶的心理加以夸张对比，形象地刻画了蒋介石一伙强盗狗咬狗的丑恶嘴脸和罪恶本质，不著一字，淋漓尽致。构思是非常独特、巧妙的。鲁迅站在马列主义的高度，抓住事物的本质和反映事物本质的具体而又生动的形象，带着强烈的激情，来进行想象和构思，因而达到了强烈的艺术效果，发人深省，耐人寻味，感人肺腑。

鲁迅诗歌的语言生动精练，博采口语，易懂，易记，押韵，能唱。“横眉冷对千夫指，俯首甘为孺子牛”，“精禽梦觉仍衔石，斗士诚坚共抗流”等诗句，言简意赅，容量极大。“到底不如租界好，打牌声中又新春”，“一阔脸就变，所砍头渐多。忽而又下野，南无阿弥陀”，“但愿治病统一都容易，只要将那‘言词争执’扔在茅厕里，放屁放屁放狗屁，真真岂有之此理”，口语入诗，意趣横生，爱憎鲜明，独具匠心。《好东西歌》等四首歌谣体新诗有格式而不太严，有韵而不死守诗韵，音韵和谐，新鲜活泼，易懂，易记，易唱，是 20 世纪 30 年代初“还是在交倒楣运”的新诗坛的奇葩香花，为在批判地继承古典诗歌优良传统和学习民歌的基础上，发展社会主义新诗提供了宝贵的理论和实践经验。

此外，鲁迅善于运用对比、比喻、象征、讽刺等艺术手法，善于运用外国神话、中国典故，并赋予新意，推陈出新。

学习和研究鲁迅诗歌，我们就要学习鲁迅用马克思主义指导诗歌创作，继承古典诗歌优良传统，学习民歌，做到革命的政治内容和尽可能完美的艺术形式相统一，使诗歌成为社会主义建设的时代旗帜和进军号角。

论鲁迅中期思想及其转变*

关于鲁迅思想发展的过程，目前大致有两种划分法：（一）以 1927 年“四一二”反革命政变为界线，分为前期和后期；（二）1919 年“五四运动”前称为早期（或称为初期），“五四运动”到 1927 年“四一二”前称为前期，1927 年“四一二”后称为后期。关于第一种划分法：1919 年爆发的“五四运动”，是中国由旧民主主义革命到新民主主义革命的转折点，革命的领导阶级和指导思想发生了根本的变化，无产阶级及其共产主义宇宙观和社会革命论决定了革命的性质和前途。俄国十月革命爆发后，“这时，也只是在这时，中国人从思想到生活，才出现了一个崭新的时期”（毛泽东语）。当然，鲁迅从思想到生活也出现了一个崭新的时期，世界观发生了变化，注入了马克思主义的因素。因此，只有把“五四运动”前后的鲁迅思想分为两个阶段，才能有利于阐述鲁迅思想的发展，充分显示出俄国十月革命和马克思主义对鲁迅的决定性的影响。关于第二种划分法：与“后期”相对的“前期”这一概念，本身已包含“早期”。因此，把鲁迅思想发展分为“早期”（或“初期”）“前期”“后期”（“晚期”），这种提法不太恰当。

鲁迅思想的发展过程，我认为可分如下三个时期：1881 年诞生到 1917 年俄国十月革命前为前期或早期，1917 年俄国十月革命后到 1927 年初为中期，1927 年初到 1936 年逝世为后期。本文试论 1917 年俄国十月革命后到 1927 年初鲁迅的中期思想，兼论 1927 年间鲁迅世界观的根本转变。

---

* 原载《内蒙古大学学报》1978 年第 1 期。

一

鲁迅的青少年时代，正处于19世纪末20世纪初中国进一步沦为半殖民地半封建社会的黑暗时代。鲁迅生长在一个破落封建士大夫的家庭里，由于家庭“从小康人家坠入困顿”，使少年鲁迅接近劳动人民，对孔孟之道激起强烈的不满。怀着救国和维新的理想，鲁迅到日本留学七年（1902—1909）。在日本，鲁迅投身到资产阶级旧民主主义革命的旋涡，读了大量的资产阶级政治、历史和文艺书籍，也开始接触一些马克思主义著作，成长为资产阶级革命民主主义者，基本上形成了以唯物论和进化论为核心的世界观和资产阶级民主主义的政治主张。他的自然观是唯物论的。他的社会观却基本上是唯心论的。他不能用阶级斗争的观点来解释历史的进化发展，认识不到人民是创造历史的主人，而认为英雄创造历史；不过他坚信社会历史是进化发展的，预言20世纪文明必将先进于19世纪文明。在政治上，他主张建立资产阶级共和国，推翻封建清王朝，反对帝国主义瓜分中国；提倡个性解放，反对封建复古保守思想，反对盲从西方资产阶级文明。

辛亥革命的迅速失败，暴露了中国民族资产阶级革命的软弱性和不彻底性。鲁迅开始对资产阶级革命的领导地位和建立资产阶级共和国的政治方案怀疑了，“见过辛亥革命，见过二次革命，见过袁世凯称帝，张勋复辟，看来看去，就看得怀疑起来，于是失望，颓唐得很了。……不过，我却又怀疑于自己的失望，因为我所见过的人们，事件，是有限得很。这想头，就给了我提笔的力量”（《自选集·自序》）。辛亥革命失败后，鲁迅思想上发生了第一次大变化。“于是失望”，“却又怀疑于自己的失望”，这正好反映鲁迅思想上开始了破旧立新的变化，在怀疑中求索，在求索中前进。

在俄国十月革命的推动下，1919年爆发了彻底的反帝反封建的“五四运动”。中国革命从旧民主主义革命过渡到新民主主义革命。“五四运动”时期，形成了一个宣传和学习俄国十月革命和马克思主义的高潮。当时，反对还是拥护十月革命和马克思主义，是区别一切阶级、集团、个人的试金石。

新的时代和新的阶级斗争，促使鲁迅从思想到生活“出现了一个崭新的时期”。“待到十月革命后我才知道这‘新’的社会的创造者是无产阶级”

(《答国际文学社问》)。俄国十月革命所开辟的无产阶级革命胜利的道路，使鲁迅产生了民族革命的新希望，积极投身于文化革命运动。1918 年初，他参加了《新青年》编辑工作，与李大钊共事，受到马克思主义新思潮的强烈影响。4 月写下了中国现代史上反封建的第一篇白话文小说《狂人日记》。他遵奉“革命的前驱者的命令”，发表了许多富有革命性的小说、杂文、诗歌。他撰文热烈歌颂俄国十月革命，拥护马克思列宁主义传入中国。自己也学习了《新青年》上介绍马克思主义的文章，特别是 1920 年 6 月学习了陈望道翻译的《共产党宣言》中译本，更促使他自觉改造世界观。1918 年 8 月 20 日在给许寿裳信中说：“历观国内无一佳象，而仆则思想颇变迁，毫不悲观。”十月革命的曙光，促使了鲁迅思想上发生第二次“变迁”。这次思想变化的主要内容，就是从怀疑资产阶级革命的领导地位和资产阶级共和国的政治方案，“变迁”到拥护俄国十月革命和接受马克思主义的一些观点，即在自己世界观中注入了初步的共产主义思想，投身到反帝反封建的伟大斗争中去。

拥护俄国十月革命和马克思主义，是“五四”时期具有初步的共产主义思想的知识分子鲁迅的重要标志。1918 年 7 月，鲁迅在《新青年》上发表了新诗《他们的花园》，塑造了一个象征半殖民地半封建的中国先进分子的形象——小娃子。小娃子脸上“还有微红”“看他意思正要活”。他“走出破大门”，寻找真理的好花。望见邻家（俄国），“他们的大花园里，有许多好花”。“用尽小心机，得了一朵百合”，“高兴得分外添出血色”。尽管百合花上被象征中国反动派的苍蝇拉上了屎，小娃子还是继续想从邻家采好花。这首诗用象征的手法，形象地反映了作者不管反动派的污蔑、攻击，坚决想从俄国十月革命中寻找革命真理的思想感情。1919 年“五四运动”高潮中，鲁迅发表了《来了》和《圣武》。当时，中国反动派对于马克思主义传入国内惊恐万状，开动一切宣传机器攻击马克思主义，并把马克思主义诬蔑为“过激主义”。鲁迅在文中指出，列宁领导下的俄国的情况，比起中国人民的悲惨生活和德国帝国主义士兵的苛酷，“简直是太平天下了”。还明确地说：“列宁不消说还是过激主义哩！”这样，鲁迅就批驳了反动分子攻击列宁领导下的无产阶级专政国家的谬论。鲁迅坚决拥护马克思主义来了，进一步指出俄国十月革命胜利，正是因为俄国人民有“所信的主义”：

> 他们因为所信的主义，牺牲了别的一切，用骨肉碰钝了锋刃，血液浇灭烟焰。在刀光火色衰微中，看出一种薄明的天色，便是新世纪的曙光。

这实质上就是号召中国人民向有主义的俄国人民学习，“牺牲了别的一切”，进行革命，战取“新世纪的曙光”。毛泽东同志说：“‘五四运动’时期虽然还没有中国共产党，但是已经有了大批的赞成俄国革命的具有初步共产主义思想的知识分子”（《新民主主义论》）。鲁迅就是“五四运动”时期大批的赞成俄国革命的具有初步共产主义思想的知识分子之一。这时，对于俄国十月革命和马克思主义，虽然鲁迅不能完全认识其实质和伟大意义，但是鲁迅的认识基本上是正确的，态度是积极的。特别是在 1925 年、1926 年间写的《〈苏俄的文艺论战〉前记》《〈争自由的波浪〉小引》等篇文章中，更可以看出鲁迅对于俄国十月革命认识的正确性和深刻性。

鲁迅从正在溃败的封建社会中出来，善于杀回马枪，向封建主义和帝国主义发起最猛烈的进攻。1918 年在《狂人日记》中，无情抨击了封建社会的黑暗和封建礼教的残酷，揭露封建社会“吃人”的本质，举起了“打倒孔家店”的革命大旗，鲁迅号召人民起来扫除“助成昏乱的事物（儒道两派的文书）”，指出“所谓中国的文明者其实不过是安排给阔人享用的人肉的筵宴。所谓中国者，其实不过是安排这人肉的筵宴的厨房”，鲁迅大声疾呼“扫荡这些食人者，掀掉这筵席，毁坏这厨房”（《坟·灯下漫笔》）。同时，鲁迅对封建文化的卫道者及其主子封建势力进行了揭露和批判。他指出那些国粹主义者、复古派是“现在的屠杀者”，“杀了‘现在’，也便杀了‘将来’——将来是子孙的时代”，是捧着“无名肿毒”而扬扬得意的文化僵尸。鲁迅深知以北洋军阀为代表的封建势力腐朽、顽固、残忍。他们屠杀人民的残虐险狠的行为“不但在禽兽中所未曾见，便是在人类中也极少有”，因此要“用剧烈的战斗”，“奋斗三十年。不够，就再一代，二代……”，去创造“中国历史上从未有过”的时代。

鲁迅猛烈攻击封建文化和封建势力，其矛头也必然指向帝国主义。鲁迅不仅揭露帝国主义侵略、瓜分中国的罪行，而且进一步揭露帝国主义利用孔孟之道来奴役人民。他尖锐地指出：帝国主义分子“很希望中国永是一个大古董，以供他们赏鉴”，“外国人来灭中国，……还要赞励你多读中国书，孔子也还要更加崇奉”。在《夏三虫》《论‘费厄泼赖’应该缓行》等杂文中，鲁迅揭示了胡适之流的本质，把他们比作吸了人血还要预先“哼哼地发一篇大议论”的蚊子，是“嗡嗡地闹了大半天”，停下来“舐一点油汗”的苍蝇。指出他们“其实是拿着软刀的妖魔”，同拿着“钢刀”的帝国主义者一起干着“杀人不眨眼”的罪恶勾当（《〈坟〉题记》）。1925 年爆发了轰轰烈烈的“五卅”反帝爱国运动。6 月 11 日鲁迅愤怒地写道：“我不解为什么中国人如果真使中国赤化，真在中国暴动，就得听英捕来处死刑？……俄国确已赤化多年了，也没有得到别国开枪的惩罚。而独有中国人，则市民被杀之处，还要皇皇然辩诬，张着含冤的眼睛，向世界搜求公道”（《忽然想到（十）》。）鲁迅借了俄国革命胜利而帝国主义不敢为所欲为的例子，来启发人民要“增长国民的实力”，“自求生存”，同帝国主义作长期的斗争。

“五四运动”以后，中国无产阶级登上了革命领导地位的政治舞台，领导着中国人民进行反帝反封建的斗争。新的时代和阶级斗争，为鲁迅走向历史唯物论创造了条件。在“五四运动”高潮中，鲁迅赞扬有“主义”的俄国人民，在“刀光火色”中战取“新世纪的曙光”。1920 年 7 月在《一件小事》中，鲁迅塑造了一个自觉改造世界观的先进知识分子形象——“我”。“我”眼见人力车夫的高尚行为，顿时觉得人力车夫“刹时高大了，而且愈走愈大”，“教我惭愧，催我自新，并且增长我的勇气和希望”。鲁迅衷心赞扬劳动人民，从劳动人民身上看到了“希望”，表现了决心向劳动人民学习、改造世界观的真挚思想感情。这实际上也是对自己早期受尼采超人哲学影响的一次批判。在 1921 年 12 月创作的《阿 Q 正传》中鲁迅批判了资产阶级革命的软弱性和不彻底性，同时也提出了准不准、领导不领导农民革命的问题。阿 Q 是一个流浪雇农，有落后的一面，也有要求革命的一面。他投来投去，要找革命党。可是假洋鬼子不准阿 Q 革命，阿 Q 只落得个斩首示众的悲惨下场。以后，鲁迅曾经说过：“中国倘不革命，阿 Q 便不做，既然革命，就会做的。”可见，鲁迅在1921年12月就开始认识到农民的革命性。

1921年，中国共产党成立了。在党的领导下，工农运动蓬勃开展，掀起反帝反封建的热潮，显示出人民创造历史的伟大力量。1926年9月鲁迅说：“此地北伐消息也甚多，极快人意。”11月11日，经过一段时间自我解剖的思想改造，在《写在〈坟〉后面》一文中，批判上智下愚的唯心史观。他说道：“世界却正由愚人造成，聪明人决不能支持世界。”在11月27日集美学校和12月12日平民学校的两次演讲中，满腔热情地说明聪明人不能做事，世界是傻子创造的，“这些傻子，就是工农群众，就是孙中山先生‘三大政策’中所要扶助的农民和工人，他们是世界的主人，世界是属于他们所有的”。这些光辉的思想，表明鲁迅完全摆脱了尼采超人哲学的影响，开始走向历史唯物论。

鲁迅的思想是波浪形发展的，螺旋式上升的。“五四运动”期间，鲁迅受到十月革命胜利的鼓舞和马克思主义的影响，斗志昂扬，信心百倍，向封建主义和帝国主义猛烈进攻。但是，他世界观中的非无产阶级成分严重影响他的战斗步伐。1918年，鲁迅说：“进化的途总是新陈代谢。所以新的应该欢天喜地的向前走去，这便是壮，旧的也应该欢天喜地的向前走去，这便是死；各各如此走去，便是进化的路”（《随感录四十九》。）但是，代表“旧”的帝国主义、封建主义并没有“欢天喜地”死亡，相反更加疯狂屠杀人民，甚至通缉鲁迅本人，代表“新”的工农群众、革命青年也并没有“欢天喜地”发展，相反受到空前的奴役、屠杀。鲁迅用进化论来解释、指导社会历史发展的思想在严酷的阶级斗争面前碰了壁。所以，1924年9月鲁迅激愤地说：“我也就可以算从他族的奴隶进化到同族的奴隶”，“我是不甚相信历史的进化的”（《集外集拾遗·又是“古已有之”》）。在“五四运动”退潮以后，文化统一战线分裂之时，鲁迅失望了，彷徨了，痛苦了。在1923年到1925年间，鲁迅一面继续战斗，一面也老老实实承认自己“站在十字路口”，“我现在还要寻找生力军”，“我要反抗，试他一试”。鲁迅在彷徨，时代在前进。1925年以后，在中国共产党领导下工农武装革命逐渐走向高潮，人民大众与帝国主义、封建主义你死我活的阶级斗争越来越激烈，中国共产党对鲁迅的影响越来越大。1926年初，鲁迅学习了列宁的《国家与革命》。

1926年底，鲁迅与共产党员、厦门大学学生自治会主席罗杨才来往密切，并且支持罗杨才领导的学生运动。从1925年“五卅运动”前夕到1926年底，鲁迅从彷徨中抬起头来，从阶级斗争的刀光剑影里认清了中国共产党和无产阶级革命事业。鲁迅的思想又前进了一大步。

鲁迅对共产党有深厚的感情。在1925、1926两年的杂文中，鲁迅曾有十来次批驳攻击共产党的谬论。例如，1926年段祺瑞卖国政府制造“三·一八”惨案，并且诬蔑共产党“暴动”。鲁迅立即著文，指出惨案是中外反动派预谋制造的。借口共产党“暴动”而进行屠杀，这是反动派的惯技。1925年4月，他总结了孙中山的革命经验说：“孙中山奔波一世”，屡遭挫折和失败，“最大原因还在他没有党军”，进一步指出“改革最快的还是火与剑”，开始认识到要用革命暴力来改造社会。这种思想，使鲁迅更靠近主张无产阶级革命的中国共产党。

在“五四运动”高潮中，鲁迅拥护俄国十月革命和马列主义，赞扬俄国无产阶级在刀光火色中战取新世纪的曙光。这说明鲁迅当时对阶级斗争有一定的认识。以后，逐步掌握阶级斗争理论，逐步克服用进化论来解释、指导社会发展的错误思想。在一系列杂文中，鲁迅形象地论述了吃人者与被吃者、上等人与下等人、杀人者与被杀者、阔人与穷人、官与民、主与奴之间的矛盾和斗争，揭示了旧民主主义革命过渡到新民主主义革命时期的阶级关系。特别在1921年12月创作的小说《阿Q正传》中，鲁迅深刻而又准确地揭示了辛亥革命时期的阶级关系和斗争：资产阶级与地主阶级的妥协，买办资产阶级知识分子与地主阶级的勾结，雇农阿Q与地主赵太爷及假洋鬼子的矛盾和斗争，还揭示了贫雇农民的革命性和落后性。鲁迅研究了社会上的资产阶级、小资产阶级的各种主义，如无政府主义啊，世界主义啊，“外表都很新的，但我研究他的精神，还是旧货”（《两地书》，1925年3月3日）。那么，什么主义是好的呢？鲁迅又想起了有主义的俄国人民来。1925年5月北洋军阀政府镇压了北京女子师范大学的学生运动。鲁迅愤怒地说：“昨天闹了一个小乱子，许多学生被打伤了……因为加了强力的压迫，遂闹出开会以上的事来。俄国的革命，不就是从这样的路径出发的么？”鲁迅启发青年走俄国革命的路径，起来斗争，谁来阻挡，“我们都反抗他，扑灭他”！1925年12月29日，鲁迅总结了斗争经验，写下著名的《论“费厄泼赖”应该缓行》。针对帝国主义和封建主义走狗的“对于失败者不应再施攻击”的投降论调，鲁迅提出了一个体现无产阶级革命彻底性的战斗口号——必须痛打落水狗。敌人的“狗性总不大会改变的”，对“叭儿狗尤非打落水里，又从而打之不可”，对于敌人不能慈悲，应当“即以其人之道还治其人之身”。这篇文章不仅说明鲁迅运用阶级斗争的理论来论述敌我斗争，而且也说明鲁迅开始认识到无产阶级专政思想。

1926年，第一次国内革命战争高潮的到来，给鲁迅带来了新的勇气和希望，坚信“我们一定有悠久的将来，而且一定是光明的将来”。鲁迅到厦门，目的是进行新的斗争前“有些准备”。我们研究一下鲁迅1926年10月到12月这三个月的思想情况，就可以发现，鲁迅确实在思想上展开一场斗争。“更无情面地解剖我自己”，把旧思想的陈迹埋葬在坟里，但又不能确切地知道该走哪条路。经过激烈的思想斗争，他下了决心，“不再彷徨”，“拳来拳对”，“刀来刀当”，“心里也很舒服了”。从11月27日和12月12日的两次演说中，我们可以看到鲁迅以新的战斗姿态出现，热情歌颂人民群众，号召人民群众起来创造新世界，而且坚信一定能够成功。到了广州，他就坚决主张进行武装斗争，用革命战争来摧毁旧中国，建立新中国，终于找到了正确的革命道路。

综上所述，在“五四”时期，鲁迅拥护俄国十月革命和马克思主义，开始接受社会革命论。到1925年，鲁迅思想发展到了一个新的高度，开始认识到无产阶级专政的思想。到1926年，鲁迅为自己世界观的根本转变作好了思想上的准备工作。在这一时期鲁迅同无产阶级和人民大众站在一道，坚决彻底地进行反帝反封建的斗争；他拥护俄国十月革命和马克思主义，逐步认识到工农群众的伟大力量和历史主人翁的地位；逐步倾向于用武装革命来推翻旧社会建设新社会；逐步认识到用进化论来解释、指导社会发展是行不通的，逐步运用阶级斗争观点来观察、分析社会问题，但是鲁迅还不能完全认识到阶级斗争必然导致无产阶级专政这一马克思主义的基本原理。1927年9月4日，鲁迅在分析自己的思想发展时说：“我离开厦门的时候，思想已经有些改变。”正因为有以上这些思想“改变”，所以能够使具有初步共产主义思想的鲁迅在1927年革命的转折关头，思想上发生飞跃，成长为一个共产主义战士。

二

1927年初，中国国民革命运动到了一个最严重的历史时期。1月18日，鲁迅满怀革命希望到了广州，此时，广州正是革命与反革命生死搏斗的战场。鲁迅投身到阶级斗争的急风暴雨中，生活在促使他积极进行革命活动和思想改造的极好环境中。

首先，鲁迅得到共产党的热情帮助和教育。鲁迅到中山大学任教，是中共粤区区委推荐的。鲁迅到了广州，中共粤区区委书记陈延年同志立即召集中共中山大学总支部书记徐文雅，共产党员、广东区学生运动委员会副书记毕磊等人，研究欢迎和帮助鲁迅的工作。在鲁迅的1927年1月日记中，就两次记着徐文雅来访。从此，共产党加强对鲁迅的帮助和教育。鲁迅也热情地投入了党的怀抱。鲁迅高兴地参加共产党组织的欢迎会，拒绝参加戴季陶、陈公博、孔祥熙等国民党要员的宴会。3月，鲁迅主动提出要与陈延年见面。通过毕磊，秘密到中共粤区区委，同陈延年促膝谈心，事后陈延年高兴地表示：鲁迅思想发展得很好，已经是我们的人了。4月8日，在共产党员应修人陪同下到黄埔军校发表著名的演说《革命时代的文学》。共产党的帮助和教育，使鲁迅的思想发展有了正确的方向。

其次，较多地学习马克思主义。共产党人徐文雅、毕磊等经常把我党的刊物送给鲁迅。鲁迅在1927年1月31日日记中就写着："下午……徐文雅、毕磊、陈辅国来，并赠《少年先锋》十二本。"《少年先锋》是中国共产主义青年团广东委员会机关刊物。先后摘译和摘引马列著作有：马克思的《法兰西内战》《列宁论帝国主义侵略中国》，斯大林的《论列宁》等。鲁迅认真地读了这些著作。近来新发现的鲁迅于1927年4月10日写的《庆祝沪宁克复的那一边》杂文中，整段引用了列宁关于不要骄傲、巩固胜利、彻底消灭敌人的语录。这段语录是鲁迅从《少年先锋》第一卷第八期刊登的斯大林《论列宁》一文中转引来的。此时，鲁迅已经能够从理论与实践的结合上来运用马克思列宁主义。

第三，也是关键的一点，亲自经历的阶级斗争实践教育了他，“轰毁”了他世界观中的非无产阶级思想，促使他自觉改造世界观，成长为共产主义战士。蒋介石发动了“四一二”反革命政变，轰轰烈烈的第一次国内革命终于失败了。在这革命的转折关头，你死我活的阶级斗争空前明朗化。在这混沌迷离的社会现象中，鲁迅越来越清楚地看到一条线索，即阶级斗争的理论。鲁迅“没有料到”“那么风云变幻的事”，“我的一种妄想破灭了”。“我一向是相信进化论的，总以为将来必胜于过去，青年必胜于老人……我在广东，就目睹了同是青年，而分成两大阵营，或则投书告密，或则助官捕人的事实！我的思想因此轰毁……”（《三闲集·序言》）大革命的失败，使鲁迅在思想上发生了第三次大变化。列宁在论述俄国1905年革命失败给共产党人以深刻教育时说：“正是这一大失败给革命政党和革命阶级上了真正大有教益的一课，上了历史辩证法的一课，上了使它懂得如何进行、善于进行和巧妙进行政治斗争的一课。”（《共产主义运动的“左派”幼稚病》）1927年中国大革命的失败，正是给鲁迅上了一堂阶级斗争的课，使他“懂得如何进行、善于进行和巧妙进行政治斗争”，促进他完成了世界观的根本转变。

列宁在《卡尔·马克思》一文中，论述了马克思的世界观的转变过程。列宁指出，24岁的马克思在1841年写作论伊壁鸠鲁的哲学学位论文时，还是一个黑格尔的唯心主义者。到了1842年，马克思在《莱茵报》上发表了一系列文章，参加了社会斗争。从这些在《莱茵报》上发表的文章中，“可以看出马克思已从唯心主义转向唯物主义，从革命民主主义转向共产主义。1844年在巴黎出版马克思和阿尔诺德·卢格主编的《德法年鉴》，上述的转变在这里已彻底完成”。又明确指出，马克思的观点形成于1844—1845年；“马克思在这个杂志（按：指《德法年鉴》）上所发表的论文中已作为一个革命家出现，主张‘对现存的一切进行无情的批判’，尤其是‘武器的批判’；他诉诸群众，诉诸无产阶级。”列宁为我们论述一个革命者的世界观的根本转变树立了光辉的榜样。

在早期，鲁迅是个历史唯心论者。到了中期，鲁迅在新民主主义革命的急风暴雨中，从资产阶级世界观向无产阶级世界观过渡，为转变成共产主义者作好了思想准备工作。从1927年的一系列文章中，我们可以看到鲁迅已从历史唯心论转到历史唯物论，从拥护俄国十月革命的具有初步共产主义思想的知识分子成长为真正的共产主义战士。鲁迅世界观的根本转变，有如下几个主要标志：

扬弃进化论，走向历史唯物论。在广州，鲁迅看到共产党人和工农群众艰苦奋斗，进行革命，欢欣鼓舞。也看到国民党反动派及其走狗破坏革命，鼠钻狗营，忧愤无比。鲁迅敏感到革命危机已扩大，革命策源地可以变成反革命策源地，青年也分成两个敌对的阵营进行着你死我活的斗争。于是，鲁迅到处演讲，写文章，为革命奔走呼号。2月回到香港演说，揭露帝国主义及其走狗尊孔的阴谋，指出其目的是用孔孟之道这把“软刀子”使中国人民永远做“下等奴才”，号召青年抛弃孔孟之道，“将中国变成一个有声的中国”（《无声的中国》）。3月27日，鲁迅揭露目前摘食革命果实的人太多，要青年们认识“革命无止境”，把革命进行到底。在4月1日发表的鲁迅签了名的《中国文学家对于英国知识阶级及一般民众宣言》中，明确指出：“我们已经觉得将来建设新社会的是他们，但我们更看见他们底团体行动的时候，我们便更觉得他们将来的威力。不管那些向后倒退的帝国主义者向‘未来的支配者’怎样开炮，但‘未来’究竟是他们的。”鲁迅把未来寄托在无产阶级身上，号召“在此阶级斗争激烈的时候”，“世界无产民众赶快起来结合去打倒资本帝国主义”。“四一二”反革命政变和“四一五”反革命大屠杀后，鲁迅从阶级斗争中进一步看清了社会发展的动力问题，终于“救正”了笼统地认为“将来必胜于过去，青年必胜于老人”的进化论“偏颇”，确认人民是创造历史的真正动力。以后，鲁迅在《二心集·序言》中回顾道：“只是原先是憎恶这熟识的阶级，毫不可惜它的溃灭，后来又由于事实的教训，以为惟新兴的无产者才有将来，却是的确的。”鲁迅从历史唯心论走向了历史唯物论。

不仅主张阶级斗争，而且主张实行无产阶级专政，实现共产主义。在4月10日写的《庆贺沪宁克复的那一边》中，像过去一样，在革命的关键时刻，鲁迅想起了俄国革命，想起了列宁的教导。鲁迅遵循列宁的教导，总结过去历次革命失败的经验教训，坚决反对对敌人“大度、宽容、慈悲、仁厚”，在胜利面前必须继续痛打落水狗，加强革命专政，“永远进击敌人”，

“要彻底消灭敌人”（列宁语）。同时也要警惕敌人钻到革命内部来，败坏革命。鲁迅从工农群众的血泊里，认识到不是革命专政就是反革命专政。共产党人之所以被屠杀，是因为他们是社会革命者，而且主张、行动真正“有效”，“因为赤党要实行共产主义于二十年后”，使资产阶级深感覆灭的命运，惶惶不可终日，疯狂屠杀人民。鲁迅在批判国民党反动派实行资产阶级专政和攻击共产党及其共产主义的罪行的同时，肯定了必须对反革命实行无产阶级专政，肯定了共产党及其共产主义理想。这就表明鲁迅已经成长为共产主义者。

从主张“改革最快的还是火与剑”进而认清中国革命的道路。在“四一二”前夕，鲁迅在黄埔军校明确地说：“中国现在的社会情况，止有实地的革命战争，一首诗吓不走孙传芳，一炮就把孙传芳轰走了。”并且具体说明，“其实‘革命’是并不稀奇的，惟其有了它，社会才会改革，人类才会进步，能从原虫到人类，从野蛮到文明，就因为没有一刻不在革命。……凡是至今还未灭亡的民族，还都天天在努力革命”。鲁迅认识到革命推动人类和社会的进步，中国必须走武装革命斗争、最终夺取政权的革命道路。这表明鲁迅的思想政治路线已经达到了当时共产党的革命路线的高度。

从为共产党辩护到自觉接受共产党领导，为党工作，同党和人民一道将革命进行到底。在革命的转折关头，鲁迅清醒地认识到不能做革命的同路人，而要做一个坚强的革命者。鲁迅举出俄国诗人叶赛宁在十月革命胜利后自杀的例子，说明“因为俄国是实在在革命”，所以那些同路人活不下去了；而当时国民党反动政客吴稚晖之流的文学家风起云涌，正说明“其实是并没有革命的”。鲁迅告诫作家要做一个革命人，同时面对反动派的屠伯声明自己“一点不苦，一点不怕”，做一个坚强的革命者。在国民党反动派攻击共产党、屠杀共产党人的日子里，鲁迅针锋相对，一面揭露蒋介石之流“与先前大两样”的反革命两面派的嘴脸，一面批驳对共产党的诬蔑、中伤，赞扬共产党的言行“有效”，挺身营救共产党员，为牺牲的共产党员撰文悼念，为党奔走呼号。在10月上海劳动大学的演讲中，鲁迅指出那种怕俄罗斯，怕红色，怕“变成共产党思想”的人，“那真是衰弱的知识阶级了，而衰弱的知识阶级是必定要灭亡的”。可见，鲁迅对共产党怀有深厚的感情，与

“共产党思想”是相通的，是党外的一个坚强的布尔什维克。

纵观1927年——特别是“四一二”以后的鲁迅思想，我们可以看到，在共产党的帮助教育下，在阶级斗争的推动下，在学习马列著作和自觉改造世界观的过程中，鲁迅的世界观发生了根本的转变，由资产阶级的唯心史观转变为无产阶级的唯物史观，由拥护俄国十月革命的具有初步共产主义思想的知识分子成长为共产主义的战士。鲁迅成长为共产主义者后，其思想还在不断发展、前进。

试论叶圣陶在“五四”时期的文学观*

叶圣陶同志是我国新文学史上杰出的作家和先驱者之一。在“五四”时期，叶圣陶不仅发表了大量的文学作品，而且也发表了不少的文学论文，提出了自成体系的文学主张。本文一方面试图探讨叶圣陶的思想发展，一方面希望引起新文学史家和研究者对叶圣陶“五四”时期的文学观的重视。

“托命于文艺”的新文学战士

叶圣陶早在1914年到1916年就从事文学创作，发表了十多篇文言短篇小说。在这些文言短篇小说中，他反映了人民的痛苦生活和悲惨命运（如《穷愁》《飞絮沾泥录》），抨击了以袁世凯为代表的官僚集团（如《飳臃新梦》《终南捷径》），赞扬人与人之间真诚的爱（如《旅窗心影》《玻璃窗内之画像》），从而表现了他对苦难人民的热爱和对理想社会的向往。他从事文言小说创作，取材“要有其本事，庶合于街谈巷议之伦”，以达到“描写物情宣化社会隐潜”的目的①，透露出现实主义的新鲜气息。但是，当时，新民主主义革命的曙光还没有从中国地平线上升起，叶圣陶也没有受新思潮的洗礼，用的武器又是气息奄奄的文言文，因而搞了两年创作，就搁笔了，投身于教育事业。

1917年，俄国爆发了十月社会主义革命，创立了第一个无产阶级专政

---

* 原载《新文学论丛》1981年第3期。

① 顾颉刚《〈隔膜〉序》，写于1921年7月10日，载叶圣陶小说集《隔膜》，商务印书馆1920年版。

的国家。中国的先进分子从十月革命的胜利中看到了民族解放的新希望，开始学习和宣传马克思主义。“这时，也只是在这时，中国人从思想到生活，才出现了一个崭新的时期。”（毛泽东语）叶圣陶从思想到生活，也“出现了一个崭新的时期”。

1919年“五四运动”前夕，叶圣陶热心地用外国的教育理论进行教育改革，同时读了许多关于哲学、教育学、文艺学的书，受了新思潮的革命洗礼。在“五四运动”的“山雨欲来风满楼”的革命形势下，“圣陶禁不住了”，他参加了得到李大钊、鲁迅支持的急进青年组织“新潮社”，重新拿起笔来，以崭新的战斗姿态投入了革命斗争。他一方面发表评述社会问题的论文，反对封建道德，反对封建教育制度，提倡树立“真实明确的人生观”，追求自由和真理，号召人们“把社会上经济制度，从根本上改革一番”，建设光明、自由、幸福的理想社会。一方面用白话文进行文艺创作，于1919年2月1日发表第一首新诗《春雨》，于3月1日发表了第一篇短篇小说《这也是一个人?》（后改名为《一生》）从此，像鲁迅那样，他也一发而不可收。经历了“五四运动”，叶圣陶看到了民众的力量，新文化的作用，革命的曙光。他为了实现理想的社会，改造人生，以极大的热情创作了许多小说、新诗、童话，成为“五四”新文学运动中“托命于文艺”的战士。

反帝反封建的革命斗争迅速展开，新文学运动的蓬勃发展，自己创作实践的切身体验，这一切使得并不想当文学评论家的叶圣陶写了大量的文学评论，与鲁迅、茅盾等一起来鼓吹为人生的文学观。

空想社会主义和历史进化论的社会观

在评述叶圣陶“五四”时期的文学观之前，我们首先应该考察一下他的社会观。

叶圣陶说：“人之境遇，受支配于经济和政治者至大，而经济又与政治实为合体。”（《文艺谈（二十二）》）他认为社会经济、政治决定人们的思想，又认为社会历史发展的过程是一个“进化历程”，“我们‘人’，个个是进化历程中一个队员，个个要做到独立健全的地步，个个应当享光明，高洁，自由的幸福”(《女子人格问题》)。这些看法,反映了叶圣陶的唯物主义思想倾向。当时,半封建半殖民地的社会是一个黑暗、贫穷、苦难的社会,人们则处于“不自觉”的奴隶地位,“不想改革制度,趋向新的合理的生活”(《职业与生计》)。因此,叶圣陶在论文和文学作品中揭露、批判旧社会,希望能够唤起民众,改革社会制度,以便“大群共上进化的轨道”。叶圣陶还进一步设计理想社会:人与人之间没有压迫和剥削,人与人是兄弟和伴侣,过着共同的互助的幸福生活。人人都劳动,从事着真正的职业。这种职业,“是有益于人类的自己所能胜任的全体为兴趣所涵需的实现我们的理想的一种活动”。在这个理想社会里,“个人的功利,便是社会的福祉;社会的进步,也就是个人的享乐”。人们“根据着自己的才知和能力,做那直接有益社会的事。然而这不单为社会,也为自己,社会更进步,自己便是更高尚,更合理,更幸福的人,更因我和他人,欲求、感情、利害都同,彼此相助,力量愈大,收效愈宏,所以要尊重我们的伴侣,赞助我们的伴侣。彼此永永互助,社会永永进步,方始可以得到人类圆满的、普遍的、永久的快乐”(《小学教育的改造》)。在这个理想社会里,由于人们生计不成问题,所以能够自由从事喜爱的职业,充分发挥自己的才能;人们也自由地从事艺术创作,艺术成为人民“生活上必须的需求品”,因而艺术也得到最完美的发展。

但是,美满幸福的理想社会是怎样的呢?

1919年2月,叶圣陶在谈到妇女解放时说,妇女应当知道自己是个“人”,充分发展自己的能力,“又应知道‘人’但当服从真理,那荒谬的‘名分’‘伪道德’,便该唾弃他,破坏他”。同时,“又要把社会上经济制度,从根本上改革一番。这一事虽是历史所未有,然而将来必定要做到——而且为期不远”(《女子人格问题》)。

1920年4月,叶圣陶进一步说:

> 这生计问题,所以成为唯一重要的问题,就因为有那历史的谬误的结晶体——资本制度。这个制度不打破,各个人从事职业的目的就不得不趋向着他。便是观念改变,实际上还只得趋向着他。我们果真要为共

> 同生活而从事职业，同时就有打破和这目的为敌的资本制度的必要。要知资本制度之下决不容有真的谋求共同生活的职业。唯有将他打破，人类方才有合理的生活，社会方才有真实的进化。同时生计两字也就不成问题。凡是人类，都有享受满足精神上物质上的欲望的材料的权利。这才是根本的彻底的解决。(《职业与生计》)

要谋取人类合理的生活，必须打破“资本制度”，这在理论上无疑是正确的。但是，在当时半封建半殖民地的旧中国却是行不通的，因为在“五四”时期，民族资本主义还没有成为中国的主要经济形式，“资本制度”在中国还没有形成；中国革命的任务是反对帝国主义和封建主义，推翻封建军阀政府，还不是打破“资本制度”。既然当时的社会经济和阶级状况没有提供打破“资本制度”的可能性，因而叶圣陶也提不出打破“资本制度”的科学方法。他一方面揭露、批判反动统治者，一方面真心诚意地劝说反动统治者改恶从善，成为自食其力的人，为民造福。1919 年 8 月 23 日，叶圣陶在他的白话文新诗《我的伴侣!》中唱道：

> “我的伴侣啊！——政客，官僚，军人。
> ……
> 抛却你的政策，威权，兵器，
> 运用你的智慧，可以谋利世的计划，撰利世的文字。
> 运用你的体力，可以制造器具，种植禾黍。
> 到这时，你是学问家，也是工人。
> 再请看世界，是不是更为光明？
> 你的生活，是不是更为幸运？”

作者劝说政客、官僚、军人放弃他们的政策、威权、兵器，运用自己的智慧和体力，来做利世的工作。这就使我们想起，空想社会主义者圣西门写信给法国的拿破仑、英国的女王、俄国的沙皇、美国的总统，劝说他们发善心，来帮助实行社会改革计划。结果只能是竹篮子打水——一场空。

恩格斯说，空想社会主义是无产阶级反对资产阶级斗争初期的“共产主义思想的微光”①。19世纪初，圣西门、傅立叶、欧文等无情地批判了资本主义制度，设想未来理想社会，引导人们追求财产公有、人人劳动、人人平等的幸福社会。但是，他们不了解资本主义社会的本质及其发展规律，不了解无产阶级的伟大力量和历史使命，更不了解用暴力革命的手段来推翻资本统治，实现共产主义。1919年“五四运动”前后，我国一些知识分子介绍日本武者小路实笃所主张的以空想社会主义和改良主义为基础的“新村主义”。武者小路实笃看到，在社会主义潮流的冲击下，处于尖锐对立地位的贫富两个阶级必然引起暴力冲突。为了避免暴力革命，调和阶级矛盾，“新村主义”者提倡实现一种劳动、平等、互助、幸福的人的生活，并且聚集一些人占地成立新村，进行试验。早在1824年，空想社会主义者欧文到美国创办了一个共产主义的新村——“新和谐村”，期望实现他的共产主义理想，结果失败了。一百年后，“新村主义”者在资本主义发展到帝国主义阶段的时代，在剥削阶级残酷统治下的社会中，再来重温“新村”的旧梦，必然重蹈覆辙。

从上面的论述中，我们可以认为：在“五四”时期叶圣陶是一个空想社会主义者，他远受圣西门等人的空想社会主义的影响，近受武者小路实笃的“新村主义”的影响。他批判黑暗的旧社会，设计光明的新社会。他提倡博爱、平等，提倡资产阶级的人道主义，来反对封建伦理道德。他认为必须打破“资本制度”，才能实现空想社会主义的理想社会。他不能用阶级和阶级斗争的观点来解释人类社会的发展，而采用了进化论中发展的观点来解释社会历史的发展，坚信人类社会一定进化，理想社会一定能够实现，“而且为期不远”。但是，他既不认识当时中国社会的性质，也不认识无产阶级伟大的历史作用，而幻想用和平的方式来达到目的，用博爱和互助来解决现实生活中的阶级矛盾，并且规劝统治阶级改恶从善，同人民共同实现新社会的计划。他的空想社会主义的主张，脱离了工人斗争，“而社会主义者的学说不

---

① 《德国农民战争》，载《马克思恩格斯全集》第七卷，人民出版社1959年版，第405页。

同工人斗争相结合，就只是一种空想”（列宁《俄国社会民主党中的倒退倾向》）①，因而他陷入了历史唯心主义。“五四”时期叶圣陶是一个小资产阶级革命民主主义者，他的奋斗方向与新民主主义革命方向是一致的。他积极投身于新文化运动的统一战线，用空想社会主义和历史进化论来反对封建文化，提倡新道德、新文学，虽然带有局限性，但是也具有进步作用。

为人生的文学观

叶圣陶提倡为人生的文学观，是有深刻的社会根源的。“五四”时期，中国无产阶级登上了政治舞台，领导人民大众进行反帝反封建的新民主主义革命。封建统治阶级维护旧制度、旧思想，人民大众反对旧制度、旧思想，提倡新制度、新思想，两个阶级、两种思想的斗争非常激烈。人是一切社会关系的总和。要改造社会，必须同时改造人。要改造人，就必须表现和研究人们的生活、思想、感情，激励人们奋起斗争。这是新民主主义革命总任务给新文化运动提出的重要课题。叶圣陶提出为人生的文学观，正说明他顺应历史潮流，投身到无产阶级领导的反帝反封建的革命洪流中来，促进文学反映人们的生活和斗争，使文学更好地为新民主主义革命服务。

叶圣陶提倡为人生的文学观，也是当时新文学运动发展的必然结果。辛亥革命失败以后，形形色色的封建文学充斥文坛，以黑幕、艳情、武侠、侦探、宫闱为基本题材的黑幕派、鸳鸯蝴蝶派小说和庸俗低级趣味的“文明戏”风行一时。“五四”期间，以鲁迅、郭沫若为代表的带有革命民主主义思想和朦胧的社会主义倾向的新文学蓬勃兴起。新文学需要新的文艺思想鸣锣开道，抨击封建复古文艺思想，指导新文学健康发展。为此，为人生的文学观应运而生。当时，具有初步共产主义思想的知识分子李大钊、陈独秀等人，提倡“写实主义”（即现实主义），鼓吹文艺为思想启蒙和政治改革服务，为建设新社会服务。叶圣陶与鲁迅、茅盾等人一同提倡表现人生、改良人生的文学观，来反映下层人民的痛苦生活和美好理想，促进新文学为现实斗争服务，激励人民为实现理想社会而斗争。同时，用为人生的文学观来抨

① 《列宁全集》第四卷，人民出版社 1958 年版，第 225 页。

击鸳鸯蝴蝶派的游戏消遣文学观，扫清新文学发展道路上的障碍。

叶圣陶提倡为人生的文学观，主要还是由于他具有革命民主主义的政治立场，空想社会主义和历史进化论的社会观，以及唯物主义的思想倾向。他提倡文学为人生的文学观，目的是以文学为武器，积极参加中国人民反帝反封建的斗争，实现理想的人生和社会。他认识到文学的社会作用，认识到现实生活是文学的源泉，因而他“着眼于人生，托命于文艺”。

叶圣陶的为人生的文学观可以从下列五个方面来评述。

第一，客观社会生活是文艺的源泉。

他在谈到自己的创作体会时说：“我常常觉得我每篇小说的作成是受了事实的启示，没有事实我就不想做小说”（《文艺谈（二十四）》），“唯有充实的生活是汪汪无尽的泉源”（《诗的泉源》）。他认为客观社会生活是文艺的源泉，文艺是社会生活的反映。文艺家深入生活，体验人生，“自内自外感受思想情绪之精微方面，觉得这是必须把捉住的一段材料，否则便有无限量的痛惜，这时创作的冲动兴奋到极点了，赶紧写录出来，定是绝妙作品”（《文艺谈（一）》）。这种受现实生活的启示而引起的创作冲动，是文艺家创作的先决条件，因而也可以说“创作的冲动是文艺的生命”（《文艺谈（一）》）。而生活有“充实的生活”和“空虚的生活”两种。文艺家有了充实的生活，“写出来没有不真实，不恳切的”，“事实纵浅易平凡，我们如能精密地透入地观察，就可以发现他的深浓和非常来。这深浓和非常，论其德必然含至高之美，论其用必然深切动人”，就可以创作出伟大的作品。空虚的生活“因为它虽名为生活，而顺着它的消极的倾向，几乎退入于不生活了”，也就创作不出对人生有益的作品来。“一个耕田的农妇或是一个悲苦的矿工的生活，比较一种绅士先生或者充实得多，因而诗的泉也比较的丰盈。”（《诗的泉源》）文艺家的创作冲动来源于现实生活，而矿工和农妇的生活比绅士阶层更充实，文艺的源泉也“比较的丰盈”。叶圣陶引导作家深入现实生活，深入劳动人民生活，来发现生活中的“深切动人”之处和“至高之美”，创作出为人生的艺术作品来。叶圣陶身体力行，他深深扎根于半封建半殖民地的社会生活，揭露封建地主对农民的残酷剥削（如《苦菜》《晓行》），控诉封建礼教残害下层人民的罪行，赞美苦难人民的优秀品质。他的小说，像他自己所说的那样，是中国社会的“一鳞一爪的写照”。因此，我们可以认为，在文艺作品是客观社会生活的反映还是作家主观头脑的产物这个根本问题上，叶圣陶表现的是唯物主义的思想。

第二，文学具有可以使“群众兴起，民性显扬”的社会作用。

叶圣陶说：“人譬诸花草，文艺就是雨露。人不仅统有物质上的欲求，才可以向上进取；有时因有精神上的欲求，而物质上随以改进。可以激起和满足我们人精神上的欲求，文艺实为最重要的东西。”（《文艺谈（六）》）文艺可以满足人们“精神上的欲求”；人们精神得到了满足，就能使“物质上随以改进”。叶圣陶初步地认识到作为意识形态的文艺对物质具有能动作用，文艺可以推动人们去改造社会。叶圣陶认为，为了实现理想社会，必须改造人和改革制度。对于改造人的思想感情，“制度的改造固然可以收一部分的效验。但内心之事恐非仅仅改革制度就可以奏功。能够担此重任的，只有艺术，因为它的职务在表现一切的内心”（《文艺谈（二十六）》）。只有文艺能够担负改造人们思想感情的重任。伟大的文艺，可以使人们“忽然跃起，觉旧境之不可一居；或者认识到真实的痛苦，而奋力求所以解免之方，期达于心安愿慰之路；或者改正人生观念之鹄的，从此而得到新的生命”（《文艺谈（二十八）》）。人们读文艺作品，“实际却在认识人生，感受作者的精神，和振起自己的精神入于向上进取之途”（《文艺谈（六）》）。伟大的文艺还可以切实而显明地表现民族的优秀特性，“立刻可以使这个特性普遍于全体，特著于世界”（《文艺谈（二十六）》）。总之，“激起”和“提高”群众，表现和发扬民族精神，“团众心而为大心”，从而使群众团结一致地改造旧境，走上新途，这就是叶圣陶鼓吹的文艺能够使“群众兴起，民性显扬”的社会作用。

叶圣陶基本上正确地认识到文艺的认识和教育作用，认识到文艺对改造旧人生、实现新社会的积极作用，因此他批评当时文艺脱离人民的不良倾向，希望文艺与“群众接近起来”。为此，他一方面希望文艺批评家，“介绍真的文艺品于群众，逐渐导他们于嗜好文艺”，要求作家创作大众化的讲唱文学，供给“乡村的大茶馆里”“劳工的工作场中”演唱，使得群众“视文艺为生活上必须的需求品”；一方面“竭力攻击供应人众消遣的作家，使之逐渐就减少而终达于零”（《文艺谈（十九）》）。叶圣陶还大声呼吁：“我更希望今后创作家多多为儿童创作些新的适合于儿童的文学”，“导他们于艺术之路”。为了“要全民族的人生活动，进化，丰富，高尚，愉快”，应当使中华民族“成为爱好文学的民族”（《文艺谈（三十八）》）。但是，“理想所至，固然是惬心快意。反顾人世实况，乃殊相悬隔，至不可以数量计。我因此推想文艺普遍于人们的日子，当在至远之将来”。（《文艺谈（十）》）这些看法不能不说具有远见卓识。

第三，文学必须表现和批评人生。

文艺为什么具有巨大的社会作用呢？

> 因为伟大的文艺，他必能汇集一时代的精神现象而活跃地表现出来。那些作者观察时世，有感于心，本其一己之精神，传状一切之微奥，他不仅以如实写记为满足，单单给人家看一个实况，他于示人实况之外，还要指出一条路径，那是超于实况的，引人家去访问，——然而又不是教训。一般人感受了他的思想情感，不知不觉地，如火炉添了煤，自然会烘烘地发出高热来。如此，不是文艺于消极方面也能团众心而为大心，使群众齐趋于向上进取之途吗？（《文艺谈（二十八）》）

文艺家“观察时世，有感于心”，于是写出饱蘸自己思想感情的文艺作品。在文艺作品中，文艺家不仅给读者看时世的“实况”，而且还要指出“超于实况”的“一条路径”——就是理想的路径。在评论当时新文学的创作倾向时，叶圣陶说：

> 现时创作家的作品，差不多有一个同一的倾向，就是对于黑暗势力的反抗，反面就是希求光明。最多见的是写家庭的惨史，社会的污浊，和兵乱的苦难，而表示深恶痛恨的意思，愿其尽归泯灭。这决计是未来的光明的第一闪，创作家的趋向真不错。（《文艺谈（四十）》）

叶圣陶赞成、提倡文学表现人们对黑暗势力的反抗，对光明前途的希求，表现种种人生画面。正因为“文学是人生的表现和批评”，表现了现世的“实况”和“超于实况”的“路径”，表现了人们对黑暗势力的反抗和对光明前途的希求，所以文学能够“兴起”和“提高”群众，发挥其社会作用。

叶圣陶不仅从理论上提倡文学表现人生，而且在他自己的创作实践中冷静地观察人生，客观地描写下层社会里被侮辱被损害的人们的不幸遭遇，描写小市民的灰色的卑琐的人生。他描写“灰色的人生”，目的是创造“光明的人生”，造就“美好的国民性”。他研究近代的俄国和日本的文学，发现俄国文学中有“以‘爱’为精魂的人道主义”，日本文学中有“含着深浓的爱和清丽的美”（《文艺谈（十）》）。这种“爱”和“美”，也正是叶圣陶的人生理想。茅盾在1935年正确地评论说：“他以为‘美’（自然）和‘爱’（心和心相印的了解）是人生的最大的意义，而且是‘灰色’的人生转化为‘光明’的必要条件。‘美’和‘爱’就是他的对于生活的理想。这是唯心的地去看人生时必然会达到的结论。”（《〈中国新文学大系·小说一集〉序》）

“五四”时期，叶圣陶与文学研究会诸作家一起鼓吹为人生而艺术，反对文学成为假古董和消遣品，提倡文学表现社会生活和社会理想，使得文学直接为反帝反封建的革命斗争服务。因此，周恩来同志在谈到文学研究会时，“肯定这个文艺团体为人生而艺术的主张。肯定它也起了好的作用，进步的作用。”①

第四，加强文艺家主观世界的修养。

“五四”时期，文艺界有“为人生而艺术”和“为艺术而艺术”之争。叶圣陶认为“艺术苟有反人生的倾向，无论何人必不能对之而起慰悦陶醉的感觉，复何得为艺术？复次，艺术的内容固切合人生……则其自身已含有艺术的性质，虽欲强避，亦何可得”，因此，“真的文艺必兼包人生的与艺术的”（《文艺谈（十一）》）。能否创作人生与艺术相结合的文学作品，主要取决于作家的世界观和人生观。作品平淡无味，“只在作者没有独特的精神；换言之，就是作者的世界观和人生观还没有立定根基”（《文艺谈（十六）》）。如果作者有腐朽的人生观，“玩世不恭，物质迷心，不流于空虚，便堕于禽

① 转引自何其芳《回忆周恩来同志》，《文学评论》1978年第一期。

兽，以言人生，实属不甚确当。以此而入于文艺，岂不遭其玷污”（《文艺谈（二十三）》）？所以，“文艺家不应有旁的顾虑和鹄的，只有磨炼自己的思想，涵养自己的情感，总之，就是自己修养，是他唯一的分内的事”（《文艺谈（三十一）》）。

如何加强作家主观世界的修养呢？

（一）必须树立正确的人生观和文艺观。作家要“了解人生真义”，为实现理想的人生而奋斗，要使自己的“人生观须是在水平线以上”。“应以全部生命浸渍在文艺里”，“以浓厚的感情倾于文艺所欲表现的人生”，热爱和研究文艺，热爱和研究人生，从而锤炼出“真诚”的态度。“作者持真诚的态度，他必深信文艺的效用在唤起人们的同情，增进人们的了解，安慰和喜悦；又必对于他的时代，他的境地，有种种很浓厚的感情……他所表现的因为他一本真诚，绝无故意的造作，确是此时此境里人们的情思，怎不教人低回感动呢？”（《文艺谈（四）》）有了正确的人生观和文艺观，作家才能忠实地表现社会生活，表现“确是此时此境里人们的情思”。

（二）要提高观察和认识客观世界的能力。作家要表现客观世界，必须学会观察和认识客观世界。“文艺家的眼光，心灵的眼光，常是烛照万有，光芒四射。这个不但和望远镜一样地辽远，显微镜一样地精微，他还要深入一切的内心——内的生命。”如何来“深入一切的内心”，认识客观事物呢？

> 这个须观察以心以灵感。无论什么，我都视为一个有活力的生命，在永发展的路上的。我要观察他们的生命，生命的发展，皮相是没有用的，分析是越弄越支离的，只有我潜入他们的内心，体会他们的经历，默契他们的呼吸，我和他们是一是二，几无分别，我就是叶，是花，是鸡，是小孩子，是乡下老头儿，才可以对于他们知道一些。借柏格森语名之，便是‘直觉’，柏格森以为唯直觉可以认识生命之真际。我以为唯直觉方是文艺家观察一切的法子。（《文艺谈（九）》）

文艺家必须潜入事物的内部去认识事物，使认识主体与认识客体合二为一，“我就是叶，是花，是鸡，是小孩子，是乡下老头儿”。“所以真的文艺家一定抱与造物同游的襟怀，他的心就是宇宙的心”(《文艺谈（九)》)，“他不为物质所限制，机械所牵掣，常常超然遨游于自由之天”（《文艺谈（二十二)》)。

法国唯心主义哲学家柏格森是个直觉主义者。他否认人们能够通过感觉、理性和实践活动去认识世界，而宣称直觉是认识的唯一泉源。他认为直觉是人的主观世界的一种特殊能力、灵感，凭着这种特殊能力和灵感就能认识真理，无需理性分析的帮助。柏格森把直觉解释成为一种特殊的神秘的“下意识”的能力，一种排斥分析、不可言传的内心体验，认为凭着直觉就可以认识客观世界，显然这是一种唯心主义的认识论。叶圣陶认为文艺家的心灵应“与万有同体”，文艺家的“心就是宇宙的心”，因此文艺家可以“超然遨游于自由之天”，他的思想“不受物质所限制”。但是，文艺家的主观之心如果就是宇宙的客观之心，那么不就成了“吾心即宇宙”的唯心主义了吗？用“以心以灵感”来观察客观世界，而且排斥理性分析（因为“分析是越弄越支离的”)，把“直觉，情感，想象”看作文艺家的“生命的泉源”，用直觉作为“文艺家观察一切的法子”，显然受了柏格森的直觉主义的影响，在认识论方面表现了神秘的唯心的色彩。

（三）要研究艺术性，注重独创性。叶圣陶肯定地说：

> 实质和形式往往是互相关系的，而文学尤其如此。文学的精神寓于其本身全形式之中，一样的实质，若是形式改换了，精神也就随之而异。所以文学的实质须出于独创，这是绝对的当然，而其形式之不宜依人门户，必求新创自铸，也是非常重要。(《文艺谈（三十五)》)

文学的形式对内容有能动作用，因而在形式方面必须注重独创性。文学家学习中外古今的优秀作品，吸收其艺术营养，“但要慎防其无意中成为我们的前定的方式”，“而限制自己的创作能力，或者竟将自己的隐藏起一旁，很勤劳的创作，只不过复制了现成的货品”(《文艺谈（三十六)》)。所以，叶圣陶特意批评了当时“言爱，言侦探，言妇女和劳动界的痛苦小说”的公式化倾向。

那么，何谓“独创性”呢？叶圣陶提出：“必须是人家不曾有过而我所独具的想象情思，我以真诚的态度用最适切的文字语句把他表现出来”，“不论质料，不论方式，总须是我们自己的”。用自己的最适切的方式来表现独具的想象情思，这就是独创性。为了获得这种独创性，作家不仅要以真诚的态度和心灵的眼光观察生活，而且要从中得到“独具的想象情思”，得到“精微的灵感”、“深切的印象”、新鲜的意境以及有生命力的语言，从而创作出“质和形都是饱满的，和谐的，自由的”艺术作品来。“艺术世界最是自由，变动，新鲜，无穷。”文艺家可以在自由的艺术世界里表现自己的独创性，表现自己的艺术风格和艺术个性，使自己的作品“具有永久和普遍的价值”（《文艺谈（三十五）》）。

叶圣陶一方面要求文艺家加强自我修养，树立正确的世界观和人生观，抱着真诚的态度从事创造性的文艺事业，“托命于文艺”，一方面无情地批判那些在错误的人生观指导下，抱着不真诚的态度，创作供人消遣游戏的作品的文学家。那些文学家只为了戏弄、消遣、赚钱，他们的作品或者“竟是堕落的兽性的表白”，或者是“袭取他人已成之作，改易面目”，“前者‘反乎人生’，后者为‘没有个性’”。这种作品只能使人“玩物丧志”，误入歧途。1921 年 3 月，鸳鸯蝴蝶派在上海复刊了《礼拜六》杂志，叫嚷创作的目的是“给看官们时时把玩”，“排闷消愁”，鼓吹游戏消遣的文学观。他们在上海报纸上登广告，开头就无耻地说“宁可不娶小老婆，不可不看《礼拜六》”，招徕读者。对此，叶圣陶愤怒地说：“这实在是一种侮辱，普遍的侮辱，他们侮辱自己，侮辱文学，更侮辱他人！我从不肯诅咒他们；但我不得不诅咒他们的举动——这一举动。”（《文艺谈（三十七）》）并且进一步指出，他们的作品“造成世人的堕落心理”，他们这些人“可说是天下最枯寂最淫荡的人了”！叶圣陶对鸳鸯蝴蝶派的斗争，正说明他提倡的为人生的文学观具有战斗性和进步性。

第五、提倡现实主义的创作方法。

叶圣陶说自己没有生活的启示，不想写小说，受了生活的启示，才把“事事物物和人们之心中”的事理感情以及生活实况“如实写录出来”。不仅要如实反映生活实况，而且还要表现“超于实况”的“一条路径”，也就是一方面要揭露黑暗社会的罪恶，一方面也要表现人们的反抗和对光明社会的向往。叶圣陶“五四”时期大多数的文学作品，正像茅盾所说的“是在‘灰色’上点缀着一两点‘光明’的理想的作品”（《〈中国新文学大系·小说一集〉序》）。可见，叶圣陶的现实主义是一种现实与理想相结合的现实主义。这种现实主义，因为有社会主义色彩的理想的照耀，不同于19世纪30年代兴起的欧洲的批判现实主义，而与革命现实主义一脉相通。

叶圣陶提倡的现实主义，不追求事物的“外在真实”，不追求像照相机那样实录非本质的琐碎细节，而要进行“艺术的制炼”，反映事物“内在的实际”，创作出形与质兼美的作品来。他说，文艺家“应将他所得的材料加以剪裁，增损，修饰，种种工夫——所谓艺术的制炼——使那些里面含有自己的灵魂，一面却仍不失原来的精神”（《文艺谈（五）》）。文艺家不是“忠仆，书记官”，“随意地记些所见所闻的事”，而应当“显出创造的艺术手腕”，舍去一切不必要的人物、景色和枝叶，去掉“一切不美的素质”，“摄取其要点，加以想化”，“只将浑然的美表现于他的作品”。如果文艺家仅仅“如实记录”，仅仅“复制和模仿”，那么只能产生“玩物的作品”。为了说明这一点，叶圣陶根据当时创作中出现的问题，进一步具体说明：1. 不要“连篇累牍地写个不休”，而要“采取其中最扼要最精警的一件一个”，“取材务必精当”；2. 不要“单描事物的外部而不能表现出内在的实际”，不能像照相那样只照“外面的形象，一些不漏，都为留下个死板板的痕迹”，而要“将最能传神的部分充分描写，其外不重要的部分竟可弃去不写”，以便“攫住一切的里面”；3. 不要“有材料不足之感”，而要有适度的材料，并且使用“最适切于表现这个材料的一个方式”（《文艺谈（四十）》）；4. 不要“常是关在书斋里，执笔构思”，以致“文艺的泉源已壅塞了一部分”，而要热爱人生，深入人生，因为“往往有许多妙美的思想言语出于愚夫愚妇或孺子之口”，文艺家要善于观察，善于积累，“而蓄积既富，需用时自有‘俯拾即是’之乐”（《文艺谈（五）》）。那时，叶圣陶当然并不知道现实主义要遵循塑造典型环境中的典型性格的原则，也不知典型化这一文艺术语（那时还没有出现），不过从创作实践中他也领会到典型化的实质，他一再解释“艺术的制炼”“想化”的内涵，一再强调艺术的取舍与集中，正好说明了这一点。

因而，他把自己的现实主义与当时有些人鼓吹的左拉的自然主义划清了界线。

小　　结

“五四”时期，叶圣陶是一个小资产阶级革命民主主义者。他积极投身以初步的共产主义知识分子领导的革命文化统一战线，揭露和批判半封建半殖民地社会的罪恶，反对旧道德、旧文学，提倡新道德、新文学，设想和追求人人劳动、人人互助、人人幸福的理想社会，表现了深厚的爱国主义精神和不妥协的革命精神，成为我国新文学史上杰出的文学家和先驱者之一。他是一个革命民主主义和空想社会主义者。他的空想社会主义和历史进化论虽然有历史的局限性，但是在反帝反封建的革命斗争中起了积极作用。他鼓吹文学为人生，要文学为革命斗争服务，无疑是进步的。他提倡现实主义，并贯彻于自己的艺术实践中，力求用现实与理想相结合的原则来反映社会生活，力求用典型化的手法来塑造形象，因而使得自己的现实主义既不同于批判现实主义，又区别于自然主义，而包含着革命现实主义的因素。在文艺与生活、文艺的社会作用、文艺与人民、作家修养和创作方法等问题上提出了基本正确的观点。他一边发表文学作品，一边宣传自己的文艺主张，理论联系实际，对当时的文学创作起了一定的积极作用。同时，当他在解释社会问题和提出改造社会的方法时，表现出唯心主义和改良主义的倾向，在论述作家认识客观世界的方法时，表现出柏格森的直觉主义的色彩。他还不能用阶级和阶级斗争观点分析社会，分析文艺。他的为人生文学观带有超阶级的倾向，要求文学表现全人类的思想感情。他还不能正确认识现实主义创作方法对作家的创作实践具有能动作用，因而他一方面提倡现实主义的创作方法，一方面又认为作家不需要学习、掌握任何一种创作方法，以防“一切都堕入于形式，文艺的生命就断绝了”。可见，“五四”时期叶圣陶头脑中正确的思想和错误的思想，在革命实践中矛盾着，斗争着。1925 年的“五卅”反帝爱国运动，使叶圣陶从“爱”和“美”的人生美梦中清醒过来，认识到他的空想社会主义的理想社会蓝图已被阶级斗争撕得粉碎。他参加群众反帝集会，奋笔撰写战斗檄文。他号召人们，“认清敌人”，“纠结同伴”，团结一心，“与敌人开战”，“早致敌人的死命”①。叶圣陶受了在中国共产党领导下的“五卅”反帝爱国运动的战斗洗礼，以新的革命姿态投身于无产阶级革命文学运动，在革命斗争中逐渐成长为无产阶级知识分子。

（1980 年 10 月）

---

① 《认清敌人》，载 1925 年 7 月 5 日《文学周报》第 180 期。

《蚕和蚂蚁》主题浅说*

最近，我们接到不少教师来信。来信反映，在备课中教师们对初中语文第二册中的童话《蚕和蚂蚁》有不同看法，谁也说服不了谁，甚至几易教案。为此，我们访问了作者叶圣陶先生。叶老说：当时写这篇童话，大概是想写不同社会制度下的两种工作态度和两种劳动的意义，表示向往新社会的意思。叶老还认为，要抓住童话这种体裁的特点来进行分析，不能拿童话里的东西去死板地一一对照现实生活；那样，童话就讲不通了。叶老的这一番话，是分析《蚕和蚂蚁》的一把钥匙。

我们要正确地分析《蚕和蚂蚁》的主题，就必须准确地把握作品的时代背景、作者的创作意图和作品的实际内容。《蚕和蚂蚁》写于1930年。当时，以蒋介石为首的国民党反动派对外卖国求荣，丧权辱国。对内肆意屠杀共产党人和革命人民，强化法西斯统治，致使经济萧条，民不聊生，广大人民生活于水深火热之中。中国共产党领导人民建立工农武装，开辟了许多革命根据地，展开了轰轰烈烈的土地革命斗争。革命的星星之火给人民带来了希望和力量，鼓舞人民为建设新社会而英勇斗争。

1930年，叶老在上海一家书局当编辑，兼当大学和中学的教师。早在“五四”时期，叶老写了大量的文学作品，批判黑暗的旧社会，追求光明的新社会，积极投身于反帝反封建的革命斗争。他亲身经历了1925年的“五卅”反帝爱国运动和1927年大革命的失败，更加热爱人民，痛恨黑暗的旧社会，用他那支朴实而有力的笔来参加斗争。在1925年写的一篇文章中，

---

* 原载《中学语文教学》1981年第7期。

他号召人们“认清敌人”，“纠结同伴”，“与敌人开战”，“早致敌人的死命”（《认清敌人》，载1925年7月5日《文学周报》第180期）。在1927年写的短篇小说《夜》中，他通过描写一个革命烈士妈妈的觉醒，愤怒控诉国民党反动派的罪行，热情歌颂革命烈士的大无畏精神，使人们看见了在漫漫长夜里透出来的革命曙光。在革命处于低潮时期，叶老作为一个革命文艺战士，他不是消极悲观，无所事事，而是努力工作，为建设新社会而斗争。在1930年写的几篇散文中，他认为反抗剥削阶级是“理所当然”的事，一个人应当把“自己的一份力量贡献给大众。你可以主张自己的权利，你可以反抗不当的剥削，可是你不应该吝惜你自己的一份力量，让大众间接受到不利的影响”（《薪工》，载叶圣陶著《未厌居习作》）。他进一步说，青少年不应当为了一己的利益去“镀金”，甚至爬上“剥削别人”的高塔，而应当去做“成就些什么生产些什么的事情，尤其是劳力的事情”，在困苦的现实生活中磨炼自己，去“改革变更”社会，改变被奴役的地位，争取光明的理想社会。我们可以说，《蚕和蚂蚁》就是在这种思想指导下创作的。

《蚕和蚂蚁》的主题是什么呢？

让我们先来具体分析一下这篇童话的思想内容。全篇童话可以分成三部分。第一部分，写一条“俨然是个沉默深思的思想家”的蚕离群独思，怠工绝食。它冥思苦想“自己生在世上究竟为了什么”。它考查了祖先的历史和蚕群的现状，终于明白了，原来“蚕生到世上来，唯一的大事是做茧”，让“人”抽丝织绸，做衣服。“辛辛苦苦一辈子，原来是为那全不相干的‘人’！”它“厌恶工作”，就编了一首“我们不要工作”的歌，唱给蚕群听。可是，蚕群只顾吃桑叶，不理会它。它离开蚕群，“爬到屋子外边的地面上”，“开始过那‘看看天，望望地’的‘不要工作’的日子”，“直到老死，乐得省力气”。它认为蚕群的工作毫无意义，就走上了绝食怠工的消极反抗道路。第二部分，写蚕同蚂蚁的对话。蚕同蚂蚁的争论实质上反映了不同社会中两种不同的劳动。蚕认为“工作的结果是全群叫开水煮死”，自己“什么也得不着”，“世界上哪里有不白做的工作”，眼前没有光明前途，因此“我们不要工作”。蚂蚁认为工作“能对全群有贡献，给全群增福利”，“世界上哪里有白做的工作”，眼前有光明前途，因而“工作就是生命”。第三部分，写蚕参观蚁群的工作和生活。蚕亲眼看到了蚁群的愉快而又热烈的劳动场面，看到了蚁群的幸福生活，“好像到了另一个世界”。它感动了，“眼泪忍不住掉下来”。眼前不就是自己梦寐以求的理想社会吗？“它这才相信，世界上真有不是白做的工作”。蚕，是一个带有一定反抗性的被剥削者，虽然它的反抗方式不对，又找不到出路，但是它不甘心过被奴役的生活，终于走上了反抗剥削者的道路。

在童话中作者设置了两对矛盾。一对是蚕和“人”。“人”，从人本位来说，当然煮茧抽丝，为我所用。蚕，从“虫”本位来说，自己的劳动成果自己不能享受，全给了“人”，不是“白费力气”吗？因此，沉默深思，消极反抗。这个打上特指引号的“人”不是我们通常说的人，而是一种比喻说法，他出现在蚕的世界里，是蚕的对立面。这对矛盾给蚕提供了思想和行动的基础。另一对是蚕和蚂蚁，蚕是旧社会里不愿再工作的消极反抗者，蚂蚁是新社会中新生活的创造者，两者构成了两种思想的冲突，这是一对主要矛盾，为蚕转变思想提供了决定性的条件。作者通过对蚕的描写，揭露了旧社会的罪恶，一定程度上反映了被剥削者的反抗精神。

有的同志说，在现实生活中人们把蚕看作高尚情操的象征者，有“春蚕到死丝方尽”诗句为证，可是，童话中的蚕是一个游手好闲的二流子，这是不能令人接受的。如上所述，作者没有把蚕写成一个二流子，而把蚕描写成一个消极反抗的被剥削者。再说，童话中的艺术形象（如某种动、植物）与现实生活中的事物是不能等同的。作者可以根据主题的需要赋予动、植物以特定的寓意。格林童话中有一篇《猫和老鼠做朋友》。猫主动跟老鼠做朋友，它们买了一罐猪油，放在祭坛下面，作为冬天的食物。猫欺骗老鼠，偷偷地把猪油吃光。到了冬天，老鼠才发现猪油被猫偷吃了，就跟猫讲理。猫叫道：“你不要做声，再说一个字，我就要吃你。”说完，扑过去就把老鼠吃了。在现实生活中人们厌恶老鼠，喜爱猫。可是这里作者把猫写成一个虚伪、横蛮、不讲信义的动物。这种情形在中外古今的童话里都有。我们不能用现实生活中人们对动、植物的看法作为标准，一一对照童话中的动、植物，去评价童话。叶老可以把蚕写成消极反抗者，别人也可以把蚕写成另一种样子。只要主题有意义，形象丰满，都可以。对于这篇童话中的“人”

"蚂蚁"等等，都要这样去理解，他们同现实生活中的事物是不能一一类比的。

蚕和蚂蚁的不同工作态度，是由它们对劳动意义的不同认识所决定的。而蚕和蚂蚁对劳动意义的不同认识，则是由它们不同的生活环境所决定的。作者在童话中精心描写了它们的不同的生活环境。蚕群的工作是繁重的，"它们也不管桑叶是好是坏，只顾往下吞"，像一群机器那样劳动着，连喘息、思考的时间也没有。但是，吃的是桑叶，吐的是丝，自己"什么也得不着"。这种受剥削的令人窒息的生活环境，使得蚕消极悲观，绝食等死。蚁群生活的环境完全相反，好像是另一个世界。蚁群"运粮食，开道路，造房屋，管孩子"，劳动是愉快的。它们有"隧道，礼堂，育儿室，储藏室"，生活是富裕的。真是"全群繁荣，个个欣幸"。这就使得蚂蚁把工作看作生命，勤奋工作，建设新生活。这两种不同的生活环境形成了鲜明的对照，不得不令人深思，激起人们对新社会的向往。

童话是儿童文学独有的一种文学形式。鲁迅说，童话里的生活"都是实际和幻想的混合"(《〈小约翰〉引言》，《鲁迅全集》第十四卷)。童话是在幻想世界里反映现实世界的。"孩子是可以敬服的，他常常想到星月以上的境界，想到地面下的情形，想到花卉的用处，想到昆虫的语言；他想飞上天空，他想潜入蚁穴……"(《看图识字》，《鲁迅全集》第六卷)儿童往往用幻想去认识世界，支配世界。童话的幻想性正是儿童的幻想性的反映。童话又有比喻性或象征性，往往赋予艺术形象以特定的比喻或象征意义，通过特定的比喻或象征意义，把幻想和现实联系起来。《蚕和蚂蚁》的幻想性和比喻性是很鲜明的。童话中蚕和蚂蚁的生活环境和思想行为都是幻想世界里的生活。1930年的旧中国，广大人民受三座大山的压迫，啼饥号寒，哀鸿遍野。这与童话中蚕及其生活环境不是有相似之处吗？在黑暗社会中，人们渴望创造一个平等、自由、幸福的社会，愉快地生活和劳动。童话中蚂蚁及其生活环境与人们所追求的理想社会不是也有相似之处吗？作者赋予童话中的事物以特定的比喻意义，把蚕和蚂蚁的两种生活环境比喻为两种不同制度的社会，把蚕和蚂蚁比喻为两种不同制度社会中的两种劳动者。这样，童话的现实意义显明地表现了出来。综上所述，《蚕和蚂蚁》的主题是：作者运用幻想和比喻的艺术手法，通过对蚕和蚂蚁的生活思想的描写，说明了不同社会制度下人们的劳动具有不同的意义，赞扬了在新社会中为全群增福利而勤奋工作的思想行为，从而激励人们为建设新社会而奋斗。

有的同志着眼于两种不同的工作态度，把《蚕和蚂蚁》的主题归纳为：通过蚕的思想转变，批评了蚕的消极怠工的行为，赞扬了蚂蚁的为全群而积极工作的精神，从而教育少年儿童热爱工作、勤奋劳动。这样归纳主题是有一定道理的，但是不够全面。这篇童话的哲理性是很强的。作者在童话开头描写群蚕紧张地吃桑叶、一条蚕旁蹲独思以后，紧接着用一句话独立成段："不管什么事情，只要能想，到底会弄明白的。"这个被强调的自然段预示了全篇着重描写蚕的思想历程。从蚕的角度来看，全篇三部分可以简明地归纳为：蚕离群独思——蚕同蚂蚁辩论工作意义——蚕在蚁群社会面前想通了。蚕的思想历程是从"想"到"弄明白"，弄明白什么呢？就是在"另一世界"蚁群社会里，"真有不是白做的工作"，劳动能使"全群繁荣，个个欣幸"，换言之，就是在新社会里劳动才有了真正的意义。童话的艺术构思体现了作者的创作意图，把读者的注意力集中到两种社会的对比，引导读者向往新社会。因此，单单从两种工作态度的角度来归纳主题，就显得不够了。这是一。其二，作者在1930年的人剥削人的旧中国创作这篇童话，如果不加分析地教育读者不要消极怠工，而要勤奋工作，那么就可能产生副作用：使得处于被奴役地位的劳动者安于现状，盲目工作。显然，这不符合作者的创作意图。

有的同志认为，《蚕和蚂蚁》从两种社会角度归纳主题，不如从两种工作态度归纳主题好，因为从两种工作态度去归纳主题，自然地引申出教育少年儿童热爱劳动的意义，少年儿童也容易接受。作品的主题与作品的社会效果既有联系，又有区别。作品的主题决定了作品的社会效果，什么样的主题就产生什么样的社会效果，这是两者有联系的地方。作品的主题一旦形成，就不能随着历史的发展而任意改变，人们在新的历史条件下可以从作品主题中引申出新的教育意义，但是不能为了达到今天的社会效果，去随意改变作品主题，这是两者有区别的地方。因此，在教学过程中，我们应当按照作品本身去归纳主题，同时从作品主题中引申出今天的教育意义。我们教学《蚕和蚂蚁》时，首先应当引导学生正确地认识两种社会必然产生两种劳动的意义和态度，理解作者引导人们向往新社会的创作意图，然后再从作品主题中引申出今天的教育意义，教育少年儿童在社会主义制度下热爱工作，为人民勤奋劳动。这是顺理成章的事情。

论叶圣陶文学语言的风格*

高尔基在论述文学语言时，曾经引过一则民间谜语："不是蜜，但是它可以粘住一切。"文学语言"不是蜜"，然而能够表现一切；文学语言也是"蜜"，因为它也有种种不同的"风味"。蜜蜂采集不同的花粉，酿成不同风味的蜂蜜，如荔枝蜜、枣花蜜、荞麦蜜等。作家吸取人民群众语言中的不同养分，形成不同的语言风格，如郭沫若的繁丰、藻丽，赵树理的通俗、明快，老舍的平实、幽默。叶圣陶的文学语言，也是一种独具风味的"蜜"。

一

叶老的文学语言朴素、明晰而又形象，犹如清水出芙蓉，深山流甘泉，具有一种朴素美。亚里士多德说："风格的美在于明晰而不流于平淡。最明晰的风格是由普通字造成的。"(《诗学》第二十二章）叶老自己也说："改进文风还要明晰畅达。"(《谈语法修辞》)他用口语的句式、普通的词语，准确、形象地表现客观事物。

在著名散文《记金华的两个岩洞》中，叶老在工友提着汽油灯引导下，走下冰壶洞：

> 忽然听见水声了，再往下没有多少步声音非常大，好像整个洞里充满了轰轰的声音，真有逼人的气势。就看见一挂瀑布从石隙吐出来，吐

---

* 原载《南京师院学报》1983年第1期。

> 出来的地方石势突出，所以瀑布全部悬空，上狭下宽，高大约十丈。身在一个不知道多么大的岩洞，凭汽油灯的光平视这飞珠溅玉的形象，耳朵里只听见它的轰轰，脸上手上一阵阵地沾着飞来的细水滴，这是平生从未经历的境界，当时的感受实在难以描述。

写景贵在绘声绘色，情景交融，创造一种美感的境界，使人身临其境。在这里，叶老写听觉——“好像整个洞里充满了轰轰的声音”；写视觉——“看见一挂瀑布从石隙吐出来”；然后再进一步写听觉、视觉，描绘出瀑布的声和形，并且巧妙地顺手写了触觉——“脸上手上一阵阵地沾着飞来的细水滴”。这一切再现了冰壶洞“真有逼人的气势”，为接下来写冰壶洞的奇景作了铺垫。

> 再往下走几十级，瀑布就在我们上头，要抬头看了。这时候看见一幅奇景，好像天蒙蒙亮的辰光正下急雨，千万枝银箭直射而下，天边还留着几点残星。……

作者没有直接写景，而用了三个朴实的比喻，写尽微明中洞景之奇，语义明晰而有余味。

郭沫若写景往往用华丽的辞藻，奇特的比喻，激越的语调，显示自己的独特风格。叶老另辟蹊径，用普通的词语，朴实的比喻，平缓的语调，娓娓而谈，丝丝入扣。“一挂瀑布从石隙吐出来”，一个“吐”字，传出瀑布的神韵。“一阵阵地”“沾着”“细水滴”，这些词语搭配在一起，形象地画出了瀑布直下、水珠飞溅的景象，用词贴切传神。这里没有华丽的辞藻、奔涌的激情，然而朴实无华的词语创造出给人以美感的境界，徐缓自然的语调给人以亲切的感觉。

用语朴素明晰，必须观察深入细致，想得轮廓分明，须眉毕现，使所描写的事物真个在头脑里形成具体的东西，然后才能实实在在地记叙、描写。早在1921年，叶老就提倡“真诚地观察外界的事物”，用“真切，自然、活跃，新鲜的字句”，“将最能传神的部分充分描写”，如实地来表现事物。

(《文艺谈(四十)》)请读下面几句:

> 偶尔开门,雾气就卷进屋来。(《黄山三天》)
>
> 他居然从车门里被弹出来了。(《潘先生在难中》)
>
> 薄板门呀的开了,黄科长挺了进来。(《皮包》)
>
> 万盛米行的河埠头,横七竖八停泊着乡村里出来的敞口船。船里装载着新米,把船身压得很低。齐船舷的菜叶和垃圾给白腻的泡沫包围着,一漾一漾地,填没了这船与那船之间的空隙。(《多收了三五斗》)

用一"卷"字,写出了雨中黄山的浓重雾气。借一个"弹"字,写出了逃难人们的慌乱和下车时的拥挤。"黄科长挺了进来",这个"挺"字活画了黄科长的一身官气,又表现了形体特点。《多收了三五斗》第一段,集中地表现了叶老文学语言的朴素美。从这里可以看出,叶老注重口语,多用短句,少用长句,用词少而精,不经常使用华丽的修饰语,尽量实实在在地状物传情,避免作者自己过多地生发抒情。朴素中见风采,明晰里蕴深意。

二

叶老的文学语言凝练隽永,语义丰富,饶有余味,如品龙井香茗,另有一番沁人心脾的妙处。语义有"言内"和"言外"之分。"言内",要求语句贴切,准确地表情达意:"用最少的字句表达必须说清楚的意思。"(《谈语法修辞》)"言外",要求语句有弦外之音,余音绕梁,传达更多的信息。换句话说,就是言简意赅,余味无穷。

叶老用词造句十分严谨。正如他自己所说:语言的使用"关键在乎该用不该用",该用则泼墨如水,不该用则惜墨如金。"随着山势,溪流时而宽,时而窄,时而缓,时而急,溪声也时时变换调子。"(《记金华的两个岩洞》)这里"宽"与"窄"相对,"缓"与"急"相对,对比说明溪流的变化;同时"宽"与"缓"相应,"窄"与"急"相应,溪流因面宽而流缓,因面窄而流急,相互为文,对比增义。此外,溪流的宽窄、缓急,又衬托出山势曲折变化;后一个分句又从听感上启发读者想象溪声调子的变换,使人仿佛听到泉水叮咚、溪水淙淙的声响。这个并列复句，三十七个字，没有什么华丽的修饰语，没有什么独特的比喻，语句紧凑简练，语义丰富多彩，可说是妙语传神，一石数鸟。

语言凝练，并不排斥精雕细刻。叶老的小说、散文的一个特点是描写细腻，须眉毕现。比如写于1931年的散文《牵牛花》，有一段写观察牵牛花的生长情况：

> 那藤蔓缠着麻线卷上去，嫩绿的头看似静止的，并不动弹；实际却无时不回旋向上，在先朝这边，停一歇再看，它便朝那里了。前一晚只是绿豆般大一粒的嫩头，早起看时，便已透出二三寸长的新条，缀着一两张满被细白绒花的小叶子，叶柄处是仅能辨认形状的小花蕾，而末梢又有了绿豆般大一粒嫩头。有时认着墙上的斑驳痕想，明天未必便爬到那里吧；但出乎意外，明晨已爬到了斑驳痕之上；好努力的一夜工夫！“生之力”不可得见；在这样小立静观的当儿，却默契了“生之力”了。

作者采取静中见动的方法，巧妙地随着时间的先后，来观察和表现牵牛花，把自己的心情变化与牵牛花的生长情况交织起来，精雕细刻，娓娓而谈，自然地引出了关于“生之力”的哲理，点明题旨。看似闲情逸致，实则含有深意，熔现实和认识于一炉。这里作者泼墨如水，细针密线，仍不失为凝练隽永。

人们评论文学语言，往往注重炼字、炼句，这是应该的，然而似乎还嫌不够。叶老注重炼字、炼句，还注重炼段。他反复地说：“要给读者更多的帮助，应该在下一句和上一句、后一段和前一段的关系上有所讨论”（《从〈语法修辞讲话谈起〉》），“从一节一段到一个词一个句子，全都使用得恰如其分”（《关于使用语言》）。叶老十分注重语段的使用，要求句与句之间关系清楚，每个语段意思完整、畅达，使得语段更具有表现力。

小说《多收了三五斗》，通过农民在米行里卖米、街道上赶集、船头上对话，反映了农民丰收而成灾的痛苦生活和反抗旧社会压迫、剥削的思想感情。在船头上对话这个大层次中，两次写对话，每一次对话后安排了一个语段，选录如下：

> “五块钱一担，真是碰见了鬼!”
>
> ……
>
> 路路断绝。一时大家沉默了。酱赤的脸受着太阳光又加上酒力，个个难看不过，像就会有殷红的血从皮肤里迸出来似的。
>
> “我们年年种田，到底替谁种的?”……
>
> ……
>
> 散乱的谈话当然没有什么决议案。酒喝干了，饭吃过了，大家开船回自己的乡村。船埠头就冷清清地荡漾着暗绿色的脏水。

第一次对话写了十二个自然段，农民们愤怒地抨击地租、高利贷和商人的剥削，力图寻找出路。结果是“田真个种不得了；“逃荒”也不行；到上海去做工更不行。接着作者安排了一个语段，这个语段由三个句子组成。第一句“路路断绝”，斩钉截铁，反映了农民面临绝望的境地，第二句写农民陷入沉思。第三句写农民激动的脸色，反映了农民胸中燃烧着愤怒的烈火。三个句子构成一个语段，语意连贯，因果分明，表达了一个中心语意——农民因陷于绝望的境地而义愤填膺。这样，接下来写农民的反抗意识就水到渠成了。第二次对话写了十个自然段。农民们发出了为谁种田的疑问，提出了抢米“不犯王法”的看法，表现了农民们自发的反抗精神。接着又安排了一个语段，也是由三个句子组成。第一句总括对话，“散乱的谈话”引不出具体的行动，因而只要各自回村（第二句）。第三句写了一笔景色：“船埠头就冷清清地荡漾着暗绿色的脏水。”既写人走船离后的河面情况，又与开头呼应，点出了不景气的冷落景象，增添了一层悲剧的气氛。这个语段以行动先后为顺序，不仅点出了当时农民的弱点（只停留在“散乱的谈话”上），而且还带有象征意义，容量较大。从上面分析中可以看出，两个语段好比网上的结，把前后的对话联系起来，承上启下，浑然一体。语段内部，每一句表现了确切的含义，句与句之间语意连贯，互相映衬，表达一个中心语意；语段中由于句意的连贯和映衬，少一句就显得不完整，多一句就成为累赘。分析叶老锤炼语段，可以更能揭示出凝练隽永的语言特色。锤炼好语段，能够精简较多的字句，容纳较大的语意，传递更多的信息。可见，锤炼语段的价值绝不比炼字、炼句的小。

三

叶老的文学语言富有感情色彩，虽然作者并不经常直接抒情、议论，但是爱憎分明，褒贬自现。1935 年，茅盾说：“冷静地谛视人生，客观的地，写实的地，描写着灰色的卑琐人生的，是叶绍钧。”① 当时有人批评叶老“厌世”。叶老后来说：“我不同意，可没写什么文章，只把一本小说集题作《未厌集》，又给并无其处的斋名题作‘未厌居’。”叶老的思想感情往往“寄托在不著文字的处所”②。一般地说，作者的思想感情主要是通过作品中的艺术形象来显现的，然而字里行间往往也凝聚着作者的感情。精彩的词语犹如孔雀尾羽上斑斓的彩点，点点汇成孔雀开屏时的华美。

> 中山先生站在台上，闪着沉毅的光的眼睛直望前面；虽然是六十将近的年纪，躯干还是柱石那样直挺。
>
> （《赤着的脚》）
>
> 他脸上现出一种好奇的踊跃的神采，清湛的眼光里透露出坚决的意志，脉管里的血似乎在激烈地奔流。
>
> （《倪焕之》）

一千三百字左右的小说《赤着的脚》是叶老短篇小说中的珍品，然而还没有被评论家所重视。在这篇写于 1927 年 11 月的小说中，叶老选取了 1924 年 7 月广东省第一次农民大会上孙中山先生的一组镜头，表现了孙中山先生与农民之间的革命情感，歌颂了孙中山先生的伟大革命精神。这篇小说写于国民党反动派“四一二”反革命政变以后的七个月，弥足珍贵。上一例就是小说开头的第一句话。这里，作者写中山先生眼睛里“闪着沉毅的光”，躯干

---

① 《〈中国新文学大系·小说一集〉导言》，上海良友图书印刷公司 1935 年版。
② 《〈叶圣陶选集〉自序》，开明书店 1951 年版。

还是“柱石那样”，再配上“直望”“直挺”的动作，把中山先生坚定沉着的神情，中流砥柱的伟大形象鲜明地表现出来，字里行间凝结着作者对领袖的热爱之情。下一例写小资产阶级革命知识分子倪焕之参加“五卅”反帝爱国斗争时的神情，作者用了“神采”“清湛”“坚决”等褒义词，表现了主人公的革命精神，也透出了作者的赞美之意。

再看下面几个例子：

> 旧毡帽朋友今天上镇来，原来有很多的计划。
>
> 在节约预算的踌躇之后，“乡亲”把刚刚到手的钞票一张两张地交到店伙手里。
>
> 同样地，把万分舍不得的白白的米送进万盛的廒间，换到了并非白白的现洋钱的钞票。

上面三句都是选自《多收了三五斗》，前两句中的“计划”“预算”，并不是仅仅为了行文风趣而大词小用，更重要的是表现农民生活的艰难，他们早就算了又算，一个铜板分成两半花，还得紧缩“预算”。第三例，“万分舍不得的白白的米”与“并非白白的现洋钱的钞票”对举，表示了作者对农民们无可奈何地忍受多重剥削的同情，重复使用“白白”两字，颇具匠心。

更为微妙的语言现象，出现在叶老使用感叹词来表情达意上。感叹词是表示感叹、应答的词，感情色彩很重，表意十分丰富。一个“啊”字，可以分别表示赞美，惊讶，疑问，醒悟，等等。运用感叹词，有的人用得太滥，一个劲儿“啊”“呀”，感情因过分紧张而松弛了。有的用得不贴切，感情走了样，甚至适得其反。叶老运用感叹词十分谨慎，很有表现力和暗示力。在十七万字的长篇小说《倪焕之》中，叶老用感叹词有 71 处。值得注意的是主人公倪焕之用“啊”14 处，用“唉”5 处（其他有“唔”“嗤”“咦”“吓”“喔”各一处）①。小说开头，倪焕之走向新生活，朝气蓬勃，作者用了 5 次“啊”，例如“啊！到了，新生活从此开幕了！”“啊，尚未见面的学生，我已

① 倪焕之在与别人对话中，仅用“啊”2 次，用“唉”3 次。作者描写倪焕之心理状态和自言自语，用“啊”12 次，用“唉”2 次。

经看见你们在这里游戏了!”在结尾处，大革命失败，倪焕之暴病垂危，说了“唉”。“唉，死吧，死吧!”开头的“啊”和结尾的“唉”，正好表现了倪焕之从赞美生活并为之奋斗到因革命失败而动摇、绝望的生活道路。感叹词与人物的命运紧紧地连在一起。在短篇小说中，叶老用感叹词也是匠心独具的。小说《一包东西》写一个校长途中受人之托，带一包东西回校。他突然怀疑这包东西是革命宣传品，又怀疑侦探跟踪他，越想越害怕。一进校门，慌慌张张地叫校工出去望风：

“梅生!”他用敛抑的声气叫唤。“外边有没有人问起我?”梅生的瘦脸显露在房门口，“刚才门口去看，人是有的……”

“啊!”

“不过都是来往的人，没有走来问起先生的。”

“哦!”他想发作，不知道为什么又缩住了。……

“嘻~~~这个东西!”他用力抽出一张来看时说。……翻过来看是讣告。

这里用了三个感叹词。“啊!”表现了校长听说有人以后的紧张、吃惊的神态。“哦!”表现校长知道没有问起他以后松一口气，但又放心不下的心情。“嘻~~~”表现校长发现“一包东西”原来是讣告以后的喜悦，这种喜悦是醒悟之喜，自慰之喜。这里叶老相继用了“啊”“哦”“嘻”，不仅表现了校长瞬息间感情的微妙变化，表现了校长胆小、软弱的性格特点，而且也流露出作者一定的讽刺的意味。这几个感叹词，真有勾魂摄魄之妙，表意非常丰富。

四

叶老的文学语言“合乎平常说话习惯”，“念起来上口，听起来顺耳”。他努力以北京语音、北方方言词汇、北方话语法为基础，继承传统文学语言中有生命的东西，吸收外国语言中有用的成分，注重口语化，避免佶屈聱牙的不规范的欧化句式、自己家乡方言中生僻的成分和半文不白的语句，创造纯洁、健康的文学语言。这方面的例子举不胜举。下面我们再从另一角度来说叶老文学语言的纯洁性和规范性。

1958年出版《叶圣陶文集》时，叶老对93篇短小说和一部长篇小说《倪焕之》“逐篇看过，各篇都作了文字上的修改”（内容方面没有改动）。修改的目的，主要是为了语言的纯洁和规范，涉及以下几个方面：

1. 改掉不必要的文言成分，如把过时的文言词语改成现代词语（见下面例①），把文言单音节词改成相应的普通话中的双音节词（见例②），把文言句式改成普通话句式（见例③）。

① ……角隅里藏着什么，（《某城纪事》；改“角隅”为“角落”。）

② ……还是我的相合了他的意，……（《一个练习生》；改“相”为“相貌”。）

③ 又会饮在同一的河上……（《多收了三五斗》；改为“又在同一的河面上喝酒”）

2. 改掉自己家乡方言中令人难以懂得的成分，例如把生僻的方言词语改为普通话词语（见例④），把某些方言句式调整为普通话句式（见例⑤）。

④ 这样的被袱，就是买一条新的，那里消二十块钱？（《金耳环》，改方言“消”为普通话“要”。）

⑤ 今天你比我来得后了。（《城中》；改为“今天你来得比我晚了。）

3. 替换“五四”时期出现的然而没有沿用下来的词语，用规范的词来代替不规范的词。例如，改“阻障”为“阻碍”，改“震摇”为“震动”，改“废离”为“废弃”，改“牠”为“它”，还有区分“着、了、过”等的用法，正确使用语气词和感叹词的书写形式，正确使用儿化词，等等。

4. 调整句式和语序，使语言更加符合社会习惯。

⑥ 汽车奔驰而过，笨重的运货车有韵律地响着铁轮……（《夜》；调整语序，改为“笨重的运货车的铁轮有韵律地响着。）

⑦ 短发女郎随即回答，用教师抚慰学生那样的温和调子……（《在民间》；把不必要的倒装句换成顺装句，改成“短发的女郎随即用教师抚慰学生那样温和的调子回答……）

⑧ 一个从后面挤向前来的三十左右的纠察队员表示殷勤地回答……

(《在民间》；改成“一个三十左右的纠察队员从后面挤向前来，殷勤地回答……”)

在20世纪30年代，叶老的文学作品被誉为“模范”。到了50年代，叶老还是这样认真锤炼语言，一丝不苟，精益求精，使自己的语言尽量纯洁、规范。这不仅表现了叶老认真求实的工作态度，而且也为我们加强语言的纯洁性、规范性提供了楷模。

风格就是人。叶老的文学语言风格是叶老本人风格的一个组成部分，是值得我们学习的。叶老的文学语言，朴素中见风采，明晰里蕴深意，凝练而不失之简陋，隽永而不流于晦涩；不著一字，褒贬自现，外似冷峻，内实情切；词语纯洁而无单调之感，语句规范而无呆板之嫌。叶老的文学语言是一种独具风味的“蜜”，晶莹，甜润，清香，纯净，值得品尝品尝。

试论叶圣陶早期的文言短篇小说

1914—1915 年间，二十岁的叶圣陶进行了一年多的文学创作，发表了十多篇文言短篇小说。这一年多的文学创作活动，为叶圣陶在“五四运动”期间驰骋于反帝反封建的新文学战场，成为新文学运动中的闯将打下了良好的基础。① 本文拟简略地评论“五四”前叶圣陶的文言短篇小说，为研究叶圣陶的文学创作道路提供一点材料和看法，以求教于专家和同好。

1894 年 10 月 28 日，叶圣陶出生于古城苏州一个普通市民家庭里。他七岁进私塾读书，先读《三字经》《千字文》，然后读《四书》《诗经》《易经》，死记硬背，十分枯燥。九岁的时候，开笔作《登高自卑说》，写了八十多字，最后两句是：“登高尚尔，而况于学乎！”受到了老师的称赞，显示出儿童时代的才思。这是叶圣陶一生中最早的一篇作文②。从七八岁到十三岁，这几年间私塾放了学，叶圣陶常常跟着父亲去设在茶馆内的“书场”，听苏州评弹和评话。“小书”像《珍珠塔》《描金凤》《三笑》《文武番球》，“大书”像《三国志》《金台传》《水浒》《英烈》，都不止听了一遍，最多的听了三四遍③。这些民间讲唱文学中的鲜明的人物形象，曲折的故事情节，细腻的心理描写，生动的艺术细节，还有说书艺人惟妙惟肖的表演，深深地吸引着少年时代的叶圣陶，也给了他最初的艺术熏陶。

1908 年，十四岁的叶圣陶上苏州公立中学读书。他酷爱艺术，刻图章，

---

① 关于“五四”时期叶圣陶的创作和文学思想，见拙文《试论叶圣陶在“五四”时期的文学观》，《新文学论丛》1981 年第 3 期。

② 《论写作教学》，载叶圣陶、朱自清合著《国文教学》，开明书店 1945 年版。

③ 《“说书”》，载《未厌居习作》，开明书店 1935 年版。

写篆字，抄诗词，学雕刻，还想去演戏。“后来他极欢喜作诗。当时同学里差不多没有一个会作诗的，他屡屡的教导我们，于是中学校里就结合了一个诗会，叫做放社。但别人的想象和表示，总不能像他那般的深细，做出来的东西总是直率得很，所以我们甘心推他做盟主。”① 他做的诗想象丰富，描写精细，风格朴实。同时，他对小说也很感兴趣。那时，叶圣陶读的英语课本是华盛顿·欧文的《见闻录》。他一边读，一边练习翻译。“那种诗味的描写，谐趣的风格，似乎不曾在读过的一些中国文学里接触过，因此这样想，作文要如此才佳妙呢。”② 他还读了不少旧小说，并且留意报纸上发表的当代作家的小说。当时他认为苏曼殊的笔致最干净，特地从《太平洋报》上抄录苏曼殊《断鸿零雁记》等小说，细心研究。这些为他三年后创作文言小说作了艺术上的准备。

1911 年的辛亥革命推翻了清王朝，结束了中国两千多年来的封建君主专制制度，建立了资产阶级共和制的中华民国。但是，由于中国民族资产阶级革命的软弱性和不彻底性，辛亥革命迅速失败，国家仍然陷于混乱和黑暗，人民还是过着悲惨的生活。

1911 年，叶圣陶中学毕业，正好赶上辛亥革命。祖国的危亡，人民的苦难，使得思想敏锐的叶圣陶“对于尚未见面的革命感到亲热”，急切地期待革命的到来。他欢欣鼓舞，与同学们持枪巡街，作诗颂扬。他以为革命将使“自由之魂其返，吾民之气当昌”，“汉族同胞共歌自由，当即有一共和政体之中华民国发现于东半球之东”。（见叶圣陶日记《辛亥革命前后》）但是，苏州的一切还是照旧，只有“站岗巡警的衣袖上多了一条白布”，“有几处桥头巷口张贴着告示，大家才知道江苏巡抚程德全换称了都督”③。这种“官办革命”，草木不伤，鸡犬不惊。辛亥革命的不彻底性给满腔热情的青年叶圣陶当头浇了一盆冷水。“悲观种种将胜过我之希望心，奈何奈何！”由于家境清贫，叶圣陶虽然愿意读书深造，但是无钱继续升学。1912 年，他在一

① 顾颉刚《〈隔膜〉序》，写于 1921 年 7 月 10 日，载叶圣陶小说集《隔膜》，商务印书馆 1920 年版。

② 《过去随谈》，载《未厌居习作》，开明书店 1935 年版。

③ 《“苏州光复”》，载《未厌居习作》，开明书店 1935 年版。

所初等小学里当了教员，教国文和算术，“与二年级小学生作伴”。从此，十八岁的叶圣陶当了十年小学教员。

一踏进社会，叶圣陶勤勤恳恳地工作，一心想为人民造福。他在给友人的信中说：“以为以正当之腕力，做正当之事业，乃其成功，当有无限快乐。所谓正当，系指实际而言；世间之伦理思想之所云，则非我所指也。”① 对于升官发财、名垂青史以及“世间之伦理思想”，叶圣陶十分厌恶，而一心想做一些实际工作，从事“正当之事业”。他尽心于小学教育工作，“使醇醇诸稚展发神辉，亦此生一乐。虽今日所呈现象每不满昨日之怀，所幸心存希望，即是一缕动机；此机勃发，或有美满光明之时也”②。但是，社会的黑暗，人世间的隔膜，特别是教育界的腐败，使得叶圣陶“一肚皮的不高兴”，感到“百不自由”。从1912年到1915年，叶圣陶感到自己的教育主张不能实行，自己的文艺才能不能发展，精神上十分痛苦。1913年7月2日，叶圣陶写了一首五言十九韵古体诗《游拙政园》。良辰美景，确是赏心悦目。但是同学少年，指点江山，不由得忧愤交集。“直北是长安，冠盖属朋党。白日妖霾现，杀人弃沟壤。鸡鸣上客尊，狗苟公道枉。豪游金买笑，乞怜血殷颡。嗟哉行路难，触处是肮脏。”在这种黑暗的社会里，“帝力鼓大化，谁省我所往？”有谁能了解我所追求的理想呢？“寄情孰所乐，高歌慨以慷！”只得引吭高歌，对天长啸，来抒发自己的忧愤。

但是，具有艺术家气质的青年叶圣陶并不消极、颓废，而仍然积极、进取，在隔膜的人世间中去观察人生，在黑暗的社会中去研究社会，力图用文学来反映社会生活。刚任小学教员时，他计划写一部描写自己的环境和心神的长篇自传，并且动手写了二万余字，但是因为教务太忙，没有成功。1912年暑假里，有一家报馆向他约稿。他又构思写一部白话体的理想小说，名叫《世界》，描写没有国家、没有金钱以后的世界生活、打算每天写一千余字，一百天左右登完。最后还是没有成功。不过，我们由此也可以看出他的艺术想象力和艺术家的勇气。

辛亥革命失败以后，文言小说走进了死胡同，从内容到形式很少有可取

① 1913年1月11日给顾颉刚先生的信，见顾颉刚《隔膜》序。
② 1913年10月12日给顾颉刚先生的信，见顾颉刚《隔膜》序。

之处。叶圣陶清醒地看到了这一点。他批评当时小说界说道："今世风行，言情独盛；言情之作，尤多老调。"又说："今之小说，可谓皆自抄袭得来。……或则窃取旧小说之一毛一发，便足命题成篇。"他尖锐地指出，小说家坐在书斋里凭空编造些艳情滑稽、升官发财的故事，完全脱离社会现实生活。"公园春游，男女邂逅，三语未终，便是求婚。其后非阻于父母，即梗于离乱；中间约略点缀几句伤离怨别之套语"，这种言情小说完全落进"私订终身后花园，落难公子中状元"的旧套子。写景刻板，语言雷同，更是令人生厌。对于文学创作，叶圣陶"自信有理想上之境界"。他"自定宗旨：不作言情体，不打诳语；虽不免装点附会，而要有其本事，庶合于街谈巷议之伦。"他主张要取材于社会生活，"有其本事"，而且要符合人民群众的思想感情。人物形象要"各具妙相"。语言更不能重弹旧小说的老调。即使是写风花雪月，"云月之情万殊，诗人兴咏，灵心独运"，作者要发挥创造性，写出云月的万殊之情。这样的作品才能反映社会现实生活，才能接近人们的思想感情，"惟近情者乃佳耳"，才能算是好作品。从事文艺创作必须具有献身精神，"苟献身舞台，或亦不失为名伶也"①，献身于舞台的才能成为好演员，同样献身于文艺创作的，才能做一个有利于人民的文艺家。叶圣陶这些早期的文艺主张，使他一开始就走上了现实主义的艺术道路。

1914 年，不满社会的叶圣陶为社会所不满，一度被排挤出教育界。愤怒出诗人。黑暗的社会逼着叶圣陶拿起笔来反抗。当时，社会上把文艺当作消遣品看待，小说更是所谓"倡优同畜"的东西。可是，叶圣陶"那时独能以'描写物情宣达社会隐潜'为宗旨"②，进行小说创作。从 1914 年 6 月至 1916 年 4 月，叶圣陶在《礼拜六》《小说丛报》《小说海》和《新闻报》上，用叶匋、圣陶、叶允倩等笔名先后发表了十多篇文言短篇小说：《穷愁》《贫女泪》《孤宵幻遇记》《姑恶》《飞絮沾泥录》《终南捷径》《瓮牖新梦》《博徒之儿》《倚闾之思》《玻璃窗内之画像》《旅窗心影》《痴心男子》等。

---

① 此段几处引语，叶圣陶写于 1912 年到 1914 年，均见顾颉刚《隔膜》序。

② 此为顾颉刚语，见顾颉刚《隔膜》序。

叶圣陶的文言短篇小说，着重反映了人民的痛苦生活和悲惨命运，特别是揭露了封建礼教对妇女的压迫和摧残，从而抨击了半封建半殖民地旧社会，表现了作者对人民的同情和热爱。

《穷愁》是叶圣陶最早发表的文言短篇小说，反映了一个失业工人的悲惨生活。阿松原是丝厂工人，为人厚道，孝敬母亲。丝厂倒闭，阿松失业，只得借钱做卖饼的小生意。一日，应招进赌场卖饼，被警吏当作赌徒抓走，无辜判服两个月的苦工。阿松在狱中想到家无余粮，老母受惊挨饿，又“念此苍球，恶尘弥满，足之所履，只有悲惨而无愉快”，不禁“肝肠摧裂”。老母托友营救无效，只得把亡夫生前给她做的仅存的一件兰绸袄质当了两块银圆，交了罚金。阿松出狱回家，只见老母因欠房租已被逐出家门，挣扎于地上。第二天，老母溘然长逝。“邻人为求得一棺，殡殓殊草草，兰绸袄竟未能赎。阿松负母棺葬于郊，即不复归，市人亦未复遇之。”阿松自杀了？离乡谋生去了？作者没有交代，造成悬念，更加深了读者对阿松的同情。叶圣陶在这篇小说中，直接描写了失业工人的悲惨遭遇，揭露了旧社会对劳动人民的剥削与迫害，同时细针密线地表现了几家邻居之间的“浓情渥意”，歌颂了劳动人民友爱互助的崇高品质。在当时小说界，《穷愁》不能不说是佼佼者。

在辛亥革命前后，妇女生活在社会的最底层，任人欺压，任人蹂躏，真是斗争无方，哭诉无门。叶圣陶对于妇女的悲惨命运寄予了极大的同情。《贫女泪》写了一个新娘因嫁妆菲薄而被迫自杀的故事。新媳妇云娘刚进门，婆婆一看嫁妆简朴，就“愤恨填膺，待机而泄”。新媳妇“怀才而莫能展”，只得处处忍气吞声。不久，婆婆让儿子到外地自家开设的商店去任职，把一对小夫妻强行拆开。霎时间“风雨猖狂”。始而婆婆指责媳妇引诱公公，“何太无耻，以彼首脸乃献媚老人”。继而又污蔑媳妇伙同自己的弟弟偷走堂上的宣德炉。主逼婢讯，黑云压城。云娘“头脑如裂，怨愤填膺”，无路可走，被迫服鸦片自杀。事后，婆婆为儿子重娶新娘。封建婚姻制度是束缚妇女的一大绳索。妇女只能听从“父母之命，媒妁之言”，根本不能婚姻自主，而且父母们往往“以门道之高下，家道之丰啬为儿女婚姻之准的”，青年妇女常常成为金钱的牺牲品。云娘只因家道清贫而迭遭迫害。云娘是一个弱者，不敢反抗，只能逆来顺受，以自杀来脱身苦海。在封建礼教的天罗地网之下，一个妇女如果挺身反抗、争取婚姻自由，又能有什么结局呢？叶圣陶在《飞絮沾泥录》中，塑造了一个争取婚姻自由而最终沦为乞丐的带有一定反抗性的妇女形象。珊姑是一个世代做官家庭中的掌上明珠。珊姑六岁时，父亲雇了一个厮役之子福生，给珊姑与其兄伴读。珊姑与福生“两小无猜，联肩共坐。人不知其有主仆之分者，几疑为天生佳偶”。珊姑十三岁时情窦初开，与福生偷偷谈情说爱。一次，被母亲撞见，福生即遭解雇，逐出家门。珊姑悲痛欲绝，对她的保姆顾媪说：“福生可爱。吾脑纹缕缕乃一一镌其影像，非吾骨肉成尘、脑髓腐化之时，何能须臾忘之也。爱恋之切，其间何容杂一毫世虑，更何容计门第，计仆隶！”珊姑对福生的爱情十分强烈，请求顾媪设法“破镜重圆”。三日后，在顾媪的策划下，珊姑与福生携金私奔。到了上海，珊姑与福生为十里洋场所迷惑，一个是“肥马轻裘，宛然公子”，一个是“靓妆盛饰，望若神仙”。不久，福生喜新厌旧，抛弃珊姑。珊姑生得一子，相依为命。顾媪欺负珊姑红颜薄命，竟席卷珊姑私财而去。珊姑人、财两空，“顿觉目前昏黑”。接着，又为福生的狎友张某所骗，同居不久再遭抛弃。珊姑“财帛既尽，便难自活”，数月后只得背着婴儿沿街乞讨。一天珊姑路认张某，又遭毒打。珊姑愤怒地对着众人说道：“侬实无行，而侬之所遇尤禽兽而弗如侬”，“以侬度之，天公当不如是其聩聩也”！天真幼稚的珊姑弃家私奔，只是为了追求幸福的爱情生活，但是在封建礼教的天罗地网之下，一方面珊姑被人看作魔鬼、荡妇，一方面又为人任意玩弄、抛弃。经受了被损害被侮辱的痛苦生活以后，珊姑终于认识到：自己所遇到的人都是禽兽，远远不如自己；天公聩聩，社会是何等昏暗啊！叶圣陶通过云娘、珊姑这两个具有不同性格妇女的血泪史，揭露和批判了封建礼教残害妇女的罪行，令人激愤，催人深省。

叶圣陶的文言短篇小说，在揭露旧社会的罪恶的同时，热情地表现和赞扬了人与人之间真诚的爱——父母对儿子的亲子之爱、青年对姑娘的思慕之爱、朋友之间真挚的友爱，体现了作者对人生的朦胧的美好的理想。

《倚闾之思》写一对老夫妻因在外游学三年的儿子归期不归而愁肠百转，日夜思念。作者把父母的亲子之爱表现得淋漓尽致，真挚感人。《玻璃窗内之画像》，叙述青年医生陶子晋，偶然看见照相馆内一幅青年女子的画像，不由得一见钟情，朝思暮想。于是，子晋暗访女子的姓氏里第。一天，路上子晋忽然看见肩舆内坐着一位女郎，就是画中人。子晋骇然凝视，女郎也流波一笑。十数日后，子晋应邀出诊。到病家发现病人就是画中人。子晋又惊又喜，暗想等画中人病愈，即托媒求婚。谁知画中人已病入膏肓，危在眉际。作者写道：

> 时袖扣尽解，子晋方伸手欲按女喉，间忽有细声如缕，子晋遽缩手低语女母若弟曰："且勿声，亦毋令动，苏矣。"室中乃寂然。女忽张目注子晋，泪涌如泉，似含无限悲意。顾其柔媚益莫可伦拟。两腮泛红色，如晴旦之霞。子晋睹状知非佳朕，心痛如割烹然，弗敢言。女忽竭其微力断续言曰："……侬……去矣……母亲……虚爱侬……"语至此，目渐合，脸霞亦渐消。子晋时已半就昏殆，未聆母亲二字。一腔酸泪，遂如马背健儿斩关夺门而出，滴女淡红衫袖，如桃花片片。

作者把子晋对画中人的爱慕之情写得真挚、急切，婉委动人，令人向往真诚、美好的爱情，与当时流行的寻花问柳、郎欢妹爱的言情小说很不一样。《旅窗心影》塑造了一个忠于友情而又能独善其身的青年形象顽柔。顽柔不顾个人安危，悉心护理患猩红热的同学隶青，三宵未眠。隶青病亡，又精心料理后事。事后，顽柔偶然发现早以为丢失的隶青的百元纸币。开始，顽柔想：自己与隶青生前不分彼此，眼下自己正缺钱花，用百元纸币来解燃眉之急，"亦未为伤廉"。可是，深思久久，"因悟适间屡兴取金之念，实一欲魔蟠踞我灵台，与良知为敌。幸余良知未全隐蔽，卒乃得战而胜之"。于是，写信把得金之事告诉了隶青的父亲。顽柔感到"余此夕理胜于欲，实平生之至乐"。叶圣陶描写顽柔的思想活动丝丝入扣，合情合理，塑造了一个不仅忠于友情，而且在道德上能够自我完善的正直而又有为的青年形象。在这个艺术形象身上，体现了作者的道德观念。

叶圣陶表现和赞美人与人之间真诚的爱，借此来弥补人与人之间的鸿沟，消除社会的不平与罪恶。显然这是空中楼阁。不过，作者提倡人与人之间真诚的爱，来反对虚伪、残忍、反动的封建伦理道德，表现了作者资产阶级民主主义的思想倾向，对于批判旧社会有一定的进步作用。五四运动期间，叶圣陶在小说中进一步表现“爱”与“美”的人生理想，希望消除人与人之间的隔膜，“各人相见以心不是相见以貌”，来建立一个理想的社会。从上面的分析中，我们可以知道，在文言短篇小说中，叶圣陶的人生理想已经萌芽，开始赞美人与人之间的爱；经“五四运动”革命风雨的催发，这种理想很快吐叶、生长，激励着作者驰骋于新文学运动的战场。

叶圣陶的文言短篇小说，还揭露了以袁世凯为代表的封建官僚集团的丑恶嘴脸，抨击了妄图复辟帝制的顽固派。

《终南捷径》，叙述了一个清室旧吏摇身一变，成为民国大官的故事。清室旧吏某甲在辛亥革命后丢了官。他花了巨款买了一个“曲中名花”，娶为娇妾。这个“曲中名花”原是一个“父居国中高位”的某公子的“禁脔”。数月后，这位某公子到了上海，立即私访这位“曲中名花”。某甲设法把某公子引进私宅，与“曲中名花”同居，山珍海味、锦绣玉器，供之唯恐不足。一天，“曲中名花”对某公子说：“甲娶儿时，尝以相约，谓公子与儿恩情特渥，故置儿是间，备公子南游之际，暂涤征尘。是不过欲纳交公子之意耳。”十数日后，某甲突然被某部任命为驻沪特派员，一跃成为中华民国的大官。作者在小说的末尾一方面批判某甲的“怀奸忘耻”，一方面抨击以袁世凯为首的军阀政府不能“授贤任能”。《终南捷径》以锐利的笔锋刻画出一个封建余孽以美人为升官捷径的投机嘴脸，并且把矛头直指以袁世凯为代表的封建官僚集团，给以辛辣的讽刺和无情的鞭挞。《瓮牖新梦》的现实意义显得更为突出。贵州某地有一个村中蒙师李某，他攻击中华民国，鼓吹复辟帝制，纠集一伙不逞之徒，设朝称帝，广封群臣。村民闻之，竟“皆无骇怪态，而有得意容”。李某驱众寺城定都，结果被击毙十数人，李某及其母亲、妻子都一命呜呼。小说中的李某愚而顽，贪且狂，是被作者漫画化了的一个复辟狂。袁世凯夺取辛亥革命胜利果实后，就紧锣密鼓地排练复辟称帝的丑剧。复辟思潮一时甚嚣尘上。在这种背景下，青年叶圣陶塑造了一个复辟狂的艺术形象，并且给他安排了一个全家覆灭的下场。这就表明了作者反对复辟帝制、拥护资产阶级民主主义革命的政治立场。同时，作者通过描写一群不觉悟的村民，也表现了必须唤起民众的强烈愿望。可见，《瓮牖新梦》不仅具有抨击当时复辟帝制思潮的现实意义，而且对于今天研究叶圣陶青年时代的思想也有一定的参考价值。

综上所述，叶圣陶的文言短篇小说，反映了人民的痛苦生活和悲惨命运，赞美了人与人之间真诚的爱，揭露了官僚集团和复辟保皇派的丑恶嘴脸，从而批判了半封建半殖民地的旧社会，表现了作者的美好的人生理想，具有一定的社会现实意义。在艺术上，叶圣陶的文言短篇小说也有一些特色。作者注重写实，能够从纷繁复杂的社会现实生活中提炼出平常而又有意义的题材，精心构思，“庶合于街谈巷议之伦”，显示出现实主义的创作倾向。工人失业，借钱做小生意，突遭飞来横祸，家破人亡；新娘嫁妆菲薄，因而备受迫害；父母思念游子，愁肠百转；青年偶然发现亡友的遗金，引起思想斗争而能独善其身。这些社会生活现象比比皆是，也不为当时追求时髦的小说家所重视。然而，叶圣陶却能够摄取平常生活的镜头，进行艺术加工，揭示出一定的社会意义。作者还善于用精雕细刻的工笔手法，细腻地描写人物的心理活动，对塑造人物形象起了很好的作用。珊姑沿街乞讨的心理状态和最后的控诉，顽柔发现遗金后的思想斗争，《倚闾之思》中母亲深夜悬念游子的缕缕柔情，作者都不惜笔墨，层层剖析，较好地揭示人物的内心世界。此外，人物对话比较简练，景物描写能够衬托人物的思想感情，艺术风格也较为朴素、自然。

十多篇文言短篇小说，是叶圣陶的初出茅庐之作，是叶圣陶参加新文学运动前的一次艺术尝试。当时，青年叶圣陶的世界观正在形成之中，思想上和艺术上都不成熟，因而作品的不足之处也是显而易见的。作者憎恨旧社会，蔑视旧人生，能够揭露旧社会的不平和罪恶，然而作者不能理解和揭示这种不平和罪恶的阶级根源和社会根源，所以作品显得浅薄，作者的爱的呼声也显得软弱无力，甚至对于一些题材还不能把握其思想实质。例如在《飞絮沾泥录》中，作者一方面揭示旧社会把珊姑迫害成乞丐的罪行，一方面在作品中作者两次直接站出来（通过“著者曰”的形式），指责珊姑“不闻礼教”，指责珊姑父母没有“训之以女德，导之以闺仪”，表现了作者的思想局限。艺术上，人物形象显得比较单薄，情节比较简单，不重视描写典型环境，还不能摆脱文言旧小说的一些俗套，如用旧诗来开篇，作品中作者直接站出来生硬地发议论，使用一些陈旧的词语和典故等。

1980年9月初稿

1984年7月修改

叶圣陶百篇短篇小说概论*

《叶圣陶集》第一、二、三、四卷①，收编了作者从 1919 年到 1954 年创作的白话文短篇小说 97 篇；加上收于《叶圣陶集》第五卷的《寒晓的歌》《先驱者》《啼声》，可以说叶圣陶在 46 年间创作了百篇白话文短篇小说。②

“中国社会二三十年来一鳞一爪”

1951 年，叶圣陶先生在回顾自己的创作道路时说：“我的小说，如果还有人要看看的话，我希望读者预先存这么样一种想法：这是中国社会二三十年来一鳞一爪的写照，是浮画的写照，同时掺杂些作者的粗浅的主观见解，把它当文艺作品看，还不如把它当资料看适当些。”③ 叶圣陶于 1912 年当小学教师，终身献身于教育事业。“我当教师，接触一些教育界的情形，我就写那些。中国革命逐渐发展，我粗浅地见到一些，我就写那些。”④叶圣陶的百篇短篇小说，反映了中国社会四十年间的“一鳞一爪”，而其中四十多篇短篇小说是反映教育界的“一鳞一爪”的，因此，我们可以把叶圣陶的百篇短篇小说分为两大类：反映教育生活的小说和非反映教育生活的小说。反映教育生活的小说，又可以分为反映教师生活、学生生活、家庭教育等三种。非反映教育生活的小说，又可以分为反映教育界以外的知识分子生活、妇女

* 原载叶圣陶文学创作研讨会论文集《新文学的基石》，开明出版社 1994 年版。

① 《叶圣陶集》，江苏教育出版社 1987 年版。

② 叶圣陶在 1914 年到 1918 年之间创作了 20 篇文言小说。《叶圣陶集》收入了 15 篇。

③ ④ 《〈叶圣陶选集〉自序》，开明书店 1951 年版。

生活、工农生活和直接反映革命斗争、其他等四种。这两类七种小说中的主人翁大多数是知识分子和小市民，因而两类小说难免有交叉的情况。不过，这种分法能够大致反映百篇小说内容的面貌，也为下面论述提供方便。

第一类：反映教育生活的小说有 51 篇。

在这些小说中，叶圣陶揭露和抨击了旧中国教育界的种种腐败现象，批判了一些教师的软弱、自私、卑劣的言行，控诉了旧教育制度对少年儿童的摧残，热情地歌颂了一些教师、学生改革旧教育制度，反抗黑暗势力的正义行动和革命精神。这类教育问题小说，为我们提供了旧中国现代教育界的形象而具体的真实画廊，是叶圣陶小说创作的主要成就。叶圣陶的一些为人传颂的短篇小说，大都在这类小说中。这类小说又可以分为三种。

第一种，反映教师生活的有 26 篇。在这些小说中，叶圣陶塑造了形形色色的大、中、小学教师的艺术形象。

叶圣陶早年当了十年小学教师。1929 年以前的十年间，他塑造了一系列具有灰色人生的小学教师典型形象。《饭》（1921.9.24）中的吴先生是乡立第二国民小学的教师，他只顾保住饭碗，马马虎虎地教全校仅有的六七个学生。他给学务委员写了十元月薪的收据，却只能领六元，而且还被学务委员借口“不尽职”，“罚俸三分之一，”实际上只领了四元月薪，他低声下气受了一顿训斥，丝毫不敢有反抗的表示。《潘先生在难中》（1924.11.27）塑造了一个处于军阀混战期间自私卑怯、苟且偷生的教师形象。潘先生为了躲避战争的灾难和失业的危险，像一条变色虫似的适应环境。一遇危难，立即惊慌失措；暂得安宁，就忘乎所以，阿谀奉承，以求生存。作者揭示了主人翁的又臭又酸的灵魂，塑造了一个在黑暗社会高压下既可憎又可怜的小知识分子的典型形象。《校长》（1923.8.30）描写了一个“没有勇气和环境抗争，揉揉肚子就把他的‘理想’折扣成为零的妥协者”（茅盾语），这个妥协者叔雅本想换掉三个聚众赌博、勾引妇女的堕落教员，但结果没有勇气辞退他们，自己只得承认“学校腐败”，办“理想学校”的愿望成为泡影。

30 年代，叶圣陶写了几篇反映大学教授生活的小说。《逃难》（1935.7.15）写一位大学教师李先生，把省吃俭用积蓄下来的五千余元，挖空心思求人存入银行。三天后，银行突然倒闭，李先生顷刻破产，发出了

“竟逃不脱这个难吗”的哀叹。《感同身受》(1935.9.1)中的许教授为了给自己的大学毕业的学生介绍工作，到处奔走求人。结果是到处碰壁，大学毕业生成了“销不出去的呆货”，不由得悲观失望，提出了“大学教育到底有什么意义”的责问。《英文教授》(1936.7)中的董无垢是哈佛大学的哲学硕士，奋发有为。1925年“五卅”反帝爱国运动时，他坚持发出“打倒帝国主义”的稿件，积极投身罢课斗争。1927年，他为上海起义人员保存枪支，参加了庆祝胜利的集会。不久，董无垢被“四·一二”大屠杀吓破了胆，觉得“以前预想的景象岂不是一个荒唐的梦”?革命教授变成了虔诚的佛教徒，“他蜷伏在大学的一个角落里像地板底下的老鼠”。《席间》(1932.9.15)中的大学教授子衡“拿六折的薪水，教六折的功课”，酒足饭饱以后，同一群教授到“可爱的‘老地方’”去寻欢作乐，是一个十足的市侩和文痞。此外，描写这种灰色人生的教师的小说还有《游泳》《一包东西》《得失》《前途》《李太太的头发》《招魂》等。

旧教育界黑暗、腐败，群丑乱舞，但是也有一些志士仁人，立志改革，希望通过教育达到国富民强的目的。《城中》(1925.11.1)中的丁雨生回乡创办一所旨在改造社会的中学。丁雨生和同事主张男女同校，师生参加社会活动。城中的官员、绅士和保守派立即把丁雨生等看作“洪水猛兽”，进行破坏。结果新办中学只招到八个学生，丁雨生也被列进了镇守使衣单里的黑名单。面对军阀势力的高压和保守派的围攻，丁雨生只感到“青春的欢乐与事业的愉悦”，决心“好好地教这八个”，把改革教育的事业进行下去。《抗争》(1926.12.6)在暴露教育当局的贪污腐化和批判一些知识分子自私软弱的同时，塑造了一个敢于反抗并意识到要向劳动人民吸取斗争力量的小学教员形象。郭先生对于教育事业具有美好的理想和明确的责任感，他鼓动教师联合索薪，呼吁“结成个团体”,“坚固我们的力量”。当罢教斗争流产、他被无理解职时，他没有消沉、绝望，而是赞美铁铺工人们协力和谐的劳动，“他们是神圣”的，并且向自己提出了“怎么能跟得上他们呢”的新课题，从劳动人民身上看见了新的希望。《我们的骄傲》(1940.3.12)中的黄先生拒绝当日本侵略者统治下的教育委员，只身进川，出生入死，坚决不当亡国奴，也不去“借了教育的名义，去叫人家当顺民当奴隶”，表现了可贵的民族气节和爱国精神。写于大革命失败后的《夜》(1927.10.4) 及时地揭露了国民党反动派凶狠地屠杀人民的反革命本质，表现了人民革命的觉醒，间接地塑造了两个为革命视死如归的更值得称道的青年教师（映川夫妇）的英雄形象。正是女儿、女婿的英雄行为和革命精神，使得老妇人从恐惧中坚强起来，“决定勇敢地再担负一回母亲的责任”，抚养好革命后代，为“年青的女儿女婿报仇”，继承革命先烈未竟之业。在沉重的黑夜中，《夜》透出一束耀眼的光芒，使人获得从血泊中爬起来、继续进行革命的勇气。在《脆弱的心》《搭班子》《一篇宣言》《桥上》，叶圣陶塑造了一些革新者和爱国者。通过上述教育界的一系列的革新者、爱国者、革命者的艺术形象，读者可以感觉到新民主主义革命的脉搏，也可以了解到作者本人的教育理想和革命精神。

此外，在第一种小说中，叶圣陶还描写了一些教师因家庭问题、恋爱问题、旧习惯势力而引起的孤愁、寂寞和痛苦，如《母》《隔膜》《绿衣》《被忘却的》。

第二种，反映学生生活的有 17 篇。在这些小说中，作品表现了中小学生的可爱品质和革命精神，揭露了旧教育制度对他们的摧残，提出了如何教育下一代的重要问题。

《义儿》(1921.10.29) 中的高等小学二年级学生义儿，他厌恶陈旧的教育内容和僵死的教学方法，而把心思用在游玩和绘画上。英文教师用武力要把他从教室里逐出去；家长的秘诀是“永远不要将好颜脸对他”。旧教育制度把学生当作敌人，不承认学生是有个性的人。《小铜匠》(1922.12.10) 中的陆根元被教师看作“低能儿”，退了学。陆根元当了小铜匠，到校修理门窗，心灵手巧。这使得陆根元的级任先生意识到，师生之间“差不多站在两个国度里，中间隔着一座又高又厚的墙，彼此绝不相通。我们怎么能把他们教好!”《儿童节》(1936.4.4) 用对比的写法，反映在国民党反动统治下有钱人的孩子上学，开提灯会；穷人家的孩子沿街要饭，当小车夫去干力不胜任的活儿，丧失了受教育的权利。在《一课》《半年》《投资》《一个青年》等小说中，作者描写了学校腐败、教师满堂灌、学生只为镀金而高考、大学只为赚钱而招生的社会现象。

叶圣陶小说不仅揭露旧社会教育制度对学生的摧残，而且难能可贵的表现了学生优秀品质和革命精神。《在民间》（1925.11.29）塑造了两个年轻的革命女学生的艺术形象。她俩深入到罢工的工人队伍中去宣传，一心一意地为工人服务："劳工，我把全部的同情，整个的生命，都献与你们了！"作者热情地歌颂了"五卅"反帝爱国运动中涌现出的革命妇女。叶圣陶写这种题材的小说，是有切身的经历和感受。当时，他的夫人与杨之华、茅盾夫人等就深入上海的纺织厂，到女工中间去进行革命宣传。叶圣陶本人也作文、演讲，热情地投入反帝斗争。写于1927年底的《冥世别》是一篇"金刚怒目式"的小说。作者用幻想的形式，表现两个被砍掉头颅、三个被枪决的青年鬼魂的革命斗争，他们谢绝阴间冥王的挽留，坚决回阳世再作一回人。他们在世时搞学生运动，参加革命斗争，"头颅挂在电线上，枪弹钻进肌肉里边，直到现在，我们绝不悲伤"。他们要回到阳世人间，回击反动派的污蔑，继续进行斗争。《一个练习生》（1936.7.1）描写一个刚当上正式练习生的初中学生，受到实际斗争的教育，参加了一次反帝示威游行，亲身经历了外国巡捕的血腥镇压，觉悟到"谁说帝国主义只是口头的一个名词，眼前这一幕就是它活活的表现！我们不把它打倒，只好横倒在地上淌血"！这类反映学生革命斗争的小说和反映教师革命斗争的小说，是叶圣陶短篇小说中的佼佼者，应当予以充分的评价。

第三种，反映家庭教育的有8篇。在这些小说中，叶圣陶揭示了家长们教育孩子方面的弊病。《阿菊》（1920.12.20）写八岁的阿菊上学第一天的生活。放学回家，父母忙着自己的活儿，对他不闻不问。阿菊"自去蹲在黑暗的墙角旁边"，"回到他旧的狭窄的世界"。《祖母的心》（1922.5.15）写祖母叫七岁的孙儿读《国文教科书》第三册，要读二十遍，并且不让上学堂读书。以致她的儿子说道："我们的教育只是给损害的教育呵！"《平常的故事》（1923.4.18）中的父亲一面写《我们怎样做父母》的演讲稿，一面动手打提出学习要求的五岁的儿子。《乐园》（1921.11.12）写家长为孩子挑选学校。第一所小学，教师冷冰冰，十来个学生也是"滞钝且冷漠"；第二所，课室昏暗，场地狭小；第三所小学，教师麻木不仁，根本不顾学生。就近三所小学，没有一所能上的。母亲"心里却引起深深的惆怅，因为迈儿的乐园还不知在哪里呢”！对于孩子，家长或者不闻不问，放任自流；或者给以“损害的教育”，事与愿违；或者理论上一大套，实践上做不到；或者想求诸学校，却又找不到理想的学校。凡此种种，严重地妨碍少年儿童的健康成长。因而，叶圣陶在《地动》（1921.12.9）和《小蚬的回家》（1922.5.21）中，提倡家长对学前儿童进行爱的教育；在《啼声》（1922.5.23）中作者采用幻想形式，描写一个刚刚出生二十多天的女婴（代表“人间无量数的子女和学童”），对自己父亲（代表“人间无量数的父母和教师”）控诉了旧教育制度的罪恶。①

第二类：非反映教育生活的小说有49篇。

在这类小说中，叶圣陶描写了教育界以外的知识分子的灰色人生，表现了妇女的痛苦生活和旧社会对她们的迫害，揭露了旧社会对工人、农民的剥削，还直接反映了民主主义革命的几个侧面。这类小说还可以分为四种。

第一种：反映教育界以外的知识分子生活的小说有21篇，小说中出现的主人翁大都是具有灰色人生的知识分子。旧社会的迫害和自身的弱点，使得他们自私、胆怯、孤独、忧愤、颓唐，成为浑浑噩噩、卑琐可厌的小人物。

在《醉后》（1922.3.4）、《归宿》（1923.1.14）、《孤独》（1923.5.16）、《小病》（1921.3.26）和《两封回信》（1923.5.16）中，叶圣陶描写了独身男子的寂寞、烦闷和青年失恋后的惆怅、痛苦。《归宿》中青年怀芷反对“圈里的家畜”配种似的封建包办婚姻，自己却又没有能力去自由恋爱，“只任火样的热情在心里秘密在燃烧着”，只得发出“恋爱于我无缘了”的哀叹，苦闷地生活在“自设的牢狱”里。通过怀芷这个形象，叶圣陶表现了爱情生活的精神痛苦。在《孤独》中，通过孤独老人回忆自己一天生活，反映了旧社会里老人无人奉养的社会现象，“四周是无边的黑暗和沉寂，好像那光明热闹的世界把他忘了”。

《一个朋友》（1920.12.14）、《疑》（1921.4.10）、《云翳》（1921.11.2）、《火灾》（1922.12.2）、《两样》（1922.12.17）、《演讲》（1925.5.29）、《一个

---

① 《啼声》收于《叶圣陶集》第五卷。同《冥世别》比较，《啼声》《先驱者》也可以看作小说。

小浪花》(1935.11.16),也反映了一些知识分子的灰色的人生。《一个朋友》中的“朋友”,把结婚、生孩子、娶儿媳当作自己一生的责任,把传宗接代作为生活的目的,“他无意中生了儿子,还把儿子按在自己的模型里”。《疑》中的“伊”稍有不适,就疑心患了肺病,惊慌失措,无病呻吟,表现了精神的极端空虚。《演讲》中的演讲者是一个“圆滑于几乎连自己都没有,然而又颇喜欢出风头的所谓‘学者’”(茅盾语),他不敢讲恋爱自由,不敢讲学潮,不敢讲工人运动,而对一群学生大讲其《当前的享乐》,谈古论今,胡诌一通。对于这些知识分子庸俗的生活态度和可厌品性,叶圣陶用一支冷峻的笔都作了生动的描绘和深刻的批判。《欢迎》(1920.7.2)描写一群绅士欢迎美国学者杜威的场景,《丁祭》(1936.3)描写一群遗老祭孔的丑态,《乡里善人》(1937.7.1)描写一个遗老出巨款,向名人买寿序以图不朽的劣迹。对于这些封建遗老,作者不置一个贬词,却把他们的丑行劣性生动地表现了出来。

在这种小说中,叶圣陶除了描写一群灰色的知识分子以外,还塑造了几个有见识、有骨气的知识分子形象。《先驱者》(1921.7.25)的主人翁“我”坐在一家大书局的陈列室里,同各类书籍次第谈话,表现了希望出现真正的文化先驱者的理想。《病夫》(1923.6.26)中的编辑薛振之重病在身,他觉悟到再也不能写“市场中应时的商品”——学生修养的书,并且自己毁掉即将完成的学生修养书稿,“我要毁掉这个我”,“我要求我的新生”。《邻居》(1936.3.10)和《邻居吴老先生》(1944.5.5)表现了知识分子对日本帝国主义的反抗性,赞扬了知识分子的民族气节。

第二种:反映妇女生活的有15篇。除了《伊和他》(1920.8.12)、《萌芽》(1921.1.8)写对婴儿的母爱以外,其他都是从不同侧面表现妇女的孤独、愁闷、痛苦或愚昧无知。

在重男轻女的旧社会,“女孩子带着女身出生,就是深重的罪孽,就得受严酷的处罚”。《小妹妹》(1927.7.31)写一户人家生孩子前全家热闹、欢快,生下女孩后愁苦、凄惨。父亲把刚生下来的女儿送进了天主教堂。这个小生命就跌进了地狱。《阿凤》(1921.3.1)和《寒晓的琴歌》(1921.3.31)都写十二三岁的女孩子的不幸遭遇。《这也是一个人》(1919.2.14)和《潜隐的爱》(1921.4.19)反映青年寡妇的苦难:一个被人当作牛卖掉,“把伊的身价充伊丈夫的殓费,便是伊最后的义务”;一个想爱不能爱,“成为一个没人关心的人”,内心空虚、痛苦。

《春游》(1919.3.19)和《微波》(1926.3.13)表现了妇女成为家庭奴隶后的空虚和烦闷,她们对于周围世界已经麻木不仁。《旅途的伴侣》(1921.12.19)和《辛苦》(1926.11.2)描写妇女被一家生活重担压弯了腰,同时赞美了她们的勤劳、诚实、坚贞的品质。《春光不是她的了》(1924.8.12)、《双影》(1925.11.12)和《秋》(1932.11.1)反映了离婚后的妇女和自食其力的独身女子的精神空虚以及社会对她们的歧视。《遗腹子》(1926.7.8)中的文卿老婆生了七胎,都是女孩。第八胎得了儿子,不久夭折。丈夫死后三周年,文卿老婆还说自己怀有遗腹子,成了疯婆子。作者揭示了重男轻女的封建旧俗毒害之深,令人发指。《悲哀的重载》(1921.6.26)通过“我”的观察,反映了农妇弃农、进城谋生的农村破产的情景,作者提出了“急图改革”农村的愿望,发出了“赶他们走上歧路的那种势力多么狠毒呵”的控诉。

在反映妇女生活的小说中,我们看到了旧社会里妇女——从女婴到老妇人——的一幅幅血泪斑斑的悲惨生活图景。他们生活在社会的最底层,受欺压、受蹂躏,哭诉无门,斗争无方。在这15篇反映妇女生活的小说中,几乎没有出现一个敢于斗争、得到解放、求得幸福的妇女形象。读了这些小说,一方面我们认识到旧社会妇女痛苦生活的种种侧面,一方面也感到作者创作时的沉重心情和对苦难妇女寄予的深切同情。

第三种:反映工人、农民生活和直接反映革命斗争的有9篇。

叶圣陶在以工农生活为题材的小说中,反映了劳动人民受压迫受剥削的生活,寄予了深切的同情。1921年创作的《苦菜》(1921.2.6)、《晓行》(1921.6.11)表现了农民同地主的矛盾。《苦菜》中的农民福堂“终年种田,只有一个念头刻刻迫着我,就是‘还租’”。如牛似马的劳动换来的却是饥寒交迫的生活,因而他厌恶种田。《晓行》中地主“邵大爷是惯用硬功的大王”。他下乡逼租,把人逼得跳河自杀,他见死不救,还对众人大叫:“欠租是何等重大的罪名!便溺死了,还要向他女人算!”《金耳环》(1924.11.12)

描写一个破产农民被迫当兵，结果糊里糊涂被炸死，充当了军阀的炮灰。《多收了三五斗》(1933.7.1)，反映了在帝国主义和封建主义的压迫下谷贱伤农，丰收成灾，农民们愤怒地发出了反抗的呼声："我们年年种田，到底替谁种的?""往后没得吃，就来吃你们的!"《夏夜》(1926.8.19）和《春联儿》(1944.5.22）反映工人生活。《夏夜》中的码头搬运工人干着"牲畜的工作"，夜里同二百多个无家可归的人挤睡在小菜场的水泥地上。他做了一个梦：自己被巡捕追打，亏得卖粥的女人救了他……他向卖粥女人求爱……自己掉进江里……清晨，他揉着困倦的眼睛，吸着污浊的空气，再去重复"牲畜的工作"。《春联儿》中推车工人老俞，不顾家庭的困难，鼓励当排长的儿子打国仗，"把东洋鬼子赶了出去"。作者热情地赞扬了劳动人民抗日救国的爱国精神。

在直接反映革命斗争的三篇短篇小说中，叶圣陶鲜明地表明了自己的新民主主义革命立场。仅仅1300字的《赤着的脚》(1927.11.9）通过描写广东全省农民大会的几个特写镜头，表现了孙中山先生的"一霎时的沉思"：他看着农民群众，看到站在前排的农民赤着的脚，回想自己三四十年革命的经历的片段；"心头燃着亲一亲那些赤着的脚的热望"。作者用朴实而又带感情的笔，生动地反映了孙中山先生同农民的骨肉相依的关系，歌颂了孙中山先生热爱人民的高贵品质。在《某镇纪事》(1929.8.25）中，作者描绘了一群混进革命队伍的洋少爷、遗老遗少视察某镇时进庙拜菩萨的丑态。《某城纪事》(1928.7.6）反映了土豪劣绅钻进革命队伍、篡夺革命政权的社会现实。在"北伐"解放某城的前夕，陈莲轩钻进了国民党，并且从名义上转移了"十二分合格的土豪劣绅"娣丈周仲篪的资产，设法包庇周仲篪。北伐军解放某城，老百姓不曾料到那"突然涌现的党部竟是全县的主人"。当全城深入开展革命工作时，陈莲轩却隐居在党部的房间里，来个"党而不党，不党而党"，窥测时机。半个月后，经过"一阵掀天的恶潮"(即指国民党反动派策划的"四·一二"反革命政变)，那些革命的小伙子"结果革成了'反革命'"。陈莲轩坐镇党部（他的儿子也成了宣传部长)，立即着手介绍"十二分合格的土豪劣绅"娣丈周仲篪加入国民党，归还他的产业。周仲篪居然说："那只好还是我们老辈来革命了。"叶圣陶通过投机家陈莲轩和大土豪周仲篪钻进革命队伍并篡夺政权，从一个侧面来反映轰轰烈烈的大革命及其失败的原因。这篇小说写于大革命失败后的第一年——1928 年，充分表明了作者鲜明的革命立场和可贵的艺术家的勇气。

第四种：属于其他的有 4 篇。《恐怖的夜》（1921.1.25），《外国旗》（1924.12.6），《晨》（1926.2.1），描写了小市民贫苦而又动荡不安的生活；《皮包》（1943.4.4），表现了政府工作人员的闲散和无能。

“新创自铸”的艺术特点

叶圣陶早在 1921 年就提倡艺术家要发扬独创精神。他说：“必须是人家不曾有过而我所独具有想象情思，我以真诚的态度用最适切的文字语句把他表现出来”，“不论质料，不论方式，总须是我们自己的”。(《文艺谈（三十四)》)研究叶圣陶短篇小说的艺术特点，要揭示其独创性，“不论质料，不论方式”是叶圣陶自己的。

叶圣陶短篇小说创作，以 1925 年“五卅”反帝爱国运动为界线可以分为前后两个时期。前期，1925 年“五卅”运动以前，在思想政治上，叶圣陶基本上是一个小资产阶级民主主义者和空想社会主义者，他号召人们打破“资本制度”，追求博爱、平等的理想社会①；在文艺上，他提倡“如实写记”“超于实况”的写实主义，表现和改良人生。这时期大多数小说反映教师、学生和妇女生活，基调是灰色的，在“‘灰色’上点缀着一两点‘光明’的理想”（茅盾语)。后期，1925 年“五卅”运动以后，叶圣陶经历了大革命的洗礼，逐渐成长为无产阶级知识分子，文学创作进入成熟期，小说题材宽广，不少作品直接反映革命斗争。叶圣陶前后期的艺术特点是一贯的，后期则更趋明朗、成熟。

第一，用生活片段的彩点来渲染生活图画。

前期的小说，许多篇仅有一些闪闪发光的生活片段，没有完整的情节，这些各具色彩的片段汇成一幅生活图画，表现了作者“独具有想象情思”。

前期的《隔膜》描绘了人与人交往的三个片段：书斋清谈，聚餐闲情，

---

① 详见本书《试论叶圣陶在“五四”时期的文学观》一文。

茶室讪笑。作者通过人们习以为常的彬彬有礼、文雅安逸的生活片段，揭示了麻木的感情、冷淡的人生、人间的隔膜，使人“如漂流在无人的孤岛”，“如坠入于寂寞的永劫”。后期的名篇《多收了三五斗》反映农村丰收成灾的社会现实，作者也描绘了三个生活片段：米行里卖米，待道上赶集，船头上对话。小说的主人翁是“旧毡帽朋友”——是农民的群体形象。这些生活片断形象地反映了地主、商人、银行（家）、政府（官员）对农民的压迫和剥削，表现了农民压在心头的仇恨和反抗，揭示了农民阶级革命的必然性。在这些小说中，没有完整的情节，情节淡化了。一个一个生活片段，一个一个生活细节，犹如点点色彩，一层一层叠染，最终绘成一幅油画，反映出社会生活和作者情思，越看越觉有立体感，有斑斓的色彩，有深刻的内涵。

第二，人物对话直接带领读者进入小说境界，并且表现人物关系和人物心理。

在前期情节淡化的小说中，这个特点非常明显，使读者直接接触人物，感到作者在给自己叙述刚刚遇到的一件事，增强了作品的真实性。在后期的作品中，这个特点有了发展。《多收了三五斗》，旧毡帽朋友同米行先生的对话，“乡亲”们之间的对话，是小说的主体，直接展开情节，揭示主题。在构思奇特的《冥世别》中，对话直接构成作品。小说开头：

> 白髯皂袍的冥王坐在上面，说：“你们为什么又要到阳世去呢？我不是早对你们说过，你们已经尽了做人的光荣的本分了，再没有什么遗憾；我这里虽然阴森些，但是公平，有秩序，正适宜于你们永久安息。……”

接着是冥王同五个被杀害的革命青年的对话，御用文人污蔑青年被人利用，是工具。五个青年“头颅挂在电线杆上，枪弹钻进肌肉里边”，“我们绝不悲伤”，还要再回到阳世去揭穿御用文人的“理论的外套”，去“尽本分”。一层深似一层的对话，一层深似一层的揭露，一层深似一层的内心剖白，使冥王感动了，“我不应该留住你们”，陈酒送五位青年回到阳世去。这种奇特的构思表现了大革命失败后一部分革命青年誓死把革命进行到底的决心，而全篇对话的精心安排，使读者直接进入这奇特的环境，倾听人物的心声，感受人物的情思，起到了独特的艺术效果。

第三，用细腻的心理刻画来显示人物形象。

叶圣陶反映妇女和儿童的小说，大都工于心理描写，揭示人物的内心世界。在一些名篇如《一包东西》《潘先生在难中》《夜》中，心理描写都独具匠心，大大丰满了人物形象。这一点已定评。这里只分析一个实例。《赤着的脚》只有13段约1300字，描写孙中山先生“一霎时的沉思”和一个热烈的愿望。在这么短的篇幅中来塑造孙中山伟大的形象，是一件极其困难的事。小说开头，用朴实的笔写主席台上的孙中山和他的夫人。接着，作者不描述中山先生，却用五段约400字写陆续来参加农民大会的农民。其中精彩的细节是农民们凝望台上的中山先生，“相他的开阔的前额，相他的浓厚的眉毛，相他的渐近苍白的髭须；同时仿佛觉得中山先生渐渐凑近他们，几乎鼻子贴着鼻子。”这一笔为下面中山先生的心理活动作了铺垫。接着，转向写中山先生。先写他的“欣慰的感觉”和看到农民赤着的脚。然后，用五段约400字表现中山先生的心理活动。他想到小时自己也赤着脚，想到自己家族的只能吃山芋的命运，想到自己开始怀着革命理想——中国的孩子必须有鞋穿、有饭吃，想到自己认识到革命的事业必须农民参加，想到为了这些意思而撰文、演说……

而眼前，他想，满场站着的正是比三四十年前更困顿的农民，他们身上，有形无形的压迫胜过他们的前一代。但是，他们今天赶来开会了，在革命的旗帜下聚集起来了。这是中国一股新的力量，革命前途的——

这些想头差不多是同时涌起的。他重又看那些赤着的脚，一缕感动的酸楚意味从胸膈向上冒，闪着沉毅的光的眼睛便潮润了；心头燃烧着亲一亲那些赤着的脚的热望。

他回头看他夫人，她正举起她的手巾。

叶圣陶先生写农民，写农民的同领袖的“鼻子贴着鼻子”的朴素感觉，写群众同领袖的感情，作好铺垫。然后，写中山先生同农民的关系：自己一样也赤着脚，为农民奔走，找到了农民这支革命力量，不由得涌起了“亲一亲那些赤着的脚的热望”。领袖拜倒在农民群众的脚下，这是革命领袖同群众的新型关系。作者刻画了领袖的独特的心理，并且把这种独特的心理同革命斗争的现实结合起来，用具体的形象——赤着的脚——把心理和现实联系起来，这样就产生了艺术爆发力和感染力：揭示了中山先生同农民群众的伟大感情，塑造了一个同农民血肉相连的领袖形象。叶圣陶的心理描写大致有两种：一种是直接用工笔描绘心理状况和变化；一种是用白描并辅以具体的对照物来揭示内心世界，这一种更富有艺术表现力。《赤着的脚》是后一种的范例。

第四，在纪实的笔调中含有“‘讽’一下”的幽默。

作者说：“当时仿佛觉得对于不满意不顺眼的现象总得‘讽’它一下。讽了这一面，我期望的是在那一面，就可以不言而喻。”① 叶圣陶描写知识分子和小市民的灰色人生的作品当然有讽刺的意味，更值得注意的是这类作品含有“‘讽’一下”的幽默。《义儿》中，作者揭示了家长、教师同学生的对立，一方威胁利诱，一方步步对抗；一方煞费苦心地扼杀个性，一方无法无天地发展个性。最后，义儿反而“更为高兴”。《饭》中吴老师为吃饭受尽屈辱，可鄙、可怜又可笑。在紧要关头，作者笔锋一转，却写出了小学生对饥饿的恐惧：

> 拖大辫的孩子牵着前坐的孩子的衣襟低语道：“听见吗？先生家里等着这个人给东西吃，不然，快要饿死了。”
>
> …………
>
> “我们一定要饿死烂骨头吗？”一个很小的孩子接着问，他露出惊怖的眼光。
>
> …………

很小的孩子不再问了，他已沉入了神秘恐怖的幻想。老师的饥饿和死亡

---

① 《〈叶圣陶选集〉自序》，开明书店1951年版。

之感延伸到小学生，师生都在饥饿笼罩下，还谈什么教育！喜剧情节中带有幽默，寓告诫于诙谐之中，含讽刺于微笑之间。

第五，语言朴实、隽永、凝练。

叶圣陶的文学语言，朴素中见风采，明晰里蕴深意，凝练而不失之简陋，隽永而不流于晦涩；不著一字，褒贬自现，外似冷峻，内实情切；语言纯洁而无单调之感，词句规范而无呆板之嫌。①

---

① 详见本书《论叶圣陶文学语言的风格》一文。

1981年叶圣陶访谈录*

1981年4月23日、4月30日、5月7日，叶老接连致信刘国正先生，转交五封关于初中一年级语文课文《蚕和蚂蚁》的读者来信，并要求从课本中删去《蚕和蚂蚁》。在5月7日信中叶老说："看来此篇非删去不可了。问题极多，有些是想得奇妙，答也答不清楚，你答，他一定不以为然，还要来辩。"刘国正同志把五封读者来信交给我，嘱我访问叶老，并写篇文章公开作答。5月11日上午10时我拜访了叶老（叶至诚同志恰好在家，偶尔也坐下听听，插句话），谈了《蚕和蚂蚁》的主题和童话创作。

以下便是那次访谈实录，公布于众，以纪念叶老诞辰100周年。

庄：刘国正同志叫我来，请示一下初中语文课文《蚕和蚂蚁》的处理意见。

叶：我接到几封信，有些人想得稀奇古怪，脱离了作品。刚才又转走一封信。社里收到吗？

庄：收到。从来信看，基本上是两种看法。一种认为，童话描写了蚕和蚂蚁的两种不同工作态度，教育人们"工作就是生命"，为全群做贡献。一种认为，童话反映了两种社会制度下的两种工作态度，歌颂了蚂蚁为全群做贡献的精神，表现了作者对新社会的向往。

叶：当时写这篇童话，大概想写不同社会制度下的两种工作态度、两种劳动的意义，表示向往新社会的意思。

庄：童话中的"人"打上引号，代表谁？

---

* 原载《语文学习》1994年第10期。

叶：蚕、蚂蚁都是“虫”，在“虫”看来，“人”是另外一个世界，不同类。人，是人本位。蚕、蚂蚁是蚕本位、蚂蚁本位，就是“虫”本位。“人”和“虫”是相对而言的。在“虫”看来，人也没有什么稀奇。童话中反映了两种社会制度，对劳动生产的不同看法，一种认为毫无意义，一种认为是必要的，为全群谋福利。

至诚：童话是比喻性的。不能拿童话里的事情硬去对照生活，一一对照生活，童话就讲不通了。

叶：是的，童话常常带象征性。你写文章解释，很难。写了，人家不服，再来问你，怎么办？能不能抽掉这篇童话？

庄：再来信，再答复。不解释，人家也会来信，而且造成混乱，影响教学。今年是无法抽掉这篇童话了；要抽，也要等到明年。再来信，没关系，我再答复。

叶：你替我复信，那要谢谢你了。我无法复信，复了，人家还会想出新的理由跟你辩。我眼睛不好，看信不方便。

庄：有人把“蚕”看作“二流子”，有人把“蚕”看作“不甘心盲目过日子而追求人生意义的思想家”。我认为把“蚕”看作有错误认识和行为而又转变了的落后劳动者比较好，所谓“转变人物”就是。对不对？

叶：嗯，差不多。蚕，思想落后，想不清楚，认识不到劳动的意义，怠工了，这不对。应当进取，创造新生活。后来，他还是想通了，认识到世界上真有不白做的工作。可以算是转变了，像蚂蚁那样生活，就有意义了。

庄：1921 年，您开始创作童话，那时怎么想的？

叶：当时没有人写童话。我就写，为孩子们写，教育孩子们做新人。

庄：当时，在《晨报》上，您发表连载的《文艺谈》，文章中号召作家写儿童文学，来造就有文艺修养的新的一代人。

叶：喔，我想不起来了。当时，写，似乎很容易，一天一篇，两三天一篇。写成，就寄给郑振铎编辑的《儿童世界》，好像是一星期出一期。当时我在苏州，看了一些外国童话。刚才提到《文艺谈》，现在，上海在编选我的文艺论集。我是不太愿意出我的旧文章选集的。还有一本语文论集，已经出了；不过是随心唱曲，老调罢了。

庄：对我们搞语文工作的很需要。您文章中提出的语文教育思想对现在语文教育很有指导意义。有的问题，三四十年了，还是没有解决。

叶：也是。不过，大家想出许多新办法。

庄：最近，我读了一些研究您的文章，感到研究者把握不住您早期的思想起点，贴上“属于资产阶级思想体系”，就了事。我认为，要具体分析，哪些是资产阶级的，哪些是无产阶级的，起主导作用的是什么思想，这样才能历史地看人，辩证地看人。有一个问题，我想请教一下，您是什么时候开始接触社会主义学说的？《新青年》上李大钊等人介绍马克思主义的文章，当时您看不看？

叶：那时候都看。说实话，我自己也分析不清楚当时我的思想。思想是很朦胧的。例如，当时，我感到“新村主义”很有趣，就给日本的武者小路实笃写信，他还回了信，寄来了不少杂志。那时候，周作人专门去日本了解“新村”，回国写了介绍“新村”的文章，还给我写信。“新村”，就是一些知识分子住在一起，大家劳动，大家享用。在那时旧社会，哪能长久下去？后来就解散了。说起社会主义来，在辛亥年，那时我是中学五年级，开始知道什么是“主义”。湖南有一个杨笃生，可能是杨开慧的本家，留学英国的，与章士钊很接近，后来投海了。他在《民立报》上连续发表了介绍各种社会主义学说的文章，马克思主义也是其中的一派，还有空想社会主义，俄国克鲁泡特金的“互助论”，等等。那时候，我都读了，还把文章剪下来，贴在本子上。以后，我还读了些关于“社会主义”的文章。《新青年》上李大钊的文章是肯定读的。不过，没有认真地读一本马克思主义的原著。当时，受新思想的影响是多方面的，自己追求理想社会，很热情，但也很朦胧。所以，我说，我自己也说不清当时我的思想。

庄：有的研究者说，《倪焕之》中作者的创作思想还是属于资产阶级的思想。我觉得，这种看法太笼统，很片面。

叶：当然有资产阶级的思想，不过，也有别的思想。人家写文章，分析我的思想，可以各有各的看法，这一家，那一家。我呢，只能作为读者，看看如何分析。叫我自己分析，我也讲不清。只有靠大家根据我当时的情况，去分析吧。

一代师表　风范永存*

——叶圣陶诞辰一百周年纪念

叶圣陶先生（1894—1988）是我国现代伟大的文学家、教育家、出版家和社会活动家，是中华民族现代知识分子的光辉典范。

今年10月28日是他的100周年诞辰。

一

叶圣陶是在“五四”新文化运动反帝反封建的革命斗争中成长起来的。他在“五四”新文化运动中崭露头角并成为新民主主义革命的战士和蜚声文坛的文学家。

叶圣陶原名绍钧，字秉臣，1894年10月28日生于江苏省苏州城内一个平民的家庭。1909年改字为“圣陶”（取自“圣人陶钧万物”古语），立下陶冶兼济天下之志。1912年中学毕业，因清贫而谋生，开始当小学教师。他胸怀大志，博览群书，勤奋学习文学、教育学和哲学。他站在时代前列，投身于文学创作和文化革命。1919年加入李大钊、鲁迅支持的北京大学“新潮社”，1921年1月同沈雁冰、郑振铎等创立我国现代文学史上第一个文学社团“文学研究会”。1918年2月，发表他的第一篇白话小说《春燕琐谭》，1919年1月发表第一篇具有新思想的论文《对于小学作文教授之意见》（与王伯祥联名），1919年2月发表第一首白话新诗《春雨》，1921年3

* 原载1994年10月23日《中国教育报》。

月 5 日起在北京《晨报》副刊上连续发表 40 篇《文艺谈》。以后，他先后出版了《隔膜》《火灾》《城中》等短篇小说，出版了我国现代第一本童话集《稻草人》，第一部有现代意义的长篇小说《倪焕之》。鲁迅说“叶绍钧却有更远大的发展”，“叶绍钧先生的《稻草人》是给中国的童话开了一条自己创作的路的”。茅盾称赞《倪焕之》是“扛鼎”之作。

1927 年 5 月，叶圣陶代替郑振铎主编《小说月报》。他以博大的胸怀，敏锐的眼力，发现和培养了一批作家。茅盾把《幻灭》的前半部原稿交给他，他读了，第二天就找茅盾，说“写得好”，“今天就发稿”，令茅盾“吃惊”。叶圣陶又在大批来稿中选出并发表了丁玲的处女作《梦珂》，巴金的处女作《灭亡》。巴金说：“倘使叶圣陶不曾发现我的作品，我可能不会走上文学的道路，做不了作家；也很有可能我早已在贫困中死亡。”他发表并高度评价戴望舒的代表作《雨巷》，使戴望舒得到一顶“雨巷诗人”的桂冠。以后通过《中学生》杂志叶圣陶又培养了一批青年作家。

在五四新文化运动时期，叶圣陶在政治思想上揭露、批判半封建、半殖民地社会的罪恶，反对旧道德、旧文学，提倡新道德、新文学，设想和追求人人劳动、人人互助、人人幸福的理想社会；在文学艺术上，他创作了大量的小说、新诗、散文、童话、剧本，提倡为人生的文学，宣扬理想和现实相结合的现实主义，在文艺和社会生活、文艺和人民、作家修养、创作方法等方面提出了一系列先进的思想；在文艺队伍上，他独具慧眼地发现、扶助了几位文学史上第一流的作家。叶圣陶以他的卓著业绩成为我国现代文学史上杰出的文学家和先驱者之一。

二

叶圣陶也是我国现代教育史上杰出的教育家和先驱者之一。

新中国成立前，叶圣陶在教学实践和教材编写方面作出卓越的成绩。1912 年起，先后当幼稚班、小学、中学、师范学校、大学的教师，当教育科学馆的专员，从事教学实践活动 30 余年。同时，编写了大量的教材和师生课外读物。此外，写了大量的教育论文，主编《国文月刊》《国文杂志》《中学生》等。

新中国成立以后，叶圣陶历任华北人民政府教科书编审委员会主任、出版总署副署长、教科书编委会主任、人民教育出版社社长兼总编辑、教育部副部长、教育部顾问等职，把主要精力倾注在中小学教科书的建设上，成了新中国中小学教科书的奠基人和设计师。

叶圣陶坚实的教学实践和先进的教育思想相映生辉。在“五四”时期，他大声疾呼教育改革，为了塑造一代新人，实现“个个应当享光明、高洁、自由的幸福”。到了 80 年代，他不顾 89 岁高龄体弱，亲自到中学语文教学研究会第三届年会上，心切情真地说：“要建设中国特色的社会主义，要建设高度的社会主义物质文明和精神文明。语文课再这样教下去行不行？不行！要改，非改革不可！”警钟惊四座，同仁奋改革。他把教育同国家振兴、民族兴旺联系起来，给教育改革注入了原动力。1984 年他把自己的教育思想归纳为“教是为了达到不需要教”这一警句，他提倡诱导和启发，使学生主动学习，培养自学能力，达到“疑难能自决，是非能自辨，斗争能自奋，高精能自探”的主动境界。他早在 1942 年就把语文看作人们“生活上是必要工具的一种”，到了 1978 年他明确指出“语文是工具”，“要做到个个学生善于使用这个工具（说多教学生善于使用这个工具还不够），语文教学才算对极大地提高整个中华民族的科学文化水平尽了分内的责任，才算对实现四个现代化尽了分内的责任”。他的这些熠熠生辉的教育思想指导了当代教育实践。

三

文学、教育、出版，叶圣陶是“三位一体”的，是他事业上的三座丰碑。

叶圣陶于 1923 年到商务印书馆当编辑。1926 年出钱出力，支持创办开明书店。1930 年年底到开明书店，主编《中学生》杂志。1950 年任人民教育出版社社长兼总编辑。商务 8 年，开明 20 年，人教社前后近 40 年，叶圣陶从事编辑出版工作的时间最长。所以，他曾说：“如果有人问起我的职业，我就告诉他：‘第一是编辑，第二是教员’……”

在编辑出版岗位上，叶圣陶编写、出版了十四五套语文课本，编写了许多师生课外读物，编辑了十余种杂志。叶圣陶编写的语文教材蕴含着他最深厚、最真诚的感情，哺育了一代又一代的青少年。他支持开明书店出版了茅盾的《子夜》，巴金的《家》《春》《秋》，夏衍翻译的倍倍尔著《妇人与社会》，高尔基著《母》（即《母亲》），这一大批进步的优秀的图书产生了极大的影响。1946 年闻一多被害后，叶圣陶主持正义，支持出版《闻一多全集》。他说："闻一多先生被反动派看作死敌，他当然是咱们的英雄；反动派消灭了他的肉体，咱们就得拥护他的精神的永生——包括他的道德和文章。"表现了惊人的胆略和勇气。他还亲自组织、定稿、出版一部介绍中国共产党领导的各个边区的版画《抗战八年木刻选集》，表现了对革命根据地人民的一片深情厚谊。

在编辑出版岗位上叶圣陶表现了高尚的职业道德和严肃认真的风范。他说，出版的书刊"影响人们的见识和思想"，因此要"不求名，不求利，却不敢忽略对社会的贡献"。他择优选稿，不讲情面。有一次他毅然退了老友著名历史学家顾颉刚的稿，原因是稿子不适合文史教师。他视读者为朋友，"跟并世的青年心心相通"，经常说"列为第一条的信念是为人民服务"。一位初中二年级的学生给他写信，请他看看自己写的《多收了三五斗》的读后感。他立即回信鼓励。这位学生后来当了教师，经常与他通信。在 30 多年间，他给这位学生写了 250 余封信，从各方面给他帮助。他极端负责，一丝不苟。写稿、审稿、改稿，一个标点都不放过。一次，吕叔湘给他送稿，一边说话，一边看他审稿子。"不但是改正作者的笔误，理顺作者的语句，甚至连作者标点不清楚的也用墨笔描清楚。从此我自己写文稿或者编辑别人的文稿的时候也都竭力学习圣陶先生。"吕叔湘后来的挽联云："交情兼师友，四十八年，立身治事，长仰楷式。"

四

叶圣陶一生经过了几个"朝代"，历尽人间沧桑，始终站在时代的前列，热爱祖国，热爱人民，他是同中国共产党长期合作、肝胆相照的亲密朋友，也是具有共产主义道德品质的知识分子典范。

叶圣陶是一位伟大的爱国主义者。在各个革命时期，他站在祖国解放、祖国统一的立场，参加政治斗争，进行文化活动。“五卅”惨案后，他参加上海学术团体对外联合会和上海教职员救国会，与胡愈之等创办《公理日报》，撰文揭露帝国主义的侵略罪行，喊出“打倒帝国主义”的口号。1926年加入恽代英、沈雁冰等创立的中国济难会，参加营救被捕的革命者及救济其家属。他为共产党人沈雁冰传递信件，把家借给共产党人开会。给夏衍等人预支稿费，解决生活困难。1930年，他听从冯雪峰事前劝告，没有加入“左联”，帮助共产党做统战工作。“一·二八”事变后，他先后参与发起成立“文艺界反帝抗日大联盟”和“文艺界抗敌后援会”，参加各种抗议日本帝国主义侵略中国的政治活动。1937年9月苏州告急，他率家七口到杭州，经汉口、宜昌到重庆，作诗云“故乡且付梦魂间，不扫妖氛誓不还”，表示抗日救国的决心。在四川时期，他同共产党人广交朋友，为民族解放事业共同奋斗。1945年由胡绳陪同，到曾家岩中共办事处，同周恩来、董必武进行了亲切谈话。在解放战争时期，他同郑振铎、赵朴初等联名通电抗议国民党当局的暗杀暴行，声援“反饥饿，求生存”的请愿斗争。他遵照周恩来的安排，尽力维持开明书店和《中学生》。他同共产党风雨同舟，与人民同呼吸、共命运，成为英勇无畏的民主战士，被国民党当局列入准备暗杀的黑名单。周恩来向他发出到北平参加人民政治协商会议的邀请。1949年1月，他偕夫人秘密赴香港，并同陈叔通、马寅初等会齐，化装登上苏联货船，终于到了北平。他赋诗言志：“翻身民众开新史，立国规模俟共谋。篑土为山宁肯后，涓泉归海复何求？”建国豪情、奉献精神跃然纸上。

新中国成立后叶圣陶积极参加国家政治活动，他被选为全国人大第一届到第四届代表和第五届常务委员会委员，全国政协第一届和第五、六届常务委员会委员等重要职务。他曾任中国民主促进会中央副主席、主席，是民进全体会员公认的德高望重的领导人。他为社会主义革命和建设作出了卓越的贡献。

叶圣陶具有中华民族传统美德，他爱国敬业，仗义守信，敦于友情，平易谦和，诚朴敦厚，谨言慎行。他具有共产主义的道德品质，敢于创新，坚持真理，奉公廉洁，无私奉献，全心全意为人民服务，百折不挠为共产主义事业而奋斗。叶圣陶是中华民族的骄傲。

叶圣陶，一代师表，民族精英，世代楷模，风范永存！

学一点儿外国文学*

——谈选修课本《外国文学名著欣赏》

一

当前，中学语文教学大纲规定初、高中进行文学教学，培养学生欣赏文学作品的初步能力。必修课语文课本编有一定的文学教学内容，完成一定的教学目的。最近，人民教育出版社中语室和江苏省中小学教研室合编选修课本《中国古代文学名著欣赏》和《外国文学名著欣赏》（供高一、二年级选用），是必修课文学教学的延伸和发展。

外国优秀的文学是全人类的精神财富。外国优秀的文学具有历史的社会的人生的认识作用，具有审美的艺术的愉悦作用，具有思想道德的教育作用。我国改革开放，随之精神文明也同世界各民族互相影响，共同发展，其中文学的互相影响、共同发展更为令人瞩目。现代中学生不学一点儿外国文学，不具有初步的外国文学修养，就很难理解当代纷繁复杂、瑰丽多彩的文学，也很难说具有健全的文化素质。

选修课本《外国文学名著欣赏》设课目的，是指导学生阅读外国文学的一些名著，提高理解和欣赏外国文学作品的能力，培养健康的审美情趣，养成阅读外国文学作品的兴趣和习惯，了解和学习外国文学的优良传统，培养适应国际社会的外国文学素质。

---

* 原载《中学语文教学参考》1994 年第 8 期。

二

《外国文学名著欣赏》课本选编外国文学精品，指导学生阅读和欣赏。课本分编课内教读课文和课外自读课文两部分。

课内教读课文落实设课目的要求，培养学生的外国文学欣赏能力。课内教读课文按外国文学史顺序分编为七个单元：

第一单元　古代文学（有荷马《伊里亚特》和希伯来民族文献《旧约》之节录。以下长篇作品均节录部分内容）

第二单元　文艺复兴时期文学（有薄伽丘《十日谈》、塞万提斯《堂吉诃德》）

第三单元　文艺复兴时期文学（有莎士比亚《哈姆雷特》、拉伯雷《巨人传》）

第四单元　19世纪浪漫主义文学（有雨果《巴黎圣母院》，雪莱、莱蒙托夫、海涅的短诗）

第五单元　19世纪、20世纪现实主义文学（有司汤达《红与黑》、列夫·托尔斯泰《安娜·卡列尼娜》）

第六单元　19世纪、20世纪现实主义文学（有杰克·伦敦《马丁·伊登》、法捷耶夫《青年近卫军》）

第七单元　20世纪现代主义文学（有赫勒《第二十二条军规》，壶井繁治、泰戈尔、纪伯伦、桑戈尔的短诗）

课外自读课文同课内教读课文的文学时期相对应，也编为七个单元，只编一篇课文，先后是：索福克勒斯《俄狄浦斯王》，法国《列那狐的故事》，印度《摩诃婆罗多》，普希金《叶甫盖尼·奥尼金》，哈代《吃亏的是女人》（《德伯家的苔丝》），奥斯特洛夫斯基《钢铁是怎样炼成的》，卡夫卡《变形记》。

教读课文前有作家作品、欣赏提示。作家作品，介绍课文作者的简历、主要著作、创作艺术特色，介绍长篇课文的内容（例如长篇小说的故事梗概）、艺术特色，为学生欣赏课文提供必要的背景材料。欣赏提示，提示作品的主要特点，欣赏重点，有的指明，有的引读，有的激疑。教读课文后有思考和练习、读一读。思考和练习引导学生理解和探讨课文主要内容、思想倾向和艺术特点，力求简明、开放，具有操作性。读一读，节录同课文相关的文学时期的文学流派、作家言论、文学掌故，力求有知识性和趣味性，例如教读课文第四单元的读一读有“浪漫主义”，“诗人的职责”（亚里士多德），“诗是‘想象’的表现”（雪莱），使学生在读一读中增长知识，又不增加负担。

三

《外国文学名著欣赏》教学时应该注意下列四点。

1. 以指导学生阅读、欣赏原著为主，兼以精要的讲解和专题讨论，突出重点，不求全面。读一读，议一议，欣赏欣赏，就可以了，不求深钻。在高中开这门选修课尽管精选、压缩内容，但是外国文学内容多，时间长，涉及面宽，对教师对学生来说又都是新内容，因此，必须以引导学生读原著为主，欣赏一两个重点，不能开讲文学史，进行文学评论，甚至引导学生辩论有分歧的内容。对于课文，只教学教读课文；不教学课外自读课文，也不作任何教学要求。学生自由选择阅读课外自读课文，开阔视野。

2. 以一两篇名著（课文）为典型材料，引导学生了解相应的文学时代特点和文学流派。外国文学史上文学时期多、文学流派多。教学时，结合一两篇课文来引导学生了解文学流派的概貌。例如，对于19世纪浪漫主义，可以结合课文雨果的《三颗人心各不相同》（节选自《巴黎圣母院》），来了解浪漫主义的艺术特点，并且还可以用《抒情诗三首》（如雪莱的《西风歌》等）来印证、充实。课本突出重点，着重引导学生了解文艺复兴时期文学，19世纪、20世纪的浪漫主义和现实主义，20世纪的无产阶级文学，20世纪的现代主义文学。

3. 有选择地（不求多）同我国古代文学中同期或近期著名作家作品比较，在比较欣赏中了解外国文学的优良传统，更加热爱祖国文学的优良传统。例如，《旧约》中关于创造人的神话，可以同我国盘古开天辟地的神话比较，莎士比亚可以同关汉卿比较，等等。

4. 用点拨的方法，取其精华，弃其糟粕。课文都是外国文学名著，所节选内容又属精品，含有先进的思想，崇高的感情，健康的情操，独具魅力的艺术技巧。然而，由于历史的阶级的局限，名著精品也有消极因素，例如极端个人主义，封建复仇思想，颓废没落的情感，愚昧荒诞的迷信。教学时，教师要有所点拨，取其积极的因素，防止消极影响，然而也不必处处设防，篇篇批判。

论中学语文学科中的文学教育*

中学语文学科中的文学教育，近50年来走了一条否定之否定的道路：50年代肯定，实行汉语和文学分科教学；60～70年代否定，立下“不要把语文课教成文学课”的戒律；80～90年代又肯定，教学大纲规定要培养文学鉴赏能力。当前，要给中学的文学教育定位，促进文学教育，提高语文教育效率。

一、英、美、德、苏联等国的文学教育

英、美、德、苏联都十分重视母语教育中的文学教育，法、日等国虽然不单列文学教育的课程和内容，但是也重视培养学生对文学作品的鉴赏能力和审美情感。

英国，在1985年颁布的《普通中等教育证书国家标准·英语》中指出：“英语可视为一门学科，也可以看作英语和英国文学两门课程。”在英语学科中，有语言教育，包括听说、阅读、写作、拼写、书写等，有文学教育，指导学生阅读英国文学、美国文学和翻译的外国文学作品，学生能够从作品主题、人物、语言、表现手法等方面鉴赏文学作品，并且交流阅读文学作品的感受和个人反应。

美国，没有全国统一的教学计划和课程。一般地说，英语课程包括语法、阅读、写作和作文；语言艺术课程包括美国文学、英国文学、世界文学和比较文学。指导学生逐步熟悉古今文学代表作，能够欣赏语言艺术，评论

* 原载《课程·教材·教法》1999年第11期。

文学作品，并且养成阅读文学作品的习惯。

德国，一个州的德语教学大纲规定："德语的任务是对年轻人进行语言上的和文学上的教育，这是它的独特的使命。"还规定，要培养学生的文学兴趣，要学生了解文学体裁和结构，了解德国的经典文学作品。

苏联，从20世纪40年代到90年代初解体实行语言和文学分科教学，从4年级到11年级分三段进行文学教育：祖国语言—祖国文学—俄罗斯文学和当代苏联文学。讲授文学理论、文学史知识，培养鉴赏、评论作家作品的能力。在中学进行文学教育，在世界上苏联是最认真、最坚决的国家。

世界上许多国家，都重视在中学对学生进行文学教育，为什么呢？

美国学者认为：阅读和研究文学作品使学生开阔眼界，使他们能身临其境地阅历一些地方、人物和事件，增加他们对日常生活的情趣和探索意识，从而给学生的生活增加一个特别的天地；从文学作品中了解人类自身的动机、冲突和价值。

德国学者认为：应当了解文学作为自我表现的产物，作为满足美感的手段，作为反映现实生活的镜子的奇妙作用。通过学习和分析古典和现代的文学作品，扩充自己的语言能力，"在社会基础、美学表现形式和哲学理论设计方面开拓我们文化的语言空间"。

苏联学者认为："文艺能给学生以最深刻的美的欣赏，培养学生的艺术兴趣和创作的能力。"（凯洛夫语）教学大纲中也指出："文艺作品是认识生活的源泉，是对学生进行思想和道德教育、形成学生世界观和性格的强大手段。"大纲设定文学课的目的是：使学生获得有关俄罗斯古典文学、苏联文学和外国文学的知识；培养对语言艺术和文学形象以及社会关系的认识能力；发展学生运用语言和自觉阅读的技巧；培养爱国主义的思想和审美能力。①

这些学者都认识到文学教育的价值，即认识、审美、教育的价值。文学教育，可以使学生认识社会生活，占有一片新的天地；可以吸收文化价值观念，学习民族精英和民族精神；可以对自然、生活、艺术进行审美，培养审

---

① 参阅《国际中小学课程教材比较研究丛书·本国语文卷》下篇"比较篇"（人民教育出版社2001年版）。

美能力和审美情感，陶冶情操，发展个性。这种独特的学科价值，其他学科如史、地、政是替代不了的。随着世界教育潮流“学术性—人文性—学术·人文性”的发展，文学教育越来越显示出它的人文价值和无穷魅力。

二、我国文学教育的现状

清末，有现代意义的第一个学制《钦定学堂章程》（1902 年），设“词章”科；《奏定学堂章程》（1903 年），改“词章”科为“中国文学”科，有读文、作文、习字和古代文章以及中国文学作品。1912 年，中华民国教育部改“中国文学”科为“国文”科，有作文、讲读、习字、文学源流、中国文学史等。1921 年，北洋军阀政府教育部改小学“国文”科为“国语”科；中学仍为“国文”科，教学文言文，主要是古代文章和古代文学作品。自此直到 1954 年左右，我国中学语文学科有一部分为文学作品的教学，但没有严格意义的文学教育的科学概念，更没有现代课程意义的文学教育的教学目标和教学内容。

1956 年至 1958 年，全国进行汉语、文学分科教学，制订了汉语、文学的分科教学大纲，编著了汉语课本和文学课本。可是，只试验了三个学期，就夭折了，可谓昙花一现。由此却引出了一个“不要把语文课教成文学课”的教条，文学教育被视为禁区。

20 世纪 80 年代初，有识之士开始重视和实验文学教育，人民教育出版社编著高中语文实验课本，其中高二年级课本编为《文学读本》。1986 年修订的中学语文教学大纲规定要培养学生的“初步的鉴赏文学作品的能力”，文学教育开始有章可循。同时修订的人教版高中语文课本把文学教学单元独立出来，例如分设记叙文单元和散文单元，提倡“把文学课教成文学鉴赏课”。1992 年的《九年义务教育全日制初级中学语文教学大纲（试用）》能力项目中有“初步欣赏文学作品的形象和描写”；1996 年的《全日制普通高级中学语文教学大纲（供试验用）》能力项目中有“初步鉴赏文学作品的语言、形象和技巧”。文学知识教学，初中有“小说、散文、诗歌、戏剧常识、基本课文涉及的重要作家作品”，高中有“文学鉴赏常识”“文学发展常识”“传统戏曲和影视文学常识”。同时，初、高中语文课本中加强了文学作品的教学，高中课本中对记叙文教学和散文教学、小说教学进行了区别。1997年至1999年供山西、江西和天津试用的高中语文课本，高二用一年的时间进行文学教育。至此，语文学科中的文学教育课题摆在了语文教育工作者的面前。

当前，中学文学教育并不理想，不过，十几年来不少教师进行文学教育的实验，取得了一定的经验和教训，为21世纪的中学文学教育改革打下了基础。

三、文学教育的课程价值

文学教育对中学语文学科有什么课程价值?

中学生思想和感情的发展需要文学教育。文学是人学，表现人性、人道、人权和人生，表现人对大自然的认识和感情。文学给中学生打开了认识人生和自然的天地，展示鉴赏真、善、美的审美领域，创设了陶冶情操、完善人性的艺术环境。

中学生思维和语言的发展需要文学教育。文学展开形象思维，激发创造意识。文学语言形象生动，富有表现力和感染力。中学生只有吸收文学作品中形象思维和艺术语言的滋养，才能更好地发展思维和语言。

语文学科自身的发展必然包容文学教育。世界各国母语教育都选用优秀的文学作品，几乎无一例外。文学作品的语言一般是规范、优美的语言，是理想的母语教育范文。我国百年语文课本中一般有一半以上的课文是文学作品，然而教育目的不明。排除政治或者教育行政的干扰，语文学科按自身发展规律发展，就必然包容文学教育。不认识这条世界范围内的母语教育规律，就会受到惩罚。

文学教育，对中学语文学科的课程价值在于，文学教育对学生认识生活、养成审美情感、发展个性、健全人性起重要作用，是体现语文学科工具性和人文性的重要内容；文学教育是中学语文学科的固有的一部分，排除文学教育的语文教育是不健全的语文教育。

对中学语文学科中的文学教育，有不同的认识。

叶圣陶早在1942年就说：“要养成读写的知能，非经由语文学和文学的途径不可……站定语文学和文学的立场，这是对于国文教学的正确的认识。从这种认识出发，国文教学就将完全改观。”① 1948年草拟的《中学语文科课程标准》中特意列出：“高中的阅读包括文艺欣赏。”后来，1963年和1978年的重要论文谈语文教学改革，就不再专门谈指导学生欣赏文学作品了。

吕叔湘先生的看法集中在一句话中：“‘行有余力，则以学文’，这个‘文’应该包括两个‘文’，一个‘文学’，一个‘文言文’。”他说：“文学和语言比较，语言是主要的，文学是次要的。读文艺作品，首先是把它作为范文来学习。”②

张志公先生在1984年提出在中学语文中要进行文学教育。他洞察到当前语文教学的一大弊病：“目前的语文教材里有比例很不小的文学作品，但并不是用来进行文学教育，而是用来进行‘读写训练’的，连古典文学作品也不例外。这样的语文教学、语文教材，实际上是一种互相掣肘、两败俱伤的做法。”他认为“应当向儿童、少年、青年进行文学教育”，提出在开设语文课的同时，“从初中起，增设文学课”。其任务是：“指导学生阅读丰富的、优秀的文学作品，获得必要的文学知识，培养和提高文学素养，同时寓思想教育于其中，培养远大的理想抱负，高尚的趣味情操，并寓智力开发的目标于其中，培养活跃的逻辑思维能力和联想、想象等思维能力以至创造思维的能力。”③

20世纪70～80年代，叶圣陶、吕叔湘两位先生不主张在语文课中进行文学教育；读一些文学作品，叶老重在学习读、写文章，吕老重在学习语言。张志公先生主张从初一起开设文学课，完成文学教育的任务，而“不是进行听说读写训练”，这就划清中学语文教育和中学文学教育的界限。两者既有区别，又有联系。

1998年中学语文教学界展开大讨论，人们在忧思中认识到文学教育的

---

① 《认识国文教学》，载《叶圣陶语文教育论集》，教育科学出版社1980年版。

② 《我赞成语文教学要轻装前进》，载《吕叔湘论语文教育》，河南教育出版社1995年版。

③ 《关于改革语文课、语文教材、语文教学的一些初步设想》，载《张志公语文教育论集》，人民教育出版社1994年版。

价值，许多人主张中学必须进行文学教育，用“文学是人学”的理念来改造当前中学的文学教育。

四、文学教育的目的和内容

从中小学生生存和发展来看，从世界母语教育来看，小学和中学的语文（母语）教育都是综合型的。这是因为中小学生要用语言进行交际和思维，要读、写文章，要接触、鉴赏文学作品，社会也因此要求中小学生逐渐具有语言交际能力、文章读写能力、文学鉴赏能力，并且从语文学习中学习民族文化、民族品质，认识社会、人生和自然。这是客观现实和学生主观需要所决定的，不以个人意志而转移。问题在于是否认识并实行，如何在不同学段配置课程和重点，怎样高效率地达到教学目标。

当前，有人主张把培养语感作为中学语文教育的基本任务，有人主张把培养读写能力作为基本任务，有人主张把培养审美能力作为基本任务。从一个视角看，这些主张都有一定的道理，但又都不免失之偏颇，都会把语文教学引向歧途。

中学语文学科有自己的学科教学目的，包括智育的、美育的、德育的目的。

智育目的。教授语文应用知识体系。积累语言材料和文学素质。培养理解和运用语言的能力；现代文读写能力；口语交际能力；初步的文学鉴赏能力；阅读浅易文言文的能力；自学语文的能力。开发智力，培养观察力、记忆力、思考力、想象力、创造力。

美育目的。培养健康高尚的审美情感、审美情趣和一定的审美能力。

德育目的。使学生热爱祖国语言文字，热爱中华民族优秀传统文化，培养社会主义思想品德和爱国主义精神。

文学教育是中学语文教学的一个重要组成部分，它是为实现中学语文教育目的服务的。

中学文学教育的教学目的是：学习我国和外国的优秀文学作品，培养文学语言的语感，发展形象思维，培养文学鉴赏能力；培养审美情感、审美情趣和审美能力，发展个性，健全人性；热爱中华民族优秀文化，喜爱外国优秀文化，增强民族自尊心和民族自豪感，陶冶崇高的情操，提高文化素质。

“学习我国和外国的优秀文学作品”：中学生要读相当数量的文学原著，这是第一位的，要重在积累和感受。

“发展形象思维”：探索和幻想，发展想象力和创造力。

“培养文学鉴赏能力”：对文学形象和语言的感受能力，理解能力，想象能力，情感共鸣能力，评价能力。

“培养审美情感”：探索美，享受美，创造美，热爱美；用美来净化心灵、抵制丑恶。

“热爱中华民族优秀文化”：从文学作品学习中，汲取中华民族的精神品质和真善美的情感，种下民族之根。

相应安排文学教育的内容（择要）：

1. 文学作品：先秦散文，史传文学，诗经，楚辞，唐诗，宋词，元曲，唐宋八大家、明清散文，唐宋传奇，《红楼梦》《水浒传》《三国演义》《西游记》《儒林外史》《聊斋志异》和元杂剧（以上都是选篇或选段）；中国现当代优秀文学作品（以当代文学为主）；荷马史诗，文艺复兴时期代表作，浪漫主义和现实主义代表作，现代主义代表作。（例如《奥德修记》《堂吉诃德》《巨人传》《罗密欧与朱丽叶》《巴黎圣母院》《安娜·卡列尼娜》《母亲》《变形记》《丧钟为谁而鸣》）

2. 文学体裁：诗歌、小说、散文、戏剧，报告文学、传记文学，影视文学。

3. 文学史：同主要作家作品相应的中外文学史常识。

4. 文学鉴赏：

（1）文学和社会生活，生活真实和艺术真实，文学和形象思维，原型和典型。

（2）审美情感，审美情趣，审美能力。

（3）主题和人物，形象、意象、意境，艺术构思，文学语言。

根据以上中学文学教育的目的和内容定位，可以看出培养读写文章能力的任务不再是文学教育的主要任务，尽管文学教育对提高读写文章能力会起很大的作用；文学教育既不是文章教育，也不是语言教学，同大学的文学作品选读课也不同。中学文学教育重在阅读文学作品，重在培养审美情感和审美能力，重在文学素质的积累，重在陶冶情操、健全人性。因此，文学教学法也得遵循感受形象—理解形象—想象形象—情感共鸣—评价形象或陶冶情操的路子走，重在形象思维、情感审美、创新意识。

文学语言及其教学*

文学是语言的艺术，文学语言是艺术的语言。

文学用语言来再现听读者从言语作品中感受到的表象、形象，进而激发听读者的形象思维并创造形象，使听读者产生审美感受，得到审美愉悦。

文学语言是经过文学家艺术加工的比日常口语更精练、更形象、更悦耳、更多义的语言，具有感人肺腑、陶冶情操的艺术魅力。

一、文学语言的三个视角

从表意和规范看，可以从三个视角学习、鉴赏或者教学文学语言。

第一个视角，日常生活交际语言和文学语言。日常生活交际语言（广义可以包括科技语言、事务语言），是人们在日常生活中交流思想感情、协调行动、求生存求发展的语言，具体鲜活，也比较粗俗。文学语言，是文学家对日常生活交际语言进行艺术加工而形成的，不仅鲜活，而且精练、形象，富有人情味，雅俗共赏。老舍提炼北京方言，形成了自己的京派文学语言：朴素、鲜活、形象、幽默，富有审美情趣。

第二个视角，散化的语言和诗化的语言。散化的语言，主要指散文、小说中叙述者的语言和人物形象的语言，语句节奏长短不一，不分行排列，不押韵，犹如江水奔流，或如清泉淙淙。诗化的语言，主要指诗歌的语言，语句节奏均衡，分行排列，大致押韵，犹如雾中观花，或如飞瀑直下。散化的语言长于叙事状物，诗化的语言长于抒情言志。诗化的语言更精练，更形

---

* 原载《中学语文教学》2000年第7期。

象，更有动人的音乐性，而且具有独特的模糊性、多义性。

第三个视角，常规的文学语言和超常的文学语言。常规的文学语言，指符合语言的一般规范和人们的语言习惯。超常的文学语言，指在一定语境中不符合语言的一般规范和人们的语言习惯，是语言的不同形式的变异，具有独特的变异性、悖理性和多义性。例如，“呈给你黄土下紫色的灵魂”（艾青《大堰河——我的保姆》），“黑夜给了我黑色的眼睛”（顾城《一代人》）。

学习、鉴赏或者教学文学语言，一般地说，重点是常规文学语言的精练性、形象性、音乐性，难点是超常文学语言的变异性、悖理性、多义性。

二、散化的文学语言和诗化的文学语言

散化的文学语言，犹如行云流水，行云则姿态万千，流水则一泻千里。

散化的文学语言有精确的表现力，写景状物，使人身临其境，抒情言志，令人血气俱动。老舍描写北平烈日下的一场暴雨，写雨点、雨道直至一片水世界，使你亲淋了一场酷暑下的暴雨：“柳枝横着飞，尘土往四下里走，雨道往下落；风，土，雨，混在一起，连成一片……空中的水往下倒，地上的水到处流……”

散化的文学语言有含蓄的情趣和理趣。散化的语言表现作者的性灵、人物的情思。作者的智慧和创新，赋予性灵、情思以感人的情趣和启思的理趣。贾平凹描写与自己一同成长的小桃树，一场大雨打得一树的花撒落了，“竟还保留着一个欲绽的花苞”。“啊，我的小桃树啊！我该怎么感激你，你到底还有一个花苞呢，明日一早，你会开吗？你开的是灼灼的吗？香香的吗？你那花是会开得美的，而且会孕育出一个桃儿来的。我还叫你是我的梦的精灵，对吗？”一连串的问句，接连的假设语气，把一个花苞、一个桃儿同自己的“梦”连接起来，表现了自己的痴情，也感悟到逆境成才的希望，显示了独特的情趣和理趣。

散化的文学语言有流彩的神韵。散化的语言是作者心灵自然的流淌，语言中有流动的生气、盎然的韵味和无穷余味。朴素的语句被作者的性灵一点拨，有了生命，鲜活，流彩，耐人寻味。落霞是美丽的，然而毕竟“只是近黄昏”。冰心以世纪同龄人的心态获得人生的彻悟：“但人类的生命是永不止

息的。地球不停地绕着太阳自转。东方不亮西方亮，我窗前的晚霞，正向美国东岸的慰冰湖上走去……”我窗前的晚霞正在成为地球那头的朝霞，“东方不亮西方亮”，人生充满希望、光明。永不止息的生命，生命是永恒的。这段言语流光溢彩，蕴含丰富的人生哲理。

散化的文学语言犹如长江源头，百川争流，汇于一江春水；诗化的文学语言犹如激流涌过险滩，忽而奔腾，忽而跳跃。

散化的文学语言犹如穿着休闲服，跳着自由的交际舞；诗化的文学语言犹如带着钻石锁链，跳着雕塑型的独舞。

诗化的文学语言有音乐美。诗句的长短有一定的限制，句内词语节拍均衡，适应分行排列，有节奏美；语句声调谐和，大致押韵，有声韵美。诗化语言有音乐美，就适于吟诵和记忆，悦耳赏心。下面是两个长单句：

> 一个海员说，他最喜欢的是起锚所激起的那一片洁白的浪花。
>
> 一个海员说，最使他高兴的是抛锚所发出的那一阵铁链的喧哗。

经过诗人的艺术切割，显示句中节奏：

> 一个海员说，
> 他最喜欢的是起锚所激起的
> 那一片洁白的浪花……
> 一个海员说，
> 最使他高兴的是抛锚所发出的
> 那一阵铁链的喧哗……
>
> 一个盼望出发
> 一个盼望到达
>
> （艾青《盼望》）

朗诵起来，诗句节奏就显现了出来，把诗意聚集起来。

诗化的文学语言有变异美。诗歌的语言在形式上——语音、语汇、语法、修辞以及语句排列——有变异，甚至怪异，给人以陌生感，惊奇感，从而表达独特的语义和感情，给人审美愉悦。读读下面诗句：

天空又悲惨又美好像个大祭坛，
太阳沉没在自己的浓厚的血液里。

（波德莱尔《黄昏的和歌》）

词语搭配和比喻都变了形，空虚的“天空”成了实物——“大祭坛”，落霞成了太阳的“血液”，太阳沉没在“自己的浓厚的血液里”，词语搭配十分怪异。变异，带来了惊奇和新意。

诗化的文学语言有悖理美。悖理，就是违背逻辑常理。诗歌语句之间有时表达矛盾的对立，不合常理，却成为绝妙好词，具有极大的穿透力和感染力。韩瀚《重量》是歌颂被“四人帮”残害的烈士张志新的，只有五行：

她把带血的头颅，
放在生命的天平上，
让所有苟活者，
都失去了
——重量。

谁能拿起自己带血的头颅？又怎能放在“生命的天平上”？诗人的想象悖于生活常理。然而“她”这一悖理的行为，反衬出“苟活者”的差距，对比中显示出她的无比“重量”——“让所有苟活者/都失去了/重量”。这种“无理而妙”的语言显示了悖理的美趣。

三、常规的文学语言、超常的文学语言及其教学

文学创作的特殊性在于作家运用形象思维，追求独创性。作家在形象思维中运用语言，展现语言的艺术个性。同样风格朴素，老舍运用文学语言不

同于巴金。同样风格典雅，郭沫若运用文学语言不同于茅盾。因此，学习和教学文学语言，也要用形象思维，感悟、把握不同文学语言的个性特征，理解、欣赏和运用文学语言。

学习一种语言，初级阶段是学习、掌握这种语言的日常生活交际语言；再提高一步，就要进入高级阶段，那就是学习、掌握这种语言的文学语言。只有掌握了文学语言，才能进一步提高这种语言的语言能力和文化品位。因此，要教学文学语言，教学平常语句的艺术化、辞格语句的艺术化、超常语句的艺术化。

常规的文学语言是文学语言的常式，超常的文学语言是文学语言的变式。

教学常规的文学语言，主要是运用体现形象思维的各种教学方法，引导学生把握平常语句艺术化的方法和效果，从而积累、欣赏、使用文学语言。

根据教学内容和要求，使用不同的教学方法，例如美读法、比较法、体验法、联想法、情境法、积累法，等等。

平常语句艺术化，首先是学习和提炼人民日常生活中的鲜活口语词语，其次才是用一定的方法进行艺术加工，使平常语句艺术化。语言加工的方法有：精选动词，精选形容词，倒装句子成分，倒装上下分句，重复语句，长短句配合，设立中心句，抽象概念事物化（用象征等手法），巧设奇喻，用排偶句，用设问句，等等。下面是鲁彦《听潮》中描写“海的沉吟”的一段：

> 海在我们脚下沉吟着，诗人一般。那声音仿佛是朦胧的月光和玫瑰的晨雾那样温柔；又像是情人的蜜语那样芳醇；低低地，轻轻地，像微风拂过琴弦；像落花飘在水上。

▲海像诗人般沉吟，海活了。

▲写海的沉吟声：

用“温柔”描写“月光”“晨雾”，再把海的沉吟声比作“朦胧的月光和玫瑰的晨雾那样温柔”。

用“芳醇”描写“情人的蜜语”，再把海的沉吟声比作“情人的蜜语那样芳醇”。

▲写海的沉吟声轻柔：

“像微风拂过琴弦；像落花飘在水上。”

全段只有两句，第一句用短句，第二句用长句，用主语“那声音”贯串四个分句。长短句配合，长句又有排比的结构，显示节奏感。

作者沟通海声和人的心理感觉（温柔），沟通听觉和嗅觉（芳醇），又沟通视觉（像落花飘在水上）。作者用拟人、通感、比喻，把海沉吟的情状形象化感情化，使得读者可感，可听，可视，激发联想和想象，感觉到了“像诗人般沉吟的海”的意象。

超常的文学语言突破语言常规，形式怪异，引起听读者惊奇，领悟独特的语意、情调。人们感知事物，在一定情境下用感情逻辑代替理性逻辑，出现知觉的“误差”或“变形”，心理的变异导致事物变形，在表达上又导致语言的变异。例如把流泪看作倾盆大雨，就有“泪飞顿作倾盆雨”的诗句（毛泽东）。

超常文学语言的变异有多种形式，例如，词语义项变异，词性类别变异，词语搭配变异，句子结构变异，词语句排列形式变异，词语色彩变异，等等。

悖理的文学语言常常采用超常的语言形式。古人说“无理而妙”（贺黄公），今人说“悖论可成好词”（钱钟书）。悖理的文学语言有时语意特别鲜明强烈，有时也特别模糊，显示多义，包含“言外之言”“象外之象”，形成“仁者见仁，智者见智”的诗解说。

教学悖理的文学语言，要引导学生把握语言形式上的超常，领悟艺术上的“悖理”和生活中的“真实”的歪打正着式的统一。下面是一首朦胧诗：

一代人

顾　城

黑夜给了我黑色的眼睛
我却用它寻找光明

黑夜只能使人看不见，不可能给“我黑色的眼睛”，语言句子成分搭配超常表现悖理，这种悖理又导致诗意模糊：“文化大革命”的黑暗现实（“黑夜”）使“我”两眼发黑，看不清方向，或者黑暗现实使我眼中充满怀疑，或者黑暗现实使我们民族的黑眼睛得到磨炼；但是在受骗中觉醒，我用“黑色的眼睛”寻找光明。“黑色的眼睛”是实物——我的/民族的本色黑眼睛；是象征性意象——一个模糊又多义的意象。在教学中引导学生理解超常的语言形式表现了艺术上的“悖理”和生活中的“真实”，从而领悟诗意诗味，欣赏诗歌语言的模糊美和悖理美。

形象思维和鉴赏文学形象*

一、形象思维使你“神与物游”

作家运用形象思维创作文学作品。艾青现身说法：“诗只有借助形象思维的方法才能产生持久的魅力。写诗的人常常为表达一个观念而寻找形象。例如拙作《珠贝》：‘在碧绿的海水里/吸取太阳的精华/你是彩虹的化身/璀璨如一片朝霞/凝思花露的形状/喜爱水晶的素质/观念在心里孕育/结成了粒粒真珠。’‘观念’是抽象的，结成‘粒粒真珠’，就成了明亮的、可以把握得住的物质了。”(艾青《诗论》)

形象思维，又称艺术思维，是文学创作和文学鉴赏的基本方法。形象思维以审美感知为起点——直觉表象、把握形象，经过联想、想象、幻想和象征、比喻等，感悟、捕捉形象（或意象），从而表达人们的思想感情，获得审美愉悦。

人们对事物感性认识由感觉而知觉而表象。感觉反映事物的个别属性，知觉则反映事物的整体属性。回忆存于大脑中的感觉、知觉，形成事物的表象，表象是感性认识的终点，又是理性认识的起点。形象思维以表象为原型，经过作家艺术加工，创作新的映象，再经过分析、综合和联想、想象等(典型化或理想化)，创造作品中的艺术形象。艾青在形象思维中整合了海水、太阳、彩虹、朝霞等诸多表象，创造了“粒粒真珠”的“珠贝”形象，表现了自己的情意和“观念”。形象思维不仅捕捉、描绘形象，而且改造、

---

* 原载《中学语文教学》2001年第1期。

整合形象，创作形神兼备的鲜活的艺术形象，从而运用形象来表达感情、阐述思想。

作家运用形象思维创作文学作品，读者也要运用形象思维鉴赏文学作品。

文学鉴赏是一个感受和理解、情感和理智相统一的个性化审美心理活动。读者阅读文学作品，通过语言感受形象、理解形象，在想象和感情激励中再创造形象，在感情体验中共鸣形象，在思维的审视中得到审美愉悦，整个鉴赏形象的过程中形象思维不断激活和展开，“情曈昽而弥鲜，物昭晰而互进”（陆机《文赋》），“神与物游”（刘勰《文心雕龙》）。舒婷《致橡树》创造了橡树和木棉的情侣形象。张庆和先生跟来部队探望自己的妻子“相互接替背诵”《致橡树》，诗作“所产生的浸润心灵的力量和它所创造的那种情致美、意境美，以及蕴藉多维的艺术魅力，至今依然感染着我”，“成了一种情感的慰藉，一种心灵的满足”，“它也以不可抗拒的诱惑，陶冶着我的情操”。（张庆和《回荡在生命幽谷的歌》）由此可以摸到文学鉴赏心理活动的脉搏。

二、文学教学要培养形象思维

中学文学教学，一般认为其任务是诵读文学作品，学习文学语言，鉴赏文学形象和艺术技巧，提高文学鉴赏能力，培养审美情趣和高尚的道德情操。在教学大纲、教材和教学中，一般不提培养和发展学生形象思维的教学目标；只提培养想象能力，然而想象能力只是形象思维的一项重要内容，而不是全部内容。

张志公先生从 20 世纪 80 年代初提倡初中开文学课，其任务之一是“培养活跃的逻辑思维能力和联想、想象等思维能力以至创造思维的能力”，又说“文学，无论创作或欣赏，主要是诉之于形象思维的，需要联想力和想象力，需要一种源于生活实际而又超脱于生活现实的创造性的思维能力”。（1984 年）张志公一再提出在文学教学中培养学生的形象思维的教学目标，具有学术上的超前性和实践上的指导性。

因此，中学文学教学要提高效率，就要普及和运用形象思维的理论，发挥其在文学教学中的重大实践作用，进而培养和发展学生的形象思维能力。

当前，要研究和试验在文学教学中怎样培养中学生的形象思维能力，怎样引导中学生用形象思维来阅读文学作品，提高文学鉴赏能力。其中最突出的问题是，怎样运用形象思维来感悟、鉴赏文学作品的文学形象。

文学中的文学形象，是一个广义概念，主要指人物形象（例《祝福》中的祥林嫂，《项链》中的玛蒂尔德），也指物象——意象（例如《白杨礼赞》中的白杨，《礁石》中的礁石），或者一种景象、一种情调、一种氛围（例如《荷塘月色》中月色笼罩下的荷塘的宁静和朦胧）。文学形象蕴含着充满魅力的自然美和人性美。

三、个性化审美文学形象

文学作品阅读课，在语文课中是最难教学的课，因为教师不仅要整体把握教学内容，引导学生学习知识、培养能力，而且要自己投入情感，体验形象，感受形象，转而引导学生有所体验，产生美感，享受审美愉悦。教师必须具有对文学形象的审美体验和审美愉悦，同时还要把握学生鉴赏文学作品的能力形成过程和审美的心理特征。

当前，文学课中对文学形象的教学一般达到感受、理解形象和领会主题的层面。教学舒婷《致橡树》（高中二年级），先朗诵全诗，学生得到整体印象和初步感受；感知诗歌的前半部分：作者舍弃的六个意象所体现的爱情理想；着重感受、理解木棉和橡树的形象及其体现的爱情理想，领悟主题；背诵全诗。教学这首诗，一般都达到这样的感受、理解文学形象及其主题的层面。应当说达到这个层面很好，但是还不够，还不是优秀的文学鉴赏课。

对文学形象鉴赏，在审美目的和形象思维的支配下，一般有几个阶段：

一　朗读作品，了解内容，感受形象；

二　体味语言，领悟主题，理解形象；

三　体验感情，激发想象，再创造形象（读者二度创作）；

四　神与物游，沟通感情，共鸣形象；

五　渗入个性，独立感悟，审美形象。

在教学中，当然不必机械地从一个阶段递进到下一阶段，而应该在感受、理解形象以后，选择学生乐于接受一个点切入，进行个性化审美。

诵读《致橡树》，感受诗中的意象：

致橡树

舒　婷

我如果爱你——
绝不像攀缘的凌霄花
借你的高枝炫耀自己；
我如果爱你——
绝不学痴情的鸟儿
为绿荫重复单调的歌曲；
也不止像泉源
长年送来清凉的慰藉；
也不止像险峰
增加你的高度，衬托你的威仪。
甚至日光。
甚至春雨。
不，这些都还不够！
我必须是你近旁的一株木棉，
作为树的形象和你站在一起。
根，紧握在地下
叶，相触在云里。
每一阵风过
我们都互相致意，
但没有人
听懂我们的言语。
你有你的铜枝铁干
像刀、像剑，
也像戟；

△前 13 行诗，
六个辅助意象：
凌霄花、鸟　儿｝绝不
泉　源、险　峰｝也不止
日　光、春　雨｝
这些都还不够

对↕比

△接着 17 行诗，
两个主体意象：
橡树和木棉
“站在一起”
形：“铜枝铁干”……
“红硕的花朵”……
神：“互相致意”
“分担……”
“共享……”
“仿佛永远分离，
却又终身相依。”

我有我红硕的花朵
像沉重的叹息，
又像英勇的火炬。
我们分担寒潮、风雷、霹雳；
我们共享雾霭、流岚、虹霓。
仿佛永远分离，却又终身相依。
这才是伟大的爱情，
坚贞就在这里：
爱——
不仅爱你伟岸的身躯，
也爱你坚持的位置，足下的土地。
1977.3.27

△最后五行诗
揭示“伟大的爱情”：
爱“形”
爱“神”——位置
——土地

这首诗用象征艺术手法，赋予六个辅助意象和两个主体意象不同的爱情及其理想，又用对比结构突现主体形象木棉和橡树的“伟大的爱情”：平等、独立，爱英姿也爱高贵品德，共建并共享爱情。教学中引导学生感受、理解这些，基本上读懂了这首诗，然而还没有品尝到这首诗的诗美和魅力，或者说还没有引导学生进入鉴赏诗美和获得审美愉悦的境界。

在文学教学中，要引导学生体验作品中作家对形象的感情，体验对形象本身的感情，展开形象思维，对文学形象打上自己感受的印记——对文学形象再创造。《致橡树》中主人公形象是木棉。木棉形象通过三方面表现自己的个性：对橡树的要求（心中“白马王子”的形象）；对六种意象所体现的爱情之否定；对自己的表白。单说对自己的表白，她要“作为树的形象和你站在一起”，她要“互相致意”而“没有人/听懂我们的言语”，她有“像沉重的叹息/又像英勇的火炬”的“红硕的花朵”，她要同橡树“分担”义务，“分享”权利，她要“仿佛永远分离，却又终身相依”……她坚强、独立，而又温柔、忧郁（像沉重的叹息），她敢于“分担”，也渴望“共享”，她热情奔放，更冷静含蓄（仿佛永远分离），她是一个个性鲜明而又丰满的艺术形象。引导学生感悟“木棉是一个怎样的女性形象”，学生就会把自己的个性融进去，就会在心目中产生一个自己的木棉形象，就像“一千个读者就有一千个哈姆雷特”那样。

在文学教学中，要引导学生渗入自己的感情，神与物游，与形象共舞，同形象共鸣。由于年龄和心理的条件，学生不可能对每个文学形象都引起感情上的共鸣，因此不能强求一律。不过，凡能引起学生感情上共鸣的形象，就要引导学生体验形象的感情，或者作者对形象的激情。《致橡树》创作于1977年，那时美好的爱情还处于寒冷的冬季，诗人热情讴歌和大胆追求美好的爱情更是发聋振聩，激动人心。作家也好，木棉形象也好，都饱含着激情和理想。不引导学生去体验这种激情，与形象共舞，怎能鉴赏这首象征诗的多维的诗美?

在文学教学中，最重要的是引导学生独立感悟，进行个性化的审美。文学教学引导学生展开形象思维，最终要使学生独立感悟形象，发挥创造精神，进行体现自己个性的审美：我爱，我恨；我喜欢，我不喜欢；我感动，我不感动……爱情，是个古老而又年轻的母题，是个简单而又复杂的情结。有海涅《一棵松树在北方》所展示的苦苦单恋（它梦见一棵棕榈树……默默悲伤），有裴多菲《我愿意是急流》所展示的那奉献热恋（我愿意是废墟……静默的毁灭……只要我的爱人……亲密地攀缘上升），也有柏拉图式的精神爱恋（当你抬头望星，我的爱，我愿我是星空/好凝视着你呀，用千千万万只眼睛）……开展个性化审美，有的同学赞赏木棉式的爱情，有的不一定，有的可能提出令人深省的见解。虽然由于生活和素质的制约，十七八岁的中学生不一定具有成熟的爱情观、价值观，但是一旦引导他们去感悟、探索、认识爱情，他们就会有不成熟的然而是纯洁的情思，就会有自己的审美情感，并且得到审美愉悦，就会像上文张庆和先生所感悟到的：“它也以不可抗拒的诱惑，陶冶着我的情操。”

庄老师教文学作品鉴赏*

一、文学鉴赏三角

文学，是一种用语言塑造艺术形象以反映社会生活，表现作家思想感情的艺术。文学，涉及相关的四个方面是生活、作家、作品、读者。读者进行文学鉴赏，就置身于下面“文学鉴赏三角”之中：

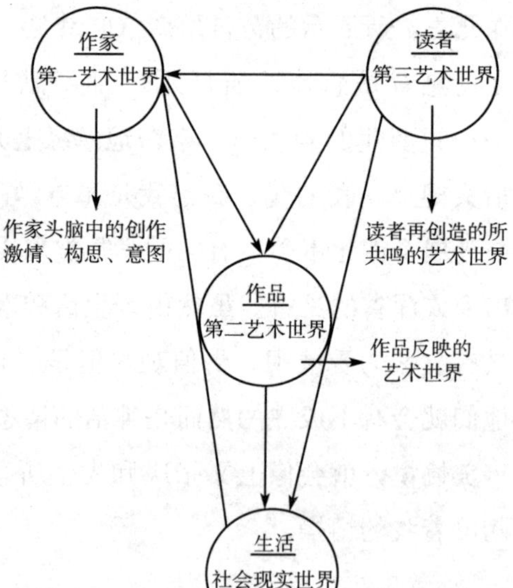

* 这组文章是为《中学生阅读（高中版）》“庄老师教文学作品鉴赏”专栏而写的，从 1999 年第 5 期起刊登。

生活，社会现实世界，包括社会生活、人们的思想感情，是文学创作之源泉。作为文学创作源泉的社会生活直接或者间接地影响作家、作品、读者。

作家，是文学作品的创作者。作家根据自己的认识和创作意图来反映社会生活，表情达意。在创作之前和创作之中，逐步形成自己所认识的生活、激情、意图，是经过思维加工的第一艺术世界。

作品，作家创作的文学作品，是借助语言文字这个交际工具而形成的。作品一旦形成，其第二艺术世界具有独立性，有时作品符合作家创作意图，有时作品不符合创作意图，不同时代的不同读者会赋予文学作品不同的意义。

读者，文学作品的接受者。读者鉴赏文学作品，感受、体验、理解作品的艺术世界，引起共鸣，得到审美愉悦，形成自己再创造的第三艺术世界（引起共鸣的整体或局部）。读者欣赏文学作品，要凭借自己的素养（生活、知识、艺术），也要凭借生活、作品、作者，具有灵活性和综合性。

文学鉴赏三角，体现读者鉴赏活动的整体性，宏观和微观的统一。

读者鉴赏文学作品本身，其心理认知结构是：

感受形象

→（联想、想象）理解形象

→共鸣形象

→评价形象

→创造形象

读者借助联想、想象、感受、体验，理解作家所创造的艺术形象，产生共鸣、愉悦，创造带有读者个人印记的第三艺术世界，从而陶冶情操，提高精神境界。

我们来鉴赏李白的《静夜思》：

静夜思

床前明月光，

疑是地上霜。

举头望明月，
低头思故乡。

鉴赏文学作品，语言是第一关。词语（汉字）表达概念、事理，激发你的联想，来认识事物。诗中“床”“明月光”“地上霜”“举头”“望明月”“低头”“思故乡”，给你事物的表象，给你一种情调。通过语言，领悟内容，感知游子月夜思乡的形象。

由感知形象而理解形象，理解主题。你理解主人公“举头望”“低头思”的含义，望明月而思家乡，思故乡而思亲人，这种乡情、亲情通过“望”“思”而表露出来了。如果你也远离家乡，久别亲人，你就会得到情感冲击，不由得在星空下“举头望明月”，想起“但愿人长久，千里共婵娟”的诗句，这就在情感上引起了共鸣。

诵读诗句，作品的叙事、结构、象征等艺术技巧，生动地表现了形象、主题，带来了艺术感染力和审美愉悦。用“疑”“望”写形传神。第三、四句对举，创造了含意无穷的境界。叙事、抒情、结构等技巧，增添了诗情画意的魅力。你就逐渐品尝到了诗美，进入了评价作品的境界。

优秀的作品蕴含人生哲理和精神价值。《静夜思》表层是游子月夜思乡，深层是人心趋向亲情、生命汇聚群体。深深的乡情，也是一种民族凝聚力。《静夜思》朴素的诗句，鲜明的形象，深广的意蕴，激起你的联想，冲击你的感情，使你融入自己的亲情，使你进入一种思乡、思亲、思国的精神世界，你也就进入一种体验艺术形象、创造艺术形象的境界。

二、在想象中睁开眼睛来

作家创作要运用形象思维，用形象来思考，用形象来表情达意。俄国的别林斯基说：“艺术……是寓于形象的思维。”文学家刘白羽说：“对一个创作者来说，是生活中种种具体的动人形象，打动你，给你带来思想、认识，你通过复杂的生活形象，才提炼出你一点理解、一种思想、一分诗意，这是作品的灵魂；但同时理解、思想、诗意也只有得到最能恰如其分表达它们的典型的形象、细节，才能取得反映生活的艺术形象的鲜明光彩。”（《给人民做一个通讯员》）生活形象给作家思想、激情，经过作家想象、思考，创作出艺术形象，艺术形象反映生活、渗透作家的情感。

文学家创作要发挥想象，运用形象思维；欣赏者鉴赏文学作品也要发挥想象，运用形象思维。叶圣陶是这样欣赏王维的这两句诗的：

> 大漠孤烟直，
> 长河落日圆。
>
> “大家认为佳句。如果单就字面解释，大漠上一缕孤烟是笔直的，长河背后一轮落日是圆圆的，这有什么意思呢？……我该说得清楚一点：在想象中睁开眼睛来，看这十个文字所构成的一幅图画。这幅图画简单得很，景物只选四样，大漠、长河、孤烟、落日，传出北方旷远荒凉的印象。给‘孤烟’加上个‘直’字，见得没有一丝的风，当然也没有风声，于是更来了个静寂的印象。给‘落日’加上个‘圆’字，并不是说唯有‘落日’才‘圆’，而是说‘落日’挂在地平线上的时候才见得‘圆’。圆圆的一轮‘落日’不声不响地衬托在‘长河’的背后，这又是多么静寂的境界啊！一个‘直’，一个‘圆’，在图画方面说起来，都是简单的线条，和那旷远荒凉的大漠、长河、孤烟、落日正相配合，构成通体的一致。”
>
> “像这样驱遣着想象来看，这一幅图画就显现在眼前了。同时也就接触了作者的意境。……并且想想这意境多美，这也是一种愉快。”（《文艺作品的鉴赏》）

你读到“大漠”“长河”“孤烟”“落日”，眼前就展现这四种景物。一个“直”字，你想象出“没有一丝的风”，一个“圆”字，你想象出“落日”挂在地平线上，无遮无掩。于是，你体验到寂静、空旷、肃穆，进入了一种意境，得到了一种欢悦。想象，使你透过语言文字，看到了生动的景物，使你看到了诗句没有直接描述出来的景物，体验到了蕴含于诗句中的情调、激情，让你欣赏到了大自然景色的粗犷、肃穆之美。

想象，有再现想象和创造想象两种。再现想象，把作品中的景物、情思展现在眼前，你看到或者说出大漠升起一缕烟雾，落日静静地挂在长河背后。创造想象，在再现作品中的景象、情思的基础上，展现出作品没有直接表现的景象、情思，你看到或者说出整幅大漠落日图的动态景物（孤烟升起，落日渐沉，金色的沙漠，鲜红的太阳等等），体会自然之美，这就融入了你自己独特的体验和情思。

人们歌颂日出，赞美朝阳，因为她朝气勃勃，欣欣向荣，给人希望和力量。对落日，有人惋惜伤感。李商隐说："夕阳无限好，只是近黄昏。"有人歌颂赞美。叶剑英说："老夫喜作黄昏颂，满目青山夕照明。"茅盾则从日落又日出中悟到了哲理：

黄　昏

海是深绿色的，说不上光滑；排了队的小浪开正步走，数不清有多少，喊着口令"一，二——一"似的，朝喇叭口的海塘来了。挤到沙滩边，啵嘶！——队伍解散，喷着愤怒的白沫。然而后一排又赶着扑上来了。

三只五只的白鸥轻轻地掠过，翅膀扑着波浪——一点一点躁怒起来的波浪。

风在掌号。冲锋号！小波浪跳跃着，每一个像个大眼睛，闪射着金光。满海全是金眼睛，全在跳跃。海塘下空隆空隆地腾起了喊杀。

而这些海的跳跃着的金眼睛重重叠叠一排接一排，一排怒似一排，一排比一排浓溢着血色的赤，连到天边，成为绀金色的一抹。这上头，半轮火红的夕阳！

半边天烧红了，重甸甸地压在夕阳的光头上。

愤怒地挣扎的夕阳似乎在说：

——哦，哦！我已经尽了今天的历史的使命，我已经走完了今天的路程了！现在，现在，是我的休息时间到了，是我的死期到了！哦，哦，却也是我的新生期快开始了！明天，从海的那一头，我将威武地升起来，给你们光明，给你们温暖，给你们快乐！快乐！

呼……呼……

风带着永远不会死的太阳的宣言到全世界。高的喜马拉雅山的最高峰，汪洋的太平洋，阴郁的古老的小村落，银的白光冻凝了的都市——，一切，一切，夕阳都喷上了一口血焰！

两点三点白鸥划破了渐变为赭色的天空。

风带着夕阳的宣言走了。

像忽然熔化了似的，海的无数跳跃着的金眼睛摊平为暗绿的大面孔。

远处有悲壮的笳声。

夜的黑幕沉重地将落未落。

不知到什么地方去过一次的风，忽然又回来了；这回是打着鼓似的：勃仑仑，勃仑仑！不，不单是风，有雷！风挟着雷声！

海又动荡，波浪跳起来，轰！轰！

在夜的海上，大风雨来了！

海浪一浪拥一浪，跳跃着无数的金眼睛。海面上空是“半轮火红的夕阳”，“半边天烧红了”。面对大海、晚霞、夕阳，茅盾的想象犹如天马行空，他想象夕阳“走完了今天的路程”，展现出一幅新的日出图：“明天，从海的那一头，我将威武地升起来，给你们光明，给你们温暖，给你们快乐！”在地球这一边是夕阳西下，在地球那一边就是旭日东升，夕阳也就是朝阳。太阳给全球的人们光明、温暖、快乐。太阳属于每个人，光明照耀每个人。

面对太阳，我们有什么理由失望、消沉、颓唐呢？

你在想象中睁开眼睛来，看看大自然之美吧，看看自己德、才、貌之美吧！

三、欣赏人和自然之美

你在想象中睁开眼睛来，干什么？发现美，体验美，创造美。

文学鉴赏，就是发现、体验大自然之美，就是发现、体验人的情感之美，从而来美化自己，创造美。

什么是美？美在哪里？

请你们仔细地观察地暖春回、晨光熹微，你们必定会观察到美。

请你们侧耳倾听鸟儿鸣啭、枝叶窸窣、小溪淙淙，你们一定会听出美。

请你们看看孩子的温顺、青年的活泼、壮年的气力、老人的智慧，你们一定会看到美。

请歌颂那水仙花般的明眸，玫瑰花似的脸颊，罂粟花样的小嘴，那被歌颂而引以为荣的就是美。

请赞扬身段像嫩枝般的柔软，颈项如象牙似的白皙，长发同夜色一样黑，那受赞扬而感到快乐的正是美。

请你们把躯体当圣台，奉献给善行，把心灵作祭坛，对爱情膜拜顶礼，那么为这种虔诚而奖赏你们的恰是美。

（纪伯伦《美》）

美，不就是在你身边吗？你不是已经知道美是什么了吗？

自然界充满着美。古代希腊人把世界称之为“科兹莫斯”，指宇宙，含有秩序、和谐的意思，也指美。自然界的天空、海洋、山脉、森林，日出、月落、春风、秋雨，野草、鲜花、猛虎、雄鹰，都有动人的形态，鲜艳的色彩，神秘的灵性，给我们一种快感，一种启示，也就是一种自然之美。

人类社会充满着美。人类创造的房屋、道路、园林、服饰、食品蕴含着美。雄伟的万里长城，高耸的埃菲尔铁塔，神秘的埃及金字塔，巴黎的时装，爱斯基摩人的冬服，北京的烤鸭，意大利的面食，给人以美感，给人以喜悦。

人自身充满着美。培根说：“就美而言，形态之美胜于容颜之美，而动作优雅、举止适度之美又胜过形态之美。”进一步说，品德、精神之美胜过人体之美。当一位中学生灯下苦思，凝神解题，微微一笑时，他是美的。当困难时期周恩来排队吃饭，舔干净碗里最后一粒米时，他是美的。当你在体育运动中展现健康匀称的肢体和旺盛的生命力时，你是美的。当你勤劳时，当你忠诚时，当你坚贞时，当你奉献时，你是美的。

人类社会生活充满着美。文学家以他特有的洞察力和感受力，捕捉、体验到美，他用形象和情感创造了艺术形象，表现出美。人类用美的标准来建设世界，也创造美。文学家创作作品来表现美，欣赏者来鉴赏文学作品的美。文学鉴赏就是审美。

读长篇小说《西游记》，孙悟空大闹天宫，孙悟空三打白骨精……神通广大、敢于斗争，爱憎分明、坚强不屈，人们在喜爱他独特的形体时，同时喜爱他的这些品德，喜他的形爱他的神。这就是审美。

读读17个字的古希腊寓言《蟹和蛇》：

蟹和蛇

蟹钳住蛇，
对蛇说：
“朋友，你应伸直，
不要横行。”

读了，你有什么感受呢？这蟹真专横！激起你的恨。这就是审美。

美的，也是真的，善的。真、善、美的反面是假、恶、丑，两者相反相成。专横的蟹是恶的，激起你的恨，同时使你更向往平等、民主，激发你对善的爱。审美是一种辩证的情感体验。

下面是一位中学生写的散文，请读一读：

一封没有发出的信

杨 轩

人说童年的时光最美好，而童年留给我的快乐却太少了。三岁时，父亲便不幸病故，只留下多病的母亲和一个幼小的我相依为命。很快到了该上学的年龄了，每当看见自己的小伙伴们一个个进了学校，我就扯着母亲的衣角提出上学的要求，而此时的母亲只会默默地看着我，流下两行热泪……

到八岁那年，我永远忘不了那一天——8月31日。第二天，小学又要开始上课了。可就在这一天的晚上，母亲告诉了我一个让我激动不已的消息，说有人资助我上学了。母亲告诉我是一位不知姓名的叔叔写信告诉我们这一切的，他随信还汇来了200元钱。母亲要我好好读书，长大一定要报答这位叔叔。我认认真真地点了点头。就这样，我如愿以偿地进了学校。

日子一天天过去了，我也逐渐长大。每学期我都要收到这位从未署名的好心叔叔寄来的几封信以及他汇给我的学费和零用钱。就这样，在他的资助下，我从小学一直读到了中学。此时，我开始考虑是谁寄的了。尽管我作了努力，但最终还是没有结果。于是我心里便暗暗发誓，我一定要取得好成绩，这样才对得起他，将来我总会找到他的。

直到有一天，那已到了初一下学期期末，我开始有点惶恐不安起来，因为一直没有收到他的来信，以往这个时候他都准时来信的。这到底是怎么回事呢？考试前一天的下午，我回到家中只见邻居王大妈手中拿着一封信，再一看，大妈的眼睛红红的，明显是刚痛哭过的。大妈见我回来，交给我一封信，便扭头而去了。我看着手中的信一阵激动，是他写来的。只是信封上没有贴邮票，也没有封口。看来信还没有寄出。信是给我的，我正要抽出信来看时，只见母亲从外面走过来泣不成声地对我说："华儿，这信是你王大妈的孩子，你王强哥写的。以前的信也是他写的，他就是一直资助你上学的那个好心人哪，只可惜他在上个月的抗洪救灾的抢险中牺牲了……""什么？"我似乎不敢相信，也不愿相信这是真的。我强忍着悲痛抽出信来：

小华：

你好！

来信首先祝贺你考试取得优异的成绩。马上就要期末考试了，你一定要好好努力。下学期的学费你不要担心……

信没有写完。听母亲讲，写信的那天晚上，部队里正组织去抗洪救灾。因此，这封信就没有写完，而他的牺牲则使这封信成为一封没有发出的也永远不可能写完的信了！

我哭了，泪水滴在信纸上，眼前浮现出我小时候见到的王强哥的可爱的脸庞。

几天后，我去给王强哥扫墓。墓前，我又读起那封没有发出的信……

美感，就是审美感受，就是审美者欣赏审美对象（人、事、物、景、情、态）所产生的心理体验及其心理愉悦。生活中充满着美。上文作者体验到了这种美，表达了出来。你读了，不是有一股激情冲击着你吗？你体验到了美吗？你心理上产生愉悦了吗？

四、登上审美三层楼

欣赏一篇文学作品，要一层更上一层，走上三层楼：

第一层是作品表现了什么；

第二层是作品怎样表现；

第三层是作品表现得怎样。

走上第一层，领悟作品表现的事件、形象及其主题，把握作品表现了什么，写了什么。先读读下面这篇散文。

樟树赞

茹志鹃

①上海宋庆龄故居庭前有两棵树。

②有一次，周恩来同志觉着那房子小了一点，就劝宋庆龄同志搬个家。她不肯，说：我舍不得这两棵树。

③这是两棵樟树。

④广东有种英雄树，它长得很高。如果在它周围有别的树木，它一定要长得比别的树高出一段，方才罢休。据说它的花大，它的花红。仔细想想，即使花红如血，花大如轮，长在那么高的树上，伸着脖子，仰着脑袋，欣赏起来，难保一定有趣。

⑤樟树不高，特别是它的躯干。茂茂盛盛的倒是它的枝丫，生发开来的枝丫，长到一定程度，犹如小树干那么粗壮。粗粗壮壮的枝丫，从同一个母体躯干里生发开来，四面八方，伸得远远的，繁繁密密，阴凉特大。

⑥这是两棵树荫很大的樟树。

⑦别的树木，容易招虫。从同一棵石榴树上，就可以捉到三四种不同的虫。花花绿绿的，屈体前进的，以叶作伪装的，密密麻麻，不易发现的。它们自己寄生在树上，还在那里养儿育女，繁衍后代，并且教唆后代如何寄生。树蛀空了，它们也还不死，而且散开去，另去物色寄生体。

⑧樟树不招虫。这个特点，在它作为树的时候，就表现得十分充分。别的树要喷洒药水，而它却不必。其奥秘也可能是到后来才发现，原来是在树的本身，树的内里，就有一种拒虫的气味。因为这是一种有益的气味，人们就称它为香气。更难得的是，樟树将这种拒虫的香气，永久保持，至死不变。这一点，恐怕世界上任何科学制作的化妆品，都难以做到的。即使当它枝枯叶谢的时候，当它已经作为木料的时候，它的香气也永远不变，永不消失。只要这木质存在一天，虫类就怕它一天。樟树的高就高在这里，贵也贵在这里。

⑨上海宋庆龄故居的庭前，有两棵树。这是两棵阴凉大，不招虫的樟树。

《樟树赞》表现了什么呢？很简单，表现了两棵樟树，两棵树荫很大的樟树，两棵不怕虫的樟树。

这是怎样的两棵樟树呢？作者描写了樟树的外形：樟树不高，粗粗壮壮的枝丫，繁繁密密，凉阴特大；树的内里有一种拒虫的气味，这种拒虫的香气永久保持，至死不变。作者赞颂了樟树的内神：它的香气永远不变，永不消失，只要这木质存在一天，虫类就怕它一天。至此，樟树的形象就显现在你的眼前。

表现樟树这个艺术形象，作者想说些什么？从文章语句看，作者只说樟树怎样，没说自己想说什么，没有说读者应领悟什么道理、什么意义。这就是说，作者要读者自己去领悟象征意义，理解主题。

《樟树赞》，赞什么？赞樟树阴凉特大——可以供人乘凉；赞樟树有香味拒虫——有抗害虫蛀蚀自己的能力。从作者赞美樟树的特点中，我们领悟了作品的象征意义，理解了作品的主题：赞美樟树造福人类、抗拒腐蚀的品格。

走上第二层，了解作品的情节、结构、语言等艺术技巧，看看作者怎样用形式来表现内容的，怎样写的。作品有 9 段，我们一段一段再读一遍：

①上海宋庆龄故居庭前有两棵树。	①	开题
②宋庆龄不愿搬家，舍不得这两棵树。	②	悬念
③这是两棵樟树。	③	
④广东英雄树长得很高。	④	分述对比：
⑤樟树不高，却阴凉特大。	⑤	阴凉大
⑥这是两棵树荫很大的樟树。	⑥	复述
⑦别的树木容易招虫。	⑦	对比：
⑧樟树不招虫，有香气，能拒虫，永远不变。	⑧	香气拒虫
⑨上海宋庆龄故居的庭前，有两棵树。有两棵阴凉大，不招虫的樟树。	⑨	总述

①②③段开题，巧在顺手设置悬念：宋庆龄不愿搬家，因为舍不得樟树，为什么？宋庆龄是伟人，她舍不得樟树，定有深意。有什么深意呢？你不得不读下去。

④⑤⑥⑦⑧是分述，用对比方法。④⑤⑥对比，叙述樟树枝壮阴大。⑦⑧对比，显出樟树香气拒虫的特色。

⑨总述。像诗歌的叠章复唱一样，总述樟树的两大特点。

全文开题、分述、总述，层次清楚，中间③⑥⑨段用重复的手法，贯通了三个层次。首尾呼应，语言精练。运用悬念、对比、象征等表现手法。

更上一层楼，登上第三层表现得怎样，写得怎样，欣赏内容，欣赏艺术技巧，欣赏情感美和艺术美。

当你把握樟树的形象及其主题时，你就体验到樟树美，她特大的树荫，她袭人的香气，她特有的品格——拒虫。当你为散文的悬念所吸引，层层品味，那精巧的结构，那鲜明的对比，那朴实的语言，使你更清晰地看到了樟树形象，体验到她品格的可贵。这时候，其实你已经进入审美境界。现在，你开始品味这篇散文表现得怎么样，美在哪里，你更是处在审美的愉悦中：

——三层分明，③⑥⑨段重章，脉络分明，文气贯通，你会感到这篇散文小巧玲珑，很有情韵。

——樟树和英雄树对比，樟树同石榴树对比，形象鲜明，特点显著，你会更喜爱樟树的品格。

——象征、隐喻的艺术手法，使散文的意蕴含而不露，余味无穷，使你感到自己发挥想象、体味意蕴的乐趣。

——平平淡淡的语言，朴朴实实的文风，娓娓而谈的态度，使你体验同作家谈家常、论哲理的亲切的人情味。

——当你品尝到这种浓浓的美感时，你不联想到当前社会需要樟树的香味拒虫的品格吗？你不联想到自己需要樟树香、拒腐蚀的美德吗？你不感到自己在享受美吗？你不感到自己的灵魂受到美的熏陶吗？

文学欣赏，欣赏美，同时受到美的陶冶。

五、登上第一层，体验作品的灵魂美

文学欣赏的第一层，诵读语言，感知艺术形象，理解主题。这也是通常说的把握作品的思想性。

诵读语言。高尔基说“文学的第一要素是语言”，因为作家用语言叙事、描写、抒情，来表现纷繁复杂的社会和形形色色的人物。《樟树赞》，用“茂茂盛盛”“粗粗壮壮”等写樟树的外形，用“樟树将这种拒虫的香气，永久保持，至死不变”写樟树的内神。读懂这些语句，就把握了樟树的形象。还要把握关键语句，例如“即使当它枝枯叶谢的时候，当它已经作为木料的时候，它的香气也永远不变，永不消失。只要这木质存在一天，虫类就怕它一天。”要理解这些语句的字面含义，还要捕捉言外之意：樟树生时散香拒虫，死后还能存香拒虫，它的高贵品格生死不变。

感知形象。艺术形象，主要指作品中饱含思想感情的人物形象，还指动植物形象、景物形象，一个场面，一种气氛，一种情趣。高尔基说，文学“把真理化为形象——人物的性格和典型”。作家用艺术形象反映生活，表达感情。读《樟树赞》，就要领悟樟树的艺术形象，如上所述的外形内神。读鲁迅《故乡》，要感知闰土的形象：老年闰土通红的眼睛、灰黄的脸、松树皮样的手，“苦得像个木偶人”，忠厚、忍让、麻木；少年闰土的紫色圆脸，项戴银圈，手捏一柄钢叉，开朗、勇敢、聪明。要理解这两个形象的意义。读贾平凹《我的小桃树》，也要感知小桃树的艺术形象：弯弯的身子，弱小的花骨朵，苍白的花瓣纷纷零落，“洒落得变成赤裸的了”，只“保留着一个欲绽的花苞”。这棵屡遭厄运的小桃树，在逆境中表现出顽强的生命力。理解了这个艺术形象，就能正确地把握主题。

理解主题。主题是作品的灵魂。高尔基说，“主题是孕育在作家的体验中的一种思想，这种思想是生活暗示给作家的”。(《和青年作家谈话》）唐弢说：“主题需要从题材产生，但又反过来使题材趋于完整；好比灵魂需要依附于肉体，但又反过来指导肉体，使肉体成为一个有机的生命一样。”（《理乱麻》）作家受生活（素材、形象）启示，形成一个观点，一种感情，激动不已，于是用形象和情感来反映生活，塑造形象，把这种思想感情表现出来，这种思想感情就是主题。读者欣赏作品，感受作品中的生活，感受艺术形象，体验、领悟作品所表现出来的思想、感情，就把握了主题。《我的小桃树》的主题是什么呢？下面是散文的最后三段：

> 雨却这么大的下着，花瓣纷纷零落。我只说有了这场春雨，花会开得更艳，香会蓄得更浓；谁知它却这么命薄，受不得这么大的福分，片片付给风和雨了？我心里喊着我的奶奶。
>
> 雨还在下着，我的小桃树千百次地俯下身去，又千百次地挣扎起来，一树的花一片、一片，洒落得变成赤裸的了。就在那俯地的刹那，我突然看见树的顶端，高高的一枝上，竟还保留着一个欲绽的花苞，嫩红的，在风中摇着，却没有掉下去，像风浪里航道上远远的灯塔，闪着时隐时现的光。
>
> 我心里稍稍有了些安慰。啊，我的小桃树啊！我该怎么感激你，你到底还有一个花苞呢，明日一早，你会开吗？你开的是灼灼的吗？香香的吗？你那花是会开得美的，而且会孕育出一个桃儿来的。我还叫你是我的梦的精灵，对吗？

作家写小桃树的厄运，写受到种种冷遇和摧残，苍白、瘦小、光秃秃，只留下了顶端的一个花苞。作者在逆境中看到了小桃树，体验到小桃树的生命力，因而有了希望和信心，相信小桃树“那花是会开得美的，而且会孕育出一个桃儿来的”。小桃树的感情、命运同作家是相连的，小桃树身上寄托着作家的梦。《我的小桃树》表现了赞美生命力、赞美希望的主题，给人一种启发，一种震撼。

臧克家1932年创作短诗《老马》：

老　马

总得叫大车装个够，
它横竖不说一句话，
背上的压力往肉里扣，
它把头沉重地低下。

这刻不知道下刻的命，
它有泪只往心里咽，
眼里飘来一道鞭影，
它抬起头望望前面。

短诗写老马默默忍受重压和鞭子。主题是什么呢？意见不一。有的说表现旧中国农民受苦受难，有的说表现农民不反抗的消极性。有的说表现诗人自己的奴性。

文学欣赏要考虑“文学欣赏三角”，要联系时代生活、作家意图、读者素养，而主要依据作品本身。臧克家自己说：“从表面上看，写的是一匹负重受压、苦痛无比、在鞭子的抽打下不得不向前挣扎的老马，但几乎所有的读者和选本的注释家，都说我写的是受苦受难的中国的农民。”可是，臧克家又说，他创作的时候不曾想到农民的命运，只是看到这么一匹受苦受难的老马，可怜它，同情它，不写不快；这种诗情倒是反映了大革命失败后苦痛和悲愤的自己。由此看来，《老马》的主题应是表现在重压下挣扎的人的悲愤。

作家的创作意图就是作家在作品中想说些什么，想表现自己的什么观点、感情、倾向。读者要尊重作家的创作意图，同时也要联系时代生活和自己感受，来独立欣赏，理解、阐明作品主题。诗人刘征特别赞赏《老马》。他青年时候初读这首诗，“我直接联想到的第一个人是我的母亲。……后来家道衰落，在她那已压弯了的老迈的肩头更加上生活的重负，她终于在重重重压下度过了一生。‘背上的压力往肉里扣，它把头沉重地低下。’我的妈妈不正是在封建重压下妇女中的‘老马’吗?”刘征品读这首诗的诗味：“刻画形象采取寥寥几笔的素描笔法，表达感情臻于意蕴其中、音在弦外的境地，运用语言千锤百炼，具有巨大的容量和鲜明的节奏感。”他认为《老马》的主题是：“……这首诗具有极为深广的内蕴，自然包括无数苦难深重的旧中国的农民在内，也包括一切在重压下痛苦挣扎的人，其容量简直是浓缩了历史的苦海。”(刘征《〈老马〉神韵》)把握了这个主题，联系自己的生活，诗人刘征欣赏这首诗，达到了一个新的高度。他品出了这首诗的主题的深广：“短短的八行诗，一匹老马，竟跨越时间和空间，有如此深广的涵蕴，竟有如此多的苦辣酸咸的滋味，在近一个世纪的新诗宝库中罕有其匹，甚至诗人自己也是始料未及的。”

六、登上第二层，把握作品的形式美

走上第二层，分析作者怎样用形式来表现内容，这形式包括运用构思和结构、人物和情节、语言和风格等艺术技巧。这也是通常说的把握作品的艺术性。

茅盾把艺术构思、人物描写、情节结构、文学语言等运用技巧看作文学家的“表现力”，要求文学家提高艺术技巧，“因为文艺作品是要通过形象去表现思想的，技巧不好，形象不生动，感动人就不会深刻，因此技巧还要注意的”。(《怎样阅读文艺作品》)

先品味构思和结构之美。广义讲，创作中选择题材，提炼主题，设计人物，安排情节，组织段、节，选用语句，都是构思。狭义讲，安排材料详细，人物、情节展开的顺序，安排开头、过渡、照应、结尾等，就是构思；这种构思落实于作品，就是作品的结构。

作家构思，创作中落实为有形的结构；读者欣赏，分析结构，领悟无形的作家构思。我们先分析下面作品的结构，再体会作家的构思。

海　浪

沈百英

前面一个浪，
后面一个浪，
后浪追前浪，
两浪撞一撞。

只剩一朵白浪花
前浪没落后浪扬。
问你前浪为甚不快走？
却叫后浪来追上！

这首儿童诗两个诗段，八句。前一诗段写实，后浪追前浪。后一诗段先实后虚，“前浪没落后浪扬”，接着一问一答：后浪追上前浪。从结构上看，前实后虚，实写形象，虚显意蕴。从构思上看，诗人着力描写后浪赶前浪，象征争朝夕、争先进的斗志和精神，精巧的构思形象地表现出象征意义。我们朗读、欣赏之余，不得不赞叹诗人的平淡中出新奇的构思之美。

再读一篇小小说。

蛙　跳

张广建

天火热，太阳光着屁股在河滩上耍野，烤得柴柴草草生烟。老汉带着宝贝孙子小管在毛豆地里汗水淋淋地割草。

小管抹着额上的汗说：

“爷，热。”

“热，歇歇。”

爷孙俩提着镰来到河边柳荫下歇坐。小管问爷：

“我考上初中，你叫上不？我爹说叫上。”

“咱不。咱认字儿念个信甚的，不是睁眼瞎就行。多了，种地也没用处。”

“兴许能考上大学哩。”

“兴不许呢？不是白耽搁那几年工夫？再说，咱这离城远，祖祖辈辈谁家出息过人物？”

小管不再言语，只管看着河水发呆。

一只青蛙自河中蹦上岸来，三跳两跳隐入豆地。小管飞快跑过去，转眼工夫把青蛙抓回来。

“拿绳绑住它。”小管捉弄着手中的青蛙，自言自语。

“不绑。爷有手段。”说着，老汉起身用镰尖剜地，不大会儿就剜了个又窄又深的土坑。

“放进去，它出不来。”爷指着土坑说。

蛙被放了进去。

小管见蛙急得蹦跳，忙用手捂。

“甭捂，蹦不出来。”爷拍拍手，吸上烟，坐回原处说，“只管看着，它蹦不出来。”

小管放手看蛙，目不转睛，说：“我放个棍儿，它能爬上来不？”

“放吧。爬不上来。”

放了棍儿，果然无用。蛙跳蛙跳，眼看越跳越低，还是跳个不停，却横竖跳不出坑来。

爷扔下烟头拍腚起身说：“走，再割。头晌割满一车哩。”缓步走出树荫。

“割。”小管也离开沙坑，起身随爷去割草。

头晌，车上捆满了草，爷俩准备回家。小管说：“爷，带上那蛙，回家叫我娘剥剥炸炸吃。”

“带上。”爷坐在车上收拾牛车，小管飞快跑去逮蛙。

近至坑前，小管瞪眼。只见，坑已塌陷。蛙无。

数年后，小管考上大学，离开了自家村。

读一遍，作品明显地分前后两部分。前一部分，写祖孙对上学的不同看法，爷爷守旧，“不是睁眼瞎就行”，上初中“不是白耽搁那几年工夫”？孙子想上学，“兴许能考上大学哩”。接着宕开，写捉蛙、囚蛙，爷爷认为“它蹦不出来”，最后：“坑已塌陷。蛙无。”青蛙跳出坑，跑了。后一部分，只有一段，就是最后一段：“数年后，小管考上大学，离开了自家村。”作品结构很特殊。穷乡僻壤，落后地区，飞出金凤凰，出了大学生。这是生活。作家感悟，塑造形象，表现自己体验到的思想。怎样表现呢？作家别出心裁，用爷爷囚蛙、而最终蛙跳来对比，表现旧观念束缚孩子而最终穷孩子创出新路的主题。关键是后一部分，结构上看只有一段，而从构思上，却是主体，展示了新的境界。旧传统束缚人，而挡不住新潮流；新时代激励人创新路，做新人，创造新天地。作品构思大胆，以少胜多，留下了供读者想象的艺术空白，显示了特殊的魅力。

七、登上第三层，欣赏令你激动的美

更上一层楼，登上文学欣赏的第三层，欣赏作品表现得怎样，品其好坏优劣，集中欣赏作品的情感美和艺术美。这是在把作品的思想性和艺术性统一起来的基础上，集中审美。集中审美，不是像研究者那样从内容到形式，面面俱到，而是欣赏最令你激动的一点，最令你赞叹的一点，或者人物的一个闪光点，或者一幅迷人的风景，或者一层耐人寻味的寓意，或者一个精巧的构思，或者一段形象的语言。对一篇作品，不同的人可以欣赏不同的侧面；对同一侧面，不同的人会有不同的审美体验。在审美活动中，可以充分发挥个性，可以公说公有理，婆说婆有理，只要出之真情，言之有理。

文学欣赏应当充分发挥个性，突出个人爱好。是不是就没有共同的标准了呢？不是的。茅盾说：

如何分别作品的好坏呢？有人以为各有所好，无有一定的标准，但我们要求有一个标准。这个标准如何定下来呢？就是要看这作品使读者思想发生的变化是属于哪一类的。如果这作品使人看了后想发财，想不劳而获，损人利己，那当然不是好作品，但即使不致如此，而使人发生消极悲观思想，认为人间无是非，人生毫无意义，奋斗是徒劳的……等等，那就也不能不说是坏的作品。与此相反，使人读后获得进步思想，能够辨别是非，因而振作发奋，勇敢地与恶势力斗争，这作品就有积极的意义，就是好的。（茅盾《怎样阅读文艺作品》）

共同的标准是，热爱祖国、热爱人民，有利于表现和向往真、善、美，揭露和反对假、恶、丑。

人类之爱，是一个感人的育人的母题。人类之爱表现在家庭，是亲情；表现在情人之间，是爱情；表现在朋友之间，是友情；表现在家乡父老中间，是乡情，等等。在初中语文课本中，有许多课文是表现这种亲情、爱情、友情、乡情的。朱自清《背影》是写父子之间相爱相怜的亲情的，再读读下面一段：

我说道："爸爸，你走吧。"他往车外看了看说："我买几个橘子去。你就在此地，不要走动。"我看那边月台的栅栏外有几个卖东西的等着顾客。走到那边月台，须穿过铁道，须跳下去又爬上去。父亲是一个胖子，走过去自然要费事些。我本来要去的，他不肯，只好让他去。我看见他戴着黑布小帽，穿着黑布大马褂，深青布棉袍，蹒跚地走到铁道边，慢慢探身下去，尚不大难。可是他穿过铁道，要爬上那边月台，就不容易了。他用两手攀着上面，两脚再向上缩；他肥胖的身子向左微倾，显出努力的样子，这时我看见他的背影，我的泪很快地流下来了。我赶紧拭干了泪。怕他看见，也怕别人看见。我再向外看时，他已抱了朱红的橘子往回走了。过铁道时，他先将橘子散放在地上，自己慢慢爬下，再抱起橘子走。到这边时，我赶紧去搀他。他和我走到车上，将橘子一股脑儿放在我的皮大衣上。于是扑扑衣上的泥土，心里很轻松似的。过一会说："我走了，到那边来信！"我望着他走出去。他走了几步，回头看见我，说："进去吧，里边没人。"等他的背影混入来来往往的人里，再找不着了，我便进来坐下，我的眼泪又来了。

儿子看到父亲爬月台的背影，感到父爱的真真切切。这是普普通通、实实在在、浓浓厚厚的父爱，使得朱自清几年以后还真真切切地看到那身穿青布棉袍黑布大马褂的肥胖的背影。

《背影》感动了一代又一代人。在课堂上，有的同学受到这种父爱的冲击，十分感动。有的同学，无动于衷，甚至觉得好笑：一个背影有什么好激动的！聪明的老师出了一道小作文题：写父亲或母亲的一个动作，这个动作使你感到父爱或母爱，一直记到今天。一文激起千层浪。有的同学写母亲背自己上医院看病，满头大汗。有的同学写母亲拉着自己的手，送自己上小学，整整送了四年，永远忘不了母亲拉着自己手过马路的样子。有的同学写父亲大雨中给自己送伞。有的同学还写父亲连夜洗儿子的臭袜子，赶着明天运动会用。……同学们在父爱或母爱的大海中捡起了一朵朵爱的浪花，沉浸在爱的暖流中，受到一次震撼。这些同学再读下面的句子，感受就不一样了。

……他用两手攀着上面，两脚再向上缩；他肥胖的身子向左微倾，显出努力的样子，这时我看见他的背影，我的泪很快地流下来了。……

同学们联想到自己父母为自己做的一件件事，一个个动作；眼前出现了一个个身影，心灵受到了一阵阵冲击。同学们进入了情感审美的境界。

朗读短诗《镜子》，并对比初稿：

镜　子

王尔碑

（定稿）	（初稿）
珍贵的镜子被打碎了 别伤心，有多少碎片 就有多少诚实的眼睛……	珍贵的镜子被打碎了， 别伤心，有多少碎片， 就有多少诚实的眼睛。

那是无数小小的明镜呵，
它依旧可以完整地照出——
魔鬼的嘴脸，丑恶的灵魂。

镜子是美的，它是审美的眼睛。镜子打碎了，似乎美破灭了。然而，美的探求者不会止步的，继续追求美；美也不会消失。珍贵的镜子打碎了，更激励人们求美，创造美，因此“有多少碎片，就有多少诚实的眼睛”。短短三行诗，有曲折，有发展，形象鲜明，寓意深刻。比较一下初稿，原来还有三行：指明碎片也是明镜，可以依旧照出“魔鬼的嘴脸，丑恶的灵魂”。初稿的后三行指出了碎片仍旧有揭露丑恶的审美价值。不过，我们可以问，难道碎片——“小小的明镜”不能显示善良的笑脸、高尚的灵魂吗？显然，明镜既可以审悟真善美，也可以审悟假恶丑。诗人删去了初稿的后一半，镜子的形象更鲜明，主题更集中，诗意更浓了。我们不得不赞美诗人构思之精美，语言之精练，寓意之精深。

文学鉴赏，登上一层又一层，层层都在体验、理解，而到了第三层，在把握作品的内容和形式的基础上，集中地欣赏情感美和艺术美，好像精心切割抛磨金刚石，使射到无数切面的光线折射到钻石顶面，最后使你凝视到跳动在钻石顶面的光芒，感到灿烂辉煌，爽心悦目。文学欣赏，就是要在作品中切磨出钻石，熠熠生辉，魅力无穷，令你目迷心醉，陶冶情操。

感恩师友

叶老教导我要一辈子搞教材

“能够亲眼看到这三个‘根本好转’”

1983年11月27日，全国中学语文教育研究会第三次年会在北京召开，会长吕叔湘先生致开幕词，名誉会长叶圣陶先生作报告《对于中学语文教学的意见》。

叶老到会讲话，大家很兴奋。我坐在前排，静心恭听。叶老须眉皆白，精神抖擞，语音洪亮。叶老从当小学教师讲起，说：“教语文，老师讲，学生听，每一篇文言课文都要听老师讲了才懂，离开了老师就读不懂。这样的学法对学生有什么好处?”接着说：“现在是什么时代呢？八十年代！现在需要什么呢？要建设中国特色的社会主义，要建设高度的社会主义物质文明和精神文明。”叶老停顿一下，环顾一会儿，大声说：“语文课再这样教下去行不行？不行！要改，非改革不可！”

语文教育界泰斗，这样大声疾呼，令大家出乎意料，群情振奋。叶老话锋一转，动情地说：“诸位知道，我年纪相当大了，过了八十九岁了。年纪越大的人，心越急。去年中国共产党开第十二次全国代表大会，闭幕词是李先念同志讲的，末了说了三个‘根本好转’，国民经济情况的根本好转，党风的根本好转，社会风气的根本好转。”接着，语出惊四座：

我希望活到九十四岁，能够亲眼看到这三个“根本好转”！

当时，我十分惊喜，一喜叶老热爱生活，健康长寿，二喜叶老壮志犹在，要加快语文改革。八十九岁的叶老还要活过一个五年计划，充满旺盛的生命力。

事后，令我十分惊奇。1988年1月16日，叶圣陶先生寿终谢世。叶老生于1894年10月28日，1888年谢世，享年九十四。那天，闻哀，我十分沉痛，也十分惊奇：叶老准确预言自己九十四岁谢世！

“要一辈子搞语文教材”

回忆叶老，他的笑容、教诲历历在目，他教导我要一辈子搞语文教材。

1981年4月23日、4月30日、5月7日，叶老接连致信刘国正，转交读者来信，并要求从语文课本中抽去课文《蚕和蚂蚁》。5月11日，我奉人教社中学语文室主任刘国正指示访问叶老。

上午十时，我按约定准时到叶府。进室坐定，只见叶老缓步走来，面色红润，白须雪眉，令人肃然起敬。我说明来意。叶老一语一顿说了《蚕和蚂蚁》的创作意图和主题。叶老说：“当时写这篇童话，大概想写不同社会制度下的两种工作态度、两种劳动的意义。‘蚕’可以算是转变人物。”叶老说，教师教这篇课文，对主题有不同的认识，常来信问。叶老问：“能不能抽掉这篇童话?”我说：“今年是无法抽掉这篇课文了，要抽，也要等到明年。再来信，没关系，我再答复。”叶老说：“你替我复信，那要谢谢你了。我无法复信，复了，人家还会想出新的理由跟你辩。我眼睛不好，看信不方便。”

谈完正事，我主动提问：“有一个问题，我请教。你是什么时候开始接触社会主义学说的?”因为当时我正在研究叶老“五四”新文化运动时期的文学创作，想把握叶老当时的思想起点。想不到叶老平静地答道：“说实话，我自己也分析不清楚我的思想。”又说自己那时学习新思想，各种学说的文章都读，“我读了些关于‘社会主义’的文章。《新青年》上李大钊的文章是肯定读的。不过，没有认真地读一本马克思主义的原著。当时，受新思想的影响是多方面的，自己追求理想社会，很热情，但也很朦胧。所以，我自己也说不清当时我的思想。”叶老说得那么平淡，实在，我一时不知问什么。

叶老见我语塞，就主动放松，说：“你，我面熟，似乎见过面?”我说：“是的，去年十月，我陪上海教育出版社两位同志拜访过您。”叶老说：“喔，是两位女同志，一位年纪大一点儿的。”又问：“你到社几年了?”接着又问姓名，怎样写，哪所大学毕业。我一一回答。最后，说到语文教材。我说，我刚搞语文教材，没经验，只是一心想搞好。叶老说：“语文教材，看看容易，编出来容易啊，编好就难了。”还说了自己编语文教材的体会，大意是自己搞了一辈子语文教材，还没有搞好。“你一心想搞好教材，好啊。你要搞好，得用一辈子啊——要一辈子搞语文教材!”

告别时，叶老送到门口，双手抱拳一躬，说“走好走好”。想不到叶老对我打躬，还鞠躬，我就慌忙地一鞠躬，说“谢谢，谢谢”! 叶老时年八十七岁，我四十三岁。这一情景定格在我脑海中，而“要一辈子搞语文教材”这一教导，主导了我后半辈子的生活。

5 月 14 日，我写成《〈蚕和蚂蚁〉主题浅谈》，送刘国正先生审查，并再送叶老审定。5 月 23 日，接到叶至善先生来信，说：

> 我把《〈蚕和蚂蚁〉主题浅谈》看了一遍，把文章的论点讲给我父亲听了。他没有提什么意见。我看，文章可以发表，免得在教学中造成混乱。有些教师乱联系，只有把学生越教越笨，实在可怕。将来有机会，我也想写点儿小文章讲这件事。顺致
>
> 敬礼
>
> 叶至善　22 日晨

7 月 22 日，我给叶老寄去北京《中学语文教学》第 7 期，上载《〈蚕和蚂蚁〉主题浅谈》。三天后收到叶老来信。

> 文中同志：
>
> 赐书敬诵。关于《蚕和蚂蚁》之来书俱承您回答，感不胜言。今将罗萍来信奉还，请归档。我总盼望删去此篇，以免心头之不安。
>
> 即请
>
> 暑安
>
> 叶圣陶　七月二十五

对我该做的小事，一代宗师叶老“感不胜言”，我更是“感不胜言”，学习叶老，努力编好教材。

“希望大家超过他”

1982年3月19日，收到北京发行的《新文学论丛》（此刊推迟半年发行），上载我的一篇《试论叶圣陶“五四”时期的文学观》。1980年前后，休假日我带着中午干粮，去北海东面的北京图书馆和雍和宫南面的北京图书馆，查检1920年、1921年的北京《晨报》副刊和1914年、1916年的《小说丛报》《礼拜六》等，收录叶老那时的文艺论文、文言小说，研究并撰写两篇论文。我把《新文学论丛》寄给了叶老。

第三天收到叶老的大信封，内有赠书《叶圣陶论创作》一书。还有叶老亲笔信：

> 文中同志：承　惠示大作，容徐徐阅览，借沾教益。
> 呈上新印拙作一册，希　一笑存之。即请
> 著安
>
> 叶圣陶　三月十九日

叶老当天收到我的文章，当晚就回信赠书。第二天一上班，我就收到叶老的大信封（人教社和叶老之间的信件，有专人递送），就拜读叶老亲笔信，心中十分敬佩。

那一阵子，我在张志公带领下，同田小琳、黄成稳一起制订《中学教学语法系统提要》，编写中央广播电视大学《现代汉语》三册课本。3月24日访问吕叔湘先生，3月25日访问王力教授。我心里一直想去访问叶老，怕打搅他，忙乱中没有实行。一天，我给叶老打电话——第一次给他打电话。家人接通后，叶老接电话。我大声报名，说谢谢赠书。电话传来震耳的语音：“啊，庄——文——中，文中同志啊……文章我读了，那么多‘五四’时期我写的文章哪儿找的？啊，哈哈，请来家坐坐……文章还要读读……谢谢啊！”我中间说话，感到他听不全我所说的，这样在双方的“谢谢”声中

结束通话。我想择日登门拜访。

1986年12月19日，我接到吕叔湘先生12月7日来信。他要对课文《语言的演变》作两处修改。最后，先生说："负责一室工作，想必比以前更忙了。"我知道，"三老"关注中语室的教材工作，我想去拜访吕老、叶老，问安请教。一天，给叶老打电话，叶至善接电话。我说明目的，叶老接电话。我大声报名问安，中间还说了几句编订语文教学大纲的事。陆续听到叶老洪亮的嗓音："啊，文中同志，忙吧？喔，听至善说，教育部开会，成立教材审定委员会，审定教材，好啊！……好，请来家坐坐啊！"他还是听不清我所说的全部内容，可是他消息挺灵通，可能他儿子至善都告诉他了。那年9月22日，国家教委在京召开全国中小学教材审定委员会成立大会，我和至善先生同室开会讨论。在电话中，我谢谢他对我的关怀、教导，并特意说了句"祝您长命百岁"。那年，他九十二岁。

1986年、1987年，我随张志公、刘国正去叶府，给叶老新年祝寿。叶老精神很好，只是坐着，不能送到门口作揖告别了。

1990年4月7日，叶圣陶语文教育思想研究中心成立大会在扬州召开。叶至善在会上说，我父亲的教育思想，不是他一人的思想，是许多朋友的思想。他说："父亲最怕一代不如一代，要发展，在实践中发展。""父亲的想法是后一代超过前一代。"会下，我同叶至善交谈，说："叶老，一代宗师，很难超过他，只能在某一方面超过他。"叶至善坚决地说："希望大家超过他。我父亲就是这样想的。"我想，这是叶老的真实思想感情。

我怀念叶老，感恩叶老，用我自己的方法。1994年前后，我撰写了研究叶老的文学和语文教育学的六篇论文：《叶圣陶百篇短篇小说概论》《叶圣陶的语文工具观》等。今年，又写成《论"三老"语文工具观》，阐述叶圣陶、吕叔湘、张志公的语文工具观是一个整体。

撰写文章深寓怀念之情，编好教材诚表感恩之意。

写于2010年2月10日　北京

我只敢怀念吕叔湘先生

我同吕叔湘先生交往十多年，吕老指导我工作，教育我做人。我不敢称他为老师，只敢怀念他。

1986 年 12 月 17 日，吕老寄来信，说《语言的演变》有两处修改，“请在纸型上处理”。最后说：“负责一室工作，想必比以前忙了。专此，顺颂编安。”

1986 年 8 月，我被任命为人民教育出版社语文二室主任，负责编写高中、中师、幼师等语文教材。这一年以前——1981 年至 1986 年，主要在中学教学语法工作方面受教于吕老；这一年以后——1986 年至 1996 年，主要在中学语文教材方面受教于吕老。

78 岁吕老师教育 64 岁学生张志公

1982 年 3 月，在张志公先生指导下，田小琳、黄成稳和我编写出《中学教学语法试行方案》，送吕先生审定。试行方案有三部分：1. 说明；2. 语法系统概述；3. 关于教学重点的建议。有 2.1 万字。4 月 23 日，张志公、小琳、成稳和我拜访吕老，听取审查意见。吕老开门见山，说：方案“烦琐”了，要搞得简明、协调，要让中学教师好学好用，“不要叫那些‘理论家’们的高论唬住了”。张志公说了些看法。吕老说了些结构、层次的理论问题，接着说了短语问题：

> 试行方案给人以烦琐的印象，主要是由于要拿结构关系做中心，从句子一路贯彻到各个层次。这样就有混淆主要层次和附属层次的危险，

亦即混淆森林与树木的危险。这烦琐主义又表现在短语的名目上。稿本14—16页列举了词组十五种之多，然而还是有遗漏，例如数量词组、动名词词组，并且非常有用的、表明短语和词的共同性的名词性词组、动词性词组、形容性词组根本没有。

吕老接着说短语可以分为六种：名词短语、动词短语、形容词短语、介宾短语、主谓短语、四字熟语，前三种可以分别列举结构，“但也不需要多列名目”。

我们作了一些解释，提了一些具体问题，你来我往，交谈了两个小时。最后，吕老看了张志公一眼，正色道：“志公，要考虑大多数中小学教师，方案不能烦琐。否则，我带头批评它!”语出惊人，四人相顾。还是张志公了解老师，笑一笑说：“好好，我们按您的意见改一改。一定能搞好方案的。”

事后，我们讨论、修改，再讨论、再修改，形成试行方案第二稿，再送吕老审定。6月7日，接到吕老方案修改稿。吕老比较满意，不过，给张志公一信，要求他誊清、检查，“这得耗你两三天的时间”，分发有关人员、单位，征求意见，还嘱咐“送出去的时候要你亲笔写信”，最后说：“总之，这件事要当它一件事认真对待。”试行方案搞了前后两年，修改了六稿，吕老改了六稿（后改名为《系统提要》）。我来回送接，感悟身教重于言教。

吕老是张志公大学毕业论文的导师，那是1944年。以后，师徒共事30多年。1982年，吕老78岁，担任全国人大常委会委员、全国语言协会和全国中语会的会长。张志公64岁，是这两个学会的副会长，还是全国民进中央的常委，中国修辞学会会长。78岁老师吕叔湘教育64岁学生张志公，用言教，更用身教。这给我们小字辈上了一堂严师出高徒的实践课。

“你要下苦功夫，要出成果”

1983年1月15日，吕老到张志公家，我陪坐，因为张志公在办公室有事。闲谈中，我请教编课本，问他编开明课本事。他说：

《开明新编高级国文读本》，我只挂挂名，只选注了几篇。《开明文言读本》，我花的功夫多。导言是我写的，注课文十多篇。你们可选读文言的笔记文。我编《笔记文选读》就是供中学生选读的，是下了功夫的，你可以从中选一些。你有没有？回头，我送你一本。

接着，说起做学问，著书立说。他问我忙什么。我说忙语法教材，还想研究叶圣陶。他问研究什么。我一高兴，说："我已经发表了两篇文章，《试论叶圣陶在"五四"时期的文学观》《论叶圣陶文学语言的风格》。"他笑着说："你还研究文学？想不到。"我说："我是南京大学中文系的，文学专业。"他笑起来，说："你是南京大学的？喔，咱们算是校友吧。"我比吕老小 34 岁。吕老在南京大学的前身金陵大学当了八年研究员、教授。吕叔湘先生，个儿小、前额大，笑起来额头堆起线条分明的皱纹，显得稳重、忠厚。这下，气氛亲切起来，老、小校友谈心。他说：

做学问，要才、学、识。这是刘知几说的。才，有的是天生的，有的是后天学出来的。学，是要靠学习，只要认真学，总有些心得。识，要有眼光，不容易。小庄，你要培养自己的眼光，要能看出来：这篇文章好在哪里，坏在哪里，哪些是一般性的，那些是创造性的。识很重要，要有识。

张志公回家，三人谈了一会儿，我起身告别。吕老说："小庄，把你研究叶老的文章送我看看。"我说"哎哎"。下午，我寄去杂志。第三天收到他的《笔记文选读》，特意题词、签名。

1983 年 9 月 8 日，接到吕老电话，嘱我去他家取《中学教学语法系统提要（试用）》第五稿。下午三时到吕府。我问《系统提要》怎样。他说可以了，又说："《系统提要》主要是工具，不是目的，不要求全，而要求实用。"还逐条说了修改意见。谈完工作，他喝了口水，问中央广播电视大学教材怎样。我说电大《现代汉语》课本三册，一百万字，去年年底已经编成。最近录制讲课磁带，我录制了十六课。他说："志公的工作效率真高啊，也累了你们。”我说，真是累了，不过也高兴啊。他笑了笑说：“做学问，要实实在在，认认真真。你要下苦功夫，要出成果。”接着，他说起了写《中国文法要略》时的事情。那年，在成都华西协和大学（现四川大学华西医学中心），初识叶圣陶先生。叶老建议他编写《中国文法要略》。那时正值抗日战争艰苦时期，生活动荡，学业艰难，也资料缺乏，写作时有难以为继，自己只是下功夫，咬紧牙关，非写出来不可。终于，1942年商务印书馆出版了《中国文法要略》上卷，出了成果。1944年又出版了中卷、下卷。吕老说：“有了成果，我就走上了大路。你说，没有这个成果，会怎么样呢？所以，做学问不能吵吵闹闹，要嘴皮，不著作。要下苦功夫，要融会贯通，要出成果啊！”吕老从自己五年写作《中国文法要略》成名之作的实践中，提炼出学者治学的金玉良言，令我茅塞顿开，全力以赴。1983年国庆节，我完成了30万字的《中学教学语法新编》。1984年出版，这是当时第一部根据《中学教学语法系统提要（试用）》编写的书。我给吕老寄去这本书。在电话中，我说：“吕先生，这是受了您的教导写成的，书中还照录了您的‘才、识、学’教导啊。”吕老在电话中回答道：“啊，不敢当，出成果啦。”透过电话，我感到吕老很高兴。

1983年后，在语言学会、中语会、叶圣陶研究会等召开的会议上，我聆听吕老的报告、发言。1986年10月在北京开现代汉语语法研讨会，南京大学校友龚千炎、王希杰、于根元等七八位学者到会，吕老很高兴。吕老夫妇跟龚千炎照相。吕老看见我，说：“小庄，来，校友合个影。”吕老为人师表，不仅出专著成果，而且培养人才——龚千炎、于根元都是他培养并在他手下工作的语言学家。

吕老实实在在为我们当顾问

1986年9月，国家教委成立了全国中小学教材审定委员会，要审定教学大纲和教材。吕叔湘先生是审定委员，又是人教社特聘顾问。我们人教社更忙了，好在可以及时请教吕叔湘、张志公先生。

吕老关心教材建设。例如，特别叮嘱教材不要出现错字病句。他以身作则：课本选用了吕老的《语言的演变》《错字小议》《人类的语言》等课文，吕老发现问题，及时通知我们修改。

1988 年 11 月 4 日来信，要求修改语句：

> 《人类的语言》有一处要修改，如下：
>
> ……都是人类不同于别的**高等**动物的特征。别的动物……
>
> ……了吃。别的动物**除了天上飞的和水里游的**走路都是……

在句中分别增加“高等”和“除了天上飞的和水里游的”，语义更准确。

1989 年 4 月 21 日来信：

> 文中同志：
>
> 关于《错字小议》那篇里边的两个错字，我又陆续收到几封信，大概以后还会不断有人来信。我想，可不可以在《课程·教材·教法》上登一更正启事？请考虑。
>
> 敬礼！
>
> 吕叔湘　1989.4.21

对吕老的课文，许多老师去信，指出错字，或者指出语句问题，或者商讨内容，令吕老花费不少时间回信解释。吕老特别严谨，心中不安。来信中，特别叮嘱：“收到这封信后请打电话 5002484，说‘收到了’。”为了纠正两个错字，要求在刊物上登启事，可以体悟吕老心情。在电话中，我说挖改课本纸型，要等到秋季用书才行。吕老说，中小学课本课文，千千万万学生读，影响太大。又说：“小庄啊，课本见错就改，越快越好。课本传布好文章，好语言，不能传布错字病句啊！”吕老一再指示我，要把好关，课本中不要出现错字病句。可是，尽心尽力审读，战战兢兢发稿，我还是没有完全做到，这是十分抱憾的。

1987 年人教社初中语文课本编配了 20 篇语法知识短文，课文第一次按照《中学教学语法系统提要（试用）》编写。这些课文按照语法系统讲知识，结合学生实用少，又有许多新知识，致使教学效果差。于是，有些人提出中学语文教学要“淡化语法教学”，有人更是要求取消语法教学内容。

1990 年 12 月 20 日上午，张志公、刘国正、张定远和我去吕府，拜贺新年，谈了一小时四十分，我随手作了记录。事后，我摘出吕老谈中学语法教学的内容，并请他审认。1991 月 12 日，吕老改定送我。全文如下：

> 初中语法教学不是淡化问题，而是研究怎样教得使学生觉得有用。
>
> 教学内容不要强求系统完整，面面俱到。要使学生觉得学的有用。最好是结合作文批改示范。我那本《中国文法要略》，下册“表达论”，讲“范畴”“关系”，从意义到语法形式，表达什么意义用什么句子格式，可以参考，但也只是供教师参考，不要按那里的章节一个不落地讲。
>
> 可以教些语法的最基本的内容，学生最容易出问题的地方。要选择重点，选择有用的内容。例如，讲讲“如果”和“即使”怎样用；现在不少人用错。要讲些对学生实用的知识，培养学生观察和分析语言的能力，要让学生好学好用。
>
> 北京要召开“中学语法教学研讨会”，遵从医嘱，我不能到会了。祝会议开出成效，开得成功。(庄文中记录)

1991 年 1 月 27 日到 29 日，国家语委、语言所、课程教材研究所等六单位联合在北京召开中学语法教学研讨会。会上宣读了吕老的谈话，引起极大反响。

吕老关于中学语言教学的思想，坚定了我在初中、高中都要有语言教学要求和教学内容的看法，并落实在语文课本中。1997 年前后，还写了《中学教学语法和语法教学》《中学语言教学研究》两本书。

1989 年我们修订高中语文课本，文言文教学特别是文言知识教学，是个难题。我特意给吕先生去信，请教。

1990 年 1 月 17 日吕老来信。

文中同志：

信诵悉。

中学读文言，仍以理解文义为主要目的，系统地讲文言的语法似非必要。而且现在也还没有出现一本好的文言语法书。*我的意见是以和白话比较为主要手段，词汇也是比较，语法也是比较。当然，比较是比较其不同，相同之处不言自明。作为开端，可以参考《文言读本》的导言编一简说，在第一学期讲它几节课。以后，就在每一篇选文后面提示几处语法异同，引起注意。也不避重复，例如在第三课提过的，第八课又遇见，仍然可以提出来引起注意。鄙见如此，请研究。

此颂

文安

吕叔湘　90.1.17

*即便有这样一本好书，也不能用来对中学生讲，因为感性知识不够。

收到信，我把高中语文课本和中师语文课本送到吕府，请吕老便中翻阅、审查。吕老实实在在当了我们的顾问。

1994年12月19日至29日，国家教委召开高中各科教学大纲制订工作会议，中学司副司长马立主持会议，柳斌作主题报告。语文教学大纲制订小组陈日亮、顾德希、冯启德、林泽龙、朱永燚、孙荻芬和我紧张工作。会前，我们作了各个层次的调查研究，也请教张志公和吕老。张先生说：“要把过去的语文知识系统改造成应用系统，要有用，管用，要学以致用。教学大纲要反映现代化，有现代精神和气味”。

我到吕府，汇报情况，提出焦点，并介绍当前有些学者探讨语文的工具性，揭示语文的人文性。吕老沉思了一会儿，说（大意）：

语言的工具性、人文性，近百年来语言学家先后探讨，也不新鲜了。可是，语文的人文性是什么？谁能说清楚？我想，还是讲语文的工具性好，培养语言能力，讲语文实用。语文当然有文化，我想，主要是爱国主义，民族品质，还有中华民族传统文化，不过，不能扩大文化的内容，否则就花精力学习文化知识了，语文工具性又不灵了。

吕老还谈了文学教学、文言教学。我临走时，吕先生正色道："语文的文化啊，人文啊，很复杂。我的意见没想好，你别传达，只供你参考啊！"

1996年，我们编订出《全日制普通高级中学语文教学大纲（供试验用）》及其指导用书。我特意送他一套。他说："高中学段单独编订教学大纲看来有好处，能把高中学段特点充分体现出来。"

我只敢感恩，只敢怀念他

1996年初秋某日，学弟于根元来电话，说吕老卧床不起，胳膊也拧了，嘱我带女儿去看望。于根元知道我女儿会针灸推拿。

我和女儿到吕府。进门，只见吕老躺着，盖着薄被。我问过吕老夫人好，就走到床前，低头说："吕先生，我是庄文中，来看望您。"吕老侧着头，看了一会儿，说："喔，小庄啊！"我同吕老说了几句，又同吕老的儿子说了一会儿。吕老儿子同吕老说了几句。我女儿开始给吕老推拿，两人小声交谈推拿效果。做完推拿，我上前说："吕先生，精神很好啊，还看书哪。"我看见枕头边有两本书。吕老说："还能看看书。你忙吗？也要保重身体啊！"还问张志公情况，叫我代问好。我心头一热，先生还关心我身体，还挂念别人。我怕累着他，就说："祝先生健康长寿！下次我再来。"吕老说："谢谢，谢谢啊！"我连忙说："该我谢您啊！谢谢吕先生！"告别，转身走到门口，只听见一声："把庄小姐电话留下来！"原来这是吕老对儿子说的。我叫女儿留下手机号码，并跟吕老儿子说："问问先生，需要就来电话。"不久，吕老病重，住进北京医院。吕叔湘先生是我国语言学界泰斗，是历任三届全国人大常委会委员的社会活动家。他在遗嘱中表示：捐献角膜，不做墓，不立碑。

我不敢称吕先生为老师，我只敢感恩，只敢怀念他。

张志公愿做飞机的跑道

我很荣幸，能够在语文教育界“三老”的先后指导下工作近二十年。叶圣陶先生、吕叔湘先生先后指导我，教育我，我不敢称导师，只敢怀念、感恩。张志公先生指导我，教育我，还领导我，我称他为导师，感恩他的提携教导。

张先生领着“独立小队”拼命干

1981 年 12 月 23 日，教育部决定，成立人民教育出版社领导小组，任命浦通修为第一组长，同时任命张志公、刘国正等十二位副总编辑。这一年 4 月，时任外语室主任的张先生从中语室抽调田小琳、黄成稳、我，组成三人“独立小队”，专门从事制订《中学教学语法系统提要》的工作，筹备在哈尔滨召开全国语法和语法教学讨论会。张先生担任副总编辑后，理直气壮地领导我们“独立小队”拼命干。

1981 年 7 月哈尔滨全国语法和语法教学讨论会后，张志公接受了为刚刚成立的中央电视广播大学编写《现代汉语》教材的任务。这项工作由时任教育部副部长的段洛夫鼎力促成，又经人教社领导同意。

1981 年 9 月 4 日，我们四人住进中央办公厅招待所，集中力量编写中央电大教材《现代汉语》，同时编订《中学教学语法系统提要》。

张志公先生的本职工作是领导编写外语教材，还有大量的社会学术活动。我们三人的本职工作是编写中学语文教材，还有写小文章的外务。好在大学《现代汉语》和中学教学语法系统既有区别又有联系，在对比研究、写作中，我们把两者搞得既个性鲜明又上下衔接。张志公先生工作一紧张，就说："我拼老命干，你们拼小命干！"1982 年 1 月编定《现代汉语》上册，8 月编定中册，12 月编定下册：15 个月编著上中下三册，近百万字，印数 60 万部。1981 年 3 月编订《中学教学语法系统提要》第一稿，广泛征求意见，讨论、修订，12 月编订第六稿。1984 年 5 月至 1985 年 5 月，我们再接再厉，修订一遍，出版《现代汉语》修订版。上述两项工作，都是公活儿，再加上中语教材的工作，我们只能夜以继日地干。张先生忙得舌苔发黑，我也忙得心脏出了毛病。我在 1984 年 3 月 3 日的日记中写道："近来，胸闷，憋气，心脏出了毛病。医生连续开了两个月的半日工作假条，可是，无法休息。第二个月的假条也没交。"有牛以来，第一次医生送我半日休假条。张先生拼老命干的精神鞭策我拼小命干。这不是我空口说的，有我保存的张先生亲笔便信为证：

> 拼着老命赶，玩命地赶，倘若实在不能正点（发稿），那也只好。只要咱们拼老命了，玩命了，就问心无愧了……咱们的原则是：一，拼命；二，保证质量；三，力求正点。（1981 年 12 月 19 日）

1997 年 1 月，北京市教学科学院提出《中学生语言能力培养系统》课题研究，并进行教学实验。他们请张先生作学术报告，帮助培训中学语文教师。那时，张先生仍在治病中，不过精神很好，有起色。我考虑他仍在治疗，就请他在家做一个报告录音，不必到崇文门去开会。隔天，他找我说，这样做，效果不好，还是到会讲话好，对得起老师。我说，那就在人教社院内开吧，就借了人教社会场，在张先生住家前面的小楼。

2 月 1 日上午，张先生围着长围巾，拄着拐杖，由老师护着到会场。老师们见张先生拄着拐杖缓缓入场，就掌声四起。张先生腰也微微弯了，脸也瘦了，白发白胡，显得苍老多了。可是，一开讲，张先生声音洪亮，谈笑风生，好像又变成了意气风发、健康帅气的张志公。他讲了语言的重要性、语言的特点、在最佳年龄阶段培养中学生的语言能力的紧迫性，还讲了语言教学要做到"够用、合用、管用"，最后发表"弘前树后"的宏论：

> 我们的汉语是伟大的语言，因为它身上负载着伟大的灿烂的文化。我们要抓住现在搞语言的大好机遇，弘前树后，弘扬祖国伟大文化，把前辈创造的灿烂文化弘扬出去，树立健康的后代，树立新的伟大文化，为世界服务，为世界的团结、稳定、繁荣服务。

在我记忆中，这是张先生谢世前三个月又二十一天，是其所作的最后一次群众集会报告，共两小时。

张先生对吕叔湘执恩师礼

张志公和吕叔湘有50年“非同寻常”的师生情谊。1944年，吕叔湘是张志公金陵大学外语系毕业论文的导师。1950年，“最后还是经叔湘先生介绍，我回北京进了开明书店。此后，在语言研究所，在人民教育出版社，又在先生指导或领导下工作了七八年”。（张志公《春风化雨50年》，1993年）吕叔湘是张志公的恩师和领导。

张志公对吕叔湘执恩师礼，毕恭毕敬。然而，作为语言学家、语文教育家，两人的观点有同有异，有时左右分明。

1982年4月23日晚上，张先生带我们三人去吕叔湘家，听取他对《中学教学语法系统提要》第一稿的意见。第一稿，按组合单位和结构的原则，直接把词组分为主谓、述宾、偏正、联合、连动、兼语、方向、趋向等词组，还有介词词组、助词词组（如：所说的）、关联词组（如：越走越好）等。吕先生反对，建议用“短语”，并且分为“名词短语、动词短语、形容词短语、主谓短语”等，突出语法功能，并且沟通短语和单句的语法结构（如：动词短语——动词谓语句）。事后，在讨论第三稿时，提出设五章，其中第二、三、四章专讲短语。此外，还提出去掉分析单句的加线法，改用由大到小的层次分析法。张先生同我们反复研究，认为：两种短语分类各有长短，前者一步到位，便于实用，然而初看会显得名目繁多；后者打通短语和单句结构，突出结构层次，然而还要二步到位（动词短语——动＋补，动＋状，动＋宾，动＋动）。权衡得失，张先生决定采纳吕先生的意见，沟通短语和单句的结构层次，给中学教学语法系统带来便易性，便于师生学用。此外，有些大学语法教材，也采用这种分类法。张先生说：我们尊重吕先生的意见，因为确实对中学教学语法更有用，同时，我们不能采用吕先生突出短语的五章系统结构，因为太突出短语了，既不实用，又不协调。于是，采取了“概述，词，短语，单句，复句，句法上的几个问题，句群”的七章结构。此外，保留了分析单句的加线法。最后，吕叔湘在第六稿上改了 70 多处，张先生又在吕改本上改了 50 多处，然后誊清送教育部审查。张先生对恩师既择善而从，又不亦步亦趋，而以工作和学术为准绳，有所听从有所坚持，创造性地工作。

在中学语文教学方面，对文学教学，吕先生和张先生自执己见。

1981 年前后，吕叔湘认为：“光逮住一个作文还不是最好的猫，还要逮文学欣赏，逮语文知识，逮百科知识，多多益善。”（《关于中学语文教材的几个问题》，1980 年）之后，他更强调语言教学。语文教学中，“文学和语言比较，语言是主要的，文学是次要的”（《我赞成语文教学要轻装前进》）。学习文学作品，吕先生认为应侧重学习文学语言。

张志公主张在初中对学生进行独立的文学教学。1977 年前后，张先生集中精力研究我国古代传统语文教学，认为其弊端之一是，“传统的语文教学严重忽视真正意义的文学教育”。1984 年前后，他明确提出：“应当向儿童、少年、青年进行文学教育。”提出：“从初中起，增设‘文学’课。”而且文学课有自己独立的教学任务，“不是进行听说读写训练的”。初中文学课的“任务是指导学生阅读丰富的、优秀的文学作品，获得必要的文学知识，培养和提高文学素养，同时寓思想教育于其中，培养远大的理想抱负，高尚的趣味情操，并寓智力开发的目标于其中，培养活跃的逻辑思维能力和联想、想象等思维能力以至创造思维的能力”（《关于改革语文课、语文教材、语文教学的一些初步设想》）。1984 年以后，张志公语文教学思想向民族化和现代化相结合的方向发展，1994 年进一步论述“语文教学要同现代化建设接轨”。

1994 年 12 月 13 日，我因主持全日制高级中学语文教学大纲编订工作求教于张先生。会上会下，张先生都提出要加强文学教学，完成文学教学的独立任务。会下，我提出：吕先生似乎不重视文学教学，把文学作品看作学习语言的材料，也着眼于语言教学。张先生说："吕叔湘先生是语言学大师，他认为语文教学的首要的专门的任务是提高语言文字能力，他也提出过文学教学"陶冶性情"的教育作用，要通过阅读提高学生欣赏文艺作品的能力。我把文学课看作独立学科，要完成文学教学的独立任务，人人都要接受文学教学。"又说："在文学教学问题上，我同吕先生侧重点不同，可以互补嘛。""我遇到不同意见，择善而从，实在有分歧，我只是正面说，尽量尊重分歧，不去批驳人家。"张先生对吕叔湘执恩师礼，正如他 1995 年所说的"感激的心情是深厚的"。

张先生为我"愿做飞机的跑道"

张先生点拨提携我，用的是工作法。1981 年张先生让我参加中央电大《现代汉语》教材编写，并且负责编辑中册语法编。我不愿在电台教授《现代汉语》教材，因为普通话不好，表达受到局限。张先生特意找我，说：普通话不好，正好自己练练。你可以先录一遍，自己听听，先纠正一下。我只好先录音，纠正重点读音，并标在讲稿上，最后居然讲了 16 节课（录音教材）。1986 年，张先生让我编辑《张志公论语文教学改革》，1990 年支持我编辑《张志公文集・汉语语法》，1992 年支持我编辑《张志公语文教育论集》，1995 年，又让我编辑《张志公汉语语法教学论著选》。张先生用特殊的署名法——张志公著、庄文中编，用心良苦。我根据他的谈话要点写的联名文章，有的改动特多，甚至淹没了我原稿的文字。我知道，这样的改稿说明我没有写好，张先生不责怪一句，只是用密密麻麻的改动文字提醒我。我只能努力写好，力求被改得少一点儿。1983 年我随他到开封、郑州，1984 年随他到昆明、楚雄，他讲学，也叫我讲学，还提醒我重点讲什么、怎么讲。他讲学只带提纲，有时写在半页信笺上，有时写在两张小卡片上（我存有原件），甚至有时写在拆开的香烟盒纸上。他讲学，围绕一个主题，中外古今，学者语录，小孩口语，方言唱词，层出不穷，步步深入，还加上抽烟含糖，谈笑风生。他讲学中透出的智慧、学识和风度，令我惊叹。可是，他说："我被邀请得太多，来不及写讲稿；讲得生动，但讲得不深啊，你可要写讲稿啊！"有一次，他要了我的讲稿去看，还提了意见。有时候，张先生也会突然下任务。1994 年 9 月 23 日，张先生来电话，说明天去吕叔湘先生语文教育思想研讨会上讲话，嘱我记录，整理成稿。24 日，我在会上作了详细记录，连夜整理成文。第二天上午十时交给张先生。第三天清晨七时，张先生来电话，嘱取稿。原来张先生拿到整理稿连夜修改，五时又起身润色，七时就找我取稿。那年，他 76 岁。这是张先生“拼老命”的身教。

张先生指导我，是导师；又领导我，是同事。因为后一层关系，在工作中我一较真，就提不同意见，一着急，就不计方式。编写中央电大《现代汉语》中册时，我就曾使张先生生气。1982 年 3 月 15 日，张先生讲了中册提纲，并明确分工。7 月 29 日张志公先生开会，集中全稿，嘱三日通读一遍。8 月 6 日我在日记中写道：“起早贪黑，忙了一周，把电大中册（语法）整理出来了。明天发稿。”日前，我请张先生审读、修改；张先生正忙着出差讲学，就嘱我先发稿。我建议推迟半个月发稿，遭否定。一着急，我就当面说：“您不审改，看来准备再检查了。”张先生笑笑，说“改校样吧”。9 月 9 日，中册校样到，我再看，感到问题不少，自己修改了“扩展”一章。赶忙向张先生汇报：“语法有许多新提法、新内容，我把握不大。请您一定审改。”张先生看了，也觉得问题不少。我说：“张先生，您同我们一起到武汉去，边改边校吧。”9 月 19 日晚六时半，张先生同黄成稳、刘振铎、我一起乘火车去武汉校改。到武汉一家印刷厂车间，张先生审改一页，我们请师傅改版一页，我们再校一页，惹得师傅都生气了。我们忙着帮他搬移铅版，特别尊重他。师傅说：“没见过你们老少四人干活儿，还到车间里来又校又改的！”忙了一周，张先生说这下放心了。11 月 1 日，接到《现代汉语》中册样书。张先生时年 64 岁，为了保证教材质量，竟然下印刷厂车间校改七天。

张先生仁厚、忍让，鼓励我直言不讳，真诚待人。1986 年，我负责编辑《张志公文集·汉语语法》，选文时，经再三考虑，我提出不用他写的一篇编辑说明，不选他提出的《暂拟系统》和《系统提要》，以免别人说闲话，并且特意写信给他说明想法（先生在外住校讲学）。1986 年 8 月 18 日张先生来信，开头就说：“同意你的意见，《暂拟系统》和《系统提要》不收（至多作为附录，随后再议）。把其余部分编好，完全停当，我一回去（9 月 13 日）稍稍看看就付邮。稍晚一点儿，不要紧。有劳，谢谢。”他说“有劳，谢谢”，令我不安。事后想想，自己张扬个性，尊师不微，深以为戒。

1986年10月，我准备调往语委语用所，语言应用研究所主任、学兄龚千炎面临退休，对我说：“快来吧，办公桌已经备好啦。”当时人教社中语室也要用人，刘国正先生找我说：“小庄，不能走啊，想提你当主任。”我找张先生说：“中语室工作太重了，人际关系也不好搞。”张先生说：“中语室工作，重要啊，意义大啊，你知道关乎几千万学生啊！”我怕当不好主任。他笑笑说：“对人，一碗水端平，做好事；对己，吃点儿亏，别干坏事；再加上拼命干，就行啦！”经他一说，感到也不怎么难，就说：“您帮我啊！”他说：“谁帮你啊？靠自己！我参谋参谋，当飞机跑道。”是的，1983年他曾说过：“我愿做飞机的跑道。有我这条跑道，一些飞机起飞就方便些。你的发动机要好，自己加足油，要自己飞；只靠人家拉是不行的。”于是，我在这条跑道上作新的起飞。我怀念张先生，感恩他的提携、教育。

张先生说“你好好飞吧”

1988年前后，张先生是全国政协常委，民进中央常委，又是全国语言学会、全国中语会、修辞学会等多个学术团体的领军人物。政治活动、学术活动、个人著述，转圈忙，“他自己也感到头绪太多，有些吃不消”（吕叔湘语，1992年）。1993年他住进北京积水潭医院治病。以后，年年住院。1995年10月住积水潭医院时，发现肺癌。1996年住北京中医医院，久烧不退。探望中，察觉他用钱紧，我预支了《汉语知识新编》主编费。1997年3月住北京医院，治癌病，身体越来越虚弱。

1992年10月24日至26日，在河北石家庄召开张志公语言和语文教育思想研讨会。会后，一个星期日下午，我去张先生家。谈谈研讨会，谈谈工作。然后，我说：“人教社人才济济，然而没有出版社内专家学者的著作文集，我们课程教材研究所是不是没有面子啊。我想编一本您的语文教育论集，作为我们课程所的第一本。”又说，已向领导请示过，正在选文呢。张先生说：“喔，你倒是个有心人。课程所应当出自己专家学者的专集，但不能单提我啊。”我说总要有个开头啊。张先生嘱我打报告，请领导审批。

我再请示总编辑吴履平。几天后，她找我，表示正式同意，说课程所应当出自己专家学者的论著，第一本出张志公的，是应该的。于是，我立即整理半成品，选了1958年至1992年间的122篇文章，编成《张志公语文教育论集》，1992年11月底发稿。我还特意找设计科精心设计封面，特别是设计一枚“课程教材研究所学术论著丛书”竖形红章，印于封面左上角。全书显得稳重、典雅。1994年5月收到精装本样书，58.9万字，757面，送到张先生手里。张先生翻阅一下说：“嚯，这本书是我出版的书中最好看的一本，不错不错。”接着问：“你知道还出谁的?”我说：“很快有人跟上的。好事嘛!”以后，又接连出了十余人的论集。课程教材研究所做了一件好事。每当展示的时候，展桌上列出一排人教社专家学者的个人论集精装本，真是人才济济，品位全显。

1992年，张先生74岁。那年，我想张先生身体欠佳，进入晚年，应该把他想编的书集都编出来。张先生牵挂的是他的辞章学书和语法书。经商量后，张先生请王本华编辞章学书，我编语法书。1995年10月，我编成署名张志公、庄文中主编的《汉语知识新编》，1996年3月出版。1995年10月，编成《张志公汉语语法教学论著选》，特意把《暂拟系统》和《系统提要》作为附录收入，张先生修改了我的书序（简述先生语法思想的发展），1997年1月出版。3月初拿到这本精装书（59.5万字，754面），送往北京医院，张先生十分高兴，还读到代我写的该书序文“附证”：

> 志公先生一如既往，精神振奋地以完成他的未竟之著作为抗病的有力武器。补记一笔，告慰同道友好，并为志公先生取得抗病最后胜利祝。

这是张先生特意写的，放在序文结尾后，却署名“文中”，标日期“1996年5月31日”——可见这是他看了校样后代笔的。“1996年5月31日”，他正好在中日友好医院治病。这个“附证”，表现了张先生谢世一年前“抗病”的斗志和精神风貌。当时，在病榻前，交谈中顿觉悲壮。我想说说笑笑，轻松一下，就说：“张先生，您抗病中还出书，病也怕您啦。”张先生说，他还考虑初中教材，再续编高中教材，带带北京市的几个语文教师，“他们很能干，很努力”。我说：“张先生，您做‘飞机的跑道’，我想是全天候跑道，可以起落大大小小的飞机，干脆做国际大机场吧。”张先生笑笑说：“我也是飞机啊，恐怕我要飞到别的地方了。你好好飞吧！”心灵相通，平平常常的话成了警句，使我刻骨铭心，震耳至今！

1997 年 5 月 20 日下午 2 时 22 分，张志公先生静静地闭着眼睛，永远地休息了——1918 年 11 月 13 日张先生也是闭着眼睛入世的——享寿 79 岁。

张先生最后对我说：“你好好飞吧。”1998 年我退休。2002 年，出版了《构建语文教育的立交桥——庄文中语文教育论集》，前后还出版了《口语交际》《自能文学欣赏》《中小学语言教学概论》等四本书，应邀主持编写了北京版初中语文实验课本。我怀念张先生，感恩张先生，常常自问是否还在张先生的飞机跑道上降落、起飞呢？

2010 年 3 月 8 日

凌晨五时写毕

铁教师于漪

于漪，一辈子做教师，一辈子学做教师。为人师表，一身正气。于漪长我九岁，三十年来于漪的人格魅力引导我感悟人格，感悟人生。

编订教学大纲："既要实事求是，又要登高望远"

1983 年 3 月在哈尔滨召开的教育部全国语法和语法教学讨论会上，我认识了于漪老师。当时，各派语言学家为设计中小学的教学语法体系各持己见，争论不休。于漪在大会上作了"目中有语法，胸中有中学师生"的发言，说设计要从师生实际出发，为中学师生所用，否则，"即使是再好的方案，也就成为空中楼阁"。一位中学教师，给全国著名语言学家们送"清醒剂"，令我十分感佩。以学识会友，那年至今，我和于漪已经有近三十年的友龄了。

1986 年 9 月 22 日至 28 日，国家教委在北京召开全国中小学教材审定委员会成立会议，新任副主任柳斌主持会议，要制订章程，并且审定中小学各科教学大纲。当时我在人民教育出版社语文二室工作，被借调到会议工作组，作为联络员参加中学语文组会议。

北京大学教授冯钟芸是 1956 年初中、高中文学课本的编写者之一，是人教社中学语文教材的元老级的合作者和指导者。人教社同人尊称她为冯大姐，她主持中学语文组工作。语文组到会的有冯钟芸、刘国正、江山野、于漪、顾黄初、张传宗、徐振维、陆继椿、欧阳代娜、李彩群，黄光硕、张定远也参加了会议。

大家先听了国家教委副主任何东昌的主题报告，开务虚会议。第一次参加这样的会议，大家很兴奋。冯大姐稳重、宽厚，说："看来任务很重，我们要忙几天了。"徐振维说："拿到聘书已经一年了，终于开会了。"刘国正说："人教社又编教材，又审教材。有一段时间，我签字就发稿了。现在要制度化，编、审分开，太好了。"接着笑笑说："我是来受大家'审定'的！"大家都笑起来。

在这次中学语文组讨论会上，于漪作了多次发言。下面是我的工作笔记本记下的两段发言内容：

> 教材是教学的根本，不解决好，提高教学质量有很大的难度。
>
> 教材建设，过去是出版社的事，教师只是使用，没有场合发言，实践者发言权很小；现在三结合来审定，大有进步，目中有了教师。教材要体现育人。教材要体现培养合格公民。（9 月 22 日下午）
>
> 初中、高中要有明显的层次。初中教学要求太高，特别是阅读。高中要高一些，带有选拔性。我主张有基本篇目，不一定只限于讲读。基本教材要提出要求，有权威性，非达标不可。
>
> 知识综合起来，有好处。
>
> 修订教学大纲既要实事求是，又要登高望远。（9 月 24 日下午）

这次修订的基础是 1978 年—1980 年的《全日制十年制学校中学语文教学大纲（试行草案）》，大家在理论上比较一致，因而集中精力编订中学六个年级的教学要求，分组分题拟订，集体议定。在修订过程中，我多次请教于漪，印象深刻的意见有两点：一，语文在情感上"特别养人"，一定要体现语文育人的特质。二，一定要提出培养文学鉴赏能力。我按照冯大姐的指示，连夜整理出教学大纲文字稿，供大家议决。最后，我再整理出教学大纲送审本，由张传宗审阅、签字。9 月 28 日下午会议闭幕后，我找于漪告别。她问工作，问孩子，平易亲切。我说，大纲公布，就要修订教材，语文二室还要编写中师、幼师、成人高中等教材，实在忙不过来。我说，今后要请您多帮忙，一起编教材。她笑笑说，恐怕忙不过来，还嘱咐越忙越要保重身体。说说笑笑，就算告别。

1986年全日制中学语文教学大纲公布后，我请于老师编写1987年版高中语文课本，她请卢元、方仁工、冯起德、步根海、唐晓云一起编写高中一年级课本；以后，请于老师协助编订1996年《全日制普通高级中学语文教学大纲（供试验用）》，她推荐冯起德参加大纲编订小组；还请于老师协助编订1989年中师语文教学大纲和教材，她在信中用一页文字推荐朱震国老师。在教学大纲和教材层面上，我"求其友声"。

讲学："对得起老师，老师满意，我高兴啊"

我在北京编教材，于漪在上海用教材，居然在北京、上海、天津、濮阳、沈阳、秦皇岛、福州、合肥等地同室开会、同台讲学，也算有缘了。

1988年8月5日至12日，人教社语文二室与辽宁教育学院共同举办中学语文教师培训班。2月初，我邀请于老师到培训班讲学，一次打电话，一次写信。2月19日，于老师来信说"一定尽力安排时间参加"，又说"讲专题可以，课还是不上为好，对学生情况不了解，怎么'示范'呢？说到'示范'，我常感脸红。每位教师都有自己的长处，都会思考啊。"

8月5日，于老师如期到沈阳讲学。参加培训班的有一千多名各地教师。沈阳市十分重视，警车开道，十余辆大轿车驶向会场，汇成街市一景。于老师的报告被安排在第一场，大礼堂济济一堂，门口还站听一大群，因为沈阳市的教师近水楼台，没有报名的都来了。我跟培训班主持人说，来的都是客，必须安排听课，遂成空前盛况。

于老师讲的主题是"改革课堂教学，提高教学效率"。她刚刚从香港讲学回来，就从此讲起。她说："我参加香港语文教学研讨会，增加了自豪感，我们不要妄自菲薄。人家有长处，但总体上看大陆的语文教学更高一层。"接着讲课堂改革：从学生出发，构成网络，讲究节奏，落实容量，引进时代活水。然后，具体讲提高教学效率，体现教语文、育人才的思想。她说："要建立立体化的教学内容。教学目标单一又体现多功能，使知识、能力、智力、思想教育融为一体，取得高效率。"讲理论，讲教法，讲经验，联系许多生动的教学实例，令教师们特解渴，特兴奋。当晚，主持人还安排于老师与教师交流，我陪同。她现场解答疑问，遇到教材问题，就叫我回答，气氛热烈。第二天，又加一场。讲完后，教师们到台前问这问那，迟迟散不了场。我眼看要误时，就不等赶来送客的轿车，请人打车赶往机场，才没有误了回上海的班机。

于老师应邀讲学，不计待遇，不辞劳苦，甚至不顾危境。1989 年 2 月 28 日，人教社语文二室在河南濮阳培训教师。当地教研室说，濮阳周边工矿师生多，举办培训班不易，特意请于老师讲学。我和教研室老师分头邀请。于老师冒着大雪赶到会场。第二天上午讲完课，下午就要走。其间，我听接站的同志讲，下雪路滑，途中吉普车差一点儿出事。我听了心中一惊，决定同车送站。原来，张定远在德州有会，听说于漪到濮阳讲学，随机搭车，请于漪到德州讲学。雪后降温，我看于老师衣单体乏，就请主持人借用军大衣。主持人立即到商店买来中式棉衣，一人一件。为了赶时间，吉普车狂奔，寒风袭面，于老师也谈笑风生。不久，她闭目养神，我请司机开得稳当些，让于老师小憩。于老师按时在德州讲学。我对于老师说："对不起，这次太辛苦您了!"于老师说："说啥啊！对得起老师，老师满意，我高兴啊!"3 月 30 日来信，说中师语文教学大纲一事，最后带一句："濮阳、德州多蒙关照，十分感谢。"我眼睛一热，无言以对：其实是她帮助了我啊!

敬业："我们对语文很痴情!"

1994 年初，国家教委基础教育司聘请我主持制订全日制高中语文教学大纲工作。12 月，组成庄文中、顾德希、朱泳燚、冯启德、陈日亮、林泽龙、孙荻芬七人制订小组。在进行各个层次调查研究基础上，编写出《全日制高级中学语文教学大纲（内部讨论稿)》。其中，对语文性质作了新的表述："语文是学习、工作和生活的最基本的交际工具，也是最重要的文化载体。"我请于老师协助冯启德召开征求意见会。于老师于 1995 年 2 月 5 日来信说："嘱征求意见，今日我已与老冯联系。明日我去学校，复印几份，分送给长期教高中的同志，请他们开学后到我校来开个会。"并且说高中新大纲"有新意"，"'文化载体'提法好"。1995 年 4 月，国家教委基础教育司召开制订高中各学科教学大纲工作会议，制订小组向国家教委主任朱开轩、副主任柳斌汇报工作，修订出《全日制高级中学语文教学大纲（征求意见稿)》，确认语文性质是：“语文是最重要的交际工具，也是最重要的文化载体。”1995 年 7 月，国家教委在福建武夷山召开高中语文课程标准研讨会，有 13 个省、市、自治区的 30 名代表到会。于老师应邀参加，再次认真阐述语文性质，强调语文育人的特殊功能，申述人文内涵。

1995 年 9 月，国家教委在天津市召开全国中小学教材审定委员会第三届全体会议，并审查高中各学科课程标准。参加高中语文组的有冯钟芸、刘国正、于漪、顾黄初、张鸿苓、钱梦龙、欧阳代娜、申士昌。大家最关注的还是对语文性质的表述。有的审查委员不同意提“文化载体”，怕“文化”冲淡“工具性”，认为提“工具性”就可以了。于老师充分阐述语文的人文内涵，认同“文化载体”的提法。大家认真讨论，畅所欲言。好在大家都不愿意再提“思想政治教育”，而课程标准认定“交际工具”，又认定“文化载体”，比较能够体现语文性质，也有新意。最后，大家委托于漪根据议定意见改定课程标准送审稿。于老师开夜车，改出大纲送审稿。第二天，冯大姐审阅、签定。送到我手里，只见每段有修改，或润饰词句，或增减意思，准确地体现了大家意见。那天，吃完中饭，大家要回去。我急忙到饭店服务处复印两份，给于老师带走一份，看看还有没有修改，因为教学大纲拟在人教社出版。这份教学大纲修改稿不知她保存至今没有。

于老师说自己对当教师很痴情。我感悟到，她对语文相关工作、语文理论也很痴情。

1996 年 6 月 2 日她来信说：“为了语文教育事业的健康发展，我愿做摇旗呐喊的小兵。”又说，“读了一篇语文理论文章，上周四中午我曾打电话给您，想谈点儿看法，您不在家。后来我给范守纲同志通了电话。”信中谈了看法，充满激情，并说：“多一点儿实干，少一点儿胡包装的，子孙才会受益!”1999 年 7 月 7 日上午，我在办公室，接到于老师电话，她说，昨天给我发出一信，还想说说想法。下面是工作笔记本上的潦草记录文字（记得不全，不连贯）：

呼唤理论。都可以批评语文，中国人都可以批，什么“误尽苍生”。我们对语文很痴情，知道语文重要，民族的血液。

呼唤科学实验。实验三年，一炒作，都是成功的。少一点儿主观臆断，多一点儿科学实验。我知道自己有失败，要有科学态度。最可恨有人写论文，用外国经验套中国的。科学是发展的。

建平中学程红兵搞语文实验，有成绩。

隔两天，读到于老师电话中说的来信（7 月 6 日），忧患意识、爱国之情扑面而来。

文中同志：

您好。

大纲修订要点收到。谢谢。

拜读了一下，总的指导思想和增加、调整的内容都还比较好。语文教学确实存在不少问题，但也不是一无是处，“误尽苍生”的说法属于爆炸新闻，全盘否定；题海战术、客观测试绝对科学，恐也脱离语文实际，把人“物化”了。从改行教语文以来，语文教学似乎没有不挨骂的时刻。圈外人骂，圈内人挨骂。教学实践第一线的总是低人一等，没多少发言权。实践从来不出“真知”，指挥者永远正确，也永远有权威，教学第一线的同志感到很茫然，不知怎样教。十多年来的高考做法还是奉为信条，以不变应万变，任尔东南西北风。对培养人有责任有激情的（教师）还在思考一些问题。听说语文要在义务教育阶段即九年以内解决问题，高中不开设语文了，心里十分着急，将来社会还要不要人文，人的素质究竟怎样才能切切实实提高？……

……语文学科在追求片面升学率的浪潮中，落到如此地步，做梦也想不到。并不是我对语文过分痴情，一个中国人对中国语文如此寡情，而把有的学科（碰运气）捧得比天高，令人心寒。如此人口众多的国家，当然要搞先进技术，当然要学外文，但作为基础学科的语文不搞好，中华文化如何延续发展？良好的素质如何培养？语文当然不可能包揽一切，但对人的造就、培养确实起到别的学科不可替代的作用。

听说，于老师的教授老伴，说于老师“很天真”，这当然是权威评语。我想：于老师“很天真”，所以对语文“很痴情”；对语文“很痴情”，所以于老师“很天真”。

人格魅力：智则诚，诚则慈，慈则寿

1991年，上海召开“于漪从教四十周年学术研讨会”。我从北京赶到上海会场，代表人教社语文二室祝贺。我冒昧在信中题词：“师风可学，学风可师。”于老师立志做一名语文教师，说：“一辈子做教师，一辈子学做教师。”她曾经对我说：“做一名真正的教师，我是铁了心的。”（1993年9月12日来信）我想，她真是“铁教师于漪”！

2001年，于老师寄来亲笔书写的邀请信，邀我参加“于漪教育思想暨从教五十周年学术研讨会”。那时，我颈椎病发作，时有头晕，没有到会。会前，我曾冒昧题词：

> 乐教者圣，乐天者智，乐己者神。

一年又一年，我感受于漪的人格魅力，不知不觉中感受，而时有新悟。人与人，只有坦诚无私交往而又共创艰难事业，才能感受到对方的人格魅力，而且互相渗透，互有新悟。研讨会后，12月1日于老师来信，问病祝安，告知搬家新址，还寄送六卷本《于漪文集》。2003年3月10日，收到于老师来信。她说收到我送去的《构建语文教育的立交桥——庄文中语文教育论集》，接着说：“集子中有些大作我曾陆续拜读过，当时研讨语文教育的情景就会浮现眼前。那时，人真诚，事业为重，即使看法相左，也是欢乐大于不协调。”最后写道：

> 您编教材很辛苦，注意身体。
> “悦情则神，乐己则圣”，以此警句共勉。

以前，于老师病重住院，我用“悦情则神，乐己则圣”送她，提醒她在无私奉献的同时，关爱自己、珍视生命，也是神圣的。不料，她用这一句回送我，共勉之。她读我的文章，会浮现研讨语文的情景，同感欢乐，想来是人格的共振吧。

2008 年 1 月，我给于老师去贺岁信，很短，最后说：

> 您有宏愿壮志，又有一颗平常心，“皇天无亲，惟德是辅”，长乐长寿，缘也。

最近，通读了于老师的三十多封来信，翻检了三十年来的工作笔记本，找出了于漪的会议或讲学的九段发言记录文字，力求回忆准确，同时也通感了于漪的人格。我寄信于老师，并赠题词：

> 智则诚，诚则慈，慈则寿。

古代哲人老子说“我有三宝”：“一曰慈，二曰俭，三曰不敢为天下先。”老子把“慈”看作第一宝。于漪之慈，对小辈慈爱，对平辈慈善，对语文教学则痴情奉献，敢于创新，敢于为天下先，对人欲私利则真情克己，歉于礼让，歉于为天下后，这都源于铁心做一名语文教师的平常心。

2009 年 1 月 6 日，收到于老师寄来陈军等编辑的《于漪新世纪教育论丛》六册，我读了，感到于漪身老心不老，心胸开阔，思想活跃，产生一个强烈的愿望：写一本《铁教师于漪传》，写出于漪的成长故事，写出于漪学当语文教师的历程，写出于漪的真诚慈爱，写出于漪的思想情操，让于老师“素面朝天”，让于老师从“平凡”走向新的“平凡”，让于老师的思想感情渗入每一位中小学教师的心中，让于老师的人格魅力感染每一位平平常常的中国人。然而，自知力不从心。我想，于老师高风亮节，泽被天下，自有更合适的人愿意承当。我期待着。

2010 年 2 月 1 日凌晨五时三十分写毕于北京

从草根文人到散文大家到东方之子
——怀念特约编审张中行

1986年8月29日下午，刘国正、陈国雄、张厚感、辛乃珍、庄文中开联席会议，决定：人民教育出版社小学语文编辑室和中学语文编辑室改组为语文编辑一室，负责九年义务教育小学、初中语文教材；语文编辑二室负责高中语文教材和中师、幼师语文等教材。原中语室的四位老编辑即王微、隋树森、王泗原、张中行归语文二室管理，张中行是四老中唯一领人教社工资的。当日上午，我被社领导任命为语文二室主任。

“请志公快拿意见！”

1981年，教育部在哈尔滨召开全国语法和语法教学讨论会，教育部副部长浦通修到会指导，张志公主持会议。我作为会务组成员参加，并先遣安排食宿。张中行作为人教社代表同叶立群、刘国正等人与会。会议主要任务是共同制订一个供中学试用的教学语法体系，以便规范全国中学语文教学中的语言教学。会上，各派语法学家各持己见，争论激烈。一天，张中行到宿舍找张志公。我说张先生不在，问有何事。他说“没事没事”。我请他坐下，问：“你们小组讨论得怎样?”他说：“各说各的，争论不下。”接着显得着急的样子：“1954年搞‘暂拟语法系统’也是各吹各的号，花了两年，叶圣陶先生开联席会议，协商一致。现在，人多嘴杂。请志公拿主意。集中集中，否则，争到哪天才完啊?”我说张先生开了会，正在搞一个对“暂拟语法系统”的修订方案。他“喔”了一声，起身就走。

张中行，瘦高个儿，布衣布鞋，七月天还戴了一顶解放帽。平头短发，长脸盘儿，眼睛较小。平时，少言寡语，说话慢悠悠的，走路也慢悠悠的。那天，在慢悠悠的话语中露出忧患神情，给我留下了深刻印象。第二天休息，代表们坐船游松花江，半路下起雨来。我见张中行在船头躲雨，一人独立，静眺江上烟雨。我走过去说："张先生雨中作诗呐?"他笑着说"哪里哪里，雨中人，雨中情，真有点儿诗情画意。"查阅1981年7月2日全国语法和语法教学讨论会开幕合影（照片），张中行站在第2排右起第7位。（张志公坐在第1排右起第4位，于漪坐在第1排右起第2位，我站在第5排第7位）张中行在《说梦草》中有咏叹游松花江的诗句："忆昔寒江系梦遥，今来放棹雨潇潇。"可见，他是个内心世界丰富的人。

"我当语文二室老长工吧!"

语文二室成立伊始，就面临繁重任务：一方面要根据1986年《全日制中学语文教学大纲》修订现行高中语文教材，新编高中语文实验课本；一方面还要编写中师、幼师语文课本，而编辑只有十一二人。

一天，我去"行公"办公室。"行公"这个称呼，大约1985年前后叫开。当时，我们叫张中行为"行公"，叫张志公为"张先生"（比"行公"小9岁）。我想请教文言文教学，说："行公，高中语文课本要修订，文言文教材怎么办?"他说："你有什么想法?"我说："查了以前几套课本，文言文教学内容忽轻忽重，缺这少那。能否设计一个大致自成系统的文言文教学内容？课文啊，文言词句啊，文言常识啊。"他笑了笑说："难啊。我以前编了《古代散文选》（下册），给老师读，编了《文言文选读》，给学生读。现在编《文言常识》，还是给老师读。给中学生编文言文教材，多了不行，少了也不行。我的想法还是多读多背，再给一点儿文言知识指导。还有什么好办法呢?"我说："行公，文言文教学我不行，今后靠您啦，把关啊!"行公笑着说："参谋参谋。"我诚恳地说："语文二室，您看任务重，人手少，真的要靠您啊!"行公说："我当语文二室老长工吧!"

1987年，人事处干部找我，说："各室要定编制。你室张中行早就超龄了。如果可以不用，就请他退休吧。你们考虑一下。"

我找行公，开门见山，说了人事处的意见，并说："您有什么想法?"行公沉思一下说："天天上班，好像有个家。离开人教社，好像少了个家。"说完，停下，就不说了。我也问不下去，就找话说："近来，忙什么啊?"他"啊"了一声说："忙着编《文言常识》，请的作者多，杂事多，还在写些东西。"我说："行公，文言文教材有事我请您，有空，您就写文章吧。"我知道他写散文，86年底还送我《负暄琐话》。回来，向人事处打报告，意思是：我室新建，任务重，八套教材，人手却少，决定留用张中行。他的任务，一是审查文言文教材，二是编写文言诗文著作。事成，我立即打电话告诉行公，继续留用。他说一声："喔，行啊行啊。"行公就这样为语文二室正式打工下去。

行公为语文二室打工不少，大都是默默无闻的，也没有稿酬。查看我的工作记事本，有记载的有几件。

1990年5月9日，语文二室讨论修订1986年版《全日制中学语文教学大纲》，专门研究语文教学的目的任务。下面是行公发言的要点记录。

行：语文这个东西，没有办法，不多读多写不行。

语文课，主要的或者唯一的是培养运用语文的能力，主要的是读写能力。

现在，学生的主要问题是不读书。要培养学生他喜欢读，喜欢写。真正要读写，自己要读写。

编语文课本。课文是举例性的。文言文要讲最好的，也要讲最坏的。

最后一条是针对文言文教材说的。一般会议，不请行公参加，研究会议则请行公参加。在研究会议上，行公说话不多，然而随意，有私房话，如上面所说的"要讲最好的，也要讲最坏的"。

1990年6月21日，讨论文言文教学中虚词、实词教学，参加会议的有行公、王少阁、余澄清、熊江平、李世中和我。浙江湖州中学特级教师蒋传一，他用1986年人教版中学语文课本120篇文言课文的68 839字作为语料，运用计算机测定了4 961个一般词的频度及其分布规律，并按照频度高低编成初中、高中的常用文言词表。我觉得蒋先生的这个《中学文言文词语数频综合分析系统》科研成果（1989 年）很有用，就请他编配高中文言词语教学的内容和练习。蒋老师欣然来京，同我研究、设计：一、课本从系统中选出频度高、义项多的 340 个文言实词和 32 个文言虚词，作为重点记识的常用词。二、将 340 个文言实词投放到各篇文言课文中，每篇投放 2—12 个词。高五册有 66 个，高六册有 40 个，其他四册为 58—60 个。三、六册课本安排 136 个实词和 32 个虚词的义项练习，随课文循序渐进。会前，我请行公审查词表和设计。会上，大家一致肯定，并提了一些完善办法。行公提出：选词、练习要少而精，尽量咬住课文。会后，蒋先生逐词逐课编配练习题。编完一个单元，我审读，再送行公审读。三人流水作业，忙了十多天，完成任务。蒋老师工作认真，刻苦，学术功力深厚，令我敬佩。行公 82 岁，大热天，跟着转，我谢他。他却说："以前没有这样编过，选用频率高的文言词学习，心里有底了，我很高兴。"

不久，我们修订 1986 年版高中语文课本，行公审读了大部分文言文课文。1991 年版高中语文课本中文言文教材、教学内容比较切合实际，教学目标比较有序，形成一个相对完整的高中文言文教学体系。

行公不仅审读文言文教材，还参与了语文二室选修课课本编写工作。1992 年，高中进行课程改革，开选修课。我室同江苏教育出版社合作编写高中语文选修课教材。王文英、姚富根编写《中国古代文学名著欣赏》，我请行公参加。我说："行公，这本选修课课本请您把关，您定了就定了。"他说"行行"。我知道那时他火了，名气大了，就说："有没有时间啊？"他说："有有，这是室里的事儿啊。"他腰板挺直，气色很好，一点儿不像 84 岁老人。行公认真负责，选文，编写课文，审改文稿，顺顺当当，完成任务。姚富根说："行公编得真好，文笔简练。"王文英说："老头儿干劲真足啊，干得比我们还快。全靠他了！"我知道，行公放下写散文，集中精力编教材，连校样也认真读。

行公早在 1950 年 6 月就参加出版总署编审局主持的初中语文课本编写工作（这套课本后被人教社改编为第一套人教版全国通用课本），他的名字出现在第五册编写者名单中：朱文叔、蒋仲仁、王泗原、蔡超尘、张中行。行公可以说给人教社打了约 50 年的长工，是少有的老长工。

“本室中之一员张中行”

1979年至1999年，行公一边撰写文言诗文著作和审查文言文教材，同时，一边创作大量学者散文。右手搞文言著作和语文教材多于学者散文，而左手搞学者散文的名气大于搞文言著作和教材，最终成为散文大家，文化名人，并定格于当代文化史册。

行公右手编文言教材，左手写学者散文，都成大家。根据行公的赠书和资料，做一个粗略的统计：

文言诗文著作	学者散文
古代散文选　下册	负暄琐话
（1980年人民教育出版社）	（1986年黑龙江人民出版社）
文言文选读　三册	负暄续话
（1980年、1984年人民教育出版社）	（1990年黑龙江人民出版社）
文言津逮	禅外说禅
（1984年福建教育出版社）	（1991年黑龙江人民出版社）
文言和白话	顺生论
（1988年黑龙江人民出版社）	（1993年中国社会科学出版社）
文言读本续编	负暄三话
（1988年上海教育出版社）	（1994年黑龙江人民出版社）
文言常识	留梦集
（1988年人民教育出版社）	（1995年中国文联出版公司）
诗词读写丛话	横议集
（1992年人民教育出版社）	（1995年经济管理出版社）
中国古代文学名著选读	说梦楼谈屑
（1995年人民教育出版社）	（1996年北京出版社）
	流年碎影
	（1997年中国社会科学出版社）
	说梦草
	（1999年北京师范大学出版社）

撰写文言诗文著作，还有审读文言教材，其工作量大于写作散文。

1990年前后，国运转安，文运畅顺。张中行在中国文坛出头之日，是1986年《负暄琐话》发行之时，这是国家改革开放给他的“天命”。国学大师启功读了此书，大加称赞：“此书小中见大，淡中见浓，摸老虎屁股如摸婴儿肌肤，世间苦空无常悉成乐国仙奏。”1990年《负暄续话》出版，启功作序，称行公“既是哲人，又是痴人”，“他是一位躬行实践的教育家”，严肃认真的“教育教的虔诚信徒”，还称赞行公散文“具有那种勾魂摄魄之功”（启功《读〈负暄续话〉》）。数年后，国学大师季羡林读了《负暄三话》《顺生论》，大为敬佩，赞曰：“中行先生是高人、逸人、至人、超人。淡泊宁静，不慕荣利，淳朴无华，待人以诚。以八十七岁高龄，每周还到单位去上几天班。”“我认为，他代表了中国知识分子，特别是老年知识分子的风貌，为我们扬了眉，吐了气。”（孙郁《张中行别传》）以后，季羡林主编中国当代散文八大家散文集，把行公列为一大家。从1986年至1999年的13年间，行公在当代文坛上刮起“老旋风”，90岁老人飞跃成“东方之子”，散文大家，文化名人，创造了中国当代文坛的奇迹。

1992年10月，一天行公到办公室，一见我就笑着说：“小庄，送两本书，一本给你，一本送编辑室。”我连忙说：“谢谢，坐坐坐。”我一看，一本是《诗词读写丛话》，上写：

人民教育出版社

语文二室资料室存念

本室中之一员张中行

一九九二年十月十三日

行公并不把自己看作散文大家，他看重的并引以为自豪的是“本室中之一员张中行”，是人教社语文二室特约编审，是中学语文教材的编写者。启功说行公“抱着大智大悲的本愿”，“苦口婆心”地教人读写文言诗文，是“一位躬行实践的教育家”。行公顺天命而生，忍辱求活，知足自乐，然而他也有遗憾的事，那就是“有关文言的工作，我没有做完而已”，每一念及，不禁为之慨然”(《流年碎影·有关文言的工作》)。

“人教社是我一个家啊!”

1988年,行公80岁整。语文二室决定给行公祝寿。我请李世中、李慧张罗。祝寿宴席上,我说:“今天,大家给行公祝寿。祝行公老树开花节节高,长命百岁!”大家说说笑笑,有的说祝行公越老越多产(书、文),有的说祝行公越老越风流(数风流人物还看今朝嘛),有的干脆喊“万寿无疆”。行公笑得眼睛眯成一线,连连说“谢谢、谢谢”,并即席赋诗:

朱颜何事竟成翁?
默数流年苦笑中。
但得生辰仍把酒,
不须伸指再书空。

(《说梦草·语文二室诸君设宴祝寿席上口占》)

这个生日祝寿宴是一次具有象征意义的同人友情会,象征行公成名征途的人生新起点。

我用1988年为行公后半辈子人生划界,不是以史学家的眼光,而是凭个人感情。行公生于1909年1月7日河北香河。1951年进人民教育出版社,时年43岁。从1951年到2006年2月24日谢世于北京,这后半辈子的55年,都在人教社。这期间,行公遭到一次小批判,一次大批判。一次小批判,1952年在“三反”“五反”运动中,因为在人教社工作外挣了大众书店所办《语文教学》每月30元编委费,被定了“贪污”罪名,而在出版总署署长胡愈之主持的大会上被判为机关管制一年。一次大批判,1969年4月至1971年4月在教育部安徽凤阳五七干校期间被批判三次,最后,被解职归乡务农。八年后,蒙落实政策,于1979年1月15日召回人教社。以后十年,勤勤恳恳地搞文言诗文专著和文言教材工作,成绩斐然。但是,想攀登香山,“亦有登临意,形单奈若何!”(《香山漫兴四首之二》,1979年)闲观单位旧楼,“回首梁园事,开帘涕泗流。”(《旧二院三自楼即景》,1983

年）1984年写完《负暄琐话》，说“烛冷香消掩泪时”（《〈负暄续话〉完稿有感》，1984年）1988年前，在人教社他获得尊重，并没有获得尊敬——敬爱。他的内心是孤独的、漂泊的，也是冷静的、慎思的。他说自己“只是始于怀疑，而未能终于信仰”，“顺着天命的所定活下去”（《顺生论·后记》）。所以，到1988年还在说“默数流年苦笑中”。然而，国家改革开放，国运转昌，民运转顺，这就是天命，即历史潮流。到了1988年，人教社的一群生机勃勃的中青年同人，认认真真，恭恭敬敬，给他生日祝寿。在同一个被他喻为“家”的人教社，昨天被批斗，今天被祝寿。面对历史和现实，在生日宴会上他孩子般地笑起来，小眼睛挂上了几多泪花，他感到了大家庭的温情爱意。他开始了顺改革开放而生的人生，振笔奋进。他说“也许受改革开放之风吹得太久了吧，胆量大起来，于是决定继续写”，写下一系列散文。他写《顺生论》，从1955年前后到1992年5月，五起五落，畅谈平民百姓应该顺天命而生，而且“人人可以思，并言己之所信”，得到“平安幸福”。为什么写了近40年？“也只是想到国家民族的前途，未能忘情而已。”（《流年碎影·试论人生》，1996年）草根文人也忧国忧民，位卑未敢忘忧国。

对行公，语文二室同人敬他为长者、学者、图书馆，有时看作老小孩儿。一次，行公到办公室。王文英跟他开玩笑：“行公，又发表什么大作啦？拿多少稿费？请客吃饭啊！”李慧帮腔：“行公，去哪儿吃啊？”行公说：“行行，你说去哪儿？”“去全聚德！”行公忙摇手：“不去那地方，糟钱！去鼓楼马凯饭店，我熟，又好又便宜，还能给我打折扣。”那时，有几老，王泗原啊，张志公啊，只有跟行公没老没少，一家人似的。有一阵子，常常有些中青年女士，到后楼找行公。我们见行公就开玩笑：“行公，今天哪位美女来啦？”行公实话实说：“那是《读者》杂志赵丽雅来约稿。”有时说：“那是人家来请我吃饭的。”有一次，谈笑间说起行公小眼睛，我也起哄，说：“行公那是被逼的。眼睛小，好聚光，看人家看得清，人家看他看不清。在北大读书，看照片，那时行公眼睛挺大的，小帅哥！”行公哈哈直笑，说：“对对对，哎，不不不。”

我室熊江平、李世中，语文一室张厚感，三人颇有魏晋名士风度：轮番下棋，挑灯夜战，声震走廊；饮酒赋诗，面红耳赤，笑谈人生。熊江平、赵晓非、张厚感，还是行公北京大学的小校友，更是有话说。修订高中语文课本时，我曾对行公说："熊江平、李世中搞文言诗文，请您带带，他们好接您的班啊。"我请李世中给行公传递书信、资料，李世中常去行公家办事、聊天，有时还饮酒论诗，成了一老一少的忘年交。1998 年，编成《说梦草》诗集，行公请李世中写后记。李世中论诗说世，文情并茂，老少心灵相通。

1990 年，我的工作笔记本记下一条："人事：张中行、王少阁、余澄清。"那是续聘的三位，仍在语文二室工作。按例我一一拜访，征求意见，交代任务。行公谈了自己编写文言著作的想法，最后说："人教社是我一个家啊，我靠人教社啊！"老人眷恋集体之情令我感动至今。

"拜奉　文中兄　指教"

1997 年，我参加编写两省一市高中语文试验课本。我编辑《诗经》《楚辞》那个单元。我比较几个本子，决定选用王泗原《楚辞校释》的《离骚》，选了其中"长太息以掩涕兮"以下 52 分句编为课文。请教行公，他一口肯定，并说了意见。我编完《楚辞》课文的题解、注释、练习，不加思索地请李世中带给行公审改。三天后，李世中带来改稿，说行公看了说行。我看稿子，见行公改了 15 处。1998 年 1 月，我去函请教曹操《短歌行》诗句。1 月 18 日他回信，解释了几句诗。那时，我早已退休，行公已是当代文坛 91 岁的散文大家了。

我从来没有向行公要著作，要墨宝；行公也没有计较他所编、所审的稿费，单是随意送我他写的书。我敬重行公，一直聘用他，依靠他，请教他；行公爱护我，支持我工作，改我稿子，并默默送我著作。下面是他送我的书，书上题写的文字——我深深地感受到他醇厚的情意。

《负暄琐话》(1986 年)

"拜奉

文中同志教正

作者　八六冬"

《负暄续话》(1990 年)

“拜奉

文中兄 指教

作者 庚午 三九”

《诗词读写丛话》(1992 年)

“敬乞

文中同志 教正

张中行 壬申菊月”

《顺生论》(1993 年)

“奉

庄文中 先生 教之

张中行 癸酉年尾”

《说梦草》(1999 年)

“庄文中 先生 正之

张中行

九九年三月二十五日”

从 78 岁到 91 岁，行公陆续送我著作，还称兄致意，令我感佩。2001 年，一天，我见行公说：“您一百岁，我再给您祝寿!”他哈哈笑：“小庄啊，您快六十岁了吧，也祝您健康长寿啊!”他把我看小了，那时我已 63 岁了。行公八九十岁勤奋成名，成为散文大家。我感谢他给我人生感悟：灿烂的夕阳也能够产生无限的太阳能，勤奋的老者还可以爆发巨大的生命力。

行公，生于 1909 年 1 月 7 日，仙逝于 2006 年 2 月 24 日，享年 98 岁。

我未能为他祝百岁寿，谨作文补寿之。

代后记
庄文中 2017 年自述*

我生于 1938 年 11 月 1 日的上海，小小婴儿就呼吸于日寇野蛮奴役生活中，苦风凄雨，艰难成长。

曾祖父、祖父是商读人家。曾祖父庄君斋（1851—1923）是商人，在上海金陵东路八仙桥开大布店，在嘉定有田产房产。祖父庄庆鹏（1875—1919）毕业于南浔公学。1903 年，28 岁当新闻记者，以庄一飞笔名在申报等报刊发表作品。1915 年，40 岁，思想开明，不满黑暗现实，退而开办英语学馆。1919 年，祖父 45 岁谢世。1923 年，曾祖父 73 岁谢世。父亲庄启华（1900—1984），16 岁初通英语，在他的父亲英语学馆给学生辅导。父亲因战乱毁家，1935 年以后在美孚石油公司当职员。1948 年，同两位职员合资开饭馆。1960 年领养老金退休。父亲受书香熏陶，爱读古代小说，善讲水泊梁山好汉故事。父亲教导我，好好读书，当一名好教师。1984 年，父亲 84 岁谢世。

我自幼生活于十里洋场上海的中心——南京东路和金陵东路之间的外滩，住宅后面是英国汇丰银行等高楼一条街。这条洋人街前就是杂乱繁忙而又日夜奔流的黄浦江，浑浊的江水缓慢地向东北流。小时候，我常常站在黄浦江边，望着百里江水缓缓流去，想着：江水怎样流到长江？怎样流进大海？

---

* 本文于 2017 年为人民教育出版社制作短片《庄文中》而作。

童年，父母在上海艰辛生活，风雨飘摇。我随姐姐逃难，在常熟和嘉定农村生活，躲避日寇奴役，衣食无靠。十岁左右，在家门口看到警察追逐小商小贩，凶狠打人抓人，还看到慌乱的人们紧张地倒卖银圆；冬天清晨，看到高楼用人担走台阶上冻死的穷汉；我亲身感受到国民党政府的腐败黑暗。上海解放后，上小学初中，受到少先队的教育，“五爱”当头，高于一切，十分自豪。高中，放学回家，途经福州路图书一条街，进各类书店，翻阅中外古今书籍，打开眼界，十分痴迷。特殊的生活环境和生活感受，少先队共青团的教育，使我亲身感受到新旧社会的悲喜祸福，激起爱国报国的热情，这是我的人生起点。

南京大学青春

1958年，我考入南京大学中文系文学专业。我顺着黄浦江冲进了长江，到了虎踞龙盘的南京，在南京大学激情度过了五年的学习生活。

南京大学中文系有浓厚的学术氛围，有著名的勤奋的教授，特别是中外戏剧史人才济济。有中国古代戏剧史教授陈中凡，南戏专家钱南扬，中外戏剧理论家陈瘦竹，能教能著，能演唱能导演。我受熏陶，喜欢戏剧。我拜陈中凡、陈瘦竹为师，跟着排演话剧，还拜陈瘦竹为毕业论文导师。我学习中国古代戏剧，研究关汉卿，学习现代戏剧，研究郭沫若老舍。研究鲁迅，评论其思想根本转变，感到鲁迅从前期思想转变到后期思想，应该还有个中期思想，否则，说不清。（1978年前后，在内蒙古大学写成了论文。）还读希腊戏剧，三大悲剧家，三大喜剧家；读亚里士多德，读狄德罗，读歌德，很喜爱。访陈瘦竹教授，请教莎士比亚和汤显祖谁伟大。甚至还读《导演学基础》，学习斯坦尼斯拉夫斯基。业余生活，当南京大学文学社社长，当南京大学话剧团政委，参加编导《渔人之家》，评论《刘三姐》，边学边用。

1959年，大学一年级寒假，不回上海过春节，留校跟同学、老师合作，写批判人性论的文章，纪念“左联”，开始独立写文章（春节看到南京盛大多彩的灯会）。到高年级，研究武则天，写《论郭沫若历史剧〈武则天〉》；通读白居易诗歌，写《论白居易“闲适诗”》。参加民间文学讨论，写《我对〈娥并和桑洛〉的不同意见》。还利用一个多月夜晚时间与校外剧作者编创剧本。

大学时代，培育了生活热情和学习激情。毕业时，我们听了邓颖超同志报告，青年应该志在四方，到最艰苦的地方去，报效祖国。我自愿报名，到内蒙古去，建设边疆，报效祖国。那时，我报名去边疆的同时，提出申请，志愿参加中国共产党。表示，去边疆，艰苦创业，报效祖国，接受共产党的教育和考验。

大学毕业前后，开始形成人生观和世界观。

1962 年，我在照片上题词：

生　为人民造福
死　替子孙增益

一九六二年三月一日
题于南京大学

1964 年，工作半年，我在呼和浩特题词：

为人应做主席梅
处世当举泽东旗

读毛主席诗词有感作
一九六四年二月

旧照片还在，激情犹新。

1963 年提出申请，经历了内蒙古—北京—内蒙古的 15 年的艰苦奋斗，1978 年内蒙古大学党委批准我为中国共产党党员。

二进内蒙古

一进内蒙古，建设边疆，报效祖国。

1963 年 8 月大学毕业，怀着建设边疆，报效祖国的情结，闯进内蒙古呼和浩特。上海南京的都市繁华，反衬出内蒙古边疆的落后艰苦。我自愿到边疆创业，也就乐在其中。8月，我被分配到呼和浩特函授站——教育部直属北京函授学院，做一名巡回教师，先后到包头、北京、天津、唐山、秦皇岛教学辅导。学员有政府机关的官员，解放军部队的战士，中学教师，医院护士，北京还有政协、教育部等中央机关的学员。在教学辅导中，我也受到学员的教育，感悟到他们艰苦学习、奋进创造的精神。

1965年春，随教育部“四清”工作队到北京怀柔汤河口公社，搞大队的“四清”工作。跟贫下中农同吃同住同劳动，不吃鸡鸭鱼肉蛋，只吃粗粮酸菜，受到艰苦生活和路线斗争的考验。接着，1966年，回北京，到北京函授学院本部参加“文化大革命”。五年间，受到阶级斗争大风大浪的洗礼，经受了路线斗争和思想斗争的考验。

二进内蒙古，在艰苦奋斗中加入中国共产党。

1969年9月到1971年6月，在安徽凤阳教育部“五七”干校，学习，劳动，改造。在八连当班长，种水稻，背麻袋，运石头，烧石灰窑，经受了紧张的思想斗争和繁重的体力劳动的考验。还在风雨生活中学习毛主席著作和马列主义——《唯物主义和经验批判主义》《反杜林论》。培育了艰苦劳动的能力，养成了思考探究的习惯，坚定了报效祖国的信念。

1971年，教育部“五七”干校在全国范围内分配干部。6月，我选择到内蒙古大学，二进内蒙古。目标很明确，到国家边疆大学去教学，报效祖国。

1971年6月到1978年7月，在内蒙古大学七年，生活在呼和浩特市。我热情投身于教育革命，坚持开门办学，带领工农兵学员到社会生活中学习，成长。

天行健，君子以自强不息。我带领学员奔草原，闯沙漠，体验生活；赴矿区，下乌达煤矿矿井采煤工作区，同工人一起采煤，采访矿工；到钢厂，到包钢炼铁炉前慰问工人。同工农兵学员一起学习工农兵，采访工农兵，写新闻报道，表现工农兵优秀人物，反映人民群众的英雄气概和爱国情怀。我辅导学员写新闻报道。开始，不会写，杂乱无章。我们先讲人物的闪光点，讲故事，再讲优秀人物几个闪光点的故事，理清思路和重点。然后，一步一步写下来，再讨论，再修改，写成了通讯。一个多月，每个学员能写出五至八篇新闻报道。我写讲义，认真讲课，撰写论文，在1978年复刊的内蒙古大学第一期校刊上发表了《论鲁迅中期思想及其转变》万字论文。过着艰苦生活，衣食住行是：每月“玉米窝头加高粱米加半斤稻米加半斤猪肉”，“三口共一间16平方米小屋”，“军大衣加自行车驮土豆”。

1963年，在南京大学中文系毕业典礼上，我志愿报名支援边疆去内蒙古。我学生出身，一眼繁华，害怕劳苦，又不喜交际，畏避争斗，能在大风大浪中不翻船吗？

艰苦长才，奋斗坚志。经历了八年北京、凤阳的风雨革命、繁重劳动、铭心改造，到1978年开始在内蒙古度过了艰苦奋斗的七年教学生活，我用十五年的青春填写了入党申请书，成长为一名建设边疆报效祖国的中国共产党党员。

1978年，我有幸遵从邓小平同志调用全国教育人才突击编写中小学教材的号召，调入人民教育出版社。在一个大风大雨的日子，我穿着军人雨衣，从石景山冒着倾盆大雨，骑着自行车，上香山饭店中小学教材编写会议报到，开始了编写中小学教材的工作。

参加编写语文教学大纲二十年

1981年，人教社领导派我参加国家教委基础教育司制订九年义务教育教学计划的工作。国家教委进行广泛的社会调查，召开各种调查会和研讨会。邀请民盟、民进、九三学社等开会，聆听了费孝通、钱三强、叶圣陶等的教育谈话。考察了全国三类地区的教育情况。反复调查研究，修订讨论，最后制订九年义务教育的教学计划。我还主持起草了领导干部的主题报告。这项工作，使我具备了教育革命的广阔视野，站上了新起点。

1986年至1994年，我参加了四种高中水平的语文教学大纲的编写工作：

成人高考语文教学大纲。

幼儿师范语文教学大纲。

中等师范语文教学大纲。

1986年中学语文教学大纲。

参加制订高中语文教学大纲

1986年，国家教委在北京香山召开制订高中各科教学大纲会议。我以会议特派员的身份参加语文教学大纲制订组。小组成员有：冯钟芸、刘国正、张传宗、于漪、钱梦龙、张鸿苓、徐振维、欧阳代娜等。我根据大家讨论，整理出语文教学大纲初稿。三议三改，最后由张传宗定稿，交给我；我当责任编辑，由人民教育出版社发行。

新大纲制订，就得编写配套的新教材。当时，国家教委实行“一纲多本”。北京、上海、江苏、广东等地都使用自编的初中语文教材，都有编写高中语文教材的计划。高中语文新大纲制订，立即形成了人教社跟各家编写高中新教材的竞争局面，谁先编出教材，谁就占领市场，谁就作出贡献，也就谁得利。

突击编写高中语文新教材

当时，我是语文二室主任，主管高中水平语文教材。社领导（叶立群、刘国正等）研究决定，立即落实高中教学大纲，编写高中新教材，占领市场。1987年，多方研究，语文二室决定与上海（于漪、方仁工等），北京（顾德希、刘超尘等），湖南（曾仲珊、林泽龙等）三地教师合作编写。语文二室编出高中语文教材编写计划，教材内容，六册课本结构和选文。三地教师编写单元学习内容和课文练习。三年课本一年编出，上学期一、三、五册，下学期二、四、六册。三年任务一年完成。人教社只争朝夕，各家无法竞争，人教社独占高中语文教材市场。当时，语文二室十位编辑，同时还编写高中语文实验教材，中师语文教材，幼师语文教材，是艰苦奋斗了。

在紧张工作中磨炼工匠精神。当时，语文二室能投入新编高中语文教材工作的只有四位编辑，人力赶不上工作进度。结果，教材出现不少错字，突出的是文言课文没有核对原文而出现错字，犯了大错。总结教训，十分痛心。认认真真，一丝不苟，磨炼工匠精神。高中语文教材第一年编完，第二年调查总结，制订修改方案。第三年修改全套教材，完善内容结构，修改课文练习，锤炼编写语言，一一核对原文，面貌一新。新编高中语文教材再出版使用，受到欢迎，稳定了教材，也就稳定了人教社教材市场。1990 修订版的高中语文课本，沿用到 2003 年被新编课程标准配套教材代替。

主持制订高中语文新教学大纲

1992 年，国家教委制订九年制义务教育语文教学大纲，人教社编写了配套的初中教材。制订与之相衔接的高中语文教学大纲势在必行。

1994 年 4 月，国家教委基础教育司发文，聘请我当高中语文教学大纲制订组组长。我参加过 1986 年高中语文教学大纲制订，编写相配套高中教材，又参加两年全国高考试卷命题组，感到使命沉重，就全力以赴。

我筹建了高中语文教学大纲制订组，成员：庄文中、陈日亮、顾德希、冯启德、林泽龙、朱永燚、孙获芬。制订组作了多层次的调查研究，讨论修订。我参加六次修订高中语文教学大纲的全国代表会议，执笔编写出高级中学语文教学大纲讨论稿。1995 年 7 月，在福建武夷山召开制订高中语文教学大纲的十三省市语文界代表会议。我编写出高中教学大纲送审稿。1995 年 10 月，国家教委在天津召开全国中小学教材审定委员会第三届会议，审定各科高中教学大纲。参加审定高中语文教学大纲的委员有：冯钟芸、刘国正、于漪、张鸿苓、顾黄初、张传宗、徐振维、钱梦龙、申士昌、欧阳代娜。我汇报大纲制订、修改情况，各方意见。审定组审定通过，提出修改意见，请于漪老师斟酌文字而定稿。会上，于漪等五个委员主张用“工具性和人文性相结合”的表述，冯钟芸等五个委员主张暂时不用。我当责任编辑，新大纲由人民教育出版社发行。1981 年，我认识于漪老师，先后合作编写中师语文教材和高中语文教材，合作制订中师和高中语文大纲，直到 2019 年 5 月，我打电话问好，她回信送书。她信中说：

> 一辈子从事基础教育工作，崇尚埋头苦干，说真话，不说大话、空话，做“战斗员”，努力提高教育质量，改变不合理、不公平的种种状况。不站在中国之外做评论员，无穷无尽地指责。只有干，才真正追求美好，也只有干，才能弘扬正气，抵御假、恶、丑，创造真、善、美。
>
> （2019 年 5 月 3 日于漪老师来信）

于漪老师一辈子当教师，“埋头苦干”，育德育人，“创造真、善、美”。我与于漪老师合作四十年，她一身正气，真正创造真、善、美。

会议审定了高中语文教学大纲。国家教委副主任柳斌肯定了语文教学大纲，说：“语文教学大纲有新意。”这份高中语文教学大纲确定了语文的工具性，又强调语文的文化内涵，为 2001 年课程标准提出语文的工具性和人文性相结合作了过渡。遵照 1995 年审定的高中语文教学大纲（供试验用），人教社编写高中新教材。我参加了教材编写工作，特意选上屈原的励志育德课文《离骚》“哀民生之多艰”，这套教材供两省一市使用。高中语文教学进入新时代的新阶段。

1981 年开始，我先后参加国家教委制订中小学教学计划，参加制订幼师、中师语文教学大纲，到 1994 年主持制订高中语文教学大纲，到 2001 年前后为教育部制订中学语文教学课程标准出谋划策，再到 2003 年为北京遵照课程标准而制订高中语文教材编写方案，这项二十年参加国家中学语文教学大纲的工作锤炼了我的学识、修养、情怀，结交了良师益友，我衷心感谢人教社领导的信任和同业好友的帮助。

同人的关爱和支持

语文二室负责编写高中学段语文教材。主要编写三套教材，高中语文课本、中师语文课本和高中实验教材。后期，又编写幼师语文教材。中师教材由王少阁、熊江平负责，三年课本六册，加教参六册。高中实验教材，周正逵、余澄清、李世中、刘真福编写，又要组织 27 个省市 150 多所学校实验。高中语文教材由王文英、姚富根、胡长江、庄文中负责，一年编写三年课本和教参，加班加点，连轴转。1986 年到 1993 年，八年，十位编辑，编写和修改了七套三年制语文教材，人教社史无前例，也是叹为观止了。重任在肩，重任也锻炼人才。熊江平、李世中、刘真福在完成重任中磨炼成才，王文英在六七年重任锤炼中成长为中国共产党党员。“刺儿头”成长为共产党员，赞为传奇。我感谢同人的关爱和支持，否则，面对七套教材，我能做个啥？

磨炼、发扬工匠精神，得靠同人、师友的合作和信任。1990 年修订高中语文课本，我们吸收湖州蒋传一老师的中学文言课文词语研究成果。蒋传一老师研究中学语文文言课文词语使用频度，得出文言常用词频度表。我请我室老编辑张中行、王泗原同蒋传一老师一起核实、调整，选出中学文言文课本最常用的文言实词、虚词，计实词 340 个、虚词 32 个；可以覆盖中学文言课本用词的 76％和 88％。

张中行、我和蒋传一，冒着暑期（放假期间）闷热，把 340 个实词分散编入六册课本，部分实词分别落实到每篇文言文课文练习，使文言文常用词教学均匀有序地进行。32 个虚词分编入四册课文，同样编辑。当时，蒋传一和我、王文英，一起核实一个一个实词，编配一课一课练习。又编又审，再请张中行审定。忙了 20 多天，完善了文言文教学。老编辑、老教师敬业、勤劳的精神，令我感动。

这样，在中国文言文教学史上，第一次比较科学地编配了文言文常用词教学。根据文言常用词使用频度，一个词一个词核实，一课一课落实，这需要工匠精神，一丝不苟，精益求精。1990 年至 2003 年的十余年间，高中文言文教学顺利地进行，直接指导了高考语文文言课文词语的命题。

老一辈导师的教导和帮助

1950 年至 2017 年，人民教育出版社中学语文教材编辑四代传承：

第一代：叶圣陶、吴伯箫、张毕来、隋树森、朱文叔、冯钟芸、朱堃华、王微、蔡超尘、张中行、王泗原

第二代：张志公、刘国正、黄光硕、王少阁、余澄清、王连云、姚富根

第三代：周正逵、王文英、张厚感、田小琳、庄文中、黄成稳、顾振彪、熊江平、顾之川、李世中、刘真福

第四代：王本华、朱于国、王涧、胡晓、曹晛、覃文珍、韩涵、陈尔杰、陈恒舒、尤炜

老一代语文编辑特别是“三老”，言教身教，给我指明了航向，扬帆直航。

叶圣陶教育我，要一辈子搞语文教材。

1981 年，我奉刘国正指示访问叶老，商量处理课文《蚕和蚂蚁》。请示

完毕，我请教有关叶老“五四”时期思想转变的问题。最后，叶老关心我的工作。谈到编写语文教材，他说：“编了一辈子语文教材，问我怎样编好，我也说不好。编好也难啊。”我说，我想编好语文教材。他说：“你一心想搞好语文教材，好啊。你要搞好，得用一辈子啊——要一辈子搞语文教材。”叶老是编写语文教材大家，有些好课文就是他为中小学生创作的。想不到，他说自己搞一辈子语文教材，也说不好“怎样搞好”。他提醒我，编好也难，要用一辈子韧劲。我顿时觉得真难。这也促进我，认真研究叶圣陶、吕叔湘、张志公的教育思想和教材，一头扎进语文教材和语文教学的实践土壤。1986年后，每年春节，我随张志公、刘国正给叶老拜年。叶老还问问我语文室工作。叶老教导语之谆谆，叶老关切情之殷殷，今犹在耳际眼前。

吕叔湘教导我，下功夫，咬紧牙关，要出成果。

因为参与制定中学教学语法系统，我受吕老教导十五年。1981年至1986年，主要在中学教学语法系统方面受教于吕老；1987年至1996年主要在中学语文教材方面受教于吕老。

《中学教学语法系统（试行）》制订两年，吕老改了六次。我来回送稿接稿，感悟吕老的言传身教。吕老说，抗日战争艰苦时期，他在成都华西联合大学，初识叶老。叶老建议他编著《中国文法要略》。那时，生活、教学艰难，“自己下功夫，咬紧牙关，非写出来不可”。终于，1940年，出版了他的《中国文法要略》上卷。再咬咬牙，1942年，出版中卷下卷。吕老感慨说：“有了成果，我就走上大路。你说，没有这个成果，会怎么样呢？所以，做学问不能吵吵闹闹，要嘴皮，不著作，要下功夫，要融会贯通，要出成果。”我，茅塞顿开。吕老启发我，下功夫，咬紧牙关，要出成果。

1981年至1983年，我全力投入语法学习语法写作，编写中师语法教材，参与张志公的中央电大的三册《现代汉语》；请教王力、胡裕树、黄伯荣、张静、李临定等学者，请教于漪、陈日亮、洪宗礼等教师，研究语法，积累资料。利用参加制订中学教学语法系统之便，推敲实用语法体系，搜集语法材料。“下功夫，咬紧牙关”，“青壮耕耘无日夜”，1983年编写了三十万字《中学教学语法新编》（江苏教育出版社1984年版）。我把《中学教学语法系统》一书，送给吕老。我说听了您的话，咬紧牙关，出成果。吕老笑了笑说："好好，不敢当，出成果啦。"

1986年以后，我集中力量参加制订高中语文教学大纲和教材。教学大纲制订中，我在会上和私下好几次请教吕老。吕老很谨慎，他强调语言学习和实用，突出读写。突出工具性。要谨慎使用人文性表述，认为语文的人文性很难说清楚，要避免空谈文化。

吕老温文尔雅，也坚强威严。我见过吕老面对面警告张志公的场面，我有点儿怕他。1986年12月17日吕老来信，说完工作，又说：

> 负责一室工作，想必比以前忙了。专此，顺颂
>
> 编安

他还关注我室主任工作，谅解我"比以前忙了"，我感到老先生蛮亲切的。

张志公教导我，一拼命，二保证质量，三力求正点。

1981年，跟随张先生编写中央电视大学《现代汉语》课本，抢时间赶上开学；我同时编写中师语言基础知识，很忙。《现代汉语》上册匆匆忙忙编出，送胡明扬、徐世荣等审改。结果，专家在稿纸上打了许多叉，指出许多错误。我们震惊。张先生写了两张纸，用铅笔写的，说专家认真负责，指出不少错误，给我们敲警钟。我们认真修改，时时讨论。张先生信中说，我们要认认真真，要赶紧编写，"一拼命，二保证质量，三力求正点（按时发稿）。"《现代汉语》上册校样出来，张先生特地带上我们，到武汉一家出版社，我们一页一页校改，工人一版一版改版。张先生同我们一起校改了六天，一丝不苟。张先生拼老命，言传身教。我们拼小命，跟着他，一边编《现代汉语》，一边编分内的中学教材。

张先生才思敏捷，谨慎宽厚。他广交朋友，集思广益。他不争辩，不树敌。他说，搞学术，要交流，要集思广益；"不要追着人家辩论，不要树敌。你跟人家争论，人家服你吗？你正面论述，有说服力，不是不争自明吗？"

君子和而不同，也要不同而和。张先生言传身教，拨正我的航向。人民教育出版社是全国中小学教材中心，面向全国。要有学术水平，自己立高标杆，也要有学术风度，允许人家立高标杆。自己有高山峻岭，也尊重人家大

江大湖。要跟人家求同存异，共同提高。我著书立说，广交朋友，正面论述，尊重各家，这是我学习张志公。

语文界“三老”，帮助我工作，教导我成长；我感恩“三老”，感恩人教社，感恩新时代。同时，我衷心感谢同工同息的同人朋友：

北京：潘仲茗、顾德希、苏立康、蒋绍愚、张定远、李裕德、陶伯英、王俊鸣、程汉杰

上海：于漪、钱梦龙、徐振维、陆继椿、范守纲、方仁工、步根海、盛九畴

天津：伊道恩、及时楠

南京：洪宗礼、朱芒芒

安徽：刘善群、蔡澄清、杨桦

福建：陈日亮、程立夫

浙江：张传宗、蒋传一

吉林：张翼健、王鹏伟

湖南：曾仲珊、邓日

湖北：史绍典

海南：林泽龙

2011 年 1 月 26 日，全国中学语文教学专业委员会评选并授予我“终身成就奖”。

拼命干，出成果，报效祖国

我爱写作，写作是专业的深化，是思维的冲浪，是灵魂的绽放。编写教材，作文著书，出成果，从大学一直写到八十老翁。

到人教社，1981 年至 1986 年，我每月写一篇，大都是语法修辞方面的。1986 年到 1993 年，两三个月一篇，大都是语文教材方面的。做什么工作，就钻研什么，就写什么——业务作品。写业务作品，是业务总结，是学术积累，也是走上业务新台阶。

1982 年前后，赶写中央电视大学《现代汉语》课本，经常开夜车，得了心脏病，医生连开三个月的休假条。1986 年，一年编三年高中教材，日

夜伏案编写校对。夜半心绞痛，吃片儿药，接着干。2010 年，编写人教社《新中国中小学教材建设史（1949—2000）研究丛书——中学语文卷》，一日突发脑梗，晕头，大汗，躺下休息，缓过神来，再写，赶时间发稿（后来脑梗发作住院）。2017 年，积劳成疾，我先后突发脑梗和心脏病，两次住医院出生入死。

1997 年，我退休，集中力量著书立说，不仅完善自我，也是学术报效祖国。

1998 年、1999 年，应邀编著《中学语言教学研究》和《中学教学语法和语法教学》两本书，总结了语言教学。2000 年前后，修订中语室选修课本《外国文学名著欣赏》和《口语交际》。

2002 年，我应北京出版社邀请，主持编制北京高中语文教材编写方案，主编北京初中语文课本和教参。

2010 年，73 岁，我和王本华主编《新中国中小学教材建设史（1949—2000）研究丛书——中学语文卷》，我把这本书作为献礼，做了大量工作，殚精竭虑，及时交稿。

2011 年以来，研究中国古代长篇小说《金瓶梅》，写成《〈金瓶梅〉平民读赏》。

编著人教社语文教材史时，我贯通了语文教育界叶圣陶、吕叔湘、张志公“三老”的“语文工具观”，感悟这是一个整体，就写了《论“三老”语文工具观是一个整体》一文。接着，我先后写了叶圣陶、吕叔湘、张志公的回忆文章，感恩他们的教导。这种写作，是感情与生命的融合，延伸，张扬。这些也是一种业务—学术的报效祖国。

我感恩同人朋友，感恩人教社，感恩新时代。“风雨力耕青春志，沉浮思报母亲国”，百年乐忧，报效报国。

2020 年 6 月 26 日端午节
打字　补订　成稿